Henri Baudrillart

La Liberté du travail, l'association et la démocratie

Essai

 Le code de la propriété intellectuelle du 1er juillet 1992 interdit en effet expressément la photocopie à usage collectif sans autorisation des ayants droit. Or, cette pratique s'est généralisée dans les établissements d'enseignement supérieur, provoquant une baisse brutale des achats de livres et de revues, au point que la possibilité même pour les auteurs de créer des œuvres nouvelles et de les faire éditer correctement est aujourd'hui menacée. En application de la loi du 11 mars 1957, il est interdit de reproduire intégralement ou partiellement le présent ouvrage, sur quelque support que ce soit, sans autorisation de l'Éditeur ou du Centre Français d'Exploitation du Droit de Copie , 20, rue Grands Augustins, 75006 Paris.

10 9 8 7 6 5 4 3 2 1

Henri Baudrillart

La Liberté du travail, l'association et la démocratie

Essai

Table de Matières

PRÉFACE	7
INTRODUCTION	11
CHAPITRE PREMIER	29
CHAPITRE II	45
CHAPITRE III	65
CHAPITRE IV	75
CHAPITRE V	90
CHAPITRE VI	109
CHAPITRE VII	129
CHAPITRE VIII	150
CHAPITRE IX	179
CHAPITRE X	197
CHAPITRE XI	221
CHAPITRE XII	235
CHAPITRE XIII	242
CHAPITRE XIV	248

PRÉFACE

La question qui se trouve examinée non sous toutes ses faces, mais sous des formes diverses, dans ce volume, peut se poser de la façon suivante « La démocratie moderne sera-t-elle une démocratie libérale, une démocratie éclairée, une démocratie assez riche pour assurer à tous une suffisante aisance sous les conditions sévères du travail et de l'épargne, ou bien la verra-t-on tour à tour ou à la fois opprimée et oppressive, ignorante et besogneuse, tendant la main à l'État, comme l'ont été trop souvent les démocraties, comme elles l'ont été toujours dans l'antiquité ? » Je cherche à indiquer du moins les conditions économiques desquelles dépend la réponse à cette question, en les rattachant elles-mêmes à des conditions d'ordre supérieur. Combattre l'esprit réglementaire qui de nos jours tâche de se faire démocrate, de même qu'autrefois il se mettait au service des privilèges, défendre la liberté du travail par toutes les raisons qui nous la montrent favorable aux intérêts comme aux droits de la démocratie, en réclamer l'extension, appeler de nouveaux développements populaires de l'éducation, du crédit, de l'association, insister sur cette dernière forme du travail trop séparée jusqu'ici de la liberté dont elle est le vrai complément, c'est accomplir une œuvre qui touche à la civilisation elle-même, c'est dans une mesure considérable travailler à asseoir les fondements d'une démocratie régulière et progressive. Au reste, j'ai pris soin d'exposer les vues générales qui forment l'inspiration et le fond de ce volume dans une introduction étendue. La tâche de la préface se trouve ainsi fort réduite. Je la limiterai à une simple énumération des principaux sujets qui sont traités dans cet écrit. À peine indiquerai-je par un trait sommaire dans quel esprit je les aborde.

En face de tant de systèmes d'organisation factice de la société, de constitution du travail artificielle, en face de l'esprit de réglementation excessive qui domine encore trop souvent dans les intelligences comme dans les faits, bien qu'on assure qu'il perde chaque jour du terrain parmi les amis de la démocratie de plus en plus dévoués à la cause du droit commun, il était avant tout expédient de mettre en lumière les côtés par lesquels la liberté du travail intéresse spécialement la laborieuse démocratie de notre temps. Montrer que cette liberté, que l'on veut tantôt supprimer, tantôt restreindre, ici sous un prétexte, là sous un autre, se confond avec les intérêts populaires, est et sera peut-être longtemps encore le premier point à établir. Le reste suit de soi-même. C'est ainsi qu'après avoir placé au-dessus de toute atteinte ce point de départ, on se trouve à l'aise pour rechercher quelles sont en fait les lacunes de cette liberté, quelles sont les réformes que comporte notre régime économique en ce qui touche le libre exercice des professions et la condition des travailleurs. À la liberté du travail comment ne pas joindre la liberté commerciale, inaugurée par de récents traités de commerce, notamment par le traité avec l'Angleterre ? Serait-il possible que la démocratie ne se préoccupât point vivement des conséquences que peut avoir l'extension de cette liberté nouvelle pour le travail, les salaires, le bien-être des classes ouvrières ? Aussi est-ce au point de vue de ces classes que je me suis placé pour apprécier cette question qui a soulevé tant de controverses et qui offre tant d'aspects. C'est de la même manière que je rends compte des réformes opérées récemment dans le sens de la liberté économique. Mais a-t-on tout fait quand on a mis en rapport avec les intérêts de la démocratie la liberté du travail et du commerce ? Malheureusement non. Puisqu'il y a toujours une certaine somme de misères, que nous devons essayer de réduire de plus en plus, sans espérer l'abolir absolument, nous ne pouvions échapper à cette question dans quelle mesure et sous quelles formes doit s'exercer l'assistance publique dans une démocratie fidèle au principe de la liberté et de la responsabilité personnelle ? Mais quoi encore ? La liberté à l'état d'isolement est-elle tout ? En face d'elle n'y aura-t-il que l'autorité ? N'a-t-elle pas un complément nécessaire ? Ici se place, on l'a deviné, la grande question de l'association. C'est le problème du siècle. Elle a pris sous nos yeux des formes particulières en ce qui touche les rapports du travail et du capital. La constitution des associations ouvrières et du crédit populaire est à l'ordre du jour. Quelle est la vraie portée de ce mouvement ? Doit-il et peut-il aller jusqu'à l'abolition du salariat ? À quelles conditions sera-t-il fécond ? À ces questions ajoutez-en d'autres qui offrent avec la démocratie une relation non moins évidente. Quand on a employé comme remèdes préventifs à la misère la liberté du travail et l'association, quand on a recouru à l'assistance comme remède répressif, qu'a-t-on fait d'efficacement utile si le nombre des travailleurs dépasse les moyens d'existence ? Voici venir d'autres questions, la population, l'émigration ! … Mais ne s'aperçoit-on pas que dans l'ordre économique, comme dans les autres parties de l'ordre civil et politique, on est amené à s'interroger sur les attributions de l'État, sur la part à faire ou à laisser à la centralisation ? Sans doute, nous sommes tous intéressés à la solution de ces questions mais n'est-il pas utile de montrer par quels points elles se recommandent spécialement aux populations qu'on appelle, sans prétendre par là leur conférer le privilège spécial du travail, les populations laborieuses ?

Malgré de légitimes espérances, tout n'est pas, hélas ! sans tristesse et sans amertume dans l'examen d'un pareil sujet. Nous rencontrons le paupérisme à chaque pas. Nous rencontrons cette autre question brûlante et qu'on n'éludera pas : la situation des femmes. Cette situation est-elle dans les carrières laborieuses ce qu'elle devrait être pour donner satisfaction à ces deux termes liberté du travail et démocratie, c'est-à-dire égalité, humanité ? Est-ce à dire que nous allions, nous aussi, après une douloureuse enquête, proposer, pour venir en aide aux femmes, des réglementations, des exclusions contre les hommes qui les ont quelquefois dépossédées ? Dieu nous en garde ! L'éducation et la liberté encore, voilà nos seuls remèdes ou du moins voilà les principaux que nous ayons à offrir, dussent-ils paraître peu suffisants aux impatients philanthropes qui aiment mieux supprimer une liberté que retarder d'un seul instant le triomphe de ce qu'ils croient le bien. Que la loi ne dépossède pas les hommes, mais que la coutume et la force ne s'opposent pas non plus à ce que les femmes travaillent où et comme elles peuvent ! La liberté de travailler est pour les femmes un droit naturel comme pour les hommes. Il faut qu'elles en usent, puisque l'état actuel de la société les contraint à chercher trop souvent dans le travail hors de la famille un moyen d'existence. Les ouvriers trouvent dur qu'on leur fasse concurrence avec du travail à meilleur marché. Mais qu'y faire ? Ici, comme pour les machines, et avec des sentiments de plus d'équité et d'humanité, il faut qu'ils acceptent les conditions générales de l'industrie libre. Ces conditions sont quelquefois douloureuses. Elles ne leur ont pourtant pas porté malheur depuis cinquante ans. Dans presque toutes les industries, les salaires se sont élevés dans une proportion notablement supérieure au prix des choses. Il s'écoulera du temps avant que les femmes puissent leur faire une large et vaste concurrence. Mais nous demandons, au nom d'une démocratie qui, en vérité, n'a pas besoin d'être fort libérale pour nous l'accorder, qu'on cesse d'invoquer la *loi salique* comme nous l'avons lu dans quelques brochures d'ouvriers, pour motiver l'exclusion des femmes des professions qui seules, dans l'état actuel, peuvent les faire vivre. Il nous semblerait par trop absurde que les tailleurs prétendissent nous faire accroire que les femmes n'ont pas le droit d'être couturières, parce que notre vieux droit politique leur refuse celui d'être reines de France. Sont-ils beaucoup plus sensés ceux qui veulent leur retrancher cette partie de leurs droits civils en alléguant, comme nous avons pu le lire aussi, qu'elles ne sont point admises au droit électoral, et qu'il appartient dès lors au législateur de les déclarer incapables de la plupart des professions ? O démocratie ! où vas-tu quand tu abandonnes la liberté ? Combien voilà de questions importantes d'un intérêt suprême pour la démocratie moderne et par conséquent pour la société ! En voici une encore qui divise et passionne tous les esprits de ce temps, et à laquelle se rattachent ses destinées c'est celle du progrès. Que d'écoles elle a fait naître ! que de dénégations elle excite d'un côté que d'exagérations de l'autre !

Sans écarter la part de généralités philosophiques qu'elle comporte, comment n'aurais-je pas cherché surtout à mettre de la précision dans la détermination de cette notion passée à l'état de croyance pour la démocratie ? Mais ce n'est pas seulement dans le chapitre final de ce volume que j'examine les conditions du progrès des populations dans le travail et l'aisance. Elles forment le vrai sujet de chacun des chapitres qui le composent.

Nous trompons-nous en pensant que ce livre paraît au bon moment ? Les populations ouvrières s'occupent aujourd'hui avec plus d'ardeur que jamais des questions qui y sont traitées. Le gouvernement en met plusieurs à l'étude. L'esprit de réforme dans les matières économiques paraît heureusement l'animer et lui a fait prendre déjà plus d'une mesure salutaire. Il y a déjà plusieurs années que l'Empereur lui-même, dans un de ses discours, montrait comme le but le plus digne, comme la tâche même de notre temps d'élever ceux qui en sont encore trop déshérités à ces vrais biens de l'humanité, la lumière, l'aisance, la moralité, la civilisation en un mot. Nous ne sommes pas au bout de cette carrière ouverte aux améliorations utiles, nous l'espérons bien.[1] Notre ferme conviction est qu'on ne peut s'y avancer d'un pas sûr et continu qu'en dégageant les principes

---

[1] Pendant que nous mettions ce volume sous presse, deux réformes que nous réclamons, réformes secondaires, sans doute, relativement à l'importance des questions que nous traitons, se trouvent opérées ou proposées par le gouvernement. La première est relative aux règlements abusifs qui concernent les chaudières à vapeur. M. Béhic, ministre du commerce, continuant la pensée libérale dont M. Rouher a été, en matière industrielle et commerciale, le promoteur et le représentant éminent, vient d'y mettre fin. La seconde se rapporte à la contrainte par corps, dont la suppression est aujourd'hui probable, quoique peu prévue hier même. Nous laissons subsister les quelques lignes dans lesquelles nous demandions ces réformes, sans les croire si prochaines, lignes qui se trouvaient imprimées ayant l'annonce toute récente de ces changements. Ces modifications, opérées dans l'intervalle de temps nécessaire à l'impression d'un ouvrage aussi court, montrent elles-mêmes quel courant rapide de réformes économiques nous entraîne. Ne le laissons pas plus rétrograder que s'égarer, et complétons ce qui y manque encore.

dont doit s'éclairer une démocratie vraiment libérale. Démocratie et liberté, économie politique et popularité, ces mots n'ont pas toujours fait route ensemble. Puissé-je, pour si peu que ce soit, avoir contribué à les rapprocher aux yeux de ceux qui me liront Nous ne désarmons aucune vérité, même sévère, pour conquérir un succès de vogue auprès des masses nous savons que ce n'est pas le rôle de la vérité de se plier à leurs volontés, mais que c'est aux volontés, quelles qu'elles soient, démocratiques ou royales, de se conformer à la vérité et à ce qu'elle prescrit mais montrer la portée bienfaisante et populaire de certains principes n'en est pas moins une tâche fort opportune. C'est une obligation pour toute vérité qui veut être mise en pratique de se faire aimer ou tout au moins accepter. Pour cela, il faut éviter les formes qui ne s'adressent qu'aux initiés, aux savants, et, quant au fond, bien faire comprendre aux populations ouvrières que ce n'est pas l'avantage de quelques classes privilégiées qu'on poursuit, mais celui de tous. Tel est le but, telle est la pensée de cet écrit inspiré par une sympathie pour les masses qui n'en paraîtra, j'espère, ni moins sincère ni moins vive pour s'interdire toute déclamation.

HENRI BAUDRILLART.

Mars 1865.

INTRODUCTION
L'ÉCONOMIE POLITIQUE ET LA DÉMOCRATIE.

Je ne me propose pas d'indiquer ici tout ce que ce mot de démocratie soulève de problèmes, et même offre de significations diverses. Qu'il plaise à ses ennemis de ne voir dans la démocratie que le triomphe brutal du nombre, ou de se la figurer sous la forme d'un spectre sanglant, que ses amis extrêmes la rendent synonyme de gouvernement direct du peuple par le peuple, sans cesse assemblé, j'écarte ces significations défavorables ou exagérées données au mot de démocratie, pour lui restituer son sens le plus pur, le plus bienfaisant, le plus naturel. Avec presque tous les publicistes contemporains, je vois dans la démocratie le dernier terme auquel aboutit de toutes parts le mouvement de la civilisation moderne, le mouvement économique comme tous les autres. Toutes les fois que je nommerai la démocratie, j'entendrai, avec un de ses juges les moins complaisants.[2] la *participation croissante des masses aux lumières et au bien-être*. C'en est

---

2 M. Royer-Collard.

assez pour la justifier. Si la démocratie politique est très-difficile à définir, à circonscrire, il n'en est pas ainsi de ce qu'on peut appeler la démocratie civile. Chacun sait qu'elle consiste dans l'exclusion des injustes privilèges, dans la liberté de posséder, de travailler, de vendre, de s'associer, de choisir et de pratiquer tel ou tel culte, dans l'égalité devant la loi et devant l'impôt, dans l'égale admissibilité de tous les citoyens d'un État à tous les emplois, dans le mérite personnel comme base de rémunération, enfin dans l'élévation du niveau matériel et moral de la masse comme but suprême. La démocratie ainsi comprise est un fait moderne. On peut lui assigner plusieurs origines. C'est remonter à la plus haute que de se reporter à cette pensée que les sociétés modernes se sont formées sous l'influence du christianisme, qui a complètement changé le point de vue général auquel l'homme se considère lui-même et envisage la société. L'homme, selon la solution religieuse qui prévaut dans le monde occidental depuis plus de dix-huit siècles, solution qui inspire, domine, pénètre même ceux qui n'admettent point le caractère divin du dogme, l'homme est un être sacré en tant qu'homme sacré à ses propres yeux, sacré aux yeux de ses semblables. Selon ce dogme qui, je le répète, a passé pour ainsi dire dans le sang de tant de générations successives, hommes et femmes, faibles et forts, ignorants et savants, riches et pauvres, l'homme a un prix immense. Tous les enfants du même Dieu sont frères. Tous les fils d'Adam sont égaux dans la chute. Tous les membres du Christ sont égaux dans la rédemption. Est-il présumable que de telles croyances n'aient pas eu sur la société une influence profonde ? Le soutenir n'est-ce pas mettre entre soi tout ensemble les règles de la probabilité morale et la vérité historique ? La croyance à la liberté responsable, à l'égalité naturelle des hommes entre eux est contemporaine du christianisme lui-même, date de lui, et ne s'en est pas séparée jusqu'à présent. C'est par là que l'idée même de la démocratie en est sortie.[3] La vérité morale elle-même, mêlée de plus d'une erreur, était chez les anciens le privilège d'une élite de penseurs. Le christianisme l'a faite peuple. Les plus déshérités, les plus misérables des hommes ont cru à la dignité de cette vie sous la sanction de la vie future. Ils ont cru qu'à ce titre il n'y avait nulle différence entre les hommes, et qu'ici les privilèges de naissance et de fortune n'étaient comptés pour rien, que même le riche avait plus de peine que le pauvre à entrer dans le royaume céleste. Si l'état de conquête

---

3 Des textes très-précis, cités par M. Augustin Thierry dans son Introduction à l'*Histoire du Tiers-État*, nous montrent des rois de France et des seigneurs invoquant contre le servage l'idée que tous les hommes ont été créés francs et libres et rachetés par le Christ tels, par exemple, Louis le Hutin, le sire de Clermont, etc. etc.

et de violence, si la barbarie a empêché longtemps les conséquences sociales de ces dogmes de se produire toutes ; si plusieurs grands faits sociaux en ont été même la contradiction et le vivant démenti, il n'est pas moins vrai que dès le moyen âge l'esclavage antique avait disparu, que l'idée de la fraternité chrétienne avait créé des œuvres prodigieuses, que la charité pour les pauvres, la protection pour les faibles avaient embrasé les âmes et fondé de grandes institutions, et qu'enfin l'Église était dans son organisation même l'expression visible de ces idées démocratiques d'égalité.

Dans l'Église, en effet, la naissance fut longtemps comptée pour rien ; elle n'obtint qu'une importance secondaire, même quand l'Église, mal inspirée dans sa politique, eut le tort peut-être inévitable, mais qu'en tout cas elle expie encore, d'identifier ses intérêts avec ceux du siècle et de se confondre avec une organisation civile vicieuse à beaucoup d'égards et antichrétienne. Quel spectacle plus démocratique que celui d'évêques et de papes sortant de la masse du peuple, que celui de l'élection devenue le signe de l'égalité, et que celui de ces fils de serfs mettant le pied sur la tête des seigneurs et sur celle des rois ! Le caractère démocratique de l'Église se retrouva dans la plupart des membres du clergé, et surtout du clergé inférieur, qui siégèrent à la Constituante en 1789, et qui se montrèrent les plus empressés aux réformes et les plus prompts à les rattacher à l'esprit de l'Évangile. Enfin le christianisme avait développé ses conséquences civiles avec les puritains des colonies américaines. La liberté et la démocratie aux États-Unis sont les fruits incontestables et incontestés du principe chrétien.

Si la démocratie, prise dans son sens social, a ses origines chrétiennes, ce n'est pas à dire qu'elle n'ait aussi ses origines dans les idées philosophiques, et, d'autre part, dans le mouvement général de l'industrie et de la richesse. Le principe de liberté n'a pas cessé depuis le XVIIe siècle, sous une forme ou sous une autre, d'être revendiqué par les philosophes. Descartes le réclame pour la pensée pure. Montesquieu l'introduit dans la philosophie politique. Voltaire s'en fait le défenseur pour l'universel examen. La philosophie proclame l'inviolabilité de la personne humaine, quelles que soient la race, la couleur, la croyance. Sous les diversités et les inégalités, elle retrouve une nature humaine identique chez tous et fonde l'égalité des droits sur cette identité. La philosophie veut que l'homme se développe, que l'individu s'élève à toute l'excellence et à tout le bonheur dont il est capable. Elle exalte la sociabilité, la fraternité. Elle entretient dans le cœur des hommes l'idée du droit. Elle attaque les injustes distinctions, les odieux privilèges. Elle pousse, en un mot, à l'aide des moyens qui lui sont propres, c'est-à-dire par la lumière et le raisonnement, vers l'égalité et la liberté.

L'immense création qui s'est faite de richesse mobilière, depuis trois siècles, par l'industrie et le commerce, a eu des résultats analogues. Elle s'est posée en rivale de la propriété foncière féodale, née de la conquête et mère des privilèges. Le travail avec son activité incessante, le besoin de liberté qui l'anime et la diffusion rapide des biens qu'il crée, est un plus grand démocrate encore que l'esprit humain avec ses idées d'égalité et d'indépendance.

On a voulu voir dans l'économie politique un autre esprit que celui-là, un esprit favorable aux riches, aux maîtres, plus qu'aux ouvriers et aux pauvres. Cette opinion n'a pas perdu tous ses défenseurs. Démontrer que l'économie politique est favorable à l'intérêt populaire, à l'intérêt des masses, sans acception injuste de forts et de faibles, de capitalistes et de travailleurs, est une œuvre qui reste éminemment utile et qu'il est bon d'aborder une fois de front. Que le malentendu qui existe entre la démocratie et l'économie politique tienne surtout aux idées inexactes que se forment certaines écoles se donnant le rôle, comme par privilège, de représenter la démocratie aux yeux du monde, voilà qui n'est que trop certain. Rien n'est plus faux que les notions qu'elles adoptent touchant les principes fondamentaux et les conditions essentielles de la société. Lorsqu'elles accusent l'économie politique de sacrifier l'intérêt démocratique à des intérêts de privilège, il faut faire avant tout attention à ce qu'elles entendent par ce terme de privilège. Lorsqu'elles accusent l'économie politique de se montrer individualiste, point assez favorable à l'association, il faut bien savoir avant tout ce qu'elles veulent dire par association et individualisme. Les mots changent de sens suivant les écoles. Lorsque quelques-unes de ces écoles récriminent contre l'individualisme, prenez garde si ce n'est pas la liberté, la liberté elle-même qu'elles écrasent. Lorsqu'elles recommandent l'association, j'entends l'association des ouvriers entre eux, se passant de patrons et se gouvernant en républiques industrielles, idée contre laquelle nous n'avons pas d'objection absolue et à laquelle nous ferons largement sa part, voyez si par hasard ce ne serait pas quelquefois le communisme qu'elles proposent. Mais ces écoles doivent-elles seules porter tout le poids de la critique ? L'école économiste n'a-t-elle point eu quelque part dans ce malentendu ? Dieu nous garde d'imiter ici l'écrivain célèbre qui, sous le nom de *Confessions d'un Révolutionnaire*, a confessé tous ses amis, excepté lui-même. Si j'avoue certaines lacunes, certains côtés un peu exclusifs peut-être de l'école économiste, c'est-à-dire d'une école encore assez jeune pour avouer ses torts si elle en a eu, et, ce qui vaut mieux, pour les réparer, je parlerai du passé beaucoup plus que du présent. L'économie politique de s'est formée il y a un peu plus d'un siècle en face et en haine de l'association forcée. C'était de l'association forcée que les anciennes corporations d'arts et métiers, avec leurs jurandes et leurs maîtrises. Dans l'ordre civil et surtout religieux, quels abus de l'association n'avait pas vus se produire l'ancien régime ! L'association ne rappelait presque plus au XVIIIe siècle que les souvenirs de la contrainte et le spectacle de la corruption. La liberté individuelle, au contraire, livrée à ses propres forces, apparaissait inviolable comme l'idée même du droit, et pure d'excès comme ce qui n'avait pas encore beaucoup servi. Qu'à côté de l'exercice de ce droit sacré que les économistes eurent mille fois raison de revendiquer et de regarder comme le fondement de toute société et de tout ordre, de ce droit qu'aujourd'hui et toujours ils défendront en face de ses ennemis déclarés ou de ses inconséquents amis, qu'à côté de ce droit il pût y avoir des associations pour la production, pour la consommation, pour la charité, pour le capital, pour le crédit, l'économie politique naissante s'en montra peu préoccupée. On a même pu considérer comme conçu sous son inspiration le fameux décret de l'Assemblée constituante de 1791, qui interdisait aux maîtres et aux ouvriers de se réunir, était-il dit, pour s'entendre en vue de leurs *prétendus intérêts* communs. De même, c'était une opinion très-répandue alors, opinion motivée à certains égards par ce qu'on voyait, mais fort exagérée par la philosophie et par la politique de l'époque que les gouvernements sont les auteurs de tous les maux dont souffre le genre humain, comme si les gouvernements n'étaient pas avant tout l'image et le fruit des sociétés elles-mêmes, comme si les sociétés étaient étrangères à leurs vertus et à leurs vices soit que bons elles les soutiennent, soit que mauvais elles les tolèrent. L'économie politique avait des raisons particulières de céder à cet irrésistible courant d'idées. La vicieuse organisation du travail, un impôt établi sans justice, perçu sans humanité, montraient assez de quels péchés s'était couvert le principe d'autorité dans sa longue histoire économique. Il y eut donc réaction tout à la fois naturelle et excessive contre l'association et contre l'État.

Comment ne me hâterais-je pas de dire que ces griefs ont été exploités sans mesure par une certaine démocratie, amie de l'association mal comprise et de l'État omnipotent ? … Comment n'ajouterais-je pas qu'en ce qu'ils purent avoir de fondé jusqu'à un certain point ces mêmes griefs perdent de jour en jour de leur réalité ? Comment n'ajouterais-je pas enfin qu'ils en avaient beaucoup perdu déjà au moment même où ils retentissaient, il y a de cela une quinzaine d'années, avec le plus d'ensemble et de fureur ? Si l'on veut s'assurer aujourd'hui que la portion même la plus libérale de l'école économiste n'appellerait plus le gouvernement un *ulcère* et ne réduit plus les attributions de l'État à des fonctions toutes négatives, on n'a qu'à lire les chapitres dans lesquels un esprit éminent, libéral parfois jusqu'au radicalisme, M. John Stuart Mill, expose les attributions de l'État. C'est un programme beaucoup plus large beaucoup plus étendu que celui d'Adam Smith et de J.-B. Say et l'on peut affirmer que les intérêts du faible et du pauvre n'y sont pas oubliés, même en dehors du grand moyen de solution que la liberté fournit. Quant à l'association, je n'en dirai ici qu'un mot. L'éloge de ses bienfaits et la revendication de ses droits en présence d'une législation qui y met trop d'entraves sont partis du sein même de l'école économiste. C'était mal prendre son temps d'accuser l'économie politique de se complaire dans un individualisme excessif, mettant aux prises des intérêts de classe et n'ayant point égard à l'amélioration du sort des ouvriers, quand Rossi signalait à l'égard de l'association les lacunes de nos codes, et la recommandait notamment dans l'agriculture sous toutes les formes praticables quand M. Michel Chevalier disputait au socialisme la possession exclusive de ce principe pour le faire pénétrer de plus en plus dans l'économie politique ; quand Frédéric Bastiat, cet ami si chaud et si honnête de la démocratie, développait avec une abondance expansive et persuasive le thème populaire des harmonies du monde du travail, et se faisait le Bernardin de Saint-Pierre de l'économie politique, après s'en être montré si souvent, dans ses pamphlets, le Franklin par la finesse originale du bon sens et le Galiani par la verve piquante du style !

Demander si l'économie politique donne satisfaction à ce qu'il y a de légitime et de bon dans les aspirations démocratiques de notre temps, c'est demander si elle est d'accord avec les deux grands principes de liberté et d'égalité. Voyons donc ce qu'il en est.

Le caractère libéral de l'économie politique se reconnaît à ce caractère éclatant, qu'elle part des droits de l'individu pour aboutir à son bien-être ; à ce signe qu'elle regarde la société non comme un être à part, comme une sorte de pouvoir irresponsable et omnipotent, ayant droit de peser sur l'individu de tout son poids, mais comme la condition et le moyen de développement de la personne humaine. Toute la question de l'accord de la démocratie et de l'économie poli-

tique est de savoir si la démocratie moderne accepte ou repousse ces données. Or, qui n'est frappé, au milieu et par le contraste même de tant d'éclipses de la liberté politique, qui n'est frappé de l'attachement profond, persévérant, inviolable, de la société moderne pour la liberté civile sous toutes ses formes, et particulièrement pour la liberté du travail, ce premier dogme de la science économique ? Cette liberté, je ne le nie pas, a encore ses lacunes que je me propose de signaler mais, en somme, elle existe, et je me demande où il y a place dans une société qui en jouit pour ce législateur puissant, pour ce dictateur obéi qui doit nous faire accepter un régime dans lequel nous ne pourrions plus choisir librement notre profession, exercer librement notre industrie. Le prix, nous ne l'ignorons pas, le prix que certaines écoles démocratiques nous proposent en échange de cette liberté qu'on accuse de ne produire que la misère du travailleur, est des plus tentants ; il s'agit tout simplement du paradis sur la terre. Il y a des gens qui affirment, et il y en a qui croient sur leur parole, qu'à l'aide de quelques combinaisons nouvelles, ou qu'on donne pour telles, de travail et de crédit, le mal sera supprimé, la richesse coulera d'une source inépuisable, l'homme, débarrassé de cruels soucis et de vains préjugés, n'aura plus qu'à jouir d'un bonheur sans mélange. Ingrats et aveugles que nous sommes, nous écoutons ces docteurs bien intentionnés, et nous passons notre chemin, aimant mieux encore ressembler au loup qu'au chien de la fable, tant la marque du collier nous inquiète. Si la crainte d'être dupe ébranlait notre vertu, l'économie politique lui viendrait en aide. Pourquoi consentir à entrer dans les cadres tout tracés du travail organisé, pourquoi s'abdiquer soi-même, si la liberté fait, en fin de compte, les parts meilleures que le travail asservi ? Un fait affligeant et qui est de nature à fixer l'attention de tous les philanthropes, de tous les politiques dignes de ce nom, frappe singulièrement les économistes amis des masses populaires, c'est qu'aujourd'hui, avec des efforts libres, multipliés, intelligents, énergiques comme l'intérêt personnel qui les engendre et les soutient, les sociétés les plus avancées ne réussissent pas encore à produire assez pour procurer les plus simples éléments de l'aisance à tous leurs membres. Quelle illusion donc de compter sur l'efficacité de systèmes plus ou moins entachés de communisme qui substituent à l'intérêt et à la concurrence le mobile encore plus insuffisant ici que sublime de la fraternité et du dévouement !
Il faut le leur dire au nom de l'économie politique comme au nom de l'histoire : ces écoles qui s'intitulent démocratiques ignorent la nature de la démocratie moderne. Celles qui ne rêvent pas avec Fou-

rier des satisfactions sensuelles grossières ou raffinées, ce qui est un autre genre d'excès, se transportent et nous ramènent vers les temps où il s'établissait une sorte de synonymie entre la démocratie et la pauvreté. Cette confusion a égaré un certain nombre d'adeptes du terrorisme et fait du trop fameux mot « Guerre aux châteaux, paix aux chaumières ! » une sorte d'idéal de gouvernement et de société. Elle se dissipe comme le plus vain des mirages, dès que l'on s'est persuadé qu'il n'en est pas de la démocratie moderne comme des petites républiques démocratiques ou aristocratiques de l'antiquité, ou comme de l'ancien état de quelques cantons helvétiques voués à une simplicité patriarcale. La démocratie moderne accepte la civilisation, la richesse et les arts ; elle veut augmenter et non restreindre le bien-être de tous. Elle ne songe pas à réduire la portion du riche, mais à accroître celle du pauvre soumis à des privations aujourd'hui encore excessives. Elle ne rêve pas le moins du monde d'aller nue comme les sans-culottes de 1793 ; elle ne désigne point comme aristocrates, avec Marat, aux colères populaires, ceux qui portent des habits au lieu de porter des blouses. Loin de là, elle demande le bas prix des étoffes de coton, de laine et même de soie, pour en faire des vêtements chauds et élégants. Elle ne veut à la façon de Babœuf ni fermer les musées, ni supprimer l'Opéra, ni brûler les livres qui sont dans les bibliothèques, à l'exception de la nouvelle Déclaration des droits de l'homme, ni planter de choux les jardins consacrés au luxe et à l'agrément, afin de mieux prouver son amour pour la simplicité et pour le solide. Non, bien loin de là ; elle ouvre au peuple les trésors et les jouissances de l'art et de la science ; elle veut pour lui la beauté salubre des ombrages et des promenades ; elle met à sa disposition les éléments les plus variés du bien-être elle lui offre enfin des moyens de locomotion plus confortables et plus rapides que ceux dont usaient autrefois les classes privilégiées et les plus puissants princes. Lorsque tel président revenait dans ses terres, au XVIIe siècle, son fermier allait le chercher assez loin de son domaine dans une charrette mise au service de madame la présidente et de ses enfants. Un marchand n'accepterait plus aujourd'hui ce moyen de transporter sa personne, et il ne se contente plus de voyager comme Louis XIV et Napoléon. On a quelquefois assez ridiculement présenté Sparte comme modèle aux démocrates français. C'était l'erreur de Saint-Just qui prouvait par là qu'il ne comprenait pas mieux Sparte que la France. Lycurgue, à Lacédémone, faisait adopter, pour empêcher l'usage des métaux précieux de se répandre, une monnaie de fer tellement lourde qu'il fallait un char attelé de deux boeufs pour traîner une somme d'environ 300 fr. Nous, fils de la démocratie moderne, nous avons au contraire trouvé l'argent trop lourd, et nous l'avons remplacé par l'or dans beaucoup de cas ; nous avons trouvé l'or lui-même trop lourd et d'un transport trop difficile, et nous avons imaginé le billet de banque ; enfin les papiers représentatifs de la monnaie nous ont paru encore trop embarrassants pour se prêter à tous les échanges, et nous les avons rendus inutiles dans une foule de transactions par les simplifications introduites dans les banques. La démocratie moderne agit, on le voit, à l'inverse des antiques démocraties. Ajoutez qu'elle a pour but non l'immobilité dans une constitution présentée comme parfaite et comme éternelle, mais le progrès au prix d'une mobilité parfois excessive. Achèverai-je le parallèle de la démocratie chez les anciens et de la démocratie chez les modernes ? La démocratie moderne recherche l'étranger au lieu de le haïr ; elle voit un frère dans tout homme. Elle vante la douceur dans les mœurs et dans les relations. Elle préconise la tolérance. Elle se passionne pour la suppression des guerres. Elle songe à abolir la peine de mort. Nous ne sommes, en un mot, ni un couvent guerrier, ni un camp, ni une oligarchie ombrageuse et farouche. Nous voulons le bien-être, la sécurité et la paix.

Lorsque ces écoles, plus habituées à spéculer qu'à observer, à s'inspirer d'un système social a priori qu'à marcher dans la voie lente et sûre de l'expérience, adressent à l'économie politique le reproche de se montrer aristocratique, oligarchique, *bourgeoise*, je pourrais peut-être leur opposer une simple fin de non-recevoir ; je pourrais leur objecter que l'économie politique, science expérimentale, n'est point responsable de la portée et des applications de ses observations, si elles sont exactes ; je pourrais leur demander ce que c'est qu'une science oligarchique, qu'une science *bourgeoise*, qu'une science qui emprunte son nom à un parti, à une classe ou à un pays, comme si la science en elle-même se proposait un autre objet que de connaître le monde tel qu'il est ; comme si elle ne laissait pas à des théories préconçues la prétention aussi impuissante qu'orgueilleuse de refaire les lois du monde. Démocratique *a priori*, l'économie politique ne peut songer à l'être. C'est seulement au point d'arrivée qu'on peut lui demander si les conséquences qui se tirent de ses observations sont conformes à la démocratie et favorables au bonheur général. Or, cela n'est pas douteux.

Liberté pour la propriété, de s'établir, de se gouverner comme elle l'entend, de ne supporter d'autres sacrifices que ceux qui sont rigoureusement exigés par l'utilité publique, et d'autres charges que l'impôt, librement voté ; liberté pour le capital comme pour le travail, telle est la conclusion qui ressort de l'économie politique.

Voilà le vrai champ du débat engagé entre l'économie politique et les écoles qui se font de la démocratie un prétexte pour limiter, entraver l'action de la propriété et du capital. La thèse commune à ces écoles, c'est que la propriété est une usurpation sur le domaine commun, et qu'elle prend aux uns ce qu'elle donne aux autres. Elles ne craignent pas, remarquait déjà il y a trente ans un publiciste républicain, Armand Carrel, osant regarder en face la nouvelle déclaration des droits d'une société qui se rattachait à Babœuf et à Robespierre, elles ne craignent pas d'étendre à la propriété même née du travail et de l'épargne, ce qui n'est vrai que de la propriété mal acquise. Pour les écoles auxquelles je fais allusion, la richesse générale du pays est semblable à la provision de vivres d'un navire en mer, provision qui, une fois embarquée, ne s'augmente plus. Le pauvre paraît ainsi n'être réduit à la moitié ou au tiers de sa ration que parce que le riche mange deux ou trois plus que la sienne. Toute cette fausse démocratie s'écroule, si on prouve qu'une telle conception de la propriété n'est qu'une monstrueuse erreur. C'est ce que fait l'économie politique, et sans chercher le moins du monde à se faire démocratique, il se trouve qu'elle l'est beaucoup plus que ces écoles, si la démocratie, dans son principe, c'est le droit ; si la démocratie, dans ses effets, c'est l'avantage de tous. Qu'est-ce que la propriété pour l'économiste ? Le fruit du travail. C'est une conquête effectuée sur la nature et non sur l'humanité, conquête entretenue à force de labeur et de capitaux, passant plusieurs fois à chaque génération aux mains de l'épargne, qui la paye et qui la féconde. La propriété, dont je ne sépare pas l'héritage, son complément nécessaire et qui est comme le ciment de la famille, la propriété agit démocratiquement en ce sens que, douée d'une force d'expansion particulière et que rien ne remplace, elle multiplie les richesses dont tous profitent. Elle fait par là, sans toujours le savoir, je le reconnais, sans toujours le vouloir, je l'avoue, de la meilleure espèce de communisme. Elle travaille pour le plus grand bien-être général. Ces améliorations, ces découvertes, ces perfectionnements, ces mises en valeur de terres inoccupées ou incultes, ces entreprises mêlées de tant d'aléatoire, sur le domaine du néant et de la misère, tout cela c'est de l'intérêt général. Quelle erreur n'est-ce pas de se figurer la propriété comme le champ limité que se partagent d'un œil inquiet et d'une main jalouse d'avides héritiers. Au contraire c'est un champ qui semble s'élargir indéfiniment. Il s'accroît sous nos yeux, soit que la masse encore énorme de terrains sur lesquels n'a point passé la main féconde de l'homme appelle de nouveaux possesseurs, soit qu'un plus grand nombre de détenteurs s'établissent sur le domaine déjà cultivé et dont la fertilité va croissant, soit qu'enfin la propriété se présente sous mille aspects nouveaux avec les créations des arts. Qu'est-ce que notre propriété foncière aujourd'hui si partagée, sinon le rêve réalisé de la loi agraire, ne coûtant rien au droit et attestant son progrès, ne coûtant rien à l'ordre, et concourant au contraire avec une puissance admirable à l'ordre social ?

Ce mouvement d'accession de la masse à la propriété, qui est pour ainsi dire notre histoire même et qui se confond avec les progrès de la liberté civile et politique, ce mouvement d'accession aux différentes formes de la propriété, bâtiments, cultures, ateliers, titres de rente, livrets de la caisse d'épargne, actions industrielles, l'économie politique le favorise autant qu'elle peut. Voici un fait qui est d'hier, qui est d'aujourd'hui, car il se développe. Je le cite, parce que je lui attribue une grande portée. Qui de nous ne sait, grâce à de savantes enquêtes et à la notoriété publique, qu'une portion de la population ouvrière d'une de nos villes de manufacture les plus riches, et à la fois les plus éprouvées par le paupérisme, de Mulhouse, devenait récemment, à l'aide d'un assez léger sacrifice secondé par le généreux concours du capital, propriétaire de maisons avec l'accessoire d'un petit jardin, inestimable bienfait pour ces hommes condamnés au travail manufacturier ? Cette population y a gagné mieux que le bien-être, mieux que l'aisance, elle y a gagné la moralité. Symptôme heureux, exemple déjà suivi ailleurs, et qui se répand assez pour que l'observateur puisse dès à présent y signaler une influence destinée à modifier favorablement la société ! Je ne puis quant à moi songer sans émotion qu'une race d'ouvriers propriétaires s'élèvera à côté d'une population de propriétaires paysans, et que, par ce moyen combiné avec d'autres qui seconderont l'action moralisatrice de la propriété, nous verrons, nous ou nos fils, se réorganiser la famille ouvrière, si profondément atteinte par nos transformations industrielles trop rapides et trop radicales pour avoir pu se produire sans désordre. Ainsi naîtront les habitudes de tempérance, d'épargne, de vie intérieure. Ainsi se préparera dans les villes de travail, assainies matériellement et devenues des centres d'instruction populaire, une génération, tel est du moins mon espoir, meilleure et plus heureuse, qui, moins mal partagée que ses pères, n'aura qu'à suivre l'impulsion, au lieu d'avoir la tâche toujours chanceuse de la donner.

N'est-ce pas là de la bonne, de la vraie démocratie, non en paroles, mais en action, et n'est-ce pas de la démocratie libérale ? Ce n'est pas celle-là qui attaquera la liberté du capital. L'influence démocratique du capital ne saurait faire l'objet d'un doute sérieux. Nul esprit quelque peu instruit ne contestera que sous cette forme tant et si ridiculement attaquée du numéraire, le capital favorise l'épargne, ce moyen de rachat de la misère par la vertu, et qu'il développe, en les régularisant, ces transactions nombreuses qui sont la vie même du travail ; nul ne contestera que, sous forme de matières premières, le capital fournit au travailleur les éléments de son activité, et sous forme de produits, les moyens de son existence. Il lui rend des services plus éclatants, s'il est possible, sous cette autre forme aujourd'hui si en relief, de machines et de moyens perfectionnés de fabrication et de transport. Non, les économistes n'ont rien exagéré, ils ne se sont pas laissé aller à une orgueilleuse présomption en avançant que par ces énergiques moyens de production le capital partage avec les plus nobles puissances, avec la religion, avec la philosophie, l'honneur d'avoir été le véritable émancipateur des masses. Il ne suffit pas que la religion, animée d'un divin esprit de charité, que la philosophie, pénétrée des idées de droit et d'égalité humaine recommandent de traiter le travailleur avec douceur, si la nature même de son travail est affreusement pénible. Il ne dépend pas de ces hautes puissances de faire que broyer le grain à la façon des esclaves de Pénélope, dont il est question dans Homère, que porter des fardeaux comme le faisaient les peuples primitifs, et comme cela se passe encore, hélas ! dans des pays civilisés, où l'on voit, au sein des campagnes, des femmes mêmes le dos courbé sous des poids énormes, ou que conduire un navire à sa destination, ne soient des travaux extrêmement durs tant que l'homme est réduit à l'action de ses mains, aidées à peine de quelques outils. Ces travaux ne s'adoucissent, ne laissent un peu de répit et de loisir à ceux qui en sont chargés que lorsque les moulins à eau ou à vent, les animaux disciplinés au joug, la voile et la vapeur viennent prendre à leur charge la partie la plus grossière et la plus pénible de la tâche. L'histoire de l'industrie, – qui persisterait aujourd'hui encore à le nier en présence de tant de merveilles – est celle de l'affranchissement successif du travail humain. Il faut que l'homme reste esclave ou que la nature le devienne. C'est en ce dernier sens que le problème se résout davantage chaque jour, par le concours des agents naturels, concours auquel nous n'entrevoyons point pour ainsi dire de bornes assignables. Que la démocratie le sache bien, sans le progrès du capital, il ne serait pas même question d'elle au sens favorable et bienfaisant dans lequel nous l'avons définie. Le cadre étroit des démocraties purement politiques de l'antiquité n'eût guère été dépassé. Un petit nombre de maîtres, une masse obéissante d'ilotes, voilà le spectacle que donnerait le monde. Aujourd'hui même, dans les contrées où il y a peu de capital, on peut nommer entre autres les immenses régions de l'Orient, malgré la beauté du climat et la richesse du sol, la très-grande majorité des hommes vit dans la misère et dans un état d'abaissement voisin de l'esclavage.

Je ne m'appliquerai pas à répondre avec de longs développements aux imputations répétées avec une si redoutable persistance d'exploitation habituelle et systématique du travail par le capital. S'il s'agit d'abus, comme dans le cas, par exemple, des excès de travail de l'enfance, l'économie politique les combat elle-même. Si l'on veut désigner sous ce nom odieux d'exploitation un fait général, rien n'est moins fondé entre le capital et le travail, l'exploitation est pour ainsi dire mutuelle, puisqu'ils sont indispensables l'un à l'autre, et que le laboureur ne peut guère plus sans la charrue et les chevaux ou les bœufs, que ces instruments n'ont de puissance sans le laboureur. Désigne-t-on une supériorité habituelle du capital qui peut attendre, sur le travail qui ne le peut, faute de suffisantes avances ? On signale là, nous le reconnaissons, une situation réelle, quelquefois fort grave, mais qui est susceptible d'être adoucie, qui l'est déjà, qui le sera davantage, tout l'annonce, dans ce qu'elle a de trop rigoureux, par l'épargne, par les institutions de prévoyance, par l'association, par l'instruction du travailleur ; il ne faut point d'ailleurs songer à la supprimer. Il est inévitable et désirable que, dans une certaine mesure, très mobile, le capital ait une supériorité sur le travail actuel. C'est cette supériorité qui en fait rechercher la possession et qui le rend un objet d'actifs efforts et d'une vive émulation. Si nulle supériorité ne s'attachait au travail antérieur et à l'épargne, pourquoi épargner ? L'activité laborieuse serait sans lendemain, et les dissipateurs auraient cause gagnée.

Pour en finir avec ce qui est relatif à la liberté, je ne connais guère de principe plus démocratique que la liberté du commerce. Elle tend à l'union des peuples, et, quoi qu'on en ait dit, elle est le plus puissant encouragement donné au travail national, dont on l'accuse d'être ennemie. Dès que l'économie politique a vu une portion de cette bourgeoisie, à laquelle on lui reproche de se montrer trop favorable, s'attribuer des privilèges, de véritables redevances, sous la forme de droits élevés placés sur les produits étrangers similaires, elle a réclamé, au nom du droit commun et de l'intérêt général.

D'accord avec la liberté, l'économie politique l'est-elle avec l'égalité ? En thèse générale, je ne crois pas que ces deux choses soient séparables. La première égalité, la seule, la vraie, c'est l'égalité dans la liberté même, l'égalité dans le droit commun, qui entraîne à sa suite un certain degré, mais un certain degré seulement d'égalité dans les conditions. Pour sentir que cet antagonisme de la liberté et de l'égalité n'existe pas, il suffirait de jeter les yeux sur les nations qui possèdent la plus grande liberté au sein de l'égalité la plus complète, comme la Suisse, la Belgique, les États-Unis. À Rome même, dans cette Rome antique qu'on cite quelquefois comme un argument en faveur de ce prétendu antagonisme, les conquêtes de l'égalité ont été successivement arrachés par la liberté à l'orgueil patricien, forcé de concéder par degré l'admissibilité de tous les citoyens aux magistratures civiles et militaires. Est-ce que chaque période, chaque année presque qui s'écoule, ne signale pas quelque décisif progrès de l'égalité en Angleterre ? Ne s'y développe-t-elle pas à la suite de la liberté de discussion et de réunion la plus entière dont jamais nation ait joui ? Entre le développement de l'un de ces deux principes et celui de l'autre, l'écart peut être plus ou moins prolongé, l'attraction est mutuelle et invincible. Une égalité que la liberté ne garantirait pas ne tarderait pas à s'affaisser sur elle-même et à disparaître sous le goût des faveurs et des privilèges que le despotisme entraîne. L'égalité serait rompue au profit de l'indignité et de la bassesse voilà tout. L'économie politique serait en contradiction avec l'une des nécessités logiques les plus inévitables ; comme elle sacrifierait l'un des plus grands biens de la vie humaine si elle rejetait ou subordonnait l'égalité après avoir adopté la liberté comme principe. Mais, encore une fois, de quelle égalité nous parle-t-on ? Est-ce de l'égalité des droits est-ce de celle des conditions, et prétend-on que celle-ci soit absolue ? Il est trop certain que, si la démocratie venait demander à l'économie politique, comme gage de paix et d'alliance, l'égalité absolue des conditions, et par exemple l'égalité des salaires comme l'a fait tout récemment M. Louis Blanc elle n'en recevrait qu'un refus aussi énergique que la protestation de l'éternelle nature des choses. Que ces écoles que l'inégalité des conditions scandalise jettent un regard sur le monde ; qu'elles voient si l'inégalité n'en est pas la loi générale et constante. Quand elles auront réussi à rendre égales les conditions de vie des différentes espèces, quand, passant à l'humanité, elles auront donné à tous la même force la même santé, la même dose de jugement et d'esprit, les mêmes dispositions heureuses du caractère, les mêmes chances favorables, elles pourront avec à-propos épuiser ce qui leur restera d'indignation sur ce cas particulier de l'inégalité des richesses ; mais qu'elles prennent garde alors de rencontrer dans leurs vœux de réforme radicale la justice elle-même se dressant contre elles, et leur reprochant d'introduire dans le monde de la démocratie l'iniquité la plus flagrante en faisant la part égale au travail et à la paresse, à la vertu et au vice. Qu'elles prennent garde d'y introduire aussi la cause la plus active de misère en détruisant l'accumulation des capitaux, qui permet seule les vastes et longues entreprises, et en substituant, pour les esprits comme pour les fortunes, pour les volontés individuelles comme pour les situations sociales, à la loi féconde de la concurrence et de la hiérarchie, la loi de la monotonie stérile et de l'universelle platitude ! Que la démocratie rejette comme un poison mortel cette égalité chimérique qui soumet tout à un niveau brutal, ce goût de la mauvaise égalité qui a pour mère la cupidité et l'envie.

Que s'il s'agit non plus d'une égalité absolue, mais seulement d'une égalité relative et croissante, l'économie politique, au contraire, donne une juste satisfaction à la démocratie, car l'économie politique ne se borne pas à légitimer l'inégalité comme un fait indestructible, juste et bienfaisant elle montre qu'il existe sous l'empire de la liberté des transactions et sous l'influence de la civilisation, une tendance à l'égalité, qu'elle-même seconde par la guerre déclarée aux injustes privilèges dans le domaine du travail et de la richesse. Cette tendance vers une certaine égalité croissante, la science la constate avec orgueil, car elle exprime le triomphe du droit sur la force, du travail humain sur la nature, de la pensée et du calcul sur le hasard. Les progrès, de la culture rendent moins grande la distance qui sépare le sol d'une fertilité naturelle médiocre, et le sol privilégié qui, à égalité de travail et de capital, donnait incomparablement plus de fruits et des fruits plus appréciés. En tout, l'art et l'éducation confèrent aux avantages acquis de quoi lutter contre les avantages naturels. L'art et l'éducation sont les plus grands niveleurs que le monde connaisse. Si je ne devais me borner, j'aimerais à achever cette démonstration en mettant en lumière les lois admirables de l'économie politique à ce sujet. Nous verrions ce qu'il advient, sous l'action de la civilisation croissante, des différents éléments de la richesse distribuée. Le résultat le plus saillant d'une telle recherche, c'est que les profits du capital baissent par le seul fait de l'abondance des capitaux et de la sécurité, tandis que la part du travail va s'élevant ; en d'autres termes, les salaires montent, en même temps que l'intérêt, qui baisse, met plus facilement le capital à la portée des travailleurs, et que le moindre prix d'une foule de produits rend la vie de l'ouvrier moins pénible.

Ce spectacle d'une égalité accrue ne nous cachera pas de navrantes misères, des inégalités trop choquantes par leur excès. S'il est faux que le paupérisme soit un mal nouveau, si les formes qu'il prend sous nos yeux sont seules contemporaines de l'industrie moderne qui l'a concentré et rendu visible comme une plaie sur quelques points du territoire ; si nos pères l'ont connu plus hideux encore, sous l'aspect de cette mendicité armée enrôlant des milliers d'hommes, qui parcourait les campagnes quand elle ne trouvait pas à vivre aux portes des couvents, et sous les traits de cette ignoble truanderie qui souillait nos villes par ses impuretés, ses crimes, ses misères et ses honteuses maladies ; s'il y a un progrès irrécusable du bien-être, attesté par la comparaison de tous les témoignages et avant tout par l'accroissement de la vie moyenne et probable ; si les extrémités de l'opulence et de la misère tendent à se rapprocher et à se fondre pour ainsi dire dans les classes moyennes, dont le cercle s'élargit sans cesse ; si enfin il y a moins de distance morale qu'autrefois par la nature des idées et le développement des sentiments entre l'homme des hautes classes ou des classes moyennes et l'ouvrier qui a reçu quelque éducation ; si toutes ces conquêtes du bien sur le mal sont peu contestables, quoique nous en jouissions souvent en ingrats, comme il arrive toujours pour les biens acquis, dont le sentiment s'émousse, ce n'est pas une raison pour l'économie politique de ne pas appeler des perfectionnements nouveaux dans le sens de l'égalité, de la justice et du bien-être. L'instruction est, malgré tout ce qui a été réalisé pour sa propagation, distribuée encore de telle sorte que la France est un des pays où le peuple sait le moins. La seule banque presque pour les économies des classes ouvrières est la caisse d'épargne. La seule banque de prêt est le mont-de-piété, prêtant sur les objets les plus nécessaires à la vie et sur les instruments mêmes du travail, à un taux que la loi qualifie d'usuraire. La place faite aux femmes dans la société laborieuse est sacrifiée souvent, sans pudeur et sans justice, aux droits de la masculinité invoqués par de singuliers démocrates qui ne reculent pas devant l'idée de soumettre l'industrie au régime de la loi salique. Voilà ce que notre société ne pourrait accepter plus longtemps, voilà des maux dont l'économie politique appelle hautement la réforme !

N'est-ce donc point-là de la fraternité ? Ne reculons pas devant ce terme. Je sais bien qu'il a joué de malheur, car c'est au nom de ce mot si doux que les plus emportées disputes se sont élevées et que le sang a coulé dans les places publiques et sur les échafauds. L'économie politique méconnait, a-t-on dit pourtant, le dogme sacré de la fraternité. Un seul mot à ce sujet. Il y a une fraternité touchante et sublime qui s'appelle le sacrifice. Cette fraternité admirable, je lui restitue son nom divin, je l'appelle la charité. Devant cette charité je m'incline ; mais on ne peut exiger que l'économie politique aille lui demander ses inspirations habituelles. C'est une vertu haute et rare. Elle ne saurait être l'inspiration de tous les instants et de tous les actes. Elle ne saurait suppléer à tout dans un monde où Dieu a placé l'intérêt personnel comme un mobile énergique qu'il faut contenir et non supprimer. Quelle gloire n'est-ce pas déjà pour le monde du travail et de la richesse tel que la science nous le découvre, d'être la réalisation de la justice dans l'ordre des intérêts !

Et pourtant, je ne saurais refuser même dans cet ordre de faits toute part à la fraternité, à la charité. Quoi qu'on puisse faire, les sciences morales et sociales ne sont pas les mathématiques, et la méthode mathématique n'aboutit qu'à les fausser. Mettons ces sciences, avant tout, sous la garde sévère de la méthode d'observation éloignons tout ce qui trouble le pur regard de l'esprit ; mais ne craignons pas d'avouer que c'est un vif, un profond, un fraternel intérêt porté à la destinée humaine chez les plus pauvres qui nous inspire et nous soutient dans de telles études. Qu'on ne dise plus, qu'à force de nous occuper des produits nous perdons de vue les producteurs. Qu'on sache bien que pour l'économiste il n'y a point de capital abstrait, de production abstraite mais des hommes. Qu'on sache qu'il n'y a point pour lui seulement de l'or, du fer, de la houille, de la laine, des objets, en un mot, tout matériels, mais qu'il y a des hommes ! Non, ce n'est pas d'un monde mort qu'il s'agit ici, c'est d'un monde vivant. Ce n'est pas le marteau, la scie, la lime, la machine de métal, l'outil inanimé, qui m'intéressent, c'est l'homme, c'est l'homme seul, l'homme qui les met en jeu par son intelligence, l'homme pour qui ces choses travaillent. Voilà d'abord comment il est permis, désirable même que le sentiment de la fraternité, de la charité, pénètre dans l'économie politique. Autrement, nous en avons la preuve, on risquera d'émettre des propositions qui révolteront à la fois la conscience humaine et le sentiment démocratique.

Mais il s'agit de la fraternité déposée dans la loi. Nulle pente n'est plus glissante. La charité, toute charité, d'après certaines critiques, est exclue systématiquement par l'économie politique, qui craint que l'habitude du secours n'engendre l'imprévoyance et la paresse. Cela est faux d'abord pour la charité privée, pourvu que ses secours soient intelligents. L'économie politique admet qu'il reste à la charité bien des plaies à panser de sa main délicate. Allons plus loin : le sentiment de la fraternité mutuelle est nécessaire pour adoucir bien des chocs entre les capitalistes et les ouvriers, entre les riches et les pauvres.

Si une réciproque bienveillance ne préside à leurs relations, il ne faudra pas trop compter sur les calculs de l'intérêt bien entendu : la haine s'enveniméra, les révolutions viendront infailliblement. Le secours mutuel intéressé est la base de l'économie politique ; mais l'assistance désintéressée est comme l'huile qui empêche les ressorts de trop crier et même de se briser. C'est au sujet de la fraternité dans la loi, de la charité exercée conséquemment par voie de contrainte, que s'élèvent les difficultés. L'économie politique ne veut pas que, sous prétexte de faire le bien, la charité aboutisse à la tyrannie. C'est encore Armand Carrel qui l'a dit. « On sera peut-être disposé à des sacrifices héroïques, mais les plus grandes violences n'arrêteront pas. On soutiendra que la morale ne veut pas qu'on laisse mourir son frère de faim et de maladie en se livrant au plaisir et à la bonne chère ; mais en soutenant cela contre les riches on ne s'apercevra pas, dans son emportement, que la même morale défend encore bien plus de tuer son frère sur une différence d'intérêt ou d'opinion. Établir la fraternité par la proscription de quiconque aura été signalé comme égoïste, poursuivre par l'extermination un but d'humanité, tel a été le contre-sens moral de la Révolution. » Est-ce une raison suffisante pour que l'État sous l'expresse condition d'une grande prudence et d'un profond respect pour la liberté, ne fasse pas la moindre part à l'assistance matérielle, intellectuelle et morale ? L'abandon des ignorants, des faibles, des indigents, saurait-il être érigé en système, et lorsque l'association libre n'est pas prête ou ne suffit pas au soulagement de la misère, n'y a-t-il pas plus d'avantages que d'inconvénients à en charger l'État, en lui imposant toutes les conditions de réserve, de responsabilité et de publicité qui peuvent empêcher son action de dégénérer en abus ? Maintenons d'ailleurs à ces attributions le caractère de concessions, et que le dogme de la fraternité imposée ne trouve pas accès auprès de nous.

De quoi a-t-il besoin surtout ce monde du travail et de quoi a besoin la démocratie ? Redisons-le sans cesse du sentiment de la responsabilité individuelle. Avec ce sentiment la démocratie est sauvée ; sans lui elle court aux abîmes. L'économie politique offre à la fois à cette démocratie qui cherche encore sa voie, le secours de son esprit général, la prescription, fière et presque stoïque, de vivre à nos risques et périls, ses recommandations courageuses d'empire sur soi et enfin ses lumières pour la solution de toutes les questions sociales. Il est temps pour le monde qui trop souvent ne se souvient que des passions et des écarts de sa jeunesse orageuse, il est temps que la démocratie entre décidément dans l'âge de la maturité et de la sagesse. Il faut que la société sache ce qu'elle peut attendre de la science, il faut que la science se rende bien compte de son rôle social. L'histoire du monde n'a pas cessé de démontrer que l'unique condition désormais de salut et de repos pour nos sociétés modernes est dans l'alliance, dans l'harmonie croissante des faits et des principes. Il est donc nécessaire que les vrais principes soient compris et acceptés de tous. L'économie politique n'y peut pas tout, elle y peut beaucoup pour sa part. L'objet de ce livre est de le démontrer.

CHAPITRE PREMIER
LA LIBERTÉ DU TRAVAIL.

I

Trois systèmes se disputent aujourd'hui les préférences de la démocratie française ; le système communiste, plus ou moins complet et conséquent, ayant pour caractère de remettre aux mains de l'État la totalité des services, ou du moins une masse considérable de ces services aujourd'hui remplis par l'activité privée ; le système préventif et réglementaire qui n'est qu'un communisme mitigé ; enfin, le système libéral qui a tout à la fois à se défendre contre les attaques que la théorie lui adresse et contre les atteintes que la pratique lui fait subir.

Je ne daignerai pas réfuter pour la millième fois le communisme, cet étouffement de toutes les libertés civiles et politiques, cet anéantissement de la personne elle-même au profit de l'État, cette organisation en grand, non pas du travail, comme on le dit, mais de la paresse, car l'effet bien connu de tout régime de communauté est d'énerver le mobile de l'intérêt privé pour y substituer le ressort relativement bien faible, quand il s'agit, non de se battre, mais de travailler, de l'intérêt général. A quoi conduit un tel système ? On a pu le voir plus d'une fois, au jeûne universel.

Que les amis de l'organisation du travail par l'État ne nous reprochent pas de confondre avec le communisme tous les plans que le socialisme a conçus. Pour aller jusqu'au communisme, il ne leur faudrait qu'un peu plus de logique. Fourier, lorsqu'il règle la répartition des produits, tient compte de ce triple élément le travail, le talent, le capital. Le communisme ne déborde-t-il pas pourtant dans le phalanstère ? N'est-ce pas une organisation uniforme ? A quoi servirait-il de reprendre les uns après les autres les systèmes de Cabet, de Louis Blanc, d'Owen, de Saint-Simon ? C'est une tâche qui a été remplie et bien remplie. Après tout, il n'est guère à craindre que la France se mette à la gamelle communiste. On dit qu'il y a encore dans nos campagnes des communistes qui rêvent le partage des terres. Faut-il prendre au sérieux ce rêve imbécile de la cupidité ? Que quelques paysans endettés ou envieux, peut-être l'un et l'autre, regardent le château avec une haine jalouse du fond de leurs chaumières, qu'ils attendent l'occasion d'agrandir leur parcelle aux dépens du parc ou de la forêt de leur voisin, qu'est-ce en présence de la grande masse de la propriété territoriale moyenne et petite, plus soucieuse de garder son bien que de prendre celui d'autrui ? Ce communisme envieux du bien d'autrui a existé de tout temps. Il a été prévu par celui des commandements divins qui enjoint de ne point convoiter ni le champ du prochain, ni son âne, ni sa femme. On trouve de tels communistes ailleurs que parmi les pauvres ; le monde en est rempli ! Avons-nous donc plus à craindre ce communisme partiel qui prétendait faire accaparer le commerce par l'État, en laissant l'industrie et l'agriculture au travail libre, comme si le commerce se séparait si facilement de la production, comme si une absorption ne menait pas à une autre ? En vérité, non. Il ne se rencontrera jamais un peuple assez dépourvu de sens pour faire de l'État le commerçant universel, achetant par ses agents, revendant par ses commis, instituant des fonctionnaires boulangers, bouchers, épiciers, sans avoir aucune des qualités déliées, rapides, sûres, qui conviennent à ce rôle, auquel s'adaptent si mal les lourds procédés de la routine et les rouages embarrassés de la bureaucratie.

Le système réglementaire constitue un danger bien plus sérieux. La démocratie l'invoque souvent encore dans l'intérêt des masses. Elle avoue que le système réglementaire a mal réussi dans le passé. Il ne lui déplaît pas de tourner en ridicule ou de peindre sous d'odieuses couleurs cette immixtion oppressive et tracassière de l'autorité fixant jusqu'au nombre des fils qui entraient dans le prix d'une étoffe, infligeant à quiconque s'écartait d'un règlement minutieux, même pour agréer au consommateur, la peine de la prison ou du carcan, tout au moins la destruction de sa marchandise. Elle cite avec mépris tant d'absurdes prohibitions, et ces interdictions bizarres qui défendaient aux brodeurs d'employer d'autre or qu'à huit sous le bâton ; aux chandeliers de ne mélanger que dans une proportion déterminée le suif de mouton et le suif de bœuf ; aux savetiers de raccommoder au-delà du quart ; aux cuisiniers-oyers qui vendaient des saucisses, de vendre des boudins ; que sais-je encore ? Pourquoi donc, en face de souvenirs encore si présents, cet appel si fréquent fait par la démocratie à l'autorité ? Il y a à cette question deux réponses. D'abord la réglementation joue encore un grand rôle dans notre société. Elle y tient une telle place qu'on aurait beaucoup plus à faire d'énumérer tout ce qui est réglementé que ce qui ne l'est pas. Je ne parle même pas ici des monopoles qui subsistent, je n'indique que les interdictions trop générales de se livrer à certaines professions, la nécessité de l'autorisation préalable, et tous les règlements abusifs qui attestent toute la part faite au système préventif. L'exemple est donc tentant. La seconde réponse, c'est qu'il est dans notre nature de recourir à la réglementation pour le bien comme pour le mal ; la philanthropie s'irrite des lenteurs inséparables de la liberté et trouve le recours à l'autorité plus expéditif et plus sûr. Réglementation des heures de travail, réglementation des salaires, réglementation des prix, réglementation partout, même en faisant au préalable un salut à la liberté. L'intérêt populaire est aujourd'hui le grand mobile de l'esprit réglementaire dans les écoles dites avancées, de même que les écoles arriérées persistent à l'invoquer dans l'intérêt de la bonne qualité du produit.

Comment s'en étonnerait-on ? On a beau être révolutionnaire, on porte en soi une tradition : Robespierre imitait les procédés de l'inquisition ; la Convention a poursuivi le même but de centralisation absolue que Louis XIV ; la République s'est permis au nom du peuple plus d'excès encore que la monarchie absolue au nom de l'État. La tradition de la France, c'est la réglementation. Toutes les libertés ont d'abord été des privilèges. Le roi se croyait propriétaire des biens et des personnes, les sujets n'étaient censés avoir le droit naturel ni de travailler, ni de posséder. Ils ne l'exerçaient que comme usufruitiers, par tolérance ou par octroi. Cette doctrine, qui était celle de Louvois et de la Sorbonne, et qui s'affiche dans bien des documents officiels, avait pour conséquence de la part de l'État le droit de réglementer, pour ainsi dire, à chaque pas l'exercice des droits qui émanaient de lui. Il paraissait juste, et il l'était jusqu'à un certain point, qu'une corporation qui ne devait qu'à l'autorité le privilège d'exercer exclusivement une industrie, ne l'eût que sous certaines conditions. Le monopole a dans la réglementation sa rançon inévitable. L'énormité des droits actuels de mutation vient de l'idée que l'État est propriétaire éminent. De là toutes les chaînes qui ont longtemps pesé en commun sur la propriété et sur le travail. Comment donc la tentation de faire servir l'esprit réglementaire au plus grand avantage des faibles et des pauvres, ne serait-elle pas encore aujourd'hui le mirage de la démocratie ? – Mirage trompeur ! toutes ces mesures manquent leur but ; elles troublent le travail, elles inspirent des espérances illimitées autant qu'illusoires à ceux qui doivent en profiter ; elles leur ôtent l'énergie, la prévoyance, le ressort intérieur. Que de mal n'ont point fait les fixations philanthropiques de salaires, les mesures de maximum, inspirées par une pensée de charité ou de popularité ! Les salariés en ont souffert plus que les entrepreneurs, les pauvres en ont pâti plus que les riches.

Qu'on cesse d'abuser au nom de la démocratie de ces maximes spécieuses, mais plus fausses encore, qu'il vaut mieux prévenir que réprimer, et que le droit de l'État est supérieur au droit des individus. La maxime, qu'il vaut mieux prévenir que réprimer est vraie moralement, je le reconnais, dans une très-large mesure. L'éducation est elle-même un grand système préventif. Mais pour être vraie politiquement, il faudrait que ceux qui sont chargés de prévenir les écarts des autres ne fussent pas eux-mêmes exposés à toutes les erreurs et à toutes les faiblesses de la condition humaine. C'est ce que nous n'accorderons à personne. Encore il resterait à se demander si des êtres libres et faillibles ne sont pas mille fois supérieurs à des automates impeccables. Les jésuites du Paraguay avaient bonne intention, les Indiens qui leur obéissaient avec une docilité d'enfants n'étaient pas sans de bonnes qualités, et pourtant … quel triste gouvernement et quel triste peuple ! Le grand souci des lois doit être qu'en prévenant le mal elles n'empêchent pas le bien et ne produisent pas plus de mal qu'elles n'en préviennent. Prenez donc garde de toucher à la liberté humaine ! si ce qui est mauvais sort d'elle, tout ce qui est bon en dérive. On ne peut l'atteindre sans frapper l'humanité au cœur. L'expérience a réfuté cent fois cette assertion si souvent répétée encore par les organisateurs que l'autorité, voyant de plus haut, voit mieux. C'est justement parce qu'elle voit de plus haut et de plus loin qu'elle voit plus mal.

Quant à la maxime que le droit de l'État est supérieur à celui des individus, je dirai tout simplement qu'elle m'épouvante. Pour peu qu'on la presse, on ne tarde pas à en voir sortir toutes les oppressions. La supériorité de l'État sur les individus, qu'est-ce ? Rien de plus que la nécessité d'une autorité investie de la tâche de réprimer le désordre et de quelques autres attributions très-limitées. Prise absolument, je ne sache au monde rien de plus faux. Il y a des droits préexistants à l'État ; car l'individu lui-même lui préexiste. La loi garantit, elle ne crée pas la liberté et la propriété individuelles ; la sphère du travail notamment appartient à l'activité privée, parce que ce sont les individus qui ont le droit et le devoir de vivre par le travail, et non pas l'État qui a le droit et le devoir de les faire vivre. Qu'est-ce que l'État d'ailleurs ? Hier, c'est Louis XIV, aujourd'hui, c'est Robespierre ou

Danton ; demain, ce sera Napoléon ; après demain, ce sera de nouveau le roi légitime. À propos d'une loi très-dure sur la presse, qui invoquait des mesures préventives, Royer-Collard disait : « Dans la pensée intime de la loi il y a eu de l'imprévoyance, au grand jour de la création, à laisser l'homme s'échapper libre et intelligent au milieu de l'univers. De là sont sortis le mal et l'erreur. Une plus haute sagesse vient réparer la faute de la Providence, restreindre sa libéralité imprudente, et rendre à l'humanité sagement mutilée le service de relever enfin à l'heureuse innocence des brutes ! ... Juste punition d'une grande violation des droits publics et privés qu'on ne puisse la défendre qu'en accusant la loi divine ! ... » Ces paroles s'appliquent à la liberté du travail aussi bien qu'à toutes les autres libertés.

On ne se contente pas de nos jours d'adorer la centralisation ; on attaque la concurrence, on veut la détruire ou la restreindre artificiellement. La concurrence, c'est le nom impopulaire de la liberté. Je demande à présenter ici aux écoles dites avancées quelques réflexions bien simples. Au fond qu'est-ce qu'un tel procès, sinon le procès fait sans justice, je dirais sans respect et sans piété par une fille à sa mère ? La libre démocratie est-elle autre chose en effet que la concurrence en œuvre ? La démocratie, c'est le pouvoir mis au concours, c'est le principe du mérite personnel primant toutes les supériorités héréditaires et toutes les combinaisons instituées en vue d'une nécessité réelle ou prétendue d'ordre public. Comment comprendre que les choses changent de face quand c'est de l'industrie qu'il s'agit ? Supposer la liberté du travail sans la concurrence, c'est supposer pour chaque producteur un marché illimité ; il suffit en effet que deux hommes choisissent la même carrière pour qu'ils soient placés vis-à-vis l'un de l'autre en état de rivalité. Au lieu de deux hommes placez-en mille, l'effet sera le même en redoublant d'intensité. Je dis que c'est inévitable, je me hâte d'ajouter que c'est démocratiquement excellent. En règle générale, on peut soutenir que le marché appartient à ceux qui le fournissent le mieux, à ceux qui agréent le mieux aux consommateurs. Prétendre que le marché appartient au plus voleur, cela peut être l'amusement d'un quart d'heure de conversation, le paradoxe d'un homme d'esprit. Le bon sens répond qu'avec les arguments de ce genre, on aura beau jeu aussi contre la propriété, contre la famille. La vérité est que le commerce loyal, probe, honnêtement habile, l'emporte à la longue et presque toujours sur le commerce sans honneur. C'est là un axiome sur lequel il semble puéril de contester. La concurrence peut entraîner les faibles et les besogneux à des manœuvres déloyales. Mais le cas général, c'est qu'elle pousse la masse des concurrents à l'emporter par la loyauté comme par le reste. Donc le principe démocratique: l'empire aux plus dignes et aux plus capables, reçoit satisfaction par la concurrence. Cet autre principe démocratique, qu'il faut que tout le monde vive, et vive en homme, me paraît également satisfait par cet appel fait à un nombre considérable d'individus de venir déployer leurs forces dans une arène ouverte à tous. La liberté du travail multiplie les moyennes et les petites entreprises. Où le monopole aurait mis des ouvriers, elle fait des maîtres.

Si la concurrence n'était attaquée que par les adversaires radicaux et systématiques, qui proposent de l'effacer d'un trait de plume, et de placer le monde économique refait de fond en comble sur une autre base, comme M. Louis Blanc par exemple, qui a tracé dans son livre de l'*Organisation du travail* la satire la plus absolue et la plus sanglante du régime de la concurrence que l'on ait peut-être écrite, sans en excepter Fourier lui-même, nous pourrions nous borner à répondre : « O démocrates, les souffrances réelles causées par la concurrence, ce qu'il y a de violent dans ses chocs, d'immoral quelquefois dans ses moyens et de brutal dans ses procédés, toutes ces ombres au tableau n'empêchent pas qu'elle ne soit en elle-même l'exercice du droit et le véhicule des perfectionnements. Elle est l'analogue de la vapeur dans le monde moral et économique. Elle en a la fécondité et parfois les furieux caprices. Traitez la concurrence comme vous traitez le soleil que vous ne condamnez pas, parce qu'il brûle quelquefois au lieu d'échauffer et de féconder ; comme vous traitez l'eau des fleuves que vous ne considérez pas moins comme essentielle à la fécondité du sol, parce qu'il arrive qu'elle inonde et ravage. Les abus dites-vous. Contre les abus il y a la loi, il y a les mœurs, il y a divers moyens que l'économie politique indique. Qui pourrait dire dès aujourd'hui que la concurrence se manifeste avec l'emportement qu'elle révéla après que la première fougue du travail libre, le rétablissement de la paix en 1815, les inventions nouvelles, et finalement le système prohibitif et protecteur la déchaînèrent au dedans avec un élan d'une violence sans pareille ? » Mais la concurrence est malmenée par des critiques moins violents et peu conséquents ici avec eux-mêmes. J'entends d'ici un grand publiciste à la fois très-démocrate et très-peu socialiste, M. John Stuart-Mill, nier que cette mêlée où l'on se foule aux pieds, où l'on se coudoie, où l'on s'écrase, où l'on se marche sur les talons, qui est, dit-il, le type de la société actuelle, soit la destinée la plus désirable pour l'humanité, au lieu d'être simplement une des phases désagréables du progrès industriel. » Ce tableau, duquel M.

Mill fait sortir la critique de la société américaine, dans laquelle, dit-il, « la vie de tout un sexe est employée à courir des dollars, et la vie de l'autre à élever des chasseurs de dollars » est assurément exagéré malgré ce qu'il a d'exact à quelques égards. En tout cas, il n'empêche point M. Mill, qui est un esprit très-libéral de se montrer grand partisan de la concurrence et de blâmer en général les mesures qui y portent atteinte. L'éminent économiste n'aime pas plus que nous plusieurs de ces fusions qui s'opèrent sous nos yeux, ces concentrations exagérées de services faits pour rester individuels, ou pour être remis entre des compagnies rivales. M. Mill fait l'éloge des esprits originaux et des caractères fortement trempés. Il admet que la démocratie ne saurait se passer d'intelligences avisées, de travailleurs énergiques et ingénieux, de capitalistes qui labourent avec une hardiesse féconde le champ de l'industrie ; eh bien ! tâchez donc d'en former dans l'absence d'une forte concurrence et d'une vive émulation !

Il y a longtemps déjà qu'a commencé cette querelle faite par la démocratie ou en son nom à une des formes inséparables de la liberté économique. C'est un excellent démocrate, un cœur généreux, une belle intelligence, M. de Sismondi, qui a donné cet exemple d'attaquer au nom de l'intérêt populaire, la concurrence, l'industrie, les machines, la division du travail, et ouvert ainsi la voie à ceux qui ont réclamé des règlements pour en modérer l'essor. Il eût été mieux de laisser ce genre d'attaque à J.-J. Rousseau qui regrettait la vie sauvage, à M. de Bonald qui regardait comme diabolique l'invention des banques et celle du télégraphe (même avant le télégraphe électrique), à l'éloquent et fougueux M. Donoso Cortès, qui flétrissait, il y a peu d'années en plein parlement espagnol l'économie politique comme apprenant aux hommes à s'agenouiller devant le veau d'or, et enfin à tous les mystiques de notre temps, gens fort épris de la pauvreté tant qu'il ne s'agit que des autres. La démocratie française veut le perfectionnement des produits, leur abondance ; elle veut l'aisance, et il faut l'en féliciter car l'aisance générale, c'est la dignité pour le grand nombre ; l'aisance, c'est la liberté elle-même, si l'on envisage l'homme dans ses rapports avec la nature et avec les besoins qui l'écrasent ; c'est du moins la condition de la liberté si on le considère dans ses relations avec lui-même et avec ses semblables. Si la démocratie veut ces biens, il faut cesser de parler de mettre un *frein* arbitrairement à la concurrence. S'il y a une vérité bien établie, c'est que la concurrence est le plus merveilleux agent de bon marché et de progrès ; c'est qu'il y a peu d'inventions qu'elle n'ait fait naître ; c'est qu'elle est fort démocratique dans ses effets, elle qui a permis aux femmes des plus humbles conditions de se couvrir et de se parer d'étoffes qu'autrefois les reines hésitaient à se procurer, comme étant d'un prix trop élevé ; elle qui a mis jusque dans la mansarde ces miroirs pour l'un desquels une grande dame, la comtesse de Fiesque, engageait, il y a deux siècles, une de ses terres ; elle enfin qui a multiplié toute une masse de biens dont nous jouissons sans nous en apercevoir.

Ce qu'on a imaginé de plus fort contre la concurrence, c'est de la présenter comme opposée à l'intérêt des ouvriers. Voilà une des raisons qui font que la démocratie la tient encore souvent pour suspecte. Aucune objection n'est pourtant moins fondée. La concurrence favorise l'ouvrier à titre de consommateur par la réduction des prix, et elle tourne à l'avantage du travail par la baisse de l'intérêt des capitaux, impossible sans la concurrence active des capitalistes entre eux ; elle est enfin avantageuse aux travailleurs par l'appel fait à l'intelligence et aux bras, conséquence d'une impulsion vive communiquée à l'industrie. Le monopole peut dicter au travail des conditions léonines en abaissant les salaires au-dessous des besoins, la concurrence des entrepreneurs devient contre de tels abus la sauvegarde des salariés. D'ailleurs une considération domine ici toutes les autres. Toute société qui veut produire assez pour créer à tous ses membres des éléments satisfaisants de bien-être, doit posséder dans son sein un travail fort divisé et des machines très-puissantes, car le capital, cette substance de toutes les améliorations, ne se multiplie qu'à ce prix. Sans la concurrence, qui pousse chacun à s'ingénier à produire dans les meilleures conditions, le travail se divise peu, le nombre des machines nouvelles se réduit. Éloquent et paradoxal censeur de l'économie politique, dont vous faites l'assemblage de toutes les *contradictions*,[4] vous aussi vous accusez la division du travail et les machines d'écraser, d'abrutir l'ouvrier ou de l'asservir ; vous commentez la phrase de Lemontey : « C'est un triste témoignage à se rendre de n'avoir jamais fait que la dix-huitième partie d'une épingle, » Croyez-vous par hasard que le travailleur qui ferait l'épingle tout entière aurait plus d'esprit que celui qui n'en fait que cette fraction, et ne savez-vous pas que l'ouvrier des villes, qui travaille avec l'aide des machines, a en général l'intelligence plus éveillée que les paysans, et surtout que les peuples qui se passent de machines, de tous les plus arriérés ? J'avoue qu'aujourd'hui, sous l'empire de la division du travail, nos ouvriers poussent la spécialité à un point tel

---

4 On sait que le livre de M. P.-J. Proudhon, intitulé *Système des contradictions économiques*, repose sur cette idée que non pas seulement l'économie politique, mais le monde économique lui-même forme un tissu de contradictions.

que quand leur travail habituel vient à leur manquer, ils ne savent que devenir. C'est à l'éducation que nous demanderons de corriger ce grave défaut qui équivaut pour l'ouvrier à une vraie servitude. Mais en thèse générale accusons l'excès du travail et non sa division. Déplorons que trop d'hommes ressemblent à des machines, mais bénissons ces auxiliaires de bois et de fer qui prennent la partie la plus pénible du labeur matériel. Voilà déjà longtemps que l'économie politique répète aux ouvriers, hélas avec un succès encore incomplet, on s'en aperçoit à chaque révolution, on s'en apercevait encore il y a deux ou trois ans à Bordeaux, à propos d'un chemin de fer, que les machines ouvrent au travail bien plus de débouchés qu'elles ne lui en ferment, et qu'elles ont pour effet ordinaire de ramener, mieux rémunérés et en plus grand nombre, les ouvriers dans les industries qui emploient ces admirables procédés. Ces mêmes chemins de fer qui devaient, disait-on, ôter le pain à tant d'entrepreneurs grands et petits et à leurs ouvriers ont ajouté aux preuves du même genre que la science économique tirait déjà de l'imprimerie, de la filature du coton et de tant d'autres industries. La concurrence n'a donc que des éloges à attendre et des encouragements à recevoir de la démocratie mieux informée, si elle développe sur la plus grande échelle les procédés économiques, toutes les applications si fécondes de la science à l'industrie, la formation du capital en un mot. Car le capital pour l'économiste, c'est tout l'ensemble des moyens de la civilisation, c'est tout ce que le travail prévoyant a produit en vue de ses futures conquêtes, illimitées comme le génie humain, et indéfinies comme la puissance des agents et des forces que la nature recèle dans son sein.

Qu'on ne fasse pas de nous d'aveugles fanatiques même d'un principe excellent en soi. Les économistes reconnaissent en général que dans le petit commerce la concurrence est excessive. Fourier a eu raison ici de critiquer le trop grand nombre de petits intermédiaires, quoiqu'il ait eu grandement tort de vouloir supprimer les intermédiaires en général. Plusieurs écoles ont formé le même vœu sans voir que les intermédiaires nous épargnent un temps précieux, des frais énormes, et dans nos achats de ruineuses et ridicules écoles. Mais le nombre des intermédiaires n'en est pas moins exubérant. Est-ce une raison de recourir à la puissance réglementaire ? Privera-t-on de leur liberté un certain nombre de marchands ? Ce serait de l'arbitraire, et nous n'en voulons point. C'est la concurrence elle-même, mais secondée ici par l'association qui aidera ou plutôt qui continuera à réduire ce nombre excessif d'intermédiaires. Ici il est bon quelquefois que les gros capitaux absorbent des établissements véritablement parasites. Mieux vaut pour les ouvriers un bon restaurant réduisant les prix par la diminution des frais de production que vingt petits cabarets. Il faut déplorer, au point de vue des intérêts de l'ouvrier et de l'homme peu aisé, cette quantité excessive de minces détaillants. Pour suffire aux dépenses de tant d'établissements, ils sont dans la nécessité de rançonner le public en exagérant les prix ou en trompant sur la quantité. Le renchérissement va souvent fort loin. On a cité, par exemple, la vente des aiguilles à coudre, dont le prix, pour les qualités les plus ordinaires, varie de 2 à 5 francs le mille vendues en gros. Le cent coûte autant au détail, ou tout au moins la moitié. On a cité de même une industrie à laquelle un fabricant français, M. Bapterosses, a donné un développement extraordinaire, celle des boutons en porcelaine. Les boutons les plus employés pour les chemises sont vendus par le fabricant environ 75 centimes la masse (144 douzaines) ; c'est à peu près un demi-centime par douzaine. Au détail, c'est tout au plus si l'on en obtient deux douzaines pour 5 centimes. Le même industriel a déclaré au jury de l'Exposition que, dans son estimation, sa fabrication de 1855, qu'il avait livrée pour la somme de 800,000 francs environ, avait définitivement coûté au public consommateur 10 à 11 millions de francs. Voilà ce que coûte l'excès des intermédiaires.

En dehors de ces faits, contre lesquels la concurrence des gros capitaux, ou mieux encore l'association des petits capitalistes, peuvent être invoqués efficacement, la concurrence ne cesse pas d'agir dans le sens de la vulgarisation du bien-être. Un économiste, aussi philanthrope pour le moins que les amis des systèmes d'organisation et de réglementation, Frédéric Bastiat, a parfaitement développé ce côté de la concurrence, en faisant voir que les bienfaits de la libre concurrence rayonnent d'une nation sur toutes les autres. Supposez la concurrence détruite ; supposez qu'il n'y ait pas de concurrence entre les producteurs de houille en Angleterre, entre les producteurs de coton, de café dans les régions tropicales ; entre les producteurs de vignes en France, l'effet incontestable de cet état de choses serait que chaque peuple ne profiterait pas des produits des autres climats. S'il n'y avait qu'un très-petit nombre de producteurs de vignes, de café, de coton, de houille, il est trop clair que ces producteurs tiendraient le marché du monde entre leurs mains, et qu'il faudrait que l'immense majorité des hommes se passât de ces denrées. La concentration d'une certaine denrée entre un petit nombre de mains, exclurait de son usage tous les peuples qui ne la produiraient pas … De quelque côté, au surplus, qu'on envisage les effets de la liberté de travailler et de vendre, les dons de Dieu ne deviennent un héritage *commun* qu'en vertu de la concurrence la concurrence exerce une énergique action dans le sens de la communauté croissante de biens d'abord à l'usage d'un petit nombre née de la propriété, elle est *communiste* dans la meilleure acception du mot. C'est elle qui vulgarise ce qui était rare d'abord ; c'est elle qui fait tomber les inventions dans le domaine public. Tout individualiste qu'elle est dans son but immédiat, son caractère, j'allais dire la fatalité de sa nature, est de travailler pour l'avantage de tous.

Comment donc ne ferais-je pas remarquer qu'elle est de même essentiellement *égalitaire* ? Non pas qu'elle ne développe elle-même les inégalités sociales dans une certaine mesure ; le nivellement absolu, je l'ai déjà dit, est une chimère, il est de plus un défi jeté à la civilisation, qui ne se conserve et ne se développe que grâce à la division et à la hiérarchie des fonctions. Nul progrès dans l'égalité communiste, qui n'est que l'abaissement universel du niveau. Mais, si elle laisse les inégalités se produire et même si elle les développe, la concurrence n'est pas moins égalitaire, en ce sens qu'elle empêche les parts des différentes catégories de producteurs de s'accroître abusivement. Je n'entends pas seulement par là, ce qui est déjà immense, qu'elle met obstacle au privilège et au monopole. Le nivellement équitable et naturel qu'elle établit tient à une cause plus profonde. Les profits grossissent-ils dans un des emplois du capital, la concurrence y porte les capitaux, et les profits qui tendaient démesurément à s'y accroître au préjudice de l'égalité, y baissent rapidement. C'est ainsi qu'elle rétablit l'équilibre.

On dit qu'une société démocratique doit protéger les faibles. Si on entend seulement que par l'éducation le travailleur soit préparé aux luttes de la vie, si on veut encore que les incapables et les impuissants, réduits à la misère rencontrent les secours de l'assistance, on à bien raison. La liberté économique a encore à s'instruire, son éducation est incomplète. L'instruction primaire et l'enseignement professionnel doivent lui venir en aide. L'augmentation de la force productive de l'individu profite a tous. Il n'en est pas en effet des luttes de la production comme de celles de la guerre. Les combats de la production libre n'impliquent point, en dépit d'une figure de rhétorique dont on abuse, la nécessité de vainqueurs et de vaincus. L'un sera millionnaire, ce n'est pas une raison pour que l'autre ne trouve pas à vivre. Il y a place pour tous au soleil, sous la condition de la bonne conduite, et si tous ne se mettent pas follement à courir à la fois le même but. Que nos jeunes Français fassent le contraire de ce qu'ils font ordinairement, qu'ils n'aillent pas où va la foule, que le cultivateur reste au champ, que nos compatriotes cessent d'obéir à des traditions déplorables et d'ambitionner tous une fonction publique, depuis celle de ministre jusqu'à celle de garde champêtre ; que ceux qui ont peu de capital, peu de talents industriels, ne veuillent pas non plus à toute force être fabricants, alléchés par la vue des fortunes qui se sont faites dans la fabrique. Le salut de la société est dans l'application ferme et sensée du conseil donné par le poëte : *quid valeant humeri*. Enfin, la protection aux faibles peut-elle consister à livrer la société, que celle-ci soit démocratique ou non, à la merci des incapables ? La sottise et l'erreur ont-elles un droit à se faire payer une indemnité ? Non, le malheur même, le malheur ne saurait être indemnisé sans ôter à la crainte de se ruiner une partie de l'énergie salutaire qui prévient seule la plupart des ruines. La société serait victime de ces combinaisons énervantes qui ont pour commun caractère de faire payer les frais des folies ou des fausses manœuvres par ceux qui ne les ont pas faites. Que cela semble humain au premier abord, soit, mais au fond, ce serait dur et tyrannique. La société, innocente de ces erreurs et de ces fautes, la société laborieuse et économe se ruinerait pour empêcher la ruine de quelques-uns dont le nombre ne pourrait aller qu'augmentant. Un tel déplacement des responsabilités naturelles serait immoral en soi et funeste dans ses effets.

Je dis à la démocratie laborieuse de notre temps vous voulez l'éclosion des vocations, le classement hiérarchique des capacités, la réalisation de la maxime : *À chacun selon sa capacité, à chaque capacité selon ses œuvres*. Ce n'est pas par un mandarinat ayant la haute main sur chacun qu'on y arrivera. Laissez donc, laissez à Platon cette république idéale, laquelle semblerait très-peu idéale à des populations fières et mûres pour la liberté : cette république où les gardiens de la loi recherchent dans toutes les classes quel métal précieux ou vil domine dans chaque individu, l'or, l'argent ou le fer, pour dire à l'un « Toi, tu seras magistrat ; » à l'autre « Toi, tu seras guerrier ; » à un troisième « Toi, tu seras artisan ou laboureur. » Le rêve rétrograde d'une théocratie dirigeante ou d'un collège de savants et de philosophes gouvernant le genre humain et décidant en tous les genres des capacités et des mérites, ne saurait vous aller, fiers travailleurs de notre temps. Fiez-vous à la liberté du travail. Elle est le plus grand des classificateurs comme le plus grand des inventeurs. Elle est armée du plus infaillible des cribles pour faire le départ du bon et du mauvais grain, pour former les degrés mobiles de la hiérarchie des mérites. Ce crible, c'est encore la concurrence qui s'y prend brutalement quelquefois, cela est certain, mais qui agit efficacement et sûrement. C'est un rude office, savez-vous, que de mettre chacun à sa place, et on ne saurait attendre de la loi qui en est chargée, des procédés toujours doux. Mais où est la grande loi naturelle qui ne s'exerce avec une sorte de dureté souvent impitoyable pour les individus ? Et pourtant est-ce que les lois naturelles sur lesquelles et par lesquelles le monde se conserve ne sont pas bien faites ? Laissez dire cela à d'impuissants détracteurs de la divine sagesse. La grande loi de la concurrence pourra me faire souffrir dans mes prétentions injustes comme producteur ; qu'importe si j'en profite comme membre du grand public, à chaque heure du jour et dans d'incalculables proportions ? Si elle m'empêche d'exploiter les autres sans équité, elle me préserve d'être exploité par eux. En mettant leur vrai prix aux services comme aux produits, elle est la limite naturelle qui borne tous les droits et refrène tous les intérêts. Et cela ne serait rien ! Dites donc que c'est immense.

Les économistes se sont appliqués depuis quelques années surtout à laver la liberté économique de cette accusation d'*anarchie* que quelques hommes ont prise comme point de départ de leurs plans d'organisation sociale, et qui sert encore aujourd'hui de prétexte à bien des vœux de réglementation. Les efforts faits en ce sens par l'économie politique méritent l'attention de la démocratie. Serait-elle à ce point portée vers la réglementation, vers l'invocation de l'État, si elle voyait dans la liberté économique non-seulement une force de production sans égale, mais aussi un instrument de répartition équitable, un principe très-réel et très-efficace d'organisation. Ce que nous venons de dire établit déjà que la concurrence remplit ce rôle, puisqu'elle ouvre la lice à chacun, selon ses goûts, ses aptitudes, ses moyens ; puisqu'elle assigne les rangs infiniment mieux que n'importe quel pouvoir suprême composé d'hommes ; puisqu'elle *met un juste prix* aux choses par une série d'opérations pour chaque objet, puisqu'elle accomplit ainsi une œuvre qui autrement serait impossible ; car, lorsqu'il s'est agi d'une mesure comme le *maximum*, la République française s'est appuyée sur des moyennes qui résultaient de la concurrence et Dieu sait pourtant où on a été mené par le *maximum*, même restreint et reposant sur ces données fournies par l'expérience. Mais n'y a-t-il pas d'autres preuves qui montrent à n'en pouvoir douter que la liberté économique obéit comme le monde physique à des lois naturelles et nécessaires ? Cette thèse, qu'il importe de plaider devant une démocratie disposée à croire que sans l'action préventive et incessante du législateur rien ne se ferait ou tout se ferait mal, elle reçoit sa confirmation d'exemples familiers. Par exemple les économistes ont demandé plus d'une fois comment une contrée telle que la France, comment seulement une ville telle que Paris qui compte près de deux millions d'habitants, trouve à satisfaire chaque jour, à chaque heure, des multitudes de besoins qui se renouvellent sans cesse et se diversifient à l'infini dans leurs degrés comme dans leurs nuances pour chacun des individus dont se compose cette vaste population. Qui donc réalise, ont-ils demandé, un tel miracle quotidien ? Est-ce l'administration ? On sait qu'elle ne vend presque que le tabac, ce qui forme une bien petite partie des choses que consomment même les amateurs les plus passionnés de ce produit dont l'habitude n'est profitable qu'au fisc. Est-ce la police qui sème, laboure, travaille le fer, etc. etc., et qui finalement apporte les denrées au marché ? Non, certes. Comment croire pourtant que c'est sur l'*anarchie individuelle* que l'on se reposera pour assurer l'alimentation d'une population nombreuse, alimentation qui ne pourrait manquer trois jours de suite ou se faire trop incomplètement sans qu'il en résultat des maladies terribles et sans doute une révolution ? Eh bien ! ne sait-on pas néanmoins que ce miracle s'opère par l'esprit et par les mains de tout le monde, sans la moindre contrainte ; que ce chaos se débrouille tout seul ; que le peuple parisien ne nomme aucun dictateur pour veiller à ce qu'il soit nourri, ce qui fait qu'il l'est à peu près convenablement. Comment donc, si l'harmonie manquait à ce concours d'efforts qu'on qualifie d'anarchiques, un tel résultat serait-il atteint avec cette exactitude qui tient de l'infaillibilité ? C'est le mobile le plus attaqué, l'intérêt personnel, source, dit-on, de tout désordre, qui explique aux yeux de l'économie politique cette harmonie si féconde. Ceux qui produisent ont intérêt, l'intérêt le plus pressant, à épier, à devancer, à satisfaire les besoins de ceux qui consomment, et comme nous sommes à la fois producteurs et consommateurs nous mettons tous l'attention la plus empressée à deviner tous les besoins et tous les moyens de leur donner satisfaction de la façon la plus avantageuse pour les autres et par conséquent pour nous-mêmes. Enfin, ces producteurs savent qu'ils ne peuvent communiquer à leurs travaux isolés toute la puissance imaginable que par une entente mutuelle, c'est-à-dire qu'en ajustant leurs productions les unes aux autres. Voilà donc encore une autre manière dont l'harmonie s'établit ! Voilà comment il se fait que l'intérêt accomplit en ce monde l'office de la fraternité la plus ardente, comment il accomplit même beaucoup mieux sa tâche que ne le ferait la fraternité, malgré tout ce qu'on peut alléguer avec raison contre les écarts et les imperfections qui servent d'ombre à ce tableau !

Il est, en vérité, temps que la démocratie renonce à faire de la réglementation par philanthropie. Nous ne ferons que constater un fait en remarquant que, sous Louis-Philippe, les républicains n'étaient pas les moins protectionnistes. Quand ils sont arrivés au pouvoir, ils n'ont songé à détruire ni le monopole de la boulangerie, ni l'échelle mobile dont la suppression a empêché il y a deux ans la disette. On eût dit qu'en portant atteinte à toutes ces combinaisons législatives, ils craignaient d'affamer le peuple, comme si l'expérience n'avait pas établi déjà que la liberté le nourrit mieux que la réglementation qui y est fort impuissante et qui va contre son but, par cette raison que si elle est fixe, elle s'accommode mal avec les faits qui sont mobiles, et que si elle est mobile, le commerce ne sait sur quoi compter et ne se tient pas prêt à des opérations qui peuvent être dérangées par le jeu variable des tarifs. Necker ne croyait-il pas, lui aussi, travailler dans l'intérêt des masses lorsqu'on 1789, conformément aux idées d'autorité philanthropique qu'il opposait au laisser-passer des économistes, il faisait, dans la fausse prévision d'une récolte incomplète, acheter à l'étranger quatorze cent mille quintaux de blé ? Quel était l'effet de cette mesure ? De répandre l'alarme, d'amener une hausse factice, d'imposer à l'État une dépense de quarante-cinq millions, et, ajoute le voyageur anglais Arthur Young, témoin oculaire, de causer la mort de plusieurs milliers d'hommes que l'élévation des prix fit périr, *quoiqu'il n'existât pas réellement de disette*. En 1811 et en 1812, en 1817 qui ne sait qu'on a vu se renouveler la même expérience désastreuse ? On ne parlait pas encore de démocratie dans l'ancien régime, mais on se préoccupait dès lors par humanité et par politique de l'intérêt populaire. C'était l'intérêt populaire qui dictait à Philippe le Bel cette mesure de maximum sur les céréales qu'il fallut retirer, comme plus tard la Convention retirait la sienne, avec l'aveu répété à quatre siècles de distance qu'on n'avait réussi par là qu'à exagérer le mal. Assurément la sollicitude des préfets pour leurs administrés est grande aujourd'hui, et grande aussi est celle de ces maires qu'on a vus menacer dans leurs affiches les accapareurs, c'est-à-dire au fond cette liberté du commerce des grains, qui distribue entre les diverses parties d'un territoire le blé acheté de divers côtés, qui nivelle les prix au profit commun des consommateurs et des cultivateurs dont elle met d'accord les intérêts divergents, cette liberté dont les bienfaits ne devraient plus rencontrer en France un seul préjugé hostile depuis les admirables lettres de Turgot à l'abbé Terray. Mais combien plus grande encore était la sollicitude des intendants et du conseil du roi que celle de nos préfets et de nos maires. « Il y a, dit M. de Tocqueville, des arrêts du conseil qui prohibent certaines cultures dans des terres que ce conseil y déclare peu propres. On en trouve où il ordonne d'arracher des vignes plantées, suivant lui, dans un mauvais sol. » En 1709, l'année même ou Mme de Maintenon était réduite à manger du pain d'avoine, le froid fit geler les blés dans les sillons. Les cultivateurs voulaient refaire les semailles. L'administration déclara que les blés repousseraient et interdit de labourer. Il y eut une terrible famine. C'est la réponse faite périodiquement à toutes les mesures d'*intérêt populaire* qui gênent l'agriculture, la fabrication et le commerce du blé et du pain.

La démocratie contemporaine choisirait mal son lieu et son heure pour parler de la nécessité de réglementer la liberté économique et de restreindre la concurrence *illimitée*. La liberté du travail reçoit encore nombre d'atteintes. La concurrence illimitée n'est en quelque sorte nulle part. Le régime de l'autorisation préalable, je l'ai déjà dit et j'y reviendrai, pèse sur une foule d'industries. La vénalité des offices limite à l'excès le nombre des titulaires de certaines charges et renchérit extraordinairement le prix des services que le public est tenu de leur demander. Les gênes administratives étendent et resserrent leur réseau aux mailles étroites sur presque tous les travaux. Enfin la liberté de s'associer pour le travail et le capital est entravée par des lois fort restrictives, chose d'autant plus fâcheuse que c'est surtout à l'association qu'il faut demander d'amortir les effets les plus fâcheux des chocs douloureux de la concurrence. Voilà pour le présent.

Quant à l'avenir de la démocratie moderne, il est dans l'extension, et non dans la limitation philanthropique ou prétendue égalitaire, de la liberté du travail. Les conquêtes de la liberté économique n'ont pas cessé d'être, qu'on le sache bien, celles de la dignité humaine, de la responsabilité individuelle et du bien-être général. À la liberté du travail secondée et non contrariée par des institutions de prévoyance, il appartient encore d'élever le niveau des classes ouvrières et d'étendre le cercle des classes moyennes, cœur et noyau de la démocratie. Depuis l'affranchissement des communes, l'émancipation du travail a marqué chacun des pas de la liberté civile et des progrès de la civilisation. Elle a accru sans cesse le nombre des propriétaires dans les campagnes et dans les villes, Eh bien ! qu'on se dise qu'elle n'a pas achevé son œuvre. Il reste à la liberté économique à se montrer sous un aspect moins mélangé de mal. Dans ses âpres luttes, elle a détruit en même temps qu'elle fondait. La chute des monopoles, celle des divers privilèges, celle des corporations, ont été des opérations douloureuses. La chute du système prohibitif excite encore quelques rumeurs et quelques plaintes … Les luttes si fécondes de la concurrence ont eu leur côté meurtrier. Les petits métiers sont tombés sous les coups redoublés de la grande manufacture. Les femmes ont pleuré sur leur rouet inutile et sur leur foyer désert. L'isolement du travailleur a été fréquemment une triste réalité, et si, dans la généralité des industries, les salaires sont allés pour lui croissant, le chômage, la maladie et la vieillesse l'ont trop souvent pris au dépourvu. L'association se présente à notre génération comme correctif et complément, association des individus, association des capitaux ! Que le cri de ralliement des travailleurs au XIXe siècle soit le même que celui qui fut au XVIIe siècle le cri de guerre du travail individuel ayant à conquérir ses franchises « *Laisser-faire, laisser-passer !* » La plus grande liberté dans la plus grande sociabilité, c'est à ce trait, s'il plaît à Dieu, que l'avenir se distinguera du passé qui n'a connu guère que la liberté inhabile à s'organiser, ou que l'association revêtant des formes oppressives.

CHAPITRE II
RÉFORMES ÉCONOMIQUES.

Des nouveaux développements nécessaires à la liberté du travail et aux progrès des travailleurs d'après les derniers rapports sur l'Exposition universelle de l'industrie à Londres. — L'instruction populaire. — L'abus des règlements. — Nécessité d'étendre la sphère des libertés économiques démontrée par les faits.

Quelles sont les réformes économiques les plus urgentes à accomplir dans le sens que je viens d'indiquer ? Si l'on veut dans le passé connaître les vœux et les besoins des populations, on ne saurait consulter d'autres monuments avec plus de profit que les cahiers des états généraux. Pour connaître la situation du travail et du capital, nous avons les enquêtes industrielles et les archives des expositions universelles. Les six volumes contenant les rapports de la section française du jury international sur l'ensemble de la dernière Exposition de Londres forment toute une vaste Encyclopédie. C'est presque une histoire descriptive et raisonnée de l'industrie moderne, répartie en diverses spécialités, auxquelles correspondent à peu près les travaux des quatre-vingt-dix-neuf rapporteurs. Nulle part ailleurs on ne trouve autant d'exemples placés en quelque sorte sous les yeux pour animer la science et l'art.[5] Je ne veux y chercher que ce

5 Il ne suffisait que ces rapports fussent juxtaposés dans une vaste publication ; il fal-

qui m'intéresse, ce qui regarde la liberté du travail et les intérêts de la démocratie.

Il sort un cri de ces documents : c'est de la liberté, c'est encore plus de liberté, qu'il faut au travail, au capital, à l'industrie française ! Le travailleur français n'est pas encore lui-même ce qu'il doit être, ce qu'il faut qu'il devienne !

Comment ne pas être frappé de la portée de ces vœux émanant d'hommes qui ne passent pas pour des théoriciens ? Ils intéressent par delà l'industrie même le présent, l'avenir même de notre société. Je dis que les intérêts les plus vitaux de la démocratie moderne s'y trouvent engagés et de la façon la plus directe. Cette démocratie sera-t-elle une démocratie libérale, éclairée, riche, répandant l'aisance dans les couches inférieures de la société, ou une démocratie comme il y en a eu plus d'une en ce monde, oppressive, ignorante et nécessiteuse ? L'industrie joue dans le monde moderne un rôle assez prépondérant pour qu'en s'occupant de ses destinées on se trouve amené à soulever de telles questions, les plus graves de la politique moderne.

Ainsi ce vaste document, et je l'en loue sans m'en étonner, fait grande la place à une question à laquelle il est facile de voir que tout converge aujourd'hui, industrie, société et démocratie, la question de l'éducation. Il y est beaucoup parlé de l'instruction populaire, de l'instruction industrielle, de celle qui forme des ouvriers intelligents et habiles dans leur art. – J'admire les produits ; je suis frappé quelquefois de ce qui leur manque. Cela me reporte vers le producteur. Comment, pour procéder à l'amélioration de ceux-là, ne pas songer avant tout au perfectionnement de celui-ci ?

Ceci est à la fois une question de liberté de commerce et de liberté de travail. Il y va de l'intérêt du capital national et de la destinée même des travailleurs. Pour nos producteurs, il s'agit de leurs triomphes <u>sur les marchés étrangers. Il y a tel marché, en effet, il y a tel genre de</u> lait qu'un travail de synthèse en concentrât la quintessence, en tirât en quelque sorte les conclusions. C'est cette œuvre qu'a remplie le président de la section française du jury international, M. Michel Chevalier, sous la direction duquel s'est faite la publication de tous ces rapports. Aussi le morceau capital du recueil est l'Introduction elle-même.

Étroitement rattachées au spectacle instructif de l'Exposition et aux réflexions qu'elle fait naître, les principales idées répandues par l'éminent président dans d'autres de ses écrits ont passé en substance dans ce nouveau travail avec ce qu'elles présentent de frappante et féconde originalité. On y trouve à un degré rare la hauteur et la généralité des vues, la passion des améliorations publiques unie à la connaissance des procédés industriels. C'est, pour tout dire, une sorte de programme de l'économie politique appliquée aux grands intérêts sociaux telle qu'elle peut se proposer aux esprits les plus avancés et les plus éclairés, et telle que dès longtemps M. Michel Chevalier l'a conçue et formulée.

produits où l'excellence des ouvriers jette dans la balance un poids décisif. L'argent n'est pas le seul nerf de la guerre, même commerciale. Le goût, par exemple, est une des fortunes de la France. Elle ne veut pas s'en laisser dépouiller. Elle ne veut pas s'abaisser tandis que d'autres s'élèvent. On ne songeait en France que faiblement peut-être à s'instruire tant qu'on n'était qu'homme, citoyen, producteur intéressé à bien faire en vue du débouché intérieur, mais on s'en occupe sérieusement, maintenant qu'il s'agit de ne pas rester au-dessous des Anglais. Qu'on ose dire que la concurrence étrangère ne sert à rien !
Tout aboutit à cette conclusion uniforme que l'état de l'instruction des classes laborieuses dans notre pays laisse énormément à désirer. Ce n'est pas que pour l'instruction primaire les sources fassent défaut. On n'a pas de peine à démontrer que les écoles sont très-nombreuses en France et que le pauvre peut aisément y trouver les notions les plus essentielles. On compte dans le document que nous citons jusqu'à 49,555 écoles publiques, laïques et religieuses, celles-ci figurant pour moins du quart, consacrées à l'instruction primaire, et en outre 15,000 écoles privées ; il y avait en 1859 plus de quatre millions d'élèves suivant ces écoles. Mais, et on en a fait maintes fois l'observation, ce chiffre, si brillant sur le papier, du nombre des élèves qui vont aux écoles, est surtout nominal.[6] Les enfants s'y rendent à peine durant les quelques mois d'hiver. L'été ils travaillent aux champs. Ils arrêtent à l'époque de la première communion leurs études à peine ébauchées. Comment s'étonner qu'après un pareil mode de fréquenter les écoles un grand nombre désapprenne jusqu'aux éléments de la lecture, de l'écriture et du calcul ? Cet état de l'instruction primaire est constaté par la proportion humiliante des conscrits et des conjoints ne sachant pas même signer. On a prétendu que c'est pis encore en Angleterre ; voilà une triste consolation. Mais, s'il est vrai que, malgré de récents et heureux perfectionnements, l'instruction donnée en Angleterre à la première enfance reste imparfaite, plus imparfaite même qu'en France dans quelques contrées ces imperfections ne sont-elles pas jusqu'à un certain point compensées par l'abondance des sources d'instruction mises à la portée des ouvriers adultes ? Il n'est personne qui ne connaisse les *mechannic's institutions* et leur influence si étendue. On aurait fort à faire d'énumérer toutes les associations qui s'occupent de l'éducation chez nos voisins, car c'est par l'association que tout se fait chez eux. Il y a pour nous Français plus qu'une satisfaction de curiosité ; il y aurait un excellent

---

6 Cette remarque est partout, elle est dans les documents officiels, elle est dans le livre récent de M. Jules Simon : *l'École*.

exemple à suivre, lorsque nous apprenons comment ces associations contribuent à la fondation de nombreuses écoles, comment elles ont établi et possèdent des écoles normales et des écoles modèles pour former les instituteurs et les institutrices, comment elles publient des livres relatifs à l'enseignement, livres qu'elles cèdent avec un rabais considérable aux écoles dont elles forment les maitres comment enfin elles fournissent à ces établissements, à des conditions plus avantageuses que celles qu'on pourrait obtenir chez les marchands ou les fabricants, des mobiliers scolaires ainsi que tout le matériel nécessaire à l'enseignement, et publient aussi un journal d'éducation spécialement à l'usage des maîtres qui dirigent ces écoles. Une des plus importantes innovations en ce sens est le département des sciences et des arts, branche du conseil royal d'éducation, créé à la suite de l'Exposition de 1851, d'abord pour encourager et propager l'étude du dessin dans les écoles anglaises, et plus récemment pour développer dans ces mêmes écoles l'enseignement des sciences. N'y a-t-il pas là des éléments positifs d'une comparaison féconde avec la France ? Eh bien sans rien ôter à celle-ci de ses mérites, l'enseignement populaire s'est, à quelques égards, révélé supérieur en Angleterre à ce qu'il est chez nous. Les méthodes sont, de l'autre côté du détroit, plus imparfaites peut-être, sauf pour l'histoire élémentaire, si sèchement enseignée à nos jeunes compatriotes ; mais tout est mieux fait pour y parler aux yeux. Les cartes et les plans offrent chez les Anglais beaucoup plus de perfection que chez nous et s'y présentent en plus grand nombre. L'enseignement de la géographie y est poussé beaucoup plus loin. Ce genre de supériorité est naturel, dites-vous, chez un peuple marin et voyageur. Soit ; mais est-ce une raison qui motive en ce genre notre extrême négligence et notre ignorance parfois grossière, même chez les hommes politiques ?

Les lacunes de l'enseignement primaire peuvent-elles être, au reste, un secret pour personne depuis la grande enquête ouverte en décembre 1860 ? Cette enquête a produit plus de six mille Mémoires, dont douze cent sept ont été réservés par les académies avec la note *bien* et dont cent quatre-vingt-douze ont été désignés à l'examen de la commission instituée pour juger le concours. Comment nier, après tant de preuves irrécusables, d'abord que l'instruction primaire a besoin d'être plus répandue, ensuite qu'il faut qu'elle soit rendue plus usuelle ? Améliorer la situation des instituteurs, qui reste trop souvent au-dessous de celle d'un bon ouvrier, voilà un des moyens les plus indiqués pour obtenir un bon personnel. N'est-ce pas une grande misère que les fonds si libéralement accordés à d'autres ministères soient mesurés d'une main si parcimonieuse à un service dans lequel toute dépense utile est un placement magnifique qui se résout en augmentation du capital intellectuel, moral et matériel du pays ? Mais comment déterminer les familles à imposer l'assiduité aux enfants, tandis que jusqu'à présent elles-mêmes les en détournent ? Faut-il s'en fier au besoin de jour en jour mieux senti de l'instruction ? Faut-il recourir à l'action directe du *compelle intrare* ? Les deux cinquièmes des Mémoires envoyés par les instituteurs au concours réclament l'emploi de l'enseignement obligatoire. Ses partisans s'appuient sur la supériorité éclatante de l'instruction primaire chez les peuples qui en font une obligation. Ils soutiennent que les peuples les plus exigeants en fait de liberté, comme les Américains et les Suisses, n'ont pas cru déroger à leurs principes libéraux en adoptant une mesure contre laquelle nul ne songe à réclamer. Bien des scrupules, surtout quand on se place en présence de la nécessité des sanctions pénales, combattent chez nous un système qui exonère la famille d'une des obligations qu'il lui appartient de librement remplir. À d'autres égards, l'instruction obligatoire ne présente-t-elle pas des difficultés d'application sérieuses ? La question est très-délicate, mais la conclusion à laquelle il y a lieu de s'attacher n'est pas douteuse ; il faut que l'instruction primaire se répande et devienne une réalité, au lieu d'être pour beaucoup une lettre morte. Si ce n'est directement par des pénalités, du moins indirectement par tous les moyens praticables, il faut que nul n'échappe à l'obligation de l'instruction primaire.

Nous venons de voir que les moyens d'instruction primaire existent en France, quoique imparfaits. En revanche, les éléments mêmes de l'enseignement industriel font presque partout défaut. C'est à ces conclusions très-nettement exprimées qu'aboutit le rapport sur l'enseignement industriel.[7] L'insuffisance de l'apprentissage frappe presque partout les yeux. La masse est médiocrement instruite. La spécialité excessive a tout envahi, au point que la plupart des ouvriers sont dans l'incapacité absolue de rien faire en dehors de l'unique besogne à laquelle ils sont habitués, besogne réduite à un très-petit nombre d'opérations. Peu savent un métier à fond et méthodiquement. Le haut enseignement industriel a ses centres dans le Conservatoire des Arts et Métiers, dans l'École centrale des Arts et Manufactures, dans l'École des Ponts et Chaussées et dans celle des Mines, quoique ces deux derniers établissements aient déjà un caractère bien spécial. L'agriculture compte aussi trois grandes écoles spéciales,

---

[7] MM. Morin et Tresca.

à Grignon, à Grandjouan, La Saussaye. C'est aussi fort utile. Mais ce qui manque presque complètement, c'est la moyenne instruction industrielle, mise à la portée de la masse de nos producteurs. Très-peu d'établissements de ce genre existent en France. Les écoles des arts et métiers à Chatons, à Angers et à Aix, donnent un enseignement plus général. On cite depuis trente ans à Lyon l'école de La Martinière, qui forme surtout d'excellents contre-maîtres. Les écoles professionnelles de Mulhouse et de Lille visent plus haut. L'étude des langues vivantes y est utilement combinée avec celle des sciences appliquées et du dessin. À Paris, l'École supérieure du commerce, fondée par M. Blanqui, et que dirige aujourd'hui M. Gervais (de Caen), le collège Chaptal, dirigé par M. Monjean, l'école municipale Turgot, dirigée par M. Marguerin, fournissent à l'industrie et au commerce des sujets instruits. Ces établissements offrent un mélange d'études littéraires, scientifiques et industrielles. Tout cela est bon, excellent, mais encore insuffisant. Qu'on songe seulement qu'aujourd'hui les écoles spéciales fournissent à peine six cents jeunes gens pour recruter annuellement le personnel de l'industrie française, et que l'on songe aussi que le nombre total des individus engagés dans la pratique industrielle est d'environ douze cent mille ! Avec des Sorbonnes industrielles comme est le Conservatoire, comme est même l'École centrale, on peut former d'excellents états-majors. C'est beaucoup encore une fois, mais cela ne suffit pas à donner à l'armée du travail de bons soldats. Or, aujourd'hui les bons soldats sont au moins aussi nécessaires pour remporter la victoire que les bons généraux on le voit dans toutes les espèces de guerre. Ce qu'il faut aussi, c'est un bon corps d'officiers et de sous-officiers. D'excellents juges estiment que, en vue de ce résultat, il est nécessaire non-seulement de multiplier les établissements d'enseignement intermédiaire, mais d'y établir une distinction qu'on n'a pas encore posée d'une manière assez nette entre l'enseignement professionnel, l'un devant être plus complet, l'autre devant être plus technique. Ils distinguent trois degrés dans l'enseignement industriel, qui s'élèvent suivant l'âge, la capacité ou les ressources des élèves.

Sans entrer dans de tels détails, sans prétendre esquisser même superficiellement le plan de ce système d'éducation qui existe à peine, quoiqu'il semble appelé à recevoir dans son sein la grande masse des classes moyennes et inférieures, qui ne se voit amené pourtant à se demander sous quelles formes et par qui sera donné ce nouvel enseignement ? Loin de nous la pensée de jeter aucune idée de critique décourageante sur tout ce qui atteste le bon vouloir du gouvernement à l'égard de ce nouvel enseignement reconnu d'une indispensable nécessité. Mais enfin il y a lieu de croire que l'enseignement industriel ou professionnel, comme on voudra l'appeler, ne saurait fort efficacement être annexé à nos collèges ; il y a lieu de croire que le personnel et les habitudes de l'Université s'y prêtent peu, il y a lieu de croire enfin qu'un tel enseignement, pour être sincère et complet, doit se développer à part. Sera-t-il possible autrement d'éviter l'un ou l'autre de ces inconvénients, ou bien la surcharge des programmes, qui est déjà bien grande, ou bien la coexistence dans un même établissement de deux peuples d'élèves se regardant avec peu de sympathie et se côtoyant sans se confondre ? Un certain nombre de collèges communaux, qu'abandonnaient les anciennes études universitaires, ont pris plus décidément le caractère scientifique et industriel. C'est sans doute le meilleur parti qu'on en pourrait tirer, puisque tel est le vœu des familles. Mais croit-on qu'on réussira dans la masse des établissements à greffer un pareil fruit sur le vieux tronc universitaire ? La démocratie n'exclut pas plus, que nous sachions, la hiérarchie des études que celle des situations sociales, et il faut prendre garde, ici comme ailleurs, de tout sacrifier, sous prétexte d'égalité, à l'idole d'une monotone, stérile, oppressive uniformité. Dans notre pensée, l'enseignement industriel se fera surtout par des professeurs appartenant eux-mêmes à l'industrie, et la liberté aura pour l'organiser bien plus d'action efficace que l'État.

Un autre point d'une importance capitale est à considérer quant à l'instruction dans ses rapports avec les produits industriels nous voulons parler des applications de l'art à l'industrie. Dans toutes les branches de l'industrie où les arts du dessin exercent une influence considérable, la France s'est montrée au premier rang, et ses produits ont obtenu une faveur décidée. Songeons-y pourtant, des mots graves se rencontrent dans les rapports des jurés de l'Exposition. Ces mots sont ceux-ci : Progrès immense dans toute l'Europe, depuis dix années, progrès moindre pour la France, et même sur quelques points, symptômes de décadence. Lassés de s'entendre dire qu'ils étaient étrangers au beau et au goût, capables seulement de satisfaire aux besoins des multitudes par le bon marché, et ne voulant pas céder le marché sans lutter avec leurs rivaux, les Anglais se sont mis à l'œuvre avec cette ardeur et cette ténacité qui les distinguent. Aussi existe-t-il aujourd'hui en Angleterre des musées publics. Une sorte de révolution s'annonce dans l'école anglaise de peinture ; la correction du dessin, trop négligée, reprend son rang ; enfin, et surtout, la grande école de dessin de South-Kensington, qui dépend du département des sciences et arts, a été ouverte depuis dix ans. C'est l'établissement le plus grandiose et le plus complet de ce genre qui existe en Europe. Exemples et maîtres excellents, tout s'y trouve. Tableaux admirables, modèles de machines, bibliothèque bien choisie et renfermant les meilleurs ouvrages d'art, rien ne manque pour offrir aux élèves des moyens d'étude aussi nombreux que variés. Ajoutez que les écoles avec lesquelles correspond l'école de South-Kensington sont aujourd'hui au nombre de quatre-vingt-dix, et que le nombre des élèves dont elle a doté l'industrie du pays est de 91,836. C'est ainsi que nos voisins, avec la grande école de South-Kensington, se sont entendus à faire de la centralisation. Ils ont appelé sur ce point spécial l'intervention directe de l'Etat, ils ont créé des professeurs fonctionnaires, dès qu'il s'est agi d'inoculer à leurs ouvriers le goût et l'habileté des arts du dessin. South-Kensington met un professeur à la disposition de toute école d'art, à la condition qu'elle fera enseigner le dessin dans cinq écoles publiques de pauvres ou cinq cents pauvres au moins ; qu'elle instruira à prix réduits des moniteurs pour les écoles des pauvres, et qu'une classe du soir sera tenue trois fois par semaine au prix minimum de 60 c. pour la semaine. Combien d'heureux fruits avait déjà portés cette institution à l'Exposition de 1862 ! Mais combien nos rivaux paraissent loin d'être encore au terme de leur progrès ! Un juge éminent, M. Mérimée, dans son rapport, juge la situation grave, même menaçante, et il invoque un remède que nous indiquerons. Il pose en principe « qu'il ne peut être douteux, pour quiconque a étudié l'histoire des beaux-arts, qu'à toutes les époques où de grands maîtres ont fleuri et fondé des écoles illustres, l'industrie n'ait pris en même temps un essor nouveau et très-considérable. L'influence la plus heureuse s'est étendue à tous les produits manufacturés susceptibles de recevoir une ornementation. » Quels exemples que ceux de la Grèce, du moyen âge, de la Renaissance ! Benvenuto Cellini procède de Raphaël et de Michel-Ange. Est-ce là un fait isolé ? Non. Mille autres preuves l'attestent il existe une relation intime entre toutes les parties de l'art ; partout où surgit un grand artiste se forment des ouvriers habiles et intelligents, tandis que si, au contraire, la tête souffre, les membres doivent souffrir aussi. La conclusion, c'est qu'il faut réformer l'art par le sommet, en tant du moins que cela dépend de l'État, c'est-à-dire par l'enseignement. L'enseignement des beaux-arts n'est point en France ce qu'il devrait être. Il n'est point tel que l'exigent la grandeur du pays, les dispositions du peuple, les besoins de l'industrie. Ce sont ces vues qui ont mené à réformer l'école des Beaux-Arts de Paris, d'ailleurs selon un mode que nous n'avons point à juger. Avant tout, il faut que cette école appartienne au grand art. Au-dessous du grand art, il y a un art de spécialité et d'application qui demande aussi des écoles.[8] Toutes ces idées se correspondent, bien loin de s'exclure. Ajoutons que l'art lui-même est trop concentré à Paris. Élever le niveau d'une part, et de l'autre laisser la vie rayonner loin du centre, l'y aider au besoin, tel est le devoir de l'État, tel est le besoin vivement éprouvé par l'industrie, disons ici par le pays tout entier.

Une démocratie vivant de son travail, une démocratie intervenant par l'élection dans le gouvernement du pays veut être instruite à ce double titre, et, comme on l'a fort bien dit, « le suffrage universel suppose l'enseignement universel. » Est-ce à dire pourtant qu'il n'y ait pas dans notre régime administratif et industriel d'autres réformes désirables ? Combien de satisfactions encore restent à donner à ce principe de libre initiative individuelle, en dehors duquel il n'y a que d'illusoires conquêtes dans l'ordre économique comme ailleurs ! Il suffira de dire que presque tous les vœux exprimés par les jurés français ont pour inspiration directe la liberté du travail, et que tous se rattachent par un lien étroit à ces principes de justice et d'égalité qu'on désigne sous le nom de principes de 1789. Il n'est pas jusqu'à la réforme du service des chemins de fer, qui ne rentre dans le cercle de ces idées, puisqu'il s'agit d'adoucir le monopole, lorsqu'il est rendu inévitable par la nature des choses, et de l'empêcher de peser trop sur les citoyens. La vitesse et le bon marché du transport sont connue, la multiplication des voies de communication, et pour les mêmes raisons, des éléments indispensables du bien-être de tous. Il faut y voir aussi des instruments de succès pour notre industrie nationale rendus plus nécessaires que jamais par les récents traités de commerce. Les plaintes émises par les conseils généraux portent témoignage contre tout ce que le service des chemins de fer laisse a désirer, et les vices du service dit de petite vitesse, pour les marchandises, sont trop connus. Ne parlons que des choses et laissons les personnes ; taisons-nous sur tout ce qui, dans les places de seconde et de troisième classe, accuse à l'excès le manque de confortable ; laissons de côté tout ce qu'il y a à dire sur cette espèce d'emprisonnement cellulaire qui isole les voyageurs les uns des autres, qui met face à face l'honnête homme et l'assassin, qui livre l'honnête femme aux entreprises de la brutalité, et ne nous occupons que des intérêts les plus matériels du public et de l'industrie. La petite vitesse a pris trop de soin de justifier son

---

[8] On rencontre d'excellentes vues dans le rapport de M. Chartes Robert sur l'enseignement du dessin et du modelage en vue de leur application à l'industrie.

CHAPITRE II

nom, elle constitue un dommage pour l'industrie nationale. Tandis que nos manufacturiers, stimulés par le zèle de la concurrence, s'ingénient pour produire dans des conditions d'égalité avec l'Angleterre, faut-il les décourager par des inégalités que rien ne justifie ? N'est-il pas exorbitant que le service des marchandises soit, dans certains cas, sept fois plus rapide en Angleterre qu'en France ? Avec le perfectionnement des locomotives, avec l'augmentation de leur puissance de traction qui comporte plus de chargement, ce qui tend à diminuer sensiblement le nombre des trains, et par conséquent les frais, nos Compagnies n'ont-elles pas perdu toute excuse si elles persévèrent dans la lenteur actuelle du service de petite vitesse ? Il importe enfin de songer aux moyens de rendre plus facile au commerce le redressement des griefs contre les Compagnies de chemins de fer par la voie des poursuites judiciaires. La responsabilité est la loi de tout ce qui a une existence individuelle ou collective à tous les degrés. Nul corps ne doit être assez puissant pour s'y soustraire. Soutenir le contraire, c'est trahir l'intérêt présent des Compagnies, lesquelles ont un avantage certain à satisfaire le public pour augmenter leur clientèle ; c'est trahir en outre leur intérêt futur et celui du public tout entier du même coup, car c'est appeler la main de l'État sur cette exploitation : moyen peu sûr d'atténuer les inconvénients du monopole quand un seul maître sera à la fois juge et partie, et que cet unique exploitant aura dans sa main la publicité et les tribunaux !

S'il y a des monopoles inévitables, et il est difficile de ne pas donner ce nom jusqu'à un certain point aux chemins de fer, tant est incomplète la concurrence que leur font d'autres moyens de transports, s'il y a des règlements inévitables aussi et même désirables qui agissent à l'égard de ces monopoles comme tempéraments et correctifs, peut-on en dire autant d'autres monopoles et d'autres règlements ? Ce qu'on paraissait généralement peu soupçonner, ce que l'expérience atteste, et ce que reconnaissent aujourd'hui les jurés français, c'est que l'industrie souffre beaucoup moins des excès que des lacunes de la liberté qui lui est laissée. Ces restrictions ont un double inconvénient ; elles empêchent de faire, et elles sont cause de bien des imperfections dans la manière de produire. Les Anglais ne se décident qu'à la dernière extrémité à sacrifier la liberté du travail. Ils comptent sur la vigilance de la part du consommateur et sur les calculs de l'intérêt bien entendu chez le producteur. Cette façon de considérer les choses, même en face d'abus réels, les trompe rarement. Chez nous on va tout de suite à la loi. On empêche un plus grand bien pour empêcher un moindre mal ; on ne veut rien supporter de la liberté.

Moitié impatience irréfléchie, moitié paresse, on aime mieux s'endormir et que l'État veille, on préfère s'abandonner aux précautions peu viriles et peu fortifiantes du régime préventif. Cette défiance de soi et cette confiance dans l'autorité se témoignaient naguère par les prohibitions et réglementations établies sur le commerce des grains avec l'étranger, en d'autres termes par le maintien de l'échelle mobile ; elles se témoignaient aussi par la taxe de la boucherie et le régime de la boulangerie. Pourquoi cette nécessité de demander l'autorisation du gouvernement pour construire un haut-fourneau, un simple foyer d'affinage ? Pourquoi l'exploitation des mines est-elle sous le joug de règlements multipliés, minutieux, inutiles, dispendieux ? Pourquoi, exemple frappant entre plusieurs autres, les chaudières à vapeur sont-elles tenues de passer par tant et de telles épreuves qu'elles en sortent plus faibles qu'auparavant ? Pourquoi l'épaisseur des feuilles de métal employées aux chaudières est-elle réglée par des prescriptions absolues qui tendraient à rendre tout progrès impossible, car elles s'opposent à ce que les chaudières soient faites de la tôle de la meilleure qualité, ou d'acier en place de fer ? L'abus des règlements de tout genre et des complications administratives a été signalé, lors de la distribution des récompenses aux exposants, par deux voix très-autorisées, celles du prince Napoléon et de l'Empereur lui-même. L'espérance d'en voir débarrasser l'industrie a donc désormais toute la valeur d'une promesse, d'un engagement solennel.

Est-ce d'ailleurs seulement à des détails plus ou moins oppressifs qu'une réforme libérale aura à s'appliquer ? Il est telles professions qui sont de vraies corporations, avec toute la série de règlements qu'une telle organisation entraine. Ces professions en souffrent elles-mêmes. De récents procès nous ont montré ce qu'a de vicieux l'organisation par exemple de l'imprimerie parisienne, et trop de signes attestent d'ailleurs que ce bel art de l'imprimerie est en décadence. Quelque multiples que puissent en être les causes, comment douter que le défaut de liberté en soit une des plus efficaces ? Le monopole des courtiers, au moment où nous écrivons, est fort menacé. Le désir de procurer à l'État la ressource des fonds de cautionnement ne fut pas étranger à la création de ce monopole et de quelques autres du même genre, à l'époque du Consulat. En 1816, ils reçurent, moyennant une aggravation de cautionnement, comme un nouveau baptême. Depuis 1816, le cautionnement s'est beaucoup développé en France. N'est-il donc pas manifestement contraire à la liberté et à l'intérêt des commerçants de leur imposer dans leurs transactions un certain nombre d'intermédiaires déterminés ? S'adresser à qui ils veulent, n'est-ce pas là leur droit évident, et voit-on ici que quelque intérêt public justifie la suspension de ce droit ? Le courtier n'étant pas garant, on se demande à quoi il sert. Que penser aussi de certains procès faits par les courtiers aux représentants que le commerce avait librement choisis ? Cela ne nous reporte-t-il pas à une époque où le travail était, sur une vaste échelle, considéré comme un privilège ?

Les dégrèvements d'impôt sont enfin de véritables mesures d'affranchissement pour le travail. Non pas que l'industrie réclame l'exemption des impôts nécessaires aux besoins de l'État ; non pas que le mal occasionné par les taxes, à moins qu'elles ne soient très-lourdes, égale pour le travail celui des monopoles et des prohibitions administratives. Mais c'est ici une question de mesure. Il est tel cas où la réduction des impôts sur certains produits est pour tout le monde, y compris le fisc, une excellente affaire. Croit-on que l'entrée en franchise des machines, qui serait si profitable à l'industrie nationale, et qui est presque de droit pour elle, tant c'est une condition même de son succès, croit-on que cette entrée en franchise ne serait pas tort avantageuse, grâce à l'élan imprimé à la production ? C'est à une vaste consommation, à un puissant mouvement d'échanges que le fisc est surtout intéressé. Renoncer aux impôts qui agissent particulièrement comme entraves, l'expérience ne prouve-t-elle pas que c'est le meilleur des calculs ? Le faible chiffre de nos importations en fer forgé autre que pour rail et en barres d'acier montre déjà que les droits sont trop élevés pour ces articles. puisqu'ils sont presque prohibitifs. La même observation est applicable aux cotons filés, matière première de tant de fabrications. N'y a-t-il pas nécessité d'abolir les surtaxes de pavillon qu'on prétend établies en faveur de notre marine marchande, et qui n'ont d'autre effet que d'entraver le mouvement des échanges au détriment des manufactures et de l'agriculture nationales, comme au préjudice de la marine elle-même ? L'enquête dont a été chargé récemment le conseil supérieur du commerce a eu pour effet d'amener le remaniement des règlements surannés de la marine marchande, et notamment la réforme de l'inscription maritime dont chaque jour indiquait les vices et diminuait le nombre des adhérents.

L'agriculture appelle aussi sa part de réformes. Au lieu de s'étendre un peu stérilement sur le thème de ses bienfaits que personne ne conteste, il était temps que l'on se montrât frappé de son caractère encore si arriéré, surtout si on le compare aux récents progrès de l'industrie manufacturière. Laissons pour un moment la question des capitaux et celle du crédit. N'est-il pas un certain nombre d'améliorations immédiates que réclame l'agriculture française sous forme d'irrigation et de drainage ? Combien de terres, témoin la Beauce, sont dévorées par la sécheresse durant l'été, tandis qu'une certaine quantité d'eau d'arrosage détournée des fleuves y établirait la fécondité et la salubrité en permanence ! Le gouvernement italien et le gouvernement anglais ont cru obéir à des intérêts urgents et non sortir de leurs attributions, en prêtant leurs concours, sous forme de garantie d'intérêt ou d'avances à des entreprises de ce genre. Il reste encore à la dotation de 100 millions promise à l'agriculture à devenir une réalité tant les règlements et les difficultés multipliées sous les pas de nos propriétaires en rendent l'accès difficile ! N'est-ce pas, en attendant, une étrange anomalie que de priver l'agriculture française d'une substance aussi fécondante que le guano par le renchérissement qui résulte de la surtaxe de pavillon ? Le paysan français, relevé de tant de vexations et d'avanies qui ont été son lot dans le passé, reste pauvre et inculte, malgré la Révolution française. La petite propriété a immensément fait sans doute pour l'enrichissement du sol, et elle donne tort, d'une façon éclatante, à ses détracteurs systématiques ; mais elle a ses plaies, surtout quand elle atteint un certain degré de division. Au lieu d'opposer au manque de capitaux le remède à contre-sens et qui n'est plus soutenu que par des préjugés arriérés de la limitation du taux légal de l'intérêt qui n'empêche pas l'usure, on le sait bien, et qui ne la rend même que plus dure, il faudrait proclamer, comme les peuples les plus avancés de l'Europe s'applaudissent de l'avoir fait, la liberté du taux de l'intérêt qui multiplie le capital et tend à rendre plus douces les conditions auxquelles il se prête par une concurrence plus étendue. C'est assurément une bonne mesure, quoique insuffisante, que l'affectation d'une somme de 25 millions aux chemins vicinaux. Mais il y a, pour ainsi parler, une autre circulation que la loi ne devrait pas entraver, c'est celle qui fait passer la propriété d'une main dans une autre. Avec combien de raison on se plaint de l'excessive rigueur de la taxe établie sur la transmission par voie d'achat et de vente, rigueur telle, qu'elle empêche une quantité de transactions d'avor lieu, et qu'elle nuit à l'agriculture, directement intéressée à ce que la terre aille aux mains les plus capables d'en tirer bon parti ! Tout compté, y compris les décimes de guerre, le droit de mutation dépasse 6 ½ p. 100, tandis qu'il n'est que de ½ p. 000 en Angleterre. Réduire dans une proportion considérable la taxe sur les mutations à titre onéreux est donc une mesure que tout conseille de prendre. Il est vrai que l'on rencontre ici les mêmes difficultés que toutes les fois qu'il s'agit de diminuer un impôt. Pour décider le fisc à se priver en partie d'une ressource qui est d'environ 120 millions, il faut lui montrer des compensations. Les meilleures de toutes, sans aucun doute, sont les économies. Une mesure qui, augmentant la fortune territoriale de la France, serait accompagnée d'une réduction correspondante dans les dépenses de guerre, serait généralement bénie ; ce serait double bénéfice pour l'agriculture, qui retrouverait à la fois des capitaux et des bras. Si c'est trop exiger dans l'état actuel des choses, on se demande si un supplément à l'impôt foncier, pour toute la somme qu'on ne se serait pas procurée par la voie des économies, ne pèserait pas beaucoup moins sur la terre que l'impôt de mutation.

Il est une servitude de l'industrie sur laquelle plusieurs rapporteurs se sont prononcés avec beaucoup d'énergie et qui suscite des questions nouvelles d'un grand intérêt : je veux parler de la législation des brevets d'invention. Cette législation a excité de vives plaintes de la part de l'industrie qu'elle menace sans cesse, sans satisfaire les vrais inventeurs qu'elle ne garantit pas contre les plagiaires. Aussi s'agit-il de la modifier d'une manière étendue et un projet de loi est-il préparé dans ce sens. Mais la commission chargée de faire son rapport au Corps législatif n'a guère cessé de l'ajourner, tant elle parait convaincue des défauts et des difficultés du nouveau projet ! Ce que nous tenons à dire ici, c'est que les rapports des jurés attestent une vive réaction contre les brevets, et que cette réaction va assez loin pour que M. Arthur Legrand, auteur du rapport sur cette question, se soit rendu l'organe d'un grand nombre d'exposants en demandant l'abolition pure et simple des brevets. La législation actuelle, digne sans doute d'être approuvée dans son but, spécieuse dans les raisons qu'elle invoque, adoptée par plusieurs grandes nations, a le grave défaut, révélé par l'expérience, de faire plus de mal que de bien. À parler rigoureusement, l'inventeur a-t-il d'autre droit que celui d'exploiter sa découverte et d'en tirer tel parti qu'il pourra ? Que si la société juge l'inventeur digne de récompense et se charge elle-même de l'indemniser et de le rémunérer, cela ne saurait avoir lieu que sous la réserve de ne pas spolier les autres producteurs et inventeurs. Comment ne pas objecter contre la législation des brevets que les mesures destinées à favoriser les inventeurs laissent en dehors de leur protection les plus vraies et les plus grandes inventions, les découvertes scientifiques ? Comment ne pas rappeler que les plus importantes inventions industrielles de notre temps se sont faites en dehors de ces mesures ? Il est certain qu'on n'arrive pas à dissiper les doutes qui s'élèvent sur les véritables inventeurs, et que la législation des brevets est devenue, comme on l'a dit, un vrai nid à procès. Tous les brevetés, tous les industriels ne le savent que trop ! Nos manufacturiers se plaignent hautement de voir subitement apparaître des brevetés qui les rançonnent sans avoir rien inventé de sérieux, et de payer sans raison valable des primes quelquefois assez fortes pour leur interdire la possibilité de lutter sur les tiers-marchés avec les manufacturiers étrangers. Les vices de la législation sont à peu près généralement reconnus. Peut-on faire beaucoup mieux ? Cela parait douteux, lorsqu'on songe quels hommes éminents et compétents ont pris part à la loi de 1844. La presse s'est occupée pourtant de combinaisons ingénieuses qui ôtent en partie à la législation des brevets ce qu'elle a d'abusif. La nouvelle tendance qui se manifeste, c'est qu'il vaudrait mieux, pour l'industrie et pour l'invention elle-même, qu'à part quelques récompenses nationales qui serviront de stimulant, la masse des inventions et perfectionnements fût laissée aux lois habituelles de l'échange, comme en Suisse. Le mouvement qui s'élève en Angleterre avec plus de force encore qu'en France, et à la tête duquel sont placés des hommes aussi considérables que lord Granville et M. Cubitt, et quelquefois des inventeurs d'élite, comme sir William Armstrong, pousse de ce cote. La dernière Exposition, ainsi que l'attestent les rapports des jurés, n'aura fait qu'imprimer une nouvelle force à ce mouvement déjà si prononcé.

Faut-il donc pousser la conviction de l'excellence des bases sur lesquelles repose l'industrie et en général la société française, propriété individuelle, liberté du travail, concurrence, jusqu'à croire que toutes les parties de l'édifice soient ou complètes ou à l'abri de toute critique ? Nous ne nous croyons pas engagé à un tel optimisme. Aussi bien, une telle perfection serait un privilège que n'a présenté encore aucune civilisation. Sans viser à la perfection absolue, il y a encore bien des réformes à accomplir. Nous l'avons prouvé déjà pour l'instruction et pour divers points d'économie publique. Nous avons réservé pour la fin de ce chapitre deux sujets unis assez étroitement entre eux, sur lesquels nous reviendrons en détail, mais desquels il est impossible de ne pas dire dès à présent au moins un mot le crédit et l'association.

Il faut rendre le crédit plus accessible aux masses sans porter atteinte aux conditions fondamentales sur lesquelles repose sa sécurité. C'est là une des plus impérieuses nécessités et aussi une des difficultés économiques de notre temps. S'il y a des rêveurs qui, après de longues réflexions, aboutissent à réinventer le papier-monnaie, est-ce un motif pour croire que les formes du crédit aient atteint chez nous tous les perfectionnements et tous les développements qu'il est raisonnable d'espérer ? Évidemment non. Ni pour les industriels aisés, ni pour la masse laborieuse, le crédit, malgré les immenses services que rendent les institutions actuelles, n'offre encore la somme de facilités que le travail intelligent peut en attendre. On n'est pas plus utopiste en tenant ce langage qu'on ne l'eût été à réclamer des perfectionnements au crédit à une époque où la Banque de France n'était encore que la Banque de Paris, ou bien à l'époque toute récente où aucun des grands instruments de crédit qui fonctionnent depuis dix ou quinze ans n'existait encore. Tout le monde n'admet-il pas aujourd'hui par exemple l'utilité du Comptoir d'escompte ? Tout le monde ne reconnaît-il pas que les billets de 100 fr. et de 200 fr., si combattus à l'origine, sont pour ainsi dire indispensables ? Pourquoi tout serait-il fait et parachevé aujourd'hui ? Ne suffit-il pas de comparer ce qui existe dans d'autres pays en ce genre pour être convaincu de la possibilité d'améliorer et d'étendre chez nous la sphère du crédit ?

Est-ce en augmentant la part d'intervention de l'État qu'on réalisera ce mieux désirable ? Est-ce en resserrant les liens du monopole ? C'est au contraire par une plus grande latitude laissée aux opérations et à l'esprit d'entreprise. Non qu'il ne faille demander aux banques plus de garanties qu'à la masse des industries. Il s'agit seulement de savoir si les causes qui justifient ces précautions deviendront des prétextes au monopole et à des entraves arrêtant l'essor du crédit. Selon nous, les restrictions doivent se présenter et se motiver à titre exceptionnel. En dehors des choses défendues par la loi morale, l'absence de liberté n'a jamais le droit, de notre temps, de se donner pour la règle. Si le crédit se développe en raison de la liberté ; si, en fait, les Banques anglaises se sont multipliées en proportion des facilités que la législation leur a données, comment n'en serait-il pas de même des nôtres si la législation s'y prêtait ? Il y a trente ans environ, la Banque d'Angleterre exerçait dans Londres un monopole que la loi lui garantissait. Le texte des actes du Parlement était tel qu'autour d'elle, à Londres et dans la banlieue, il ne pouvait y avoir que des banques fort secondaires. La législation anglaise a été en cela radicalement changée. Aujourd'hui, dans Londres même, on compte plusieurs banques qui font une grande masse d'affaires et donnent aux opérations commerciales un puissant concours, non sans recueillir pour leurs actionnaires de très-gros bénéfices. D'où proviennent ces profits ? Des capitaux que le public leur livre en dépôt et dont elles servent un certain intérêt. On sait que la Banque d'Angleterre n'en paye aucun pour les fonds qu'on lui confie. Lorsqu'on ajoute que c'est avec ces capitaux qu'opèrent les diverses banques de Londres et non avec le leur propre, lorsqu'on calcule la masse des dépôts qui monte à 360 millions de francs, reçue par le plus important de ces établissements, la Banque de Londres et de Westminster, et ses dividendes évalués à 22 pour 100, lorsqu'on vient à songer enfin que les six principales banques de ce genre à Londres ont en dépôt un capital égal à 1 milliard 260 millions, somme à laquelle il faut joindre, pour se faire une idée complète de la puissance du crédit en Angleterre, les dépôts des autres banques établies à Londres et dans le reste du pays, on admire ce que peut un nouveau développement de liberté. Y a-t-il là rien qui empêche la Banque d'Angleterre de prospérer ? Non, assurément. Les services qu'elle rend sont aussi immenses qu'incontestables malgré les défauts de son organisation actuelle. N'y a-t-il point là pour la France, dont l'industrie est appelée par le traité de commerce à lutter avec l'industrie britannique, si bien pourvue de moyens de crédit, un bon exemple à suivre ? La Banque de France ne rend pas inutiles des établissements complémentaires. Ceux qui existent ne l'ont pas ébranlée. De nouveaux développements en dehors d'elle ne l'ébranleraient pas plus que les banques établies à Londres n'ont ébranlé l'institution centrale. Tout atteste qu'il y a de nos jours dans les transactions une élasticité, et dans le crédit une richesse de combinaisons qui donnent place à une remarquable diversité d'établissements.

Dans un curieux Mémoire anonyme sur la nécessité d'introduire en France les banques de dépôts, les chèques et les virements de chèques, d'après la méthode anglaise, je trouve d'instructifs renseignements sur l'utilité que le commerce, et, ce qui doit nous toucher particulièrement au point de vue de la démocratie, le petit commerce, a retirée de ces moyens si commodes popularisés depuis quelques années surtout dans la Grande-Bretagne, et qui sont appelés à s'implanter chez nous. Le petit commerçant s'est trouvé débarrassé, grâce aux banques de dépôt, de tous les soucis causés par la garde d'espèces métalliques, de billets de banque ou de valeurs mobilières. Auparavant il fallait souvent qu'il envoyât à une grande distance et même dans des directions opposées, soit pour recevoir payement de ce qui lui était dû, soit pour effectuer ses propres payements, ce qui l'éloignait des affaires ou l'obligeait à avoir un commis. La Banque de Londres et Westminster (et elle n'est pas la seule) fait tout cela pour son compte et sans lui laisser aucun souci. Son argent reste à sa disposition, comme s'il était dans sa propre caisse. Il le retire, soit en totalité, soit en partie, au fur et à mesure de sa convenance. Il solde par un *chèque* sur son banquier tous les achats nécessaires à son commerce, ce qui épargne son temps et même ajoute à sa considération. Bref, il se trouve en possession d'avantages qui étaient réserves autrefois aux personnes riches. De proche en proche, ce système s'est développé jusqu'à l'époque actuelle, où il est devenu fort rare qu'un petit commerçant ou une personne possédant un petit revenu ou un petit capital n'ait pas son banquier.

Y a-t-il quelque raison valable qui empêche en France les mêmes coutumes de s'établir ? Nous répétera-t-on encore que la race ne s'y prête pas ? Est-ce qu'encore une fois les vastes développements que le crédit a déjà pris successivement ne prouvent pas le contraire ?

Je traite plus loin des institutions de crédit populaire qui laissent chez nous tant à désirer. Le lien que de telles institutions offrent avec la prospérité générale est extrêmement sensible. Ce nom de crédit démocratique peut s'appliquer aussi à l'une de ces institutions qui fonctionne à Bruxelles sous le titre de l'Union du Crédit. Les clauses en sont excellentes, le succès en est aussi solide qu'étendu, et elle a sa place chez nous dans l'intérêt des petits commerçants et des petits fabricants. Pourquoi la réussite ne serait-elle pas la même en France qu'en Belgique ? La combinaison simple et spontanée en vertu de laquelle des hommes ne possédant qu'un modeste avoir se rendent solidaires en constituant un fonds de garantie auquel chacun a dû contribuer d'avance pour une part déterminée et proportionnelle au total du crédit qu'il désire obtenir, cette combinaison a-t-elle quelque chose qui en fasse une institution belge exclusivement ? Si à Bruxelles une telle Société a pu se constituer, faire directement l'escompte du papier de ses adhérents, ou des effets qu'ils ont endossés, de telle sorte que le papier de commerce, une fois accepté par l'institution, est accueilli par beaucoup de banquiers, Paris est-il indigne de s'assimiler une pareille entreprise et incapable d'en tirer le même parti ?

Il semblerait naturel que dans un pays démocratique et de fortunes divisées comme est la France, le crédit, sous ses formes populaires, fût plus avancé qu'en Angleterre. Il n'en est pas ainsi pourtant. C'est un fait que la population laborieuse en Grande-Bretagne trouve plus de recours que chez nous dans le crédit. Les banques d'Écosse sont d'une véritable utilité populaire. Elles prêtent dans les campagnes comme dans les villes à des hommes sans capitaux, pourvu qu'ils trouvent deux répondants solvables, lesquels ne leur manquent guère, témoin un crédit qui s'évalue à plus de 6 millions de livres sterling accordé à l'activité intelligente dépourvue d'argent.

L'Angleterre n'est pas d'ailleurs le seul pays qui nous devance. L'Allemagne cite avec orgueil les *banques d'avances populaires*, fondées sur l'idée du crédit mutuel et qui fonctionnent avec un succès croissant depuis 1850. Des centaines de banques de ce genre couvrent aujourd'hui l'Allemagne, réparties entre la Prusse qui en a le plus grand nombre, la Saxe royale, les États thuringiens, le Hanovre, les provinces allemandes de l'Autriche, le Mecklenbourg et les autres États allemands. Nous sommes loin d'en être là. Les banques dites de prêt d'honneur pour les ouvriers, idée grande et juste, mais malheureusement prématurée pour la trop grande masse, ont réussi chez nous sur un petit nombre de points. La caisse d'épargne est une institution admirable, mais suffit-elle ? mais se meut-elle assez librement, et n'est-elle pas beaucoup trop dans la dépendance de l'État ? Nos monts-de-piété, prêtant à un taux qualifié d'usuraire par la loi, prêtant sur les instruments les plus nécessaires du travail ou sur les objets dont il est le plus difficile de se passer, sont, malgré les secours qu'en tire la misère, l'enfance de l'art et à peu près l'état barbare du crédit. Je ne les incrimine ni les calomnie. Leur suppression serait un malheur. Mais quant à trouver que c'est suffisant et satisfaisant, il faut être doué pour cela d'une dose d'optimisme excessive.

Que l'agriculture ait besoin du crédit comme l'industrie, qu'elle cherche par de nouvelles combinaisons à se le procurer dans notre pays, c'est là aussi un fait évident. Il est bon de s'enquérir de la manière dont nos voisins ont réussi, notamment en Irlande, partie essentiellement agricole du Royaume-Uni, à implanter le crédit foncier par l'établissement d'un tribunal spécial crée afin de liquider la situation des propriétaires trop obérés ou liés par trop d'obligations diverses. Selon l'Introduction que j'ai citée, « on rendrait à l'agriculture un grand service, sans manquer au respect dû aux engagements et aux promesses de l'État envers le Crédit foncier, si l'on rendait général, c'est-à-dire si l'on étendait à tous les capitalistes, individus ou associations, le bénéfice des dispositions spéciales, et relativement simples, en vertu desquelles le Crédit foncier peut avoir aisément raison, soit des hypothèques dites *légales*, soit du mauvais vouloir de ses débiteurs, et contraindre ces derniers à payer les annuités à l'échéance. Il conviendrait aussi que la durée des prêts hypothécaires pût être étendue, sans renouvellement et par conséquent sans taxe additionnelle, à cinquante ans, ce qui rendrait facile de comprendre le principal avec les intérêts dans les annuités. »

L'association en matière économique a bien des formes, mais il est surtout question en ce moment des Sociétés commerciales. Les lacunes trop nombreuses et les entraves mises par nos Codes à l'esprit d'association ont été plusieurs fois signalées déjà. Nos sociétés commerciales restent à ce point de vue l'objet de justes critiques, malgré les développements qu'elles ont pris. Ces critiques ont eu pour organes des hommes pratiques, des magistrats, s'accordant à trouver que trop de règlements en entravent la formation et le jeu. Les nouvelles restrictions apportées par la loi du 17 juillet 1856, dans l'intention d'opposer une digue aux excès de spéculation, ont, par une diminution extrême du nombre et du capital des sociétés en commandite par actions, dépassé le but, et amené les justes plaintes de ceux qui estiment qu'il y a aussi à se préoccuper de la liberté et du développement nécessaire de l'industrie. Tel a été le sens il y a peu d'années, des réclamations de M. Denière, président du tribunal de commerce de la Seine, et de M. Blanche, avocat général à la Cour de cassation. Une commission a été chargée par M. le ministre du commerce de rechercher ce qu'il pouvait y avoir à faire, et la nouvelle loi sur les sociétés à responsabilité limitée en est sortie après avoir été assez sensiblement modifiée par le Conseil d'État. Y a-t-il lieu de s'étonner qu'on trouve exprimé par les industriels le vœu que l'industrie française ne soit pas privée de cette forme d'association dont l'industrie britannique use à son grand profit ? Y a-t-il lieu de s'étonner que la solution désirée soit dans le même sens libéral que l'ensemble des vœux qu'on y rencontre ? Assurément la loi nouvelle constitue un progrès, en ce sens que l'on y proclame nettement ce principe qu'il peut être formé sans l'approbation et l'autorisation exigées pour les sociétés anonymes, par l'article 37 du Code de commerce, des sociétés dans lesquelles aucun des associés n'est tenu au delà de sa mise. Mais n'y a-t-il pas quelques dispositions ultérieures qui arrêtent les conséquences naturelles de ce principe ? C'est ce qu'on s'est demandé.[9] La question est toujours de savoir si et jusqu'à quel point le législateur doit supposer l'incapacité des citoyens pour les mettre en tutelle, si et jusqu'à quel point le régime préventif doit être préféré au régime répressif. Par exemple, les petites coupures sont un appât pour les petits capitaux. Le législateur est enclin à y voir une tentation funeste pour les faibles et les ignorants qui se laisseraient leurrer par des spéculations de mauvais aloi. L'économiste répond que sans l'association des petits capitaux les grandes affaires

---

9 C'est ce que s'est demandé notamment l'auteur d'une brochure justement remarquée, dans laquelle le projet de loi est discuté pied à pied, article par article. Dans ses *Observations sur les projets de loi concernant les sociétés à responsabilité limitée et la Modification de l'art. 38 du Code de commerce*, M. Blaise (des Voges) se prononce dans le sens de la plus grande liberté. Il combat, entre autres mesures, avec beaucoup de force, l'article qui fixe un minimum de dix associés, un minimum de 200,000 fr. de capital et un maximum de 10 millions, et cet autre article qui interdit la coupure des actions ou coupons d'actions au-dessous de 100 fr.

sont impossibles, l'industrie est privée de son arme la plus puissante, la prospérité publique d'un de ses plus indispensables éléments, et qu'enfin ce n'est point par la tutelle que les citoyens apprennent à se gouverner eux-mêmes, à prévoir, à calculer les risques. Grâce à cet excès de défiance qui va contre son but, leur inexpérience se révèle tantôt par une timidité préjudiciable, tantôt par des accès de témérité qui ne comptent plus avec la raison et qui se font jour par toutes les issues qui restent ouvertes aux folies de la spéculation, à peu près comme on voit les hommes faibles et timides, dans le train ordinaire de la vie, ne plus connaître de bornes, une fois lancés hors de leur naturel.

Il est temps que le public français fixe son attention trop distraite ailleurs sur ces deux points, c'est que, d'une part, il subsiste encore des lacunes graves et regrettables, au point de vue des libertés économiques, qu'il est d'un intérêt vital pour l'industrie et même pour la société française de voir disparaître ; c'est que, d'un autre côté, ces libertés, après tout, ne sont pas d'une espèce toute différente que les autres, si elles s'appliquent à d'autres matières. Au fond, il s'agit toujours de savoir si les Français doivent être tenus pour incapables de se diriger eux-mêmes, supposition dont l'effet inévitable serait de les rendre en effet hors d'état de se conduire. Avec quelque prudence qu'on procède, c'est vers la liberté qu'il faut tendre. Les libertés économiques et administratives sont l'apprentissage sérieux et solide de la liberté politique. On les énerve on les tue toutes ensemble lorsqu'on les divise et les isole ; le salut, la vitalité de chacune d'elles est dans leur alliance et dans la mutuelle garantie qu'elles se prêtent.

CHAPITRE III
LES LACUNES DE LA LIBERTÉ DU TRAVAIL.

En fait de liberté économique nous avons reculé depuis 1789, et la Révolution elle-même, radicale parfois à l'égard des libertés d'un autre ordre, s'est montrée ici trop souvent animée d'un esprit restrictif très-regrettable. Il n'y a pas de raison valable pour que notre pays reste à tout jamais au-dessous des libertés économiques, les seules dont je parle ici, de l'Angleterre et des États-Unis. Si on ne veut combler la distance, on peut toujours travailler à la rapprocher. Un simple coup d'œil fera juger combien nous en sommes encore loin. Citons seulement quelques-unes de ces libertés.

La liberté d'aller et venir, par exemple, est une de celles qui sont au plus haut degré l'apanage nécessaire des pays libres. Cette nécessité de prendre une permission chaque fois qu'on se déplace est inconnue aux États-Unis comme en Angleterre. Or, si cette facilité profite à celui qui voyage pour son plaisir, et à qui elle épargne une gêne et une dépense, elle est particulièrement nécessaire à ceux qui voyagent pour leurs affaires.

Aux États-Unis, la liberté individuelle est garantie par la loi de l'*habeas corpus*. Dans la plupart des États la *contrainte par corps*, en matière commerciale, est ou supprimée ou inconnue. En France, on passe encore souvent pour un utopiste lorsque l'on combat l'emprisonnement pour dettes. « Les besoins du commerce, disait M. Laffitte, ne réclament point la contrainte par corps, elle ne s'exécute qu'au profit de l'usure contre de malheureux pères de famille et quelques jeunes imprudents. » C'était aussi l'avis d'un grand homme qui ne reculait pas pourtant devant les restrictions à la liberté, Napoléon Ier lui-même. « Il ne faut pas, disait-il en plein conseil d'État, par une simple formule et sous le prétexte de la faveur due au commerce, renverser à l'égard de tous ce principe salutaire du droit civil, que celui dont le patrimoine suffit pour satisfaire à ses engagements, doit être exécuté dans ses biens et ne peut pas être contraint dans sa personne. » Un jurisconsulte estimable, M. Bayle-Mouillard, a démontré que la contrainte frappe, contre le vœu de la loi, des dettes qui ne sont point commerciales. Voici à peu près le fonds de son argumentation. Tout le monde sait que le commerçant qui ne peut payer ses dettes se déclare en faillite, et se met ainsi à l'abri de la prison. Quelles sont donc les personnes qui tombent sous le coup de l'emprisonnement pour dettes ? Ce ne sont pas celles qui, ayant acheté pour vendre, ne payent pas leur achat, ce sont celles qui ont emprunté. Mais l'emprunt d'une somme d'argent n'est point un acte commercial ; la loi défend d'engager sa liberté contre le prêt d'une somme d'argent. Ces personnes trompent donc le vœu de la loi ; elles supposent un acte commercial, tel que l'envoi d'une somme d'argent d'un lieu à un autre, et elles souscrivent ce qu'on appelle une lettre de change, genre d'obligation, auquel la loi donne la sanction de l'emprisonnement. Mais la loi entend que cette obligation soit un acte véritablement commercial, et qu'elle ne cache pas un simple prêt. Si l'on supprimait l'emprisonnement pour dettes commerciales, le prêteur n'ayant plus la ressource de la prison, ne laisserait pas pour cela ses fonds dans l'oisiveté, il examinerait le caractère moral des emprunteurs ; il agirait comme le fabricant à l'égard du marchand, ou l'entrepreneur à l'égard du commerçant qui peut ouvrir des magasins.

Les visites domiciliaires ne sont autorisées en Amérique que sous des conditions, et selon des formalités qui les rendent fort difficiles et fort rares. Ce n'est pas ainsi, on le sait, que les choses se passent chez nous.

Et, puisque nous en sommes à parler des libertés individuelles qui intéressent la liberté du travailleur, que dirons-nous de la conscription ? Travaillons du moins à rapprocher le jour où on ne la croira plus nécessaire. L'enrôlement forcé des citoyens pauvres pendant sept années, quelle dure nécessité, si réellement c'en est une ! Les soldats manquent-ils où elle n'existe pas ? A-t-on vu que le courage et l'habile maniement des armes, et les autres qualités guerrières fissent défaut aux enrôlés volontaires dans les plus formidables campagnes et dans les plus rudes épreuves ? Si, comme on le répète, le Français a le tempérament militaire n'est-ce pas une raison de plus de compter sur les ressources qu'offre ce tempérament et d'abolir ce lourd, ce dur impôt sur la liberté de l'individu et sur la liberté du travail suspendue de fait pendant les années les plus fécondes et les plus décisives de la vie du jeune ouvrier et du jeune cultivateur ? Faites de l'armée une *libre* profession et les enrôlés ne nous manqueront pas, et au lieu d'individus trop souvent chétifs, désorganisés aussitôt par les maladies et par les marches, vous aurez des hommes de choix qui resteront sous les drapeaux non pas sept ans, mais quinze, mais vingt, mais toujours ! Le principe bien compris de la *division* du travail ne recommande pas moins cette mesure que celui de sa *liberté*.

Nous ne parlons pas de l'inscription maritime, institution bien pire encore. Ce régime vraiment barbare qui disposait de la vie d'un homme jusqu'à 50 ans vient d'être adouci, disons-le, presque supprimé. Mais il en subsiste des traces. Bien plus facilement encore que pour l'armée, le principe de l'enrôlement volontaire s'appliquerait à la flotte beaucoup moins nombreuse. Ne nous lassons pas d'ailleurs d'exprimer le vœu d'une réduction de l'armée, que rendent si désirable toutes les raisons tirées des finances et du travail, de la bonne économie politique et de la saine démocratie.

Et cette liberté d'émigrer entière, absolue, et de se fixer, de s'établir, de se gouverner sur les lieux où l'on émigré, l'avons-nous ? La France peut-elle être mise de ce côté en parallèle avec la Grande-Bretagne, avec l'Amérique du Nord ? Voyez nos possessions d'Afrique. Peut-on s'étonner que des soldats même héroïques et des bureaux même aussi intelligents que des bureaux peuvent l'être n'aient pas créé des terres et des colons ?

Honnête propriétaire riverain d'un cours d'eau non flottable ni navigable, vous croyez prendre une innocente liberté en cherchant à

CHAPITRE III

détourner sur votre terrain une partie de cette eau inutile à l'aide d'un barrage peut-être vous semble-t-il même qu'en agissant ainsi pour votre bien, sans doute, mais au profit général de l'agriculture et de la consommation, vous êtes digne d'une prime d'encouragement : on en donne quelquefois pour moins ! – Halte-là ! vous crie la loi. Faisons d'abord une enquête, deux enquêtes. Mettons en mouvement le maire, le sous-préfet le préfet, l'ingénieur ordinaire des ponts et chaussées, l'ingénieur en chef, le ministre des travaux publics, le conseil d'Etat ! Cela dure un an, deux ans, trois ans, dix ans peut-être ! On répond a la fin. Voici sans doute l'autorisation tant désirée ? … Attendez un peu ! c'est peut-être bien l'ordre de payer au receveur de l'enregistrement la somme pour les frais encourus jusqu'à ce jour. Le fait n'est pas sans exemple !

Ah ! de combien de bonnes choses la minutie et la paperasserie ont été le tombeau seulement depuis un demi-siècle ! Qui ne sait enfin qu'il est plus d'un pays où chacun est libre de se faire commissaire-priseur, agent de change, huissier, avoué, notaire, autant que ces professions y ont leur analogue ? On veut, en France, des garanties soit. Mais entre de justes garanties et le régime du privilège résultant en France de la vénalité des charges instituées à titre onéreux par la loi du 28 avril 1816, n'y a-t-il pas un abîme ? Il est très-contestable que toutes les professions que je viens d'examiner exigent des garanties spéciales. En attendant, le haut prix des charges qui est le résultat du monopole rend plusieurs de ces professions inabordables à des hommes très-honnêtes et très-capables. Encore si le haut prix des charges était une sécurité pour le public ! mais on a la preuve du contraire dans le nombre des malversations et des désastres dans quelques-uns de ces offices. C'est dans ces professions monopolisées que le nombre des actes frauduleux se montre le plus considérable, quelles que soient l'honorabilité de la plupart des titulaires et la surveillance exercée par l'esprit de corps. Cette atteinte à la liberté du travail constitue un dur impôt sur les transactions et sur les contrats, c'est-à-dire encore par conséquent sur la liberté du travail et du capital dont de telles redevances abusives gênent les mouvements.

De si longues et si dispendieuses études sont-elles nécessaires aux pharmaciens ? La nécessité du diplôme est-elle même démontrée ? En Angleterre, ou c'est une profession libre, s'aperçoit-on que les drogues soient inférieures aux nôtres c'est le contraire, d'après le rapporteur de l'Exposition de Londres. M. Ménier, qui déplore l'état arriéré de la pharmacie en France. Or, plusieurs de nos pharmaciens sont d'habiles chimistes. On ne peut accuser leurs lumières. C'est donc au privilège qu'il faut s'en prendre. Ici encore les choses ont plutôt rétrogradé depuis 1789. L'État mis en possession par la loi du 21 germinal an XI, des droits et prérogatives qui appartenaient jadis à la corporation, ou comme on disait alors, au collège des apothicaires, voilà au fond tout ce qui distingue la nouvelle législation de l'ancienne. Du reste, les pharmaciens sont toujours seuls aptes à « *ouvrir officine et laboratoire, à fabriquer, à vendre et débiter aucuns sels, compositions ou préparations entrantes au corps humain, en forme de médicaments, à faire mention de drogues simples pour administrer en forme de médecine.* »

On a même renchéri sur les dispositions de l'édit royal de 1777, quant à la minutie tracassière des règlements qui sont ici comme partout la rançon du privilège, et la plupart des pharmaciens appellent eux-mêmes de leurs vœux une réforme qui les remette en possession des immunités dont ils jouissaient dans l'ancien régime. Un projet de loi est tout près, dit-on, d'être soumis aux délibérations du Corps législatif. C'est sous l'inspection presque exclusive des pharmaciens qu'il a été rédigé ; quelque distingués que soient plusieurs des membres qui ont été appelés au comité d'hygiène ou à la commission spéciale, c'est pour le public une médiocre garantie. Si, pour modifier le régime douanier, on consultait surtout les manufacturiers protégés, aucune réforme ne se ferait. Au contraire, on aggraverait les tarifs. La tendance du corps des pharmaciens à se faire passer pour un corps savant offre sans doute de bons côtés, il la justifie même par la science d'un certain nombre de ses membres ; mais il ne faut pas en abuser pour faire payer à des prix reconnus exorbitants d'un accord unanime, aux consommateurs aisés ou pauvres, le luxe d'une science souvent superflue, et à coup sûr on n'est pas bien venu à répudier d'une façon hautaine la qualification d'industrie, quand on fabrique, et le titre de commerçant, quand on vend. La pharmacie est un sacerdoce, disent gravement quelques dignitaires. C'est la prétention de tout privilège qui veut rester sacré et inviolable à la liberté, à la concurrence. Au lieu de reconnaître modestement qu'on vend du fer, de la laine, du coton et qu'on désire en tirer le meilleur prix possible, on s'attribue une mission sociale. Proclamer qu'on remplit un rôle utile et honorable ne suffit pas à l'amour-propre. Sous ces beaux prétextes, les pharmaciens manquent aux villages, et même à des localités importantes. Les condamnations qu'un cercle pharmaceutique (celui de la Marne) a fait prononcer dernièrement contre des herboristes et épiciers, coupables d'avoir vendu de la farine de moutarde, de l'eau-de-vie camphrée, de l'eau sédative et du quinquina sont-elles bien de notre temps ? Presque toutes les substances seraient vendues aussi bonnes et à meilleur compte par les droguistes et les herboristes. C'est l'opinion générale des médecins si singulièrement exclus eux-mêmes du droit de préparer et de vendre les remèdes qu'ils prescrivent. Quant aux préparations, aux mixtures, la notoriété ne suffirait-elle pas pour désigner les meilleures maisons avec la recommandation du médecin ? N'y a-t-il pas d'ailleurs ici comme garantie, aussi bien qu'ailleurs, l'intérêt du débitant à satisfaire le public ? La loi serait-elle plus désarmée qu'aujourd'hui contre le charlatanisme dangereux ? Restent donc les poisons. La surveillance d'agents spéciaux et un certain degré de réglementation ne seraient-ils pas en mesure de prévenir le danger, tout autant qu'il est prévenu dans l'état actuel[10] ? Si la profession d'architecte n'était pas libre, que ne dirait-on pas sur le danger à livrer la solidité et la salubrité des maisons aux premiers venus ? Que n'a-t-on dit naguère contre la liberté de la boucherie qui allait *empoisonner* les populations ? Sommes-nous morts ? Sommes-nous même malades ?

Il faut être gradué pour être médecin. Soit, puisque le discernement, ici surtout, est difficile et le risque considérable. Mais passer bien ses examens devrait suffire au futur docteur. Demander à un candidat d'avoir étudié quatre ans à Montpellier ou à Paris, ou six années dans une école secondaire, c'est une atteinte à la liberté du travail sans que ce soit une grande sécurité pour les malades. Les grades ne sont-ils pas quelquefois un peu dépréciés par la facilité avec laquelle on les accorde ? Une autre solution serait de rendre le diplôme facultatif. Le public irait en général aux médecins diplômés qui ajouteraient ce titre à celui de leur profession. Empêche-t-on aujourd'hui ceux qui le veulent de remettre leur santé entre les mains des charlatans ? Il est bien entendu qu'on ne désarmerait pas, on pourrait même fortifier, s'il y a lieu, les lois répressives.

Où l'on cesse de comprendre même ces garanties préventives, c'est dans l'enseignement, à l'égard des professeurs appelés *libres*, par un étrange abus de mot. Il leur faut d'abord un diplôme, à ces représentants du libre enseignement, puis vient la déclaration au maire, au préfet, au procureur impérial. Le préfet a le droit de faire opposition. Le mérite de cette opposition est jugé, sans recours, par le conseil départemental. Pour l'enseignement supérieur, voici d'autres entraves. Il faut une autorisation spéciale du ministre cette autorisation, qui peut être arbitrairement refusée, est toujours révocable. Revenons aux professeurs libres. L'enseignement ordinaire qui s'adresse aux

---

[10] Voir une brochure de M. Arthur Mangin : *La liberté de la pharmacie*.

enfants, n'est-ce pas là un de ces cas où la compétence du père de famille peut être légitimement supposée, sa faculté de discernement présumée ? L'État peut avoir ses professeurs. Mais pour prétendre que le droit d'enseigner n'est pas un droit naturel dont l'exercice est soumis, bien entendu, au contrôle et à la surveillance, il a fallu entasser des sophismes qui feront l'étonnement de nos fils ou de nos petits-fils, s'ils en entendent parler. Je laisse de côté la presse politique quotidienne pour ne parler que de la presse traitant de questions religieuses ou sociales. Pour les journaux, des cautionnements et l'autorisation préalable, pour les livres la nécessité d'atteindre un certain nombre de feuilles ne sont-ce pas là des atteintes portées à la liberté du travail, et d'un travail sacré et utile entre tous, le travail intellectuel ? Je suis forcé de donner à l'expression de ma pensée, dans ce livre ou j'expose des idées que je crois utiles, au moins huit feuilles d'impression ; si ce que j'ai à dire ne devait en occuper que sept, je serais soumis à des conditions trop onéreuses pour qu'elles ne me contraignissent pas à me taire.

On a fait de la profession d'imprimeur, comme de celle de libraire, et sans de meilleures raisons, un privilège. Cette première atteinte à la liberté du travail contre ceux qui en sont exclus en amène une seconde contre ceux qui en profitent. L'administration peut leur ôter leur brevet, c'est-à-dire les ruiner, si le livre qu'ils éditent ou impriment est passible de peines. La censure de l'imprimeur sur le livre remplace et bien souvent avec désavantage, car l'intérêt rend timide, l'ancienne censure officielle. C'est donc une atteinte préventive au libre exercice de la profession d'auteur toutes les servitudes s'enchaînent comme toutes les libertés s'appellent.

Combien de preuves peuvent être invoquées en faveur de cette proposition que nos constitutions sont plus libérales que nos lois, et nos lois plus libérales que nos règlements ! Généralement les premières annoncent la liberté, les secondes semblent souvent ne vouloir que constituer telle ou telle liberté, et les règlements mettent à la place de la liberté et des libertés pompeusement annoncées de très-réelles servitudes.

Voyez la législation sur les établissements réputés insalubres. C'est là un des cas les plus spécieux du régime préventif. On veut préserver la santé, la sécurité publique En Angleterre, le droit de poursuivre est laissé aux individus lésés. En France, on a poussé les formalités jusqu'à l'abus, jusqu'à l'excès le plus démesuré. L'autorisation du pouvoir administratif est toujours nécessaire pour ouvrir de tels établissements, et notons ceci, l'autorisation n'empêche pas l'action en dommages-intérêts des tiers qui pourraient se trouver lésés. Les conditions imposées à un particulier pour la création d'un établissement insalubre ou incommode varient suivant l'espèce de ces établissements. Sous ce rapport il y a trois classes : la première comprend les établissements qui doivent être éloignés des habitations ; la seconde les manufactures et ateliers dont l'éloignement des habitations n'est pas rigoureusement nécessaire ; la troisième, les établissements qui peuvent sans inconvénient être placés près des habitations, mais qui doivent rester soumis à la surveillance de la police. C'est un surcroît de précautions assez inutile. Sur six cent cinquante demandes d'autorisation pour des établissements insalubres de première classe qui ont été adressées de 1835 à 1839, et qui ont dû être communiquées au Conseil d'État, il est arrivé soixante-cinq fois seulement que le conseil ait dû donner des avis de rejet. Il se trouve donc qu'on avait rempli inutilement cinq cent quatre-vingt-neuf fois sur six cent cinquante-quatre les longues formalités relatives à ces sortes d'autorisations. L'administration de la police préventive est devenue aussi compliquée que celle de la justice ; si bien qu'on a instruit les autorisations comme des procès ; qu'on a fait passer les justiciables de l'administration, comme ceux des tribunaux, par toute une filière d'autorités et de procédures, et que pour leur donner l'autorisation de faire l'acte le plus inoffensif et même le plus utile, on ne leur a demandé ni moins de temps ni moins de formes que pour arriver devant la justice à la solution des procès les plus litigieux. Rien ne serait si aisé que de citer des preuves. Il peut y avoir jusqu'à dix-sept formalités à remplir pour l'établissement d'une machine à vapeur. On a compté qu'il en fallait vingt-huit pour obtenir l'autorisation d'établir un batelet sur une rivière.[11]

Il a été question récemment de faire accaparer par l'État les assurances. On l'a dit avec raison : c'est une pensée malheureuse et une conséquence de la fausse théorie qui s'ingénie à transporter sur l'État la responsabilité des intérêts particuliers. Convertir la prime d'assurance en un impôt, et la réparation des sinistres en une créance contre le public, serait un acte aussi abusif dans ses applications pratiques que vicieux dans son principe. Le régime préventif soumet à ses lois tout l'ensemble de l'association industrielle et commerciale. J'y reviendrai notamment, pour ce qui regarde les associations ouvrières. Parler de la liberté d'association, c'est parler encore de la liberté du travail à laquelle elle est indispensable et dont elle ne se sépare pas. Les sociétés par actions ne sont pas libres. On sait pour-

---

11 *La liberté du travail.* par M. Ch. Dunoyer.

tant si elles sont essentielles au développement de la grande industrie et des grands travaux qui accroissent, à l'aide des petites coupures, le capital commun par la mise en valeur de toutes les capitaux et qui font participer les petites bourses aux bénéfices de l'industrie. Les raisons qu'on invoque pour maintenir cette situation sont des raisons morales. J'aime à voir un philosophe moraliste plus soucieux de la liberté et de la responsabilité humaine que de ces motifs de prudence par lesquels on prétend justifier la tutelle d'individus reconnus pourtant majeurs civilement et politiquement, se mettre entièrement d'accord avec presque tous les économistes sur cette matière si importante. « La condition des sociétés anonymes, dit M. Jules Simon, est d'être complètement soumises au pouvoir central puisqu'il peut refuser, suspendre ou révoquer l'autorisation, approuver et conséquemment choisir le gérant ; puisque les surveillants sont irresponsables vis-à-vis des actionnaires et vis-à-vis des tiers ; et puisque enfin le gouvernement, pour sauvegarder les intérêts de la loi et ceux des actionnaires, fait surveiller les surveillants et les directeurs par un agent à lui. Le pouvoir central, en substituant les compagnies anonymes aux anciennes commandites, en viendrait donc très-rapidement à absorber les forces qu'il avait laissé naître en dehors de sa sphère, et à substituer ici, comme partout ailleurs, son action à la liberté.

« Dans quel but ? Dans le but honnête d'empêcher les fraudes ; car c'est presque toujours au nom de la morale qu'on restreint la liberté. Il n'en est pas moins vrai que les sociétés anonymes, arbitrairement concédées ou refusées, peuvent devenir de véritables monopoles ; et qu'un banquier peut se voir investi par la confiance du gouvernement, du droit de disposer presque sans responsabilité d'une fortune immense, composée de l'apport d'actionnaires inconnus les uns aux autres et à lui-même. Sans doute le gouvernement n'accorde pas la création d'une société anonyme sans examiner les statuts ; il y a toute une procédure ; le Conseil d'État délibère ; quand l'autorisation est donnée, c'est qu'il s'agit d'une idée sérieuse, praticable. Le pouvoir ne se contente pas d'obliger les gérants à rendre des comptes aux actionnaires dans des assemblées régulières ; il leur impose la surveillance d'un de ses agents, étranger à l'entreprise. *Il agit, en un mot, à l'égard des sociétés anonymes comme un tuteur.* Il se charge en quelque sorte d'empêcher les capitalistes de faire un mauvais usage de leurs capitaux.

« *Est-ce sa mission ?* Est-ce bien là le caractère que doivent avoir ses rapports avec la propriété privée ? Est-il institué pour me diriger dans l'emploi de mes fonds ou seulement pour punir ceux qui attentent à ma propriété ? Si le gouvernement n'est que juge, il garantit ma liberté ; s'il est tuteur, il la gêne.

« Réussit-il dans cette tutelle dont il se charge ? Ses commissaires administratifs valent-ils, pour ma sécurité, le surcroît d'attention que je donnerais à mes affaires si je me savais livré à moi-même, et la sévérité que déploieraient les tribunaux, s'ils n'étaient rassurés et désarmés par tant de mesures préventives ? Il est permis d'en douter. *Le gouvernement prend à sa charge la responsabilité morale* de tous les désastres financiers ; *et comme il est sans doute honnête, c'est tout ce qu'il gagne à cette intervention intempestive dans les intérêts et les actes des citoyens.*[12] » *Judicieuses réflexions qui s'appliquent à bien d'autres objets analogues !*

C'est un légiste économiste qui écrit de même « Les développements considérables qui ont été donnés à la division des commandites en action, l'engouement du public et la facilité avec laquelle il s'est laissé prendre à l'amorce de promesses fallacieuses et de prospectus mensongers, la fièvre d'agiotage qui a élevé la valeur de certaines actions jusqu'à l'exagération la plus folle pour les laisser tomber à néant, les enrichissements scandaleux, les ruines soudaines, les escroqueries, ont répandu de vives alarmes. Selon l'usage de notre pays, on a accusé la législation d'impuissance, et on l'a interpellée de remédier au mal, tandis que la seule réforme vraie serait celle de l'éducation du public qui ne s'instruit que par l'expérience de sa propre responsabilité. Pour faire cesser les pertes de jeu, *ce n'est pas la règle du jeu, c'est l'esprit du joueur qui est à changer*. Vous vous jetez sur des actions parce que vous vous êtes laissé étourdir par le fracas des annonces d'un aigrefin, prenez-vous en à votre crédulité. Vous vous jetez sur ces actions sans en vérifier la valeur réelle, parce que, l'engouement étant, contagieux, vous comptez les vendre en hausse à quelque autre qui ne vérifiera pas plus que vous ; prenez-vous-en à votre cupidité ».[13]

Enfin c'est M. Rossi qui dit par allusion à ces lacunes et à ces entraves de l'association : « Le législateur a été au-dessous de sa tâche lorsqu'il s'est trouvé aux prises avec les principes des sciences économiques. » C'est M. Laboulaye qui énonce et développe cet axiome « L'association, qui double les capitaux et les forces, est aussi une forme légitime de la liberté. »

---

12 *La Liberté*, t. II, chap. 3.

13 *Du Droit industriel*, par M. Renouard, membre de L'Institut, conseiller à la Cour de cassation, partie II, liv. II, chap. 4.

J'ai signalé plusieurs des lacunes de la liberté du travail, et je n'ai parlé encore ni des lois sur l'intérêt de l'argent, ni des restrictions mises à l'expansion du crédit au profit de la masse, ni des restes si nombreux et si considérables du système dit protecteur, ni de plusieurs autres entraves dont aucune raison sérieuse ou du moins impérieuse ne commande le maintien, et qui sont à la fois contraires à la liberté du travail et à l'intérêt public. Je vais les examiner à part avec plus de détails.

CHAPITRE IV
LA FIXATION LÉGALE DE L'INTÉRÊT.

L'intérêt populaire est faussement invoqué par les lois limitatives de l'argent. – Ces lois sont contraires à la liberté du travail. – Elles mènent au *maximum* et justifieraient la réglementation du taux des salaires et de celui même des loyers, qu'on a proposée en effet dans l'intérêt des classes populaires. – Vanité et danger de ces réglementations.

Des hommes qui n'appartiennent pas aux écoles démocratiques ou révolutionnaires, qui se posent même en défenseurs du passé, empruntent néanmoins le langage de la démocratie en faveur des pauvres et des faibles pour s'élever contre les économistes qui demandent que le taux de l'argent soit réglé par la libre concurrence comme celui de toutes les marchandises. « Déjà, dit-on, l'usure ronge les campagnes. Que sera-ce si un frein légal ne s'impose aux usuriers ? Le but de la loi est de protéger le faible contre le fort, le pauvre, l'ignorant et même l'homme qui cède à de funestes entraînements contre une odieuse exploitation. L'économie politique, dans sa préoccupation partiale pour le capitaliste, abandonne donc les intérêts sacrés de l'homme réduit a emprunter. »

Il ne restera rien de ces accusations, si l'on prouve que ces lois sur l'usure, aujourd'hui d'ailleurs peu en rapport avec d'autres dispositions ou latitudes laissées à de grands établissements de crédit, sont, à tous les points de vue, nuisibles aux masses populaires. Ce sont surtout les jurisconsultes (non pas tous pourtant) qui soutiennent les lois sur l'usure[14] : j'entends par là non pas les lois qui punissent

---

14 On l'a vu par la récente discussion (1863) engagée au sein du Sénat sur la législation de 1807, qui fixe le maximum du taux de l'intérêt. Cette discussion a ramené l'attention publique une fois de plus sur cette question économique. Des mains des économistes elle a passé dans celles des gens d'affaires, banquiers et négociants qui pétitionnent pour son abolition ; on peut compter qu'ils ne la laisseront pas dormir.

l'escroquerie des usuriers, mais celles qui fixent un taux à l'intérêt de l'argent. Leurs arguments dérivent d'une vieille erreur de théorie en économie politique, lorsqu'ils s'imaginent soit que l'intérêt de l'argent est une pure question de monnaie, soit que l'argent n'est point une marchandise, ce qui est un des restes les moins respectables des préjugés économiques des Domat et des Pothier. Ils découlent d'une erreur d'appréciation lorsqu'ils soutiennent que la loi a et peut avoir de bons effets pour les emprunteurs et agit dans un sens philantropique.

À en juger par certaines façons de raisonner des persévérants défenseurs de la législation de 1807, le taux de l'intérêt se référait par la quantité de monnaie qui circule dans un pays. Il n'en est rien. La monnaie abonde en Australie et en Californie, et le taux de l'intérêt y a été fabuleusement élevé.

Qui ne sait qu'en Angleterre, où les métaux précieux abondent moins qu'en France, le taux de l'intérêt est généralement plus bas ?

Cela tient-il à l'abondance du papier faisant office de numéraire ? Ceux qui le pensent s'arrêtent à la surface ; ils ne s'aperçoivent pas qu'il y a ici toute autre chose qu'un phénomène de circulation. Le taux de cet instrument de production, qu'on appelle l'argent, se détermine, toutes choses égales d'ailleurs, sur la moyenne des profits que l'on retire dans les diverses industries ; sinon, dans le cas où l'intérêt descendrait trop au-dessous de cette moyenne, on ne voudrait plus se faire prêteur, on emploierait autrement son argent.

Cette circonstance, d'une certaine moyenne, d'un certain niveau des profits qui tend à s'établir sans arriver jamais d'ailleurs à une complète réalisation, est, avec le plus ou moins de sécurité des placements, la vraie cause régulatrice de l'intérêt.

Que nos jurisconsultes veuillent nous dire ce que ceci a de commun avec l'effigie du prince qui est sur les pièces d'or et d'argent, et de laquelle ils tirent le droit pour le législateur de s'immiscer dans les

---

L'expérience fait foi qu'on peut supporter longtemps un dommage qui frappe sur tout le monde sans atteindre spécialement telle ou telle catégorie ; elle atteste aussi que, lorsqu'une ou plusieurs classes d'intérêts distinctes se sentent frappées directement et tous les jours, il n'en est plus de même, Tel est l'effet de l'autorisation accordée en juin 1887 à la Banque de France d'élever le taux de son escompte au delà des limites légales.

Cette autorisation dont la Banque use largement place les banquiers particuliers dans une situation d'infériorité qu'ils ne sauraient accepter.

Le dommage qu'en éprouve le commerce n'est pas moindre, surtout à mesure que se développent les relations internationales.

Une enquête a lieu, au moment où nous écrivons, devant le Conseil d'État au sujet de la législation de 1807.

contrats en établissant un maximum. Ils se croient à tort en présence d'un fait purement monétaire, qu'ils n'expliquent pas lui-même d'une façon correcte, lorsqu'ils dénient à la monnaie son caractère de marchandise. La monnaie n'apparaît ici que de la façon la plus fugitive, comme simple intermédiaire, comme moyen d'acheter autre chose, de telle sorte que forcer quelqu'un à emprunter à un taux plus élevé que celui qu'il trouverait, si les conditions du prêt restaient libres, c'est comme si on le contraignait à acheter plus cher la laine, le coton, la houille, les machines, le fer, contre lesquels il se hâte d'échanger sa monnaie. Vous pensiez n'avoir fait une loi de maximum que sur l'argent, vous avez fait une loi qui surélève indirectement les conditions auxquelles on se procure les marchandises et qui rend plus difficile la situation de l'entrepreneur emprunteur, vous avez fait une loi qui pèse sur le commerce et l'industrie.

Nous serions presque tenté de demander pardon de ces réflexions élémentaires aux éminents jurisconsultes qui proclament que l'économie politique est une belle chose, non comme science, mais comme étude. Jugement sévère, qui peut paraître au moins manquer d'à-propos de leur part dans une question faite pour leur inspirer une juste circonspection ; car l'histoire de la question de l'intérêt est celle des tergiversations et des erreurs de la science du droit. Il n'importe ; nous espérons qu'ils voudront bien tenir compte de ce que l'expérience enseigne sur les conditions économiques, selon lesquelles se règle l'intérêt, au lieu de se jeter dans des considérations en elles-mêmes très-peu exactes sur le numéraire. Nous les supplions, par exemple, de vouloir bien s'arrêter un seul instant sur cette démonstration faite par plusieurs économistes et qui saisit par son évidence que la question du taux de l'intérêt ne changerait pas de nature si les payements se faisaient en hectolitres de blé au lieu de se faire en argent.

N'est-il pas étrange que l'on soutienne que la loi ne peut nuire au commerce, parce que rien n'empêche le taux de descendre au-dessous de 5 et de 6 ? Singulière manière d'argumenter ! La question est précisément de savoir si cette loi de maximum n'a point pour effet de surélever le taux de l'intérêt en resserrant le marché des prêts, en excluant de ce marché les prêteurs honnêtes. N'est-ce pas ainsi que se trouvent placés en face d'un usurier ou privés de toutes ressources des négociants qui trouveraient pourtant avantage à emprunter à 8 un argent qui leur rapporterait 12 ou 15, grâce à leur activité, à leur savoir-faire ? Ne dites pas que ces cas sont exceptionnels ; ils sont extrêmement fréquents, et ce n'est qu'en étudiant la loi qu'on l'empêche d'être trop nuisible.

Que penser d'une loi qui n'a rien de mieux à faire valoir en sa faveur que cette singulière excuse : « Je suis violée tous les jours. »

Voulez-vous que les relations internationales se multiplient au grand avantage de la population ouvrière, laissez les négociants s'arranger entre eux. Ne croyez pas qu'il soit si aisé de substituer à leur intérêt, à leur prévoyance individuelle, la prévoyance générale et vague de la loi[15] ! Pour justifier la taxe de l'argent, on a cité encore la taxe de la boulangerie, c'est-à-dire une fort mauvaise mesure. Mais fût-elle bonne, la comparaison de la taxe du pain avec celle de l'argent pécherait par la base. La taxe du pain embrasse ou embrassait naguère deux ou trois qualités, dont elle fixait le prix en consultant le prix des grains de qualité analogue ; la taxe de l'intérêt ne repose pas sur des combinaisons aussi simples. Essayez de nous indiquer combien il y a de diversités dans les situations et de *qualités* d'emprunteurs !

Là les degrés sont à l'infini. En Algérie, le taux légal est de 10 pour 100, et le taux conventionnel n'a pas de limites fixes. Ainsi le veut l'état du marché.

Être libre d'user et même d'abuser de sa propriété, de la *vendre* et de la *louer* comme on l'entend, et ne pouvoir la *prêter* à des conditions acceptées, après un libre débat, par celui qui vient trouver le prêteur et le solliciter, c'est ce qu'il est impossible de concevoir.

---

[15] Tout ce qu'on a dit au sujet du commerce d'exportation, sur le change et la commission, comme moyens ingénieux de rétablir l'équilibre entre des intérêts différents, ne répond nullement à l'argumentation produite au sein du Sénat par M. Bonjean, réclamant la liberté pleine et entière du taux de l'intérêt au nom des négocians pétitionnaires. Voici l'exemple cité par l'honorable M. Bonjean : Une maison de Paris a un compte courant avec une maison de Rio-Janeiro ; ce compte courant fait une somme de 100,000 fr. ; le négociant de Rio-Janeiro, de son coté, livre en exportation au premier pour une somme de 100,000 fr. Il semblerait, d'après cela, que rien n'est plus facile que d'obtenir une compensation, puisque, de part et d'autre, on se trouve débiteur d'une même somme. Eh bien ! pas du tout, et voici pourquoi : À Rio-Janeiro, l'intérêt de l'argent est de 12 0/0, en sorte qu'à la fin de l'année les 100,000 fr. dus par la maison de Paris valent 112,000 fr. À Paris, l'intérêt est de 6 0/0, de façon que, dans le même délai, les 100,000 fr. dus à la maison de Paris ne valent que 106,000 fr. ; en résultat, le négociant français, à la fin de l'année, a perdu 6,000 fr. La situation est la même pour le négociant français, selon la remarque du même orateur, dans tous les pays où l'intérêt de l'argent diffère en plus avec le taux de Paris : en Algérie, dans l'Amérique du Sud, dans les Antilles, en Afrique. On dira peut-être que le négociant français pourrait établir la compensation quant à l'intérêt. Il n'en est pas ainsi ; le fait s'est présenté mais quand, après un assez long délai, le négociant français a voulu, en règlement définitif de compte, réclamer l'intérêt de 12 0/0, on s'y est refusé, et on a même eu recours à une sorte de chantage ; on a dit : La loi française ne le permet pas ; si vous avez retenu cet intérêt, vous avez violé la loi et vous le restituerez ; sinon, je vous dénonce comme coupable d'usure. Devant cette menace, le négociant français a dû céder.

Aussi la loi est-elle violée à chaque instant par les gouvernements, par les banquiers, par tout le monde. Son action subsiste seulement assez pour gêner, pour empêcher d'utiles transactions.

Elle cause un notable préjudice au petit commerce, à la petite industrie ; aux établissements de crédit populaire, qui trouveraient leur place bien utilement dans notre société, si la législation de 1807 ne les empêchait de se former ! Ils y rempliraient en effet un office que les monts-de-piété ne peuvent remplir ; ils le rempliraient à un taux beaucoup moins élevé habituellement que le taux de 9 pour 100 et au delà, auquel prêtent les monts-de-piété, institution philanthropique sous le régime tutélaire de la loi de 1807.

Non, la démocratie n'exige pas que l'on traite à tout propos le prêteur comme un personnage suspect, comme un lion qui cherche une proie, *quærens quem devoret*. Ah ! sans doute, lorsque de pauvres gens s'en revenaient à Rome ruinés par la guerre, et que les patriciens, se partageant entre eux les dépouilles de la victoire, ne leur laissaient que la ressource désespérée de l'emprunt usuraire, avec la perspective de l'esclavage pour les insolvables, on s'expliquait cette défiance à l'égard du prêteur ; on comprenait facilement Caton disant que prêter à usure, c'est tuer, assassiner un homme. Caton lui-même faisait payer son argent assez cher pour le savoir. Et pourtant même sur ce mont Aventin qu'on nous cite sans cesse, je soupçonne fort que si quelque jurisconsulte, ami de la réglementation, y eût été envoyé, il aurait bien embarrassé ceux qui se plaignaient de l'usure, en leur déclarant qu'on les exemptait de l'intérêt et qu'on ne leur réclamait que le principal. Ce qui pesait, c'était la dette !

Les législateurs anciens le sentaient bien ils procédaient quelquefois par la mesure radicale des abolitions de dettes et non pas seulement par la réduction des intérêts.

Aujourd'hui quoi de pareil ? Rien n'est plus commun que des emprunteurs qui s'enrichissent et des prêteurs qui se ruinent. Combien d'emprunteurs millionnaires qui se vantent du crédit qu'ils obtiennent et qui éclaboussent en passant leurs prêteurs qui vont à pied !

Est-ce qu'il n'y a pas des ouvriers, de petits employés, de petits commerçants actionnaires ? Que font-ils sinon prêter à plus riches qu'eux ? C'est aussi le cas des modestes rentiers de l'État.

Le commerce et la banque ! Songe-t-on que le développement de ces faits économiques suffit à lui seul pour rendre impossible toute assimilation des sociétés modernes avec l'antiquité.

Mais c'est en matière civile que l'idée de la liberté du taux de l'intérêt

CHAPITRE IV

rencontre au nom des intérêts du pauvre et du faible le plus d'opposition.

La liberté, dit-on, serait ici pleine de dangers. L'infâme usurier s'abattrait sur nos campagnes, dévorerait la subsistance des pauvres paysans, porterait préjudice à l'agriculture nationale. Ce serait une chose immorale, affreuse. Heureusement le législateur est là pour empêcher de pareilles indignités.

Accorder la liberté de l'intérêt en matière commerciale et la refuser en matière civile, n'est-ce pas en effet se donner une admirable occasion de s'applaudir à la fois de sa hardiesse et de sa sagesse ? On se flatte de n'être point une intelligence routinière, en même temps que l'on se sépare de ces économistes radicaux qui ne savent point s'arrêter à temps, qui ne tiennent pas compte des différences les plus essentielles, tant la logique de leur principe les emporte, tant leur absolu et éternel *laissez faire, laissez passer* les rend aveugles ! Que le commerçant soit libre de discuter les conditions de l'emprunt qu'il contracte, c'est bien ; il sait ce qu'il fait. L'argent, pour lui, est une marchandise ; mais en matière civile il n'en est pas de même. La loi doit prévoir pour les imprévoyants, lier les mains aux indignes, protéger les incapables.

Nous opposons à cette prétention bienveillante deux réponses : 1° La loi limitative du taux de l'intérêt manque son but ; elle est éludée de vingt manières ; le mal qu'on signale existe déjà, et la législation actuelle tend à l'aggraver, bien loin d'en diminuer l'intensité et l'étendue ; la mise en tutelle de la grande majorité du peuple français en matière d'emprunt est une mesure exceptionnelle que rien ne justifie. Il existe une foule de transactions et d'actes livrés à leur libre cours qui légitimeraient davantage une telle intervention si elle pouvait être légitimée.

Que les jurisconsultes discutent sur ce qui est matière commerciale et matière civile, la distinction n'est pas toujours facile, il s'en faut. Lorsque j'emprunte, j'ai sans doute des raisons de le faire, dans lesquelles il me semble étrange, je l'avouerai, que s'immisce le législateur par bonté d'âme. Emprunter pour améliorer son champ peut être une excellente affaire. C'est pourtant un prêt en matière civile. Ne peut-on même emprunter dans un moment de gêne et être tiré d'une position désastreuse par cet emprunt qu'en de telles conditions on n'aurait point trouvé à contracter à 5. ni même à 6 ou à 7 ? J'ai cité les monts-de-piété, qui prêtent à 8 ou 9 pour 100 à la misère. Sans cet emprunt usuraire, que seraient devenus des malheureux livrés aux conseils du désespoir et de la faim ? Ce n'est point un économiste, c'est Gerson qui a écrit « Mieux valent quelques usures légères qui procurent des secours aux indigents, que de les voir réduits par la pauvreté à voler, à dissiper leurs biens, à vendre à très-vil prix leurs meubles et leurs immeubles. » Oui certes, il vaut mieux emprunter à 10 que de vendre son lit et ses chaises au tiers du prix d'achat, ce que la loi n'empêche point, ou que de s'attaquer à la bourse du prochain ce que la loi punit.

N'est-il pas admirable qu'on veuille obtenir législativement pour le petit propriétaire gêné des conditions que le Crédit foncier ne peut assurer à ses emprunteurs, qui sont des propriétaires généralement riches ou aisés de grands ou de moyens domaines ? Aussi n'y a-t-il qu'une voix de la part des gens d'affaires, et les notaires consultés n'hésitent point à répondre que la loi est éludée à l'aide d'une foule de subterfuges qui échappent à la répression, d'autant plus qu'ils ont pour complice l'emprunteur lui-même. De ce que ces faits seraient rendus publics par la franche acceptation d'un régime de liberté, il ne s'ensuit ni qu'ils deviendraient plus nombreux ni qu'ils fussent plus dommageables. Aujourd'hui le prêteur fait faire un billet de 100 francs et n'en donne que 90, sans qu'il y ait moyen de l'empêcher ; c'est même l'enfance de l'art très perfectionné de prêter à usure. D'autres fois le prêt se dissimule sous la forme d'une vente comme dans le fameux contrat Mohatra, flétri par Pascal ; d'autres fois encore l'usure revêtira l'apparence d'une donation, le prêteur se faisant allouer un supplément à titre de don. Dire que la liberté rendrait l'usure plus générale, n'est-ce pas affirmer un non-sens. Elle accuserait le chiffre vrai des intérêts, comme la publicité accuse le chiffre vrai des loyers. La liberté augmente les capitaux au profit de la masse commune ; elle produit de meilleures conditions au profit de l'emprunteur. C'est Montesquieu qui l'a dit avant les économistes : « Quand un homme emprunte, il trouve un obstacle dans la loi même qui est faite en sa faveur. Cette loi a contre elle et celui qu'elle secourt et celui qu'elle condamne. » Et cette pensée encore : « l'usure augmente à proportion de la sévérité de la défense. *Le prêteur s'indemnise du péril de la contravention.* »

Le nombre des prêteurs et même des institutions de crédit augmenterait donc avec des lois moins restrictives. L'abondance et la liberté des capitaux, voilà les seuls moyens d'en faire baisser le prix autant que possible. Les lois restrictives empêcheront peut-être qu'on se procure de l'argent à 7 pour 100 d'un honnête prêteur, mais non qu'on s'en procure à 20 pour 100 d'un usurier de profession.

La fixation légale de l'intérêt est une anomalie, un contre-sens étant donné à l'esprit général de nos codes. J'ai prononcé le mot de mise en tutelle de la majorité des citoyens français. Et quel autre nom donner à une loi qui statue uniformément pour les cas les plus divers, dont l'appréciation ne peut être faite que par le libre débat des parties ? — Mais l'usurier, dit-on, profite de la situation de l'emprunteur. — Au nom de ce raisonnement, il faudrait régler le salaire de l'ouvrier ; car les entrepreneurs profitent du grand nombre de bras qui s'offrent ; il faudrait régler les loyers des maisons, car les propriétaires profitent de l'embarras des locataires, etc. — La loi ne peut souffrir que l'emprunteur soit exploité. — Qu'on prouve donc qu'au delà de 5 pour 100 commence l'exploitation pour un agriculteur qui, achetant des instruments perfectionnés, du bétail en temps opportun, des engrais, ou faisant les frais d'opérations d'irrigation, de drainage, etc., retrouvera 10, 12, 15 pour 100 d'intérêt de son capital ; qu'on prouve qu'au delà de ce taux commence l'exploitation pour ce commerçant auquel un emprunt fait à propos permet d'accroître son entreprise ou qu'il sauve d'une ruine imminente ; qu'on prouve enfin que les cas où le taux est réputé exagéré sont prévenus par la loi actuelle. C'est à vous, partisans de la loi, que revient ce qu'on appelle en langage juridique *onus probandi !*

Eh quoi n'est-ce pas une singulière prétention que cette incapacité présumée de l'individu en matière d'emprunt ? N'est-il pas étrange qu'on se croie obligé sur ce point à prévenir les conséquences de cette prétendue incapacité, tandis que le même individu est jugé capable dans des transactions plus difficiles et plus importantes, et laissé à son libre arbitre ? Est-ce qu'acheter une terre n'est pas pour un paysan un acte bien plus délicat, bien plus compliqué qu'emprunter ? Quand on emprunte, on sait ce qu'on fait : il n'y a pas d'acte plus clair. Quand on achète des chevaux, des bœufs, des moutons, on fait une chose qui peut être infiniment plus préjudiciable et qui reste d'une appréciation beaucoup plus difficile. Soyez sincères, est-ce que l'achat ne contient pas beaucoup plus d'inconnu que l'emprunt ?

Cela ne confirme-t-il pas ce que j'ai dit qu'il y a là un reste de préjugé contre l'intérêt de l'argent, un état transitoire de l'opinion qui cherche à tâtons des moyens termes entre sa prohibition absolue et son droit égal à celui de tous les autres instruments de travail ? La morale a joué un grand rôle dans les dernières discussions sur les lois usuraires comme dans toutes les discussions précédentes. C'est faire intervenir la morale à tort du moins dans la plupart des cas. Elle n'a le plus souvent rien à voir dans le fait du taux plus ou moins élevé. Parmi les manœuvres certainement coupables que les usuriers emploient, parmi les faits d'exploitation condamnables, les uns tombent sous la loi pénale ; la liberté de l'intérêt n'y retrancherait rien ; on pourrait même rendre les pénalités plus sévères encore ; les autres y échappent ; qu'y peut la législation de 1807 ? Les lois tolèrent de pires choses que l'usure parce qu'elles ne peuvent empêcher tout mal sans se faire tyranniques, et que la liberté implique l'abus. Que la loi frappe les cas d'exaction immorale ; mais craignez, pour atteindre les abus que vous ne prévenez pas et que votre loi multiplie, d'empêcher une foule de transactions utiles. Dans une récente discussion, on citait des prêts de pièces de 5 francs faits à la journée à la halle de Paris moyennant 25 centimes d'intérêt, ce qui ferait 1800 pour 100 ! La magistrature a voulu poursuivre. On ne l'a pas pu. Les emprunteurs jetaient les hauts cris de se voir enlever cette ressource qui leur permet de gagner 2 ou 3 francs par jour. Quant aux prêteurs, ils mesuraient l'intérêt aux risques : la meilleure preuve, c'est qu'en moyenne ils font peu fortune.

La démocratie a tout intérêt à l'abolition des lois sur le taux de l'argent. Elles ne sont qu'une entrave aux capitaux à bon marché, et, quand même les capitaux se maintiendraient à un taux assez élevé comme en Amérique, la preuve que le travail y trouve son compte n'est-elle pas dans cette multiplicité des emprunts elle-même qui va porter partout la fécondité ?

On a créé par les lois prohibitives les contrebandiers. Eh bien, on crée de même, par la réglementation de l'intérêt, les usuriers qui sont les contrebandiers de l'argent. C'est une classe de malhonnêtes gens à laquelle la loi donne naissance. N'est-ce pas en outre une chose grave que l'habitude prise par les gens d'affaires les plus irréprochables d'éluder la loi ?

Concluons donc, concluons comme Turgot, comme Bentham, ces deux amis dévoués des classes populaires, concluons avec l'analyse économique, avec les faits comme avec les principes, qu'il n'y a rien de plus contraire aux pauvres et aux faibles que ces lois restrictives instituées en faveur des faibles et des pauvres, qu'il n'y a rien de plus opposé à l'esprit de la démocratie, que ces mesures de tutelle et de servitude. Lisières inutiles et nuisibles, elles empêchent les mouvements de ceux qu'elles traitent en enfants et elles ne les préservent d'aucune chute.

Et comment ne pas voir qu'à ces lois restrictives sur l'intérêt sont liées d'ailleurs d'autres mesures du même genre que l'opinion conservatrice repousse énergiquement, on ne sait pourquoi, du moment qu'on se place à un tel point de vue ?

CHAPITRE IV

Le maximum et les propositions récentes émanées de certaines écoles démocratiques, pour influer par voie de réglementation sur le taux des loyers ou sur le taux des salaires, ne sont-ce pas là des applications des mêmes principes, en vertu desquels on croit que l'État peut régler les conditions des contrats, et qu'il le doit même pour protéger les classes populaires, les plus exposées de toutes, dit-on, aux exactions du capital ?

Pour relever le salaire des ouvriers dans le cas d'insuffisance, divers moyens réglementaires ont été proposés aussi. Quel ami de l'ordre et de la liberté, quel esprit judicieux ne vous dira pourtant tout ce que renferme de désordre et de misère la réglementation des salaires ? Si les salaires sont augmentés sans que le capital se soit accru, sans qu'il ait permis une plus grande production avec le même labeur, les frais de production hausseront. Il faudra vendre plus cher, et la consommation se resserrera. La production suivra forcément le même sort ; de là moins d'ouvriers occupés. Ainsi la réglementation des salaires est et serait, plus on la généraliserait, une déception et un contre-sens. Elle est une déception d'une autre manière encore. Tel manufacturier occupait deux cents ouvriers ; un décret lui enjoint de les payer le double, il n'en occupera plus que cent. Tout au plus, en répartissant autrement son capital, par une hypothèse forcée dans la grande majorité des cas, il pourra aller à cent cinquante. Que faire des cent ou des cinquante qu'il aura congédiés ? L'État leur donnera de l'ouvrage, ainsi qu'il l'a fait en 1848, on sait comment ; il ouvrira des ateliers nationaux. Mais, comme on l'a remarqué et répété plusieurs fois à cette époque, à ces ateliers il faut du capital aussi bien qu'à tous les autres, et force est de le prendre sur les fonds qui allaient à l'industrie privée, soit qu'on recoure à l'impôt, soit qu'on s'adresse à l'emprunt ; alors l'industrie privée, ayant moins de capital, sera forcée de renvoyer des ouvriers. – Lieux communs, direz-vous. – Soit, tenez-en donc compte ! – À un autre point de vue enfin, l'accroissement forcé des salaires n'est-il pas une déception ? Nous n'examinons pas encore l'hypothèse d'une charité faite à telle ou telle catégorie d'ouvriers sans travail ; nous supposons qu'on étend la mesure à toutes les sortes de travailleurs. Soit une augmentation de 1 franc. Si tous sont augmentés dans cette proportion, ce qui leur coûtait 3 francs leur en coûtera 4 ou à peu près, les salaires se trouvant compris dans le prix des choses ; à quoi donc aura abouti une telle mesure ? Au renchérissement de la vie. Donc pas plus de réglementation des salaires en faveur des ouvriers que de réglementation de l'intérêt en faveur des emprunteurs. Continuons. Que de choses vous oubliez encore, partisans des salaires réglementés ! Vous oubliez par exemple le commerce d'exportation. Plusieurs grandes villes en France ne prospèrent que par ce commerce. Mais la concurrence des autres nations nous presse sur tous les marchés, et c'est sur des différences de 2, 3 ou 4 pour 100 qu'est fondée la préférence que nous donne le consommateur étranger. Si les salaires s'accroissent, non par le cours naturel des choses et par le progrès intrinsèque de la fabrication, mais par un acte impératif de l'autorité, voilà nos frais de production augmentés. L'avantage que nous avions sur les marchés extérieurs disparaît, nos débouchés sont perdus ; la population ouvrière de quelques-unes de nos grandes villes manufacturières se trouvera par suite plongée dans la misère. Tout cela a été dit déjà et parfaitement dit. Mais mon sujet m'entraîne, et n'est-ce pas une obligation de répondre par des arguments connus à des erreurs persistantes ?

Réduire la durée du travail des ouvriers en leur maintenant le prix de la journée totale, ce n'est, on le comprend aisément, qu'une autre forme de la réglementation de salaires. C'est en effet forcer l'entrepreneur à payer autant, en échange de moins d'ouvrage ; c'est, par suite, porter atteinte à l'intérêt bien entendu des ouvriers ; c'est y porter atteinte en ce qu'avec un travail réduit, on obtient une production totale amoindrie.

Je ne m'étendrai pas sur les autres mesures de *maximum* jugées par la grande expérience qu'en a faite la révolution française. Un jour la Convention pensa qu'il était en son pouvoir de dompter la loi de l'offre et de la demande, aussi bien que de vaincre l'Europe coalisée. Pratiquant la maxime de Danton, elle eut de l'audace, même contre les principes éternels. Elle osa décréter les prix. Elle soumit à son *maximm*, non plus seulement les céréales, mais toute espèce de choses. Cette infraction aux principes de la science économique, elle la plaça sous la protection de la guillotine. Le *maximum* eut ses effets inévitables. Au lieu du bon marché, on eut la cherté croissante. La vérité exige pourtant qu'on reconnaisse que la Convention n'eut ici de l'audace qu'à moitié. Elle avoua que l'entreprise de régler les prix d'une manière complète était au-dessus de sa puissance, et elle adopta pour moyenne les prix de 1790, généralement augmentés d'un tiers destiné a tenir compte au producteur de l'aggravation des circonstances. Vaine concession ! La Convention nationale fut obligée de revenir sur sa mesure, et même, disons-le, elle la condamna en des termes qui, dans une autre bouche, risqueraient de paraître empreints de partialité et de passion. S'adressant au peuple français, dans une proclamation à la fin de 1794 « Les esprits les moins éclairés, disait-elle, savent aujourd'hui que la loi du maximum anéantissait de jour en jour le commerce et l'agriculture : plus cette loi était sévère, plus elle devenait impraticable. L'oppression prenait en vain mille formes, elle rencontrait mille obstacles ; on s'y dérobait sans cesse, ou elle n'arrachait que par des moyens violents et odieux des ressources précaires qu'elle devait bientôt tarir. »

On dit que ces exemples ont produit tout leur effet sur la démocratie, que nulle école ne songe à entraîner la démocratie française dans la voie de pareilles réglementations.

Mille faits s'opposent à un tel degré d'optimisme. La question toute vivante des loyers, dont le taux s'est élevé à des prix exorbitants, surtout à Paris, est venue elle-même tout récemment en fournir la preuve.

Les propriétaires abusent, a-t-on dit. Le peuple paye. Il faut mettre un frein à cette avidité d'une classe privilégiée. Monstrueux raisonnement qui prouve ou beaucoup d'ignorance ou bien peu de logique !

En droit, c'est la société tout entière qu'il faudrait refaire de la base au sommet, au nom de cette façon de raisonner. Nous avons déjà fait voir que la propriété foncière et immobilière n'est pas un privilège plus que les autres. Elle a ses risques, ses charges, ses frais d'acquisition et d'entretien, ses bons et ses mauvais jours qui se compensent, et qui la mettent en équilibre de profits avec les autres emplois du capital. Comment les inventeurs de projets ne voient-ils pas que les oscillations de l'offre et de la demande forment l'histoire de tous les jours ? Comment ne voient-ils pas que l'inégalité de situation qu'elles expriment est écrite partout en caractères éclatants ? Lorsque le blé vient à manquer, est-ce que la demande ne se trouve pas placée dans une infériorité notoire devant l'offre ? Est-ce que le consommateur n'est pas contraint de faire des sacrifices qui s'élèvent parfois à un taux énorme ? Lorsque le blé abonde relativement à la production normale, les prix baissent quelquefois démesurément, et c'est l'agriculture qui supporte la perte. Demande-t-elle une indemnité légale ? Non, l'économie politique démontre que la meilleure compensation est celle qui s'opère naturellement, en répartissant avec autant d'égalité que possible les sacrifices et les avantages sur les vendeurs et les <u>acheteurs d'une</u> année ou d'une période d'années à l'autre.[16] Voilà

---

[16] Comment l'économie politique verrait-elle une partie de l'opinion admettre l'efficacité de ces remèdes artificiels, ou du moins en accepter aveuglément l'idée fondamentale, c'est-à-dire l'intervention de l'administration entre les propriétaires et les locataires, sans protester contre ces tendances ? Les vraies raisons de la hausse des loyers à Paris se trouvent dans l'énorme augmentation de la population dans le développement de l'industrie et du commerce, dans les exigences croissantes du luxe, dans la déprécia-

pourtant ce que des écrivains d'un incontestable talent, organes d'une école démocratique avancée, appellent avec dédain les *lieux communs de l'économie politique négative*. Arguer de la liberté des transactions, n'est-ce pas pitié en effet ? La liberté est si peu de chose ! La propriété est toujours si bien garantie ! Les locataires ont un si grand intérêt à ce qu'elle soit ébranlée ! Ils ont tant d'avantages à ce que l'État s'arroge aujourd'hui vis-à-vis d'eux un droit de protection qu'il tournerait demain contre eux ; à ce qu'il prenne à l'égard de la propriété des maisons telles licences qui s'étendront par les mêmes motifs à tous les capitaux, à toutes les rentes, à tous les bénéfices réputés exagérés du commerce ! L'État ne fait pas assez chez nous, il faut le charger encore de régler nos loyers, pourquoi pas bientôt de payer nos termes !

Et que penser de ces projets si on les examinait un à un ?

La ville de Paris, nous dit l'un, ferait bâtir par des entrepreneurs avec lesquels elle traiterait à forfait, et elle louerait au public des maisons dont la valeur serait calculée sur le prix de revient augmenté de l'entretien et de l'amortissement.

---

tion du numéraire, dans l'attachement naturel et inévitable d'un assez grand nombre d'habitants de Paris pour certains quartiers. Elle tient aussi à des causes intimement liées au développement des démolitions, faites par grandes masses, à celui même des constructions multipliées. C'est un fait que le développement si soudain et si intense de ces travaux a eu pour conséquences le renchérissement de la main-d'œuvre dans ce qu'on nomme l'industrie du bâtiment, la hausse des prix des matériaux destinés à la construction des maisons, et aussi, dans d'énormes proportions, la cherté des terrains où devaient s'élever des constructions nouvelles. Enfin comment nier qu'une partie même de cette augmentation si rapide de la population ne soit due à la présence d'une foule de travailleurs venant se fixer à Paris ? Une soudaine et même heureuse transformation de la capitale, opérée par voie d'autorité, devait produire en partie la situation que nous avons vu se développer et qui persiste aujourd'hui. Quant aux remèdes qu'on propose de différents côtés pour guérir cette maladie de la cherté qui frappe sur tout le monde, mais qui atteint proportionnellement davantage les fortunes médiocres et les pauvres, ils paraissent faire surtout briller l'excessive confiance de leurs inventeurs. La foi qu'ils témoignent dans leur propre infaillibilité n'a d'égale que leur profond mépris pour la loi de l'offre et de la demande, et leur dédain pour ceux qui osent soutenir la légitimité de cette loi économique et ses avantages généraux.

On faisait naguère grand bruit d'un certain nombre de propriétaires qui auraient exigé de leurs locataires. industriels ou commerçants, de véritables pots-de-vin ou d'énormes augmentations de loyer, comme s'il s'agissait ici d'une question de bons procédés. Le fait seul de l'acceptation de ces conditions (moralement plus ou moins blâmables) par un locataire attesterait que, somme toute, il a encore avantage à les subir plutôt qu'à s'en aller. Les prétentions trop exorbitantes se condamnent d'ailleurs elles-mêmes ; elles trouvent leur châtiment naturel dans le refus du locataire actuel à garder l'appartement qu'il occupe et du locataire futur à venir prendre sa place. Enfin on pourrait citer aussi nombre d'appartements restés vacants pendant plusieurs termes par suite de ces prétentions exagérées.

S'il s'agissait de quelques cités ouvrières, nous aurions à examiner la proposition, mais ce n'est pas à la ville, c'est à des compagnies à s'en charger. Quant à ces maisons bâties en masse par l'autorité municipale, on se demande d'abord quels gens auront le privilège d'habiter ces bienheureuses maisons dans lesquelles on aura pour

500 fr. un appartement coûtant 1,000 fr. autre part. Car enfin elles sont faites pour provoquer des déménagements en masse ! Bien sot serait celui qui, par déférence pour un propriétaire qu'on traite d'usurier, mettrait le cinquième de son revenu à son loyer, quand il pourrait n'y plus mettre que le dixième ! Il faut espérer que ces maisons-là auront des jardins, de l'eau, de l'air, de l'espace, tout ce qu'on reproche aux autres maisons de n'avoir pas, tout ce qui en motive la construction non moins que la cherté des loyers. Quoi ! la ville nous donnerait tous ces avantages à moitié du prix que nous payons pour ne pas les avoir, et on s'en priverait ! Mais comment l'administration pourra-t-elle satisfaire à la masse des demandes ? Il faudra bien pourtant qu'elle continue à s'en charger ; car il n'est guère à espérer que les capitaux libres continuent à bâtir de leur côté et à faire concurrence aux propriétaires existants, avec un système qui permet à la ville de bâtir et de louer. Qui donc, de gaieté de cœur, irait affronter une pareille rivalité ? Où est le capitaliste qui puisse, comme celui-là, puiser à pleines mains dans la poche des contribuables et louer à perte, s'il le juge bon ?

Combien d'expédients proposés valent moins que celui-là ! L'un veut forcer les propriétaires à mettre une affiche annonçant le prix de location et le nombre des pièces contenues dans l'appartement à louer. Il ne doute pas qu'une pareille publicité ne détermine immédiatement les propriétaires, saisis d'une honte salutaire, à abaisser le prix des loyers, moyen bien innocent qui deviendra digne d'examen le jour où les propriétaires contraindront les locataires à louer un appartement sans l'avoir vu et sans savoir ce qu'il coûte !

Un autre demandera que l'impôt locatif soit mis à la charge des propriétaires et soit payé par eux, même quand les appartements sont vacants. Comment ne voit-il pas que tant que la situation des propriétaires et des locataires sera ce qu'elle est, les propriétaires resteront maîtres de faire passer l'impôt locatif dans le taux du loyer ? Un tel impôt mis sur la propriété serait-il juste d'ailleurs ? Un impôt établi sur un revenu absent peut-il avoir une base légitime ? Et où serait le gage de cet impôt, dont le payement ne reposerait plus sur les meubles garnissant les lieux ? Faudra-t-il exproprier en outre le propriétaire assez malheureux pour n'avoir pas loué sa maison ?

Je crains, lecteur, que vous ne demandiez grâce. Prenez-vous-en aux conséquences qu'engendre l'esprit de réglementation. Voici encore un de nos faiseurs de projets qui tient le secret des loyers à bon marché. Vite des chemins de fer dans l'intérieur de Paris !

Ces chemins de fer dans l'intérieur de la ville, ils auraient, dit-on, pour conséquence nécessaire de faire baisser les loyers. On ne craindrait plus de s'éloigner du centre. La facilité de circuler, le rapprochement des distances, sont des circonstances qui nivellent les prix. — C'est à merveille, hommes de trop d'esprit ! Mais vos chemins de fer, forcés de s'arrêter à chaque instant, iront-ils beaucoup plus vite que nos omnibus ? Vous dites qu'il s'agit moins d'aller vite que d'avoir des places pour tout le monde. Aller vite est cependant bien quelque chose lorsque l'on est éloigné du centre de ses travaux. Nous demanderons en second lieu qui construira ces chemins de fer, en admettant que la chose soit possible matériellement dans l'intérieur de nos rues de Paris. Si le besoin en est réel, si l'affaire doit être bonne, en un mot, pourquoi les capitaux ne s'y mettent-ils pas ? Sont-ils tellement inintelligents ? manquent-ils aujourd'hui à un tel point d'initiative ? Si l'affaire est mauvaise, pourquoi en charger l'État ou la ville, faisant payer à tous, moyennant l'impôt, ce qui ne profiterait qu'à un nombre restreint d'habitants ?

En vérité, ces faiseurs de plans déploient beaucoup de génie en pure perte. Ils ne voient pas qu'ils poursuivent la pierre philosophale de l'économie politique, le desideratum chimérique d'une proportion absolue entre l'offre et la demande, à chaque moment, pour tous objets ; chose qui ne s'est jamais vue, et qui, j'en suis bien fâché, messieurs les utopistes, ne se verra jamais. L'inégalité des conditions n'a pas de meilleur correctif que la liberté. Aujourd'hui le vent tourne en faveur des propriétaires : c'est en faveur des locataires qu'il tournera demain ; cela se fait rarement sans quelques excès, je le sais, rarement sans quelque dommage momentané pour l'une des parties. Le temps seul se charge de rétablir l'équilibre. La civilisation pourtant abrégée ce temps nécessaire par les ressources étendues dont elle dispose. On bâtira sans cesse, on bâtira jusqu'à ce que les bénéfices offerts aux capitaux par l'industrie du bâtiment ne dépassent plus la moyenne des bénéfices des autres industries. Le jour où, à force de bâtir, on aura atteint cette limite, le jour où le besoin que le public éprouve de maisons nouvelles sera comblé, ce jour-là les capitaux prendront d'autres directions ; ce jour-là aussi les loyers auront baissé au moins dans une certaine mesure. Il n'est pas même bien sûr que l'on ne bâtira pas trop, ce qui s'est vu à plusieurs époques. Alors c'est la propriété qui perdrait. Dieu veuille qu'il ne vienne pas un moment où propriétaires et locataires soient frappés par quelque crise générale qui ne les mettrait pas d'accord et renouvellerait les exigences des locataires en sens contraire, crise telle qu'il nous a été malheureusement donné d'en être témoins en mars et en avril 1848 ! Les doctrines que l'on prêche à propos des loyers, les découragements que l'on tend à créer pour les capitaux qui se portent vers la construction sont bien de nature à amener un pareil résultat, et ne sauraient en avoir d'autres. C'est à quoi feraient bien de penser ceux qui les propagent à bonne intention et sèment par là des ressentiments et des haines dont ils ne se rendent pas bien compte.

Au reste, qu'on ne dise pas que nous pensons qu'il n'y a rien à faire ; nous traiterons plus loin (à propos des associations) des logements d'ouvriers.

En dernière analyse, les réglementations qu'on rêve ne sont pas plus conformes aux principes et aux intérêts de la démocratie que celles qui existent ; quelques-unes mêmes auraient un caractère beaucoup plus nuisible. Quant à la réglementation légale de l'intérêt, qui a été le principal objet de ce chapitre, ses jours sont aujourd'hui comptés. Aussi l'avons-nous moins encore combattue comme une mauvaise mesure qu'examinée comme un exemple et un spécimen de ces règlements abusifs et spécieux qui conservent encore un certain prestige sur la foule, ce qui n'a rien d'étonnant, puisqu'ils ont séduit des esprits d'un ordre éminent, et qu'il n'y a rien de tel que la réglementation pour entretenir les déplorables préjugés qui lui servent de prétexte. C'est une vieille idole dont on croit ne pouvoir se passer. Elle s'écroule, cette idole, on est tout étonné de voir que ce n'est pas un appui qu'on a perdu, mais une entrave dont on s'est heureusement débarrassé. Vous qui cherchez à ajouter encore à ces tutelles, à ces entraves, sous prétexte de protection aux faibles, cessez de vous dire les hommes de l'avenir, prenez garde de retenir du passé que vous répudiez, souvent même à l'excès, cette défiance extrême pour le droit individuel qui en faisait le caractère même, et d'adorer ainsi la routine sous le nom de progrès !

CHAPITRE V
LA LIBERTÉ DU COMMERCE ET LES OUVRIERS.

De la liberté du commerce dans son rapport avec les principes de la démocratie, avec l'intérêt populaire, le travail et le bien-être des classes ouvrières.

J'ai établi dans l'introduction de ce livre, et dans les considérations qui remplissent le chapitre sur la liberté du travail, que la liberté du commerce, cette traduction et cette condition inséparable de la liberté de travailler, est essentiellement conforme aux principes et aux intérêts de la démocratie. À ses principes d'abord. Être libre d'échanger n'est pas un droit moins respectable qu'être libre de produire. Au fond c'est tout un, surtout si l'on songe à la quantité d'échanges que suppose toute fabrication. Le principe d'égalité s'oppose à ce qu'une certaine catégorie de producteurs reçoive des faveurs exceptionnelles. Des privilèges accordés aux manufacturiers et aux commerçants, sous forme de droits protecteurs ou tout autre, sont profondément antipathiques à l'esprit même de la démocratie. Enfin, la démocratie proclame la fraternité et non l'hostilité des nations. Elle est favorable par nature à la liberté du commerce qui les unit, et contraire aux entraves qui les séparent et les divisent. Quant aux intérêts populaires, que veut la démocratie sinon du travail et de l'aisance pour tous ? Est-ce en contrariant les mouvements naturels du capital et du travail qu'on développera ces éléments de l'aisance générale ? Ce qui a été reconnu détestable pour la production deviendra-t-il bon pour la circulation des produits ?

Écoutez pourtant les partisans du système protecteur et prohibitif appliqué à l'industrie nationale, ils vous diront que les classes populaires sont vivement intéressées à son maintien, qu'elles le sont autant et plus que ceux qui passent pour en bénéficier exclusivement. Ouvriers, c'est en votre nom qu'ils défendent ce système. Vous trouvez, à les en croire, un développement de travail dans l'établissement de ce régime. La concurrence intérieure vous offre d'ailleurs de suffisantes garanties, ajoute-t-on, quant au bon marché des produits, et tout changement vous condamne à des crises et à des chômages redoutables.

Les défenseurs du régime protecteur, si contraire en soi à la liberté du travail et de l'échange, se réfugient donc, eux aussi, dans des considérations d'humanité, de philanthropie. Ils se retranchent dans cette thèse plus populaire que ne le serait leur cause par elle-même, à savoir que l'ouvrier débarrassé de la concurrence étrangère, grâce à la prohibition et au jeu énergique de tarifs élevés, a plus d'occupation, et qu'il obtient en échange de sa peine une plus haute paye. Renfermée dans ces limites, l'argumentation protectionniste n'était pas naguère sans produire beaucoup d'effet sur les ouvriers de grands centres manufacturiers. On y ajoutait comme de coutume des appréhensions sur la sortie du numéraire, des considérations sur la balance en commerce en argent, sur les mérites supérieurs de l'exportation comparée à l'importation. Sur ces derniers points qui ne sont pas directement liés à mon sujet, je ne dirai qu'un seul mot. Vendre sans acheter a été longtemps la folle utopie de l'économie publique. Ce n'est guère que depuis l'avènement de la science économique qu'a été démontrée, d'une manière invincible, cette vérité encore trop peu comprise, que « les produits s'échangent contre les produits » et que l'argent n'est lui-même qu'un de ces produits mieux en état qu'aucun autre de servir, sous forme de monnaie, non pas à créer la richesse, mais à la mettre en mouvement par l'échange. Au point de vue de la richesse, lors donc que l'effet du système protecteur serait de faire entrer plus d'argent dans le pays, cet argent n'y profitera pas nécessairement au travail ; on peut dire même qu'il y nuira, si on ne l'a obtenu de l'étranger que par l'exclusion de tout autre produit, matière première ou instrument utile, dont l'industrie aurait fait son profit, encore bien qu'il eût fallu l'acheter. Le prix des choses s'élevant d'ailleurs à mesure que la monnaie surabonde, le salaire de l'ouvrier pourra être nominalement plus élevé sans qu'il se procure en échange un plus grand nombre de choses nécessaires à la vie, dont le prix aura reçu un accroissement proportionnel.

J'arrive à ce qui fait la vraie question au point de vue des intérêts populaires.

On a beaucoup répété que le système protecteur crée du travail Pour le prouver, on montrera telle ou telle manufacture qu'il a élevée, comme si les intelligences et les bras seraient nécessairement restés oisifs sans la douane, on citera telle ou telle industrie ou telle découverte qui lui est due, dit-on, ce qui prouverait tout au plus qu'un système même mauvais peut produire tel ou tel bien partiel, payé fort au delà de ce qu'il vaut, si on le met en balance avec la masse des sacrifices que le système a coûtés. Sachez donc embrasser l'ensemble du travail et des industries ! La question n'est pas de savoir si le système protecteur fait travailler plus, mais s'il fait travailler mieux, c'est-à-dire plus utilement, avec plus de fruit pour la société. Comme le remarque l'auteur de l'*Examen du Système protecteur*, « si quelque khan de Tartarie, dans un accès d'humeur atrabilaire, ordonnait qu'à l'avenir les ouvriers travaillassent une main liée derrière le dos, il faudrait, pour procurer à la société qui lui serait soumise une très-médiocre quantité de produits, que tout homme valide travaillât seize heures au moins par jour au lieu de dix ou douze ; cet édit sauvage ferait donc travailler plus ; il n'en serait pas moins un fléau. » Quand on veut apprécier justement, par rapport à la société, tel travail particulier ou le système qui a suscité et provoqué ce travail, il faut aller au résultat, au produit ; car au point de vue de l'intérêt social, c'est ce résultat, ce produit qui donne la mesure exacte de la valeur du travail lui-même. Le salaire, abstraction faite de la quantité monétaire par laquelle il s'exprime, le salaire représentant les moyens d'existence de l'ouvrier, n'est pas autre chose qu'une portion de ce produit total sur lequel vit la société. C'est donc en augmentant non la masse des efforts, mais celle des produits, que l'on accroîtra les ressources des travailleurs. Plus le travail sera réellement productif, plus par le fait il sera rémunéré.

« Si demain, dit encore M. Michel Chevalier, en Angleterre, une loi passait qui interdît absolument l'entrée du vin étranger, il est vraisemblable qu'on planterait des vignes dans des serres pour se procurer tant bien que mal un peu de cette savoureuse liqueur qui depuis Noé est en faveur parmi les hommes. On ferait ainsi, en Angleterre, du vin qui serait horriblement cher ; laissons de coté la qualité du breuvage. Pour en avoir seulement 100,000 hectolitres, il faudrait une prodigieuse quantité de jardiniers, sans compter les maçons et les fumistes qui construiraient et entretiendraient les serres. Le Parlement anglais se trouverait ainsi avoir provoqué beaucoup de travail. Il aurait cependant fait une très-sotte loi ; il aurait appauvri la nation. L'Angleterre alors, pour se procurer cent mille hectolitres de vin, occuperait une masse de capitaux et de bras qui, employés à extraire de la houille, à filer du coton, à fabriquer de la quincaillerie, de l'acier ou du fer brut, lui auraient donné le moyen d'en acheter un million sur les marchés de la France, du Portugal, de l'Espagne, des Canaries ou du Cap. Elle serait donc appauvrie de neuf cent mille hectolitres de vin. Aurait-elle pour cela résolu le problème d'occuper plus de bras ? Non car, s'il est vrai que la culture de la vigne dans des serres eût donné de l'emploi à un grand nombre d'hommes ; il n'est pas moins vrai que le capital absorbé par cette folie viticole eût suffi à occuper ces mêmes hommes dans d'autres industries beaucoup plus naturelles, qui eussent été aussi beaucoup plus raisonnables parce qu'elles auraient été beaucoup plus productives.[17] »

Une autre raison non moins propre à démontrer combien est fausse l'opinion qui attribue au système actuel le mérite d'*assurer* le travail, de garantir le salaire de l'instabilité, se trouve dans les crises industrielles qui ont périodiquement affligé le travail national depuis une quarantaine d'années. Non que nous accusions le système actuel d'en

---

[17] Chap. XI, p. 88. *Examen du système protecteur*, par M. Michel Chevalier.

CHAPITRE V

être l'unique auteur, non qu'il y ait rien qui puisse assurer absolument l'industrie contre les mauvaises chances ; mais comment ne pas voir que le système protecteur a contribué à cette instabilité, bien loin d'y avoir mis obstacle ? D'où sont venus, s'il vous plaît, ces engorgements de produits tant accusés, sinon d'une concurrence intérieure trop surexcitée, par cela même que l'industrie sentait que le marché national lui appartenait sans conteste ? D'où sont venues ces représailles parfois si terribles, sinon du jeu capricieux des tarifs ? À chaque instant la prohibition

peut ravir aux industries nationales les débouchés extérieurs sur lesquels leur existence est en partie fondée. C'est ainsi que nous avons vu, à une époque encore peu éloignée, la France frapper de droits prohibitifs l'importation des fils et tissus de lin, et porter par là un coup terrible à l'industrie linière de l'Angleterre et de la Belgique. Et les États-Unis n'ont-ils pas modifié en moins de vingt années quatre ou cinq fois leur tarif, tantôt dans un sens libéral, tantôt dans un sens prohibitif, et occasionné par ces brusques revirements de système une série de crises dans les industries en possession d'approvisionner le marché ?

Vous vous plaignez de l'accumulation dans les villes d'une énorme population ouvrière, accumulation qui, au delà d'une certaine mesure, est au plus haut point funeste aux ouvriers, en même temps qu'elle crée un danger permanent pour l'Etat ! N'est-elle pas en partie le résultat du système protecteur dans quelques grandes villes manufacturières ? Les hauts profits, assurés exceptionnellement à certaines industries, y ont fait affluer les capitaux avec une grande abondance ; comment n'auraient-ils pas eu pour effet un immense appel fait aux bras généralement occupés et disséminés dans le travail agricole ? Quelles ont été les conséquences de ce prodigieux entassement d'hommes voués à la production industrielle ? On ne le sait que trop. D'abord une concurrence désastreuse entre ouvriers. Une fois établis dans les villes, ils y ont multiplié, et, comme on l'a fait voir dans des tableaux qui, pour être parfois chargés, n'en sont pas moins foncièrement exacts, l'enfant a fait concurrence au travail du père, la femme au travail du mari. On a vu se produire ainsi des baisses de salaire, des grèves menaçantes, et par dessus tout, le renchérissement croissant des loyers et des vivres, avec cette habitation des logements insalubres, une des hontes et un des fléaux de notre civilisation que nous commençons à peine à combattre efficacement. Aveugles d'ailleurs ceux qui persistent à ne pas comprendre qu'une industrie n'est protégée qu'en entravant les autres ! C'est un mal qu'on cherche vainement à éviter par un jeu de compensations d'une complication infinie. Il y a toujours des dupes de ces arrangements impossibles, et la dupe principale, disons-le tout de suite, c'est ou c'était chez nous l'agriculture, et par conséquent avec elle l'énorme masse des ouvriers ruraux et des paysans propriétaires, sans parler des ouvriers consommateurs. Il fallait que l'agriculture nationale payât à des prix excessifs le fer, les instruments, les matières premières, tout ce que les tarifs renchérissaient. Voilà une partie du *travail national* dont il y aurait lieu de tenir compte, puisque l'agriculture embrasse en France environ vingt millions d'individus. Mais sans sortir de l'industrie proprement dite, et pour n'en citer qu'une qui a pris chez nous de très-grands développements constatés par les expositions universelles, qui peut ignorer que les restrictions en matière de filés de coton gênent extrêmement plusieurs industries du premier ordre ? Les filés de coton sont la matière première de cinq ou six industries qui occupent ensemble dix ou quinze fois autant de bras que la filature même. Quant aux restrictions en matière de fers, de tôles, de rails, n'est ce pas l'industrie nationale en masse qu'elles entravent ?

Le régime protecteur alléguait naguère, avant d'avoir reçu un coup mortel du traité de commerce avec l'Angleterre, il allègue même encore par ses organes persistants que la concurrence intérieure est très-suffisante pour garantir les intérêts de la masse de consommateurs. Finissons-en donc avec cet argument qui équivaut à une fin de non-recevoir, et pour cela ne craignons pas de pénétrer quoique rapidement dans la nature intime des industries diverses.

Les industries sont de deux sortes : les unes sont plus limitées dans leurs moyens de production (nous ne disons pas absolument limitées) ; les autres le sont moins. Il est très-vrai qu'on ne produit pas de la houille et du fer comme on produit des filés, des tulles et des mousselines. Mais est-ce à dire que dans les industries extractives elles-mêmes, les bornes de la production ne puissent pas être reculées de manière à satisfaire d'une manière plus large aux besoins sans cesse accrus de la consommation ? Pour la France, c'est une vérité de fait, à nos yeux, en ce qui concerne la houille et le fer, que : 1° leur production peut être développée par la concurrence extérieure et ne peut l'être que par elle ; 2° que, quand la production indigène est décidément au-dessous des besoins, la même concurrence devient alors la seule garantie des consommateurs et des diverses industries qui emploient ces deux produits sur une grande échelle. Il existe en France des quantités de fer et de houille qui ne sont pas exploitées. De l'avis des gens spéciaux, la France possède des gisements de charbon et de minerai qui peuvent soutenir, à peu de chose près, la comparaison avec le Stafford-shire et le pays de Galles, et si nos maîtres de forges eussent été aiguillonnés par la concurrence étrangère, ils s'y seraient déjà transportés. Il n'y a pas lieu de s'étonner si les faveurs du système protecteur ne les y déterminaient pas. Il n'est que trop facile de s'en rendre compte. S'il y a des producteurs qui soient intéressés à la rareté, ce sont à coup sur les industriels qui exploitent la houille et le fer. Les raisons en sont évidentes. Leur produit est aujourd'hui un produit de première nécessité ; cela en garantit le placement à des prix qui, pour peu que le besoin augmente, s'élèvent sans rapport exact avec la quantité accrue de la demande. On comprendra bien ce phénomène si on se remet en esprit ce qui arrive pour le blé. Tout le monde sait que le déficit d'un dixième dans la récolte augmente le prix dans une proportion fort supérieure à ce dixième ; quelques économistes n'évaluent pas, dans ce cas de déficit d'un dixième de la récolte à moins d'un cinquième l'augmentation dans les prix des céréales. Or, la houille et le fer sont l'aliment indispensable de l'industrie. Ceux qui les produisent étant sûrs de placer leurs produits, les prix prennent des proportions énormes quand le travail est un peu vivement aiguillonné. On veut en avoir coûte que coûte pour ainsi dire. Ainsi, par ce fait seul que la concurrence est limitée par le nombre des exploitations, le producteur a ici un avantage marqué sur l'acheteur. Que sera-ce si au monopole naturel s'est venu joindre le monopole artificiel par un système de *fusions* qui amortit singulièrement la concurrence intérieure elle-même ? Les exploitations étaient naturellement bornées. On a de plus limité, par une habile entente, le nombre des exploitants. Qu'importe ici qu'on objecte que dans beaucoup de cas ce soit le propriétaire de forêts et de mines de fer de haute qualité qui profite pour la plus grande part de l'élévation des prix ? Est-ce avec ce système que l'on pouvait atteindre un suffisant développement des exploitations ? Est-ce un tel système qui pouvait garantir sérieusement le droit de l'acheteur, l'intérêt du consommateur qui est tout le monde, et celui de cette foule d'industries qui ne peuvent se passer de fer et de houille ?

Travailleurs de toutes les industries, est-ce assez de toutes ces causes de renchérissement ? Ce système dit protecteur qu'on vous vante, en avons-nous assez marqué à ce seul point de vue les défauts ? Disons encore un mot du fer. Précisément parce que la denrée est rare et que dans les temps ordinaires (à plus forte raison dans les temps de prospérité et de travail) on se la dispute vivement, les établissements le plus mal situés, le plus mal outillés, trouvent encore à vivre, et leurs prix de revient pèsent sur le marché dans le sens d'une hausse générale. Plus il y a de ces établissements qui produisent coûteusement, plus ceux qui produisent avec économie en profitent, car plus leurs prix tendent à se mettre de niveau avec ceux qu'exigent les efforts de confrères moins favorisés ou moins habiles. Tous ces faits assez ignorés du public ne le sont pas des intéressés. La concurrence étrangère est donc, vous le voyez, absolument nécessaire ici, et il y a trop d'ingénuité à s'imaginer que la concurrence intérieure en fait l'office. Mais ces industries où la concurrence s'exerce plus facilement et plus complètement, celles-là du moins, nous dira-t-on, n'avouerez-vous pas qu'elles peuvent se passer de la concurrence étrangère ? Non, et vous allez voir pourquoi.

Certainement la concurrence intérieure, qui s'est développée dans des proportions très-vastes, a réalisé de grands abaissements de prix sur les articles de vêtement en particulier et opéré des perfectionnements qu'il serait fort injuste de méconnaître. Il y a quelque chose de très-fondé dans ce que disent les défenseurs du système protectionniste sur l'efficacité de cette concurrence intérieure ; on en trouve la preuve dans ce fait même que l'industrie de la filature et les diverses industries qui emploient les filés de coton comme base allaient même, avant les récents dégrèvements, provoquer la concurrence au dehors par des exportations considérables, en dépit du prix qu'elles devaient mettre dans l'état actuel, celles-ci aux filés, celles-là et toutes ensemble au fer et à la houille ; tribut qui était tel, qu'un des chefs du parti opposé à la réforme des douanes disait en 1834 « La houille et le fer doublent le prix de nos établissements industriels. » Mais est-ce une raison de croire que la concurrence intérieure suffise ? Non, et la preuve c'est l'outillage insuffisant et souvent fort arriéré d'un grand nombre de nos manufactures. Il leur a fallu de longues années pour en venir à adopter le métier *renvideur*, qui économise une énorme quantité de main-d'œuvre, et dont l'emploi aujourd'hui même ne s'est pas généralisé. L'absence de concurrence du dehors a d'ailleurs là aussi pour effet la création d'établissements souffreteux qui n'auraient jamais dû se fonder, puisqu'ils représentent un mauvais emploi de travail et de capital. Leur existence ne s'explique que par l'appât de la prime qu'offrait le système prohibitif à l'incapacité. Ces établissements, outre l'influence fâcheuse que leurs produits coûteusement obtenus peuvent avoir sur les prix moyens, permettent d'établir des tableaux de prix de revient d'une élévation et des tableaux de bénéfices d'une faiblesse qui sont une pure fiction pour la masse des établissements. C'est ainsi qu'on a vu en 1856 les filateurs de Normandie publier le plus curieux et le plus incroyable mémoire dans lequel il est prétendu que leur bénéfice moyen serait de 4 pour 100 et leur prix de revient de 44 pour 100 au-dessus des Anglais. Étrange illusion de l'intérêt particulier qui ne voit pas à quoi ses calculs l'exposent ! S'il fallait en croire ces calculs fabuleux, pour réaliser un bénéfice misérable de 4 pour 100, les filateurs normands auraient fait payer à leurs concitoyens, eux qui invoquaient sans cesse la magnanime raison du patriotisme, 44 pour 100 de plus qu'ils ne les auraient payés en achetant leur coton à l'Angleterre. On a peine à comprendre que la nationalité d'une chemise ou d'un mouchoir de poche puisse valoir ce prix-là. Si de plus on prenait leur calcul pour moyenne de toute la France, il se serait trouvé que le public faisait un sacrifice annuel de 92 millions pour procurer à nos filateurs un profit de 8 millions. Mais en vérité, s'il en était ainsi, ne vaudrait-il pas beaucoup mieux payer aux filateurs 8 millions pour ne rien faire, en gardant, nous autres citoyens français, 84 millions pour faire autre chose ?

Nierez-vous après cela que la masse du travail national et dès lors de la classe ouvrière ne soit intéressée à ce que la concurrence extérieure stimule l'industrie indigène ? Nous y reviendrons ; car nous sommes ici au cœur d'une question dont l'importance populaire est immense. Mais abordons la question des transitions.

Est-on dans le vrai quand on allègue ce qu'il y a de pénible dans la transition du régime de prohibition à un régime plus libéral pour exciter les ouvriers contre ce genre de réformes ? N'est-ce pas par trop oublier l'histoire de faits analogues ? Faut-il donc rappeler les doléances qu'a fait naître l'établissement des chemins de fer ? Des industries très-dignes d'intérêt, la batellerie, par exemple, et bien d'autres, n'ont-elles pas subi douloureusement le contrecoup de cette grande invention ? N'y a-t-il pas eu des transitions plus ou moins pénibles, lorsque l'imprimerie a remplacé les copistes ? N'y en a-t-il pas eu lorsque la libre concurrence s'est substituée au travail organisé en corporations ? N'y en a-t-il pas eu lorsque l'esclavage a été aboli dans nos colonies ? Il est quelquefois au pouvoir des gouvernements d'adoucir ces difficultés de transition, il ne l'est pas de les supprimer. Il faut donc s'attendre aux réclamations bruyantes de tout intérêt atteint ou qui croit l'être ; or, se regarder comme atteint pour un intérêt, ce n'est pas nécessairement courir de graves dangers, c'est tout simplement réaliser de moindres bénéfices. Il n'est jamais entré dans l'esprit de personne que le passage du régime protecteur à un régime plus libéral s'effectuerait sans causer aucun dérangement à ceux qui s'endormaient trop sur l'oreiller de la protection, sans blesser même d'une manière plus sérieuse quelques établissements déjà malades. Le gouvernement anglais, alors que la réforme douanière s'opérait en 1816, ne faisait aucunement mystère de ces souffrances probables en proclamant la réforme. Chez nous, il n'est pas un économiste qui n'ait annoncé ces difficultés transitoires.[18] Tous, en faisant allusion à la nécessité de déplacer parfois un capital engagé dans des voies peu productives, ont répété ces paroles « La dépréciation d'une partie du capital est un mal inévitable. En toutes choses, nous ne pouvons nous engager dans les voies de l'erreur impunément. Mais si cette perte est certaine, qu'est-elle comparée aux pertes incessamment renouvelées que le système prohibitif cause à la société ? Qu'est-elle, comparée aux profits annuels du système de liberté ? »

Mais avant tout, je ne craindrai pas de m'adresser à la mémoire de nos manufacturiers. Est-ce qu'ils ont reculé devant la crainte de provoquer maintes fois eux-mêmes des changements bien plus pénibles pour la masse des travailleurs ? N'ont-ils pas introduit dans leurs manufactures de puissantes machines qui mettaient par milliers les ouvriers sur le pavé ? Ils souffraient même que ces transitions eussent lieu brusquement, sans la moindre préparation. Un jour des masses d'ouvriers se rendaient à leur ouvrage. Ils apprenaient que leur place était prise. Un gigantesque appareil, mu par la vapeur, évinçait ces ouvriers expropriés de leur travail pour *cause d'utilité publique, sans indemnité préalable.* Le plus souvent le mal se réparait. Les ouvriers reprenaient leur place en plus grand nombre, et presque toujours avec des salaires plus élevés. Quelquefois pourtant des classes entières de travailleurs se trouvèrent ruinées. Vous le savez, pauvres lieuses à la main de la Bretagne et des Flandres ! — Que disaient les manufacturiers ? Ils disaient que telle était la condition du progrès. Ils faisaient, i] est vrai, fortune ; mais si cette circonstance leur ôtait, dans la discussion des machines, l'avantage d'un entier désintéressement, ils s'en consolaient sans trop de peine et prenaient leur parti d'un bonheur qui se confondait avec l'intérêt général.

Ne le voyez-vous pas ? le mécanisme supérieur, destiné à supplanter dans tous les pays de l'Europe les vieux engins surannés empruntés à l'arsenal prohibitif, c'est la liberté commerciale ; machine simple et féconde, aussi productive pour le moins que la vapeur, et plus admirable en ce qu'elle tient à l'homme même, à ses droits, à sa responsa-

---

[18] La facilité de la transition d'un régime à un autre depuis le traité de commerce avec l'Angleterre a dépassé toutes les prévisions favorables et confondu les alarmantes prédictions des protectionnistes aujourd'hui convertis, pour la plupart, à de plus libérales doctrines par l'expérience.

bilité, à sa force, et qu'elle est une des faces encore trop voilées de la liberté civile !

Il est bien de s'apitoyer sur le sort malheureux des classes ouvrières ; mais il est mieux de les soulager par d'utiles réformes. En les opérant avec une courageuse initiative, le gouvernement a bien mérité du pays.[19] Il est un autre point de vue auquel on se place enfin pour entraîner la démocratie dans des voies anti-libérales.

On alarme le patriotisme si susceptible, si ombrageux des classes ouvrières en leur montrant la France non seulement tributaire de l'étranger, mais livrée sans défense à ses coups si le fer national n'est suffisamment protégé. Puisque c'est, pour ainsi dire, le côté militaire de la démocratie qu'on met en jeu, j'en dirai un mot.

L'écrivain que la science économique invoque encore comme son principal fondateur, Adam Smith, l'un des vulgarisateurs les plus illustres qu'elle puisse citer dans

notre pays, Rossi, s'accordent à penser qu'il faudrait savoir se résigner à des sacrifices, c'est-à-dire à payer le fer plus cher, s'il était prouvé que la libre entrée du fer étranger constituerait un danger pour le pays en temps de guerre. En effet, le peuple étranger, à la première menace d'hostilité, ne manquerait pas de frapper d'une prohibition de sortie ce métal, nécessaire instrument des batailles en même temps qu'élément vital des industries qui se développent à l'ombre de la paix. Avant de songer à être plus ou moins bien, ne faut-il pas d'abord qu'un peuple songe à *être* et qu'il s'en garantisse les moyens ?

Nous n'aurons garde d'y contredire mais qu'on remarque pourtant que la pensée de ces économistes s'applique avant tout aux armes fabriquées, armes blanches ou armes à feu. Or, sur ce point, la législation douanière fait beaucoup plus que son devoir. Elle a fort outré des prescriptions qu'à un certain moment pouvait conseiller une prudence patriotique. Notre tarif douanier frappe les armes blanches de commerce, à l'importation, d'un droit de 400 fr. par 100 kil·sous pavillon national, et de 417 fr. sous pavillon étranger et par terre à l'exportation, elles ne sont plus grevées que d'une taxe de 25 c. L'importation et l'exportation des armes blanches de guerre sont prohibées. Quand le gouvernement accorde des exceptions à la défense d'exporter ou d'importer des armes ou parties d'armes de guerre, les armes blanches acquittent les mêmes droits que les armes de chasse

---

19 *De l'assistance en province, cinq années de pratique*, par M. de Magnitot, préfet de la Nièvre, p.87 et suiv. Cet ouvrage a été couronné par l'Académie des sciences morales et politiques.

et de luxe. Or, quand on sait où en sont aujourd'hui l'importance et la perfection de nos manufactures, peut-on sérieusement prétendre que des droits si exorbitants restent ici nécessaires ? Pour les armes à feu, l'arquebuserie française n'a plus depuis longtemps à redouter la comparaison, au point de vue de la perfection, avec les produits anglais et belges de même nature ; Paris ne le cède en rien, même à Birmingham et à Liège, pour les armes de luxe. Il n'y a guère que pour le bon marché des armes communes, et encore cela tend à devenir de moins en moins vrai, que nos voisins du Nord continuent à l'emporter sur nous. Malgré cela, les armes à feu sont soumises soit à des droits très-élevés, soit à la prohibition. L'importation des armes à feu de commerce paye un droit de 200 fr. par kilog. introduit par navires français, et de 212 fr. 50 par navires étrangers. Les droits de sortie sont de 25 c. L'importation et l'exportation des armes de guerre sont prohibées avec les mêmes exceptions que pour les armes blanches. L'argument de la défense nationale a donc ici, outre la pensée de protéger nos manufactures pour les armes de commerce, porté des fruits que n'eussent certes pas avoués dans une telle exagération les économistes dont on met en avant l'autorité. Mais qu'a de commun avec ce besoin de défense nationale la production du fer lui-même ? Lorsque cette production était faible on pouvait peut-être la considérer comme engagée dans la question militaire et politique ; mais aujourd'hui quoi de pareil ? « Combien [20], dit un économiste, faut-il de fer pour armer un million de soldats, et pour les armer jusqu'aux dents ? Un fusil de munition, avec sa baïonnette, pèse 4 kilogrammes (bois non compris) ; un revolver à huit coups, solidement établi, ne demande pas 1 kilogramme de fer ; les briquets, les sabres, les pistolets, etc., ne sont pas plus exigeants, et en estimant en moyenne à 10 kilogrammes de fer l'armement du soldat, nous tenons compte des réserves nécessaires, et nous ne courons qu'un danger, celui de gêner les mouvements en faisant porter une charge trop lourde. Or, 10 kilogrammes par homme donnent, pour une armée de 1 million, 10 millions de kilogrammes, c'est-à-dire 10,000 tonnes. Ajoutez-y ce que demande l'artillerie, en comptant trois pièces par mille hommes et un approvisionnement de 400 projectiles par pièce ; ajoutez-y le fer nécessaire pour les voitures et les chevaux, et, avec la meilleure volonté du monde, vous n'arriverez pas à doubler cette quotité. Portons le chiffre à 80,000 tonnes, ce sera énorme, invraisemblable ; au moins nous aurons l'avantage d'être guéris du mal de la peur. » En 1808, l'Europe entière, suivant le calcul de M. Héron de Villefosse,

---

[20] «Journal des Économistes.» article de M. Wolowski.

ne produisait que 825,000 tonnes de fonte ; nous avons aujourd'hui sensiblement dépassé ce chiffre *pour la France seule*. D'après les évaluations les plus exagérées, les besoins de la guerre, d'une guerre prodigieuse, n'absorberaient pas le vingtième de ce que nous sommes assurés de produire. Ne peut-on pas ajouter qu'un pareil chiffre est de nature à rassurer contre les prédictions les plus sinistres, les plus invraisemblables ? On était allé jusqu'à dire que le dernier traité de commerce avec l'Angleterre nous menaçait de la perte du tiers de nos usines. Ces incroyables prédictions, qui ne l'étaient pourtant pas plus que d'autres si heureusement démenties, sont tombées devant les faits. Avec un droit de 70 fr. appliqué jusqu'en octobre 1864 ; et depuis de 60 fr., nos établissements ont prospéré au point que ces droits paraissent aujourd'hui des plus exagérés. Mais, alors même que se fussent réalisées des prédictions pessimistes, il nous serait resté encore au delà du quintuple de ce que nous possédions sous le premier empire, au delà du décuple de ce que pourraient absorber les besoins les plus immodérés de la défense nationale.

N'est-il pas digne d'observation, d'ailleurs, qu'en France le fer n'a été protégé par un tarif douanier qu'après 1814, lorsque toutes les guerres avaient cessé ? Bien moins qu'à l'époque de ces guerres auxquelles certes le fer ne manqua pas, nous serions, on vient de le voir, exposés à en être privés aujourd'hui. Lorsque la défense du pays en fait une nécessité, où le fer ne se trouve-t-il pas ? Les grilles, les vieilles ferrailles, les barres des fenêtres et jusqu'aux ustensiles de ménage peuvent en fournir. Dans ces cas désespérés, c'est alors le *soc de charrue* qui se convertit en armes de combat. De telles extrémités ne sont point à redouter. La production nationale du fer peut suffire à toutes les éventualités. Nous en concevons moins de doutes encore lorsque, écartant les sombres hypothèses auxquelles nous nous sommes prêtés trop complaisamment pour un instant, nous nous reportons à l'augmentation de la production du fer en France sous l'empire de bonnes voies de communication, du développement de l'industrie, et d'un régime de liberté croissante appelée là comme ailleurs et plus qu'ailleurs à produire ses bons effets.

Passons à une question plus sérieuse, et qui l'est au plus haut degré.

Les récents progrès de la liberté du commerce auront-ils des effets sensibles sur le bien-être des consommateurs et des populations ouvrières ? De quelle manière se manifesteront ces effets ? Voila la question qui se pose aujourd'hui.

Mais avant tout, préoccupons-nous donc de la justice ! Payer les choses ce qu'elles valent, pas moins, parce que c'est faire tort au vendeur ; pas plus, parce que c'est faire tort à nous-mêmes et à de plus pauvres que nous, voilà ce que veut l'équité. Lorsque les prix nous paraissent constituer pour les uns une faveur et pour les autres un préjudice résultant d'une contrainte légale, nous disons qu'il y a là un privilège et une spoliation ; et comme l'effet de la liberté commerciale est précisément de mettre à chaque chose son juste prix, qu'altèrent les prohibitions et les entraves, la démocratie, qui ne veut au nom de la liberté ni des unes ni des autres, est placée encore par ses principes de justice dans la voie de la liberté du commerce.

Mais, nous dit-on, le bon marché ? Le donnerez-vous à la classe ouvrière ? Oui, la liberté du commerce tend au bon marché. Mais ne soyons pas dupes des mots, et comprenons bien qu'il s'agit de travail, d'aisance, de bien-être, plus encore que de ce qu'on appelle le bas prix. Le bon marché, lorsque aucune explication ne l'accompagne, est une formule défectueuse. Il faut savoir ce qu'on entend par là. Le bon marché peut exister et une population être très-misérable. Les localités sans industrie, sans débouché, dont la population est peu nombreuse, en fournissent la preuve. Tout ce qui s'y trouve se vend à très-bon marché et l'on y vit mal. Ajoutons que dans les temps de rareté des denrées de nécessité première, le grain y atteint des prix énormes, qui imposent les plus lourds sacrifices aux habitants, et la disette, si ce n'est même la famine, y sévit avec tous ses maux. Aux époques de crise, le bon marché n'est que le signe de la difficulté que trouvent les marchandises à se placer. Le prix avili de la main-d'œuvre est enfin une cause de bon marché que nous ne souhaitons pas à nos populations ouvrières.

De même qu'il y a un *mauvais bon marché*, nous pensons donc que le renchérissement n'exclut pas le bien-être. Le renchérissement est un fait général chez les peuples les mieux pourvus, ce qui n'est pas non plus sans explication. La cherté peut dépendre de l'une des trois causes suivantes — La première est de tous points fâcheuse ; il faut la combattre énergiquement ; c'est celle qui résulte de l'élévation des frais de production et en général de tout obstacle naturel ou artificiel qui s'interpose coûteusement entre le produit et le consommateur. Les prohibitions et les forts tarifs tiennent une grande place parmi ces obstacles onéreux. La concurrence étrangère contribue pour une forte part, l'expérience l'a partout prouvé, à réduire ces prix de revient, dont on voudrait faire comme la borne immobile de la production nationale. — La seconde cause de l'enchérissement est la dépréciation monétaire. C'est un fait qui se continue à peu près sans interruption depuis plus de trois siècles. Elle agit nominalement sur les prix, sans rendre la vie plus difficile, si ce n'est, dans les moments de transition, pour les revenus fixes dont le niveau ne s'établit pas toujours ni très-vite ni très-exactement avec la baisse opérée dans la valeur de l'or ou de l'argent. — La troisième cause qui agit dans le sens du renchérissement, n'est autre que l'augmentation de la demande, c'est-à-dire de la consommation, qui relève et soutient les prix par la généralisation même du bien-être. Cette cause s'appelle tout simplement la civilisation, qui augmente pour chacun la masse des choses qu'il achète et qui augmente d'une manière plus sensible encore le nombre des consommateurs.

Ne tirerez-vous de là aucune induction relativement aux conséquences sociales et démocratiques de la liberté commerciale ? Pour certains articles, produits en très-grande quantité, la diminution ou l'abolition des droits mis sur les similaires étrangers pourra conduire à un bon marché à la fois nominal et réel. Il pourra arriver que pour d'autres articles les prix ne varient pas et même qu'ils augmentent, sans que les bienfaits de cette réforme cessent d'être grands ; car plus de choses seront consommées, plus de gens consommeront. En un mot, il y aura plus d'abondance au profit de la masse.

Et n'est-ce pas là l'histoire de tous les pays qui sont entrés dans la voie des abaissements de tarifs ? Tantôt le prix des articles de grande consommation y a diminué dans une notable proportion. Tantôt les prix sont restés les mêmes, ce qui n'a fait dire nulle part que la réforme eût échoué ; car l'accroissement du bien-être, fait patent et incontesté, était là pour témoigner du contraire. Il y a aujourd'hui en Angleterre moins de paupérisme, il y a moins de crimes ; on nous assure même que dans beaucoup de localités le métier de voleur est abandonné comme décidément moins lucratif que des métiers plus honnêtes et exposés à moins de risques. Les ateliers se sont remplis à mesure que se vidaient les prisons. On a travaillé plus, gagné plus, on a consommé davantage, et on a mieux vécu. Des progrès nouveaux dans les procédés de fabrication, économisant sur les frais de production, se sont manifestés fréquemment, encouragés par l'étendue même du débouché. Qu'est-il arrivé alors ? qu'à mesure que les prix tendaient à fléchir, cette baisse provoquait une consommation nouvelle et bientôt cessait par là même. Mais cette consommation donnait un nouveau développement au travail ; l'habitude de consommations nouvelles était prise, et pour ne pas la perdre, on s'ingéniait à travailler plus, à travailler mieux, à gagner davantage. « Ce qui a vraiment amélioré la condition des classes ouvrières, comme nous l'avons vu dans les dix ou quinze dernières années, disait récemment

M. Gladstone, c'est d'avoir affranchi le travail, c'est d'en avoir élargi le champ de manière à augmenter les salaires. Prenez les grands changements qui ont eu lieu dans la législation des céréales. Il n'est pas certain que vous ayez donné aux classes ouvrières du pain à meilleur marché. Il peut être un peu moins cher qu'autrefois ; mais ce changement a comparativement peu d'importance. Vous avez suscité un commerce d'importation, régulier et constant, de près de millions de livres sterling par an. Au moyen de ce commerce, vous avez créé une demande correspondante des articles que produisent les classes ouvrières, et à l'égard desquels leur travail est un élément essentiel de la production, et c'est le prix que leur travail leur rapporte ainsi, et non le prix des denrées qu'ils obtiennent à meilleur marché, qui constitue leur principal bénéfice. C'est là le principe d'une saine économie politique applicable à a législation commerciale. » Oui. M. Gladstone avait raison. C'est dans la masse du travail utile, dans la quantité des produits que se partage la nation et dans l'élévation des salaires obtenus que consiste l'amélioration du sort des masses. Cela empêche-t-il le bon marché de plusieurs produits ? Non, ce bon marché résulte notamment de l'application croissante et de mieux en mieux entendue des agents naturels à la production, de la plus grande facilité des communications de peuple à peuple par l'abaissement des tarifs et par le développement des routes de terre et des voies maritimes, ainsi que de tous les moyens de transport.

Quel exemple au surplus est plus concluant dans le sens de l'opinion soutenue par M. Gladstone que ce qui s'est passé chez nous pour la laine ? On sait que les exigences de la grande propriété, à l'époque de la Restauration, avaient fait rendre diverses ordonnances qui élevaient d'une manière exorbitante les droits sur les laines étrangères, droits portés à la dernière rigueur par la loi de 1886, fixant à 30 0/0 (33 0/0 avec le décime) le droit *ad valorem*. Qu'arriva-t-il sous l'empire de ce rigoureux tarif ? Que l'importation ne dépassa guère 6 millions de kilogrammes, et qu'en même temps, ce qui était contraire à toutes les prévisions du législateur et du propriétaire intéressé, le nombre des moutons déclina au lieu de se multiplier. En 1834, le tarif fut réduit d'un tiers, à 22 0/0 ; l'importation s'accrut d'une manière notable, sans qu'il y eût diminution dans le prix de la laine, ce qui prouve que toute la laine trouvait à se placer à des conditions avantageuses. Enfin la tarification *ad valorem* a été transformée depuis quelques années en un droit spécifique qui ne représente que 8 à 10 0/0. L'importation a monté en 1857 à 88, en 1888 à 36, et en 1859 à 40 millions de kilogrammes, le prix de la laine a haussé, et le nombre de nos moutons s'est accru ! Qui donc a perdu à ce dégrèvement ? Les producteurs, entrepreneurs et ouvriers ? Non, puisque la quantité du travail s'est accrue avec le débouché et que le prix de leurs produits s'est élevé encore. Les consommateurs ? Comment croire que les consommateurs aient perdu à être mieux vêtus ? Un grand nombre d'hommes qui de père en fils étaient obligés de se priver de ce tissu léger et chaud, au préjudice d'une bonne hygiène, en usent aujourd'hui, grâce à la plus grande abondance de ce produit.

La viande aussi a haussé de prix mais le nombre des consommateurs s'est accru en dépit de tant de causes fâcheuses qui ont pesé accidentellement et qui pèsent régulièrement sur la production du bétail pour l'entraver. Ceux qui dès longtemps consomment de la viande se montreront peut-être peu touchés de ce résultat. Soit ; mais il faut demander l'avis de ceux qui n'en consommaient pas hier et qui en consomment aujourd'hui.

Où donc est la question ? De savoir si les dernières réformes tendent à augmenter le champ du travail et à le féconder. Y a-t-il là-dessus un doute possible ? Or, quel bienfait ne sera-ce pas, par exemple, pour le travail agricole et pour les autres industries, notamment pour l'industrie si importante de la construction des machines, d'échapper pour le fer à ces hausses excessives, exorbitantes, qu'il leur a fallu subir naguère ? Le prix habituellement modéré du fer importe à l'agriculture de toutes les manières, soit qu'elle achète les engins dont il fait partie, soit qu'elle reçoive par les voies ferrées les différentes substances qu'elle met en œuvre, soit qu'elle vende ses denrées aux diverses classes de producteurs d'autant plus disposés à se les procurer que le fer absorbera une moindre partie de leur revenu et enchérira moins les produits agricoles. Ce n'est pas par des droits protecteurs qu'on peut se flatter d'arriver à cet heureux résultat, non plus qu'au développement de notre grande industrie de la construction des machines et ouvrages en fer. Il se peut que longtemps encore, pour la viande comme pour la laine, pour d'autres articles encore que nous n'avons pas à énumérer ici, le prix se maintienne élevé, le besoin excédant l'offre dans des proportions assez considérables ; il s'en faut en effet que la consommation soit en France ce qu'elle devrait être, et, pour la viande notamment, la liberté d'entrée du bétail ne fera, pendant un temps plus ou moins long, que combler certains vides, comme cela s'est vu dans les circonstances récentes où le bétail faisant défaut chez nous, le supplément étranger a du moins contribué à empêcher une plus forte hausse qui se fût évidemment accrue en proportion du déficit. Mais il n'est pas moins évident que l'offre elle-même ne pourra se mettre mieux au niveau de la demande, destinée à s'accroître avec chaque progrès de l'aisance, que si l'agriculture peut se procurer à de meilleures conditions ce qui lui manque en instruments et en matières premières ; car on oublie trop qu'elle a aussi les siennes, comme toute industrie, et l'on sait à quel prix le système protecteur les met souvent ! On peut s'en faire une idée par le guano, dont l'étrange pensée de le faire entrer par privilège sous pavillon français a si énormément réduit la quantité nécessaire, sans que cela profite même à notre marine nationale !

Les ouvriers des manufactures doivent trouver aussi dans la réforme douanière, dont le traité avec l'Angleterre a été l'inauguration glorieuse et heureuse tout ensemble, des avantages réels, soit pour le meilleur marché des produits qu'ils achètent, soit du côté des salaires, dont le taux fera plus que compenser le prix des articles qui pourraient renchérir par suite de l'augmentation de la consommation. Ces salaires seront aussi moins sujets à ces crises auxquelles les exposent les représailles du système protecteur et les remaniements de tarifs opérés dans les sens les plus opposés par les peuples étrangers, cause qui n'a pas été rare de chômages et de rives souffrances. Les 600,000 ouvriers qu'occupent les industries diverses qui ont pour base les filés de coton ne seront plus sacrifiés aux filateurs qui en occupent environ 70,000. Ces derniers mêmes ne peuvent que gagner. L'abaissement du prix de la matière première, celui du fer et de la houille, la diminution du prix du produit lui-même, mis à la portée d'un plus grand nombre de consommateurs, auront pour conséquence, avec une amélioration dans les salaires, l'extension du marché des filés, à l'égard desquels la concurrence anglaise agira uniquement comme aiguillon, à l'exception tout au plus de quelques établissements placés dans des conditions tout à fait défavorables et qui ne peuvent avoir la prétention de vivre éternellement aux frais de l'Etat.

On peut dire que là aussi l'expérience est faite.

Quand nous annoncions aussitôt après le traité de commerce que les ouvriers qui travaillent le coton filateurs et autres gagneraient à la réduction des droits en trouvant une plus grande masse de travail dans une production à laquelle viendra en aide l'entrée en franchise ou le dégrèvement de la matière première et de meilleurs salaires dans l'étendue du débouché, nous nous appuyions sur quelques exemples qui ont bien leur valeur. I] y a moins de dix-huit ans, le Zollverein ne filait que 17 millions de kilogrammes de coton brut ; il en filait naguère, sous l'empire de droits extrêmement modérés, environ 40 millions de kilogrammes. L'accroissement a été environ de 130 pour

100. Pour nous, qui avons continué à supporter les prohibitions sur les filés, l'accroissement n'a été que de 26 pour 100. Pendant que dans nos filatures les populations ouvrières obtenaient un supplément de travail représenté par 1, dans l'industrie similaire du Zollverein elles en acquéraient un quintuple. Chez nous même, la partie qui a pris le plus de développement dans la filature du coton est la fabrication des numéros fins pour laquelle la prohibition a été levée. En Angleterre, l'industrie de la soie, celle de la fabrication des tissus de lin, ainsi que le rappelait avec beaucoup de force sir Robert Peel en 1846 dans le discours par lequel il motivait la réforme douanière devant la Chambre des communes, l'industrie des papiers peints et celle du verre ont produit une masse accrue de travail et une hausse de salaires à mesure que les droits exorbitants étaient remplacés par des droits modérés.

C'est donc à de nouveaux abaissements de tarifs et sur la plupart des articles à des exemptions complètes de droits qu'il faut marcher aujourd'hui résolument. Les craintes qu'avaient fait naître les derniers traités de commerce se sont si peu réalisées que les importations étrangères en produits manufacturés sont extrêmement bornées et que c'est nous au contraire qui exportons de ces articles. Par exemple, l'état de la métallurgie permet de faire disparaître le droit sur les fers, momentanément consenti à 7 fr. les 100 kilogr. après le traité de commerce avec l'Angleterre, et à 6 fr., nous l'avons dit, à partir d'octobre 1864. Les droits sur les machines doivent être supprimés également. Frapper de droits les instruments mêmes de la production, c'est de toute évidence atteindre tout l'ensemble de la production elle-même et aller à l'encontre du but que se propose un gouvernement fondé sur les intérêts de la démocratie, c'est-à-dire la facilité à donner à la production et à la consommation. Comment ne pas abolir ces surtaxes de pavillon qui nuisent à la fois à l'approvisionnement de nos fabriques et à l'écoulement de leurs produits ? Abolir les droits sur tout ce qui sert au travail, les réduire, dans les cas où ils ne sont pas supprimés, sur les objets de consommation, en ne les laissant, comme en Angleterre, subsister que sur un très-petit nombre d'articles, tel est le programme qui reste à remplir après les pas récemment faits dans le sens de la liberté commerciale.

Comment la démocratie française ne marcherait-elle pas avec une rapidité, désormais croissante vers la complète liberté commerciale ? Qu'on y songe ; les principes les plus élevés de la civilisation moderne n'y sont pas moins engagés que ses intérêts les plus urgents et les plus immédiats. Les masses, on doit le savoir, ne se passionnent pas pour des questions de pur bien-être, quelle que soit l'importance de ces questions dans le développement des sociétés, et il n'appartient qu'aux principes d'engendrer les vifs enthousiasmes et les longs dévouements. Voyez la révolution d'Amérique et la réforme pourtant tout économique de sir Robert Peel. Quand les Américains se soulevaient contre la métropole pour s'en séparer finalement, quand les Anglais étaient entraînés dans la ligue *anti-corn law* qui devait détruire l'ancien système commercial, si indestructible en apparence, on ne disait pas aux premiers « Vous payerez le thé un peu moins cher, » on ne se contentait pas de dire aux seconds que leur vie allait devenir plus douce, qu'ils allaient être mieux nourris, logés, vêtus ; on ne se bornait pas à leur tenir ce langage, on leur montrait la vérité, l'image du droit et de la justice, comme ayant seule assez de puissance pour enflammer les âmes, assez d'unité pour rallier les intérêts divers opposés sur trop de points !

Il est urgent que la démocratie comprenne mieux qu'elle n'avait paru le faire dans ces derniers temps, le lien intime de la liberté du commerce et de ces nobles principes connus sous les noms très-divers de principes du christianisme, de principes de la philosophie, de principes de la civilisation moderne, de principes de la révolution française. Tous ces principes d'ordre supérieur mettent la liberté commerciale en rapport avec le droit, avec la responsabilité individuelle, avec les sentiments d'équité mutuelle et de bienveillance générale qui tendent à prévaloir de plus en plus dans le monde. Rattachée ainsi à ses origines philosophiques, placée dans une relation étroite avec les autres éléments de la civilisation, la liberté du commerce devient une question de droit public autant que d'économie politique, une question de civilisation morale autant que de civilisation matérielle ; c'est à tous ces titres et au plus haut chef une question qui touche aux intérêts les plus essentiels de la démocratie.

CHAPITRE VI
RÉCENTES APPLICATIONS DE LA LIBERTÉ DU TRAVAIL.

De quelques entraves récemment supprimées à la liberté du travail par lesquelles on choquait aussi l'intérêt populaire ou national. — L'échelle mobile. — Le régime de la boulangerie. — La liberté des coalitions. — La liberté de l'industrie théâtrale : elle se rattache aussi à la question de savoir si l'État doit, au nom de l'art, mettre des entraves à la liberté.

Le gouvernement, inspiré par une vue claire et hardie des véritables intérêts des masses, a donné récemment satisfaction à quelques-uns de ces vœux favorables à la liberté économique. Telle est la suppression de l'échelle mobile ; telle est la proclamation de la liberté de la boulangerie ; tel est, dans un autre ordre de faits moins directement intéressant pour la masse, le décret qui établit la liberté des théâtres ; telle est la loi relative aux coalitions. Les vœux de l'économie politique sont aujourd'hui devenus sur ces divers points des réalités, mais des réalités si récentes qu'il n'est pas inutile de les motiver encore. Ce n'est qu'en se rendant compte des raisons qui justifient ces mesures de bien public jusqu'alors très contestées et qui le sont encore en partie, qu'on peut se mettre à l'abri des réactions.

I

Disons d'abord quelques mots de cette célèbre échelle mobile qu'on a prétendu avoir été instituée dans l'intérêt de l'agriculture et des masses populaires.

Quoi de plus philanthropique en effet quant à l'apparence ? Le législateur de 1832, achevant l'oeuvre de 1814, de 1819, de 1821, se promettait, par le jeu mobile du tarif, montant et descendant en raison de la production, d'assurer au producteur français un prix suffisant, en le protégeant contre la concurrence étrangère. Il se flattait en même temps de garantir le consommateur des maux de la disette en ouvrant, lorsque besoin en était, la porte au blé venant du dehors. On croyait avoir tout prévu par cette législation, on croyait avoir prévenu ainsi toute occasion de recourir à ces mesures de circonstances qui, alors même qu'elles semblent devenues nécessaires, sont toujours fâcheuses en matière de subsistances parce qu'elles sèment l'alarme. Cependant à deux reprises il fallut y avoir recours ; il fallut suspendre le régime de l'échelle mobile, une première fois en 1847, une seconde fois en 1853, et cette dernière suspension a duré six ans. C'est à elle que l'on a dû, après quatre mauvaises récoltes successives, de voir arriver avec une certaine abondance les blés étrangers, assurés qu'ils étaient de ne pas trouver de tarifs de nature à déranger les calculs des négociants importateurs. La promptitude avec laquelle cette suspension fut décrétée permit au prix moyen mensuel de 1853 de ne pas dépasser 30 fr. 50 c. par hectolitre ; tandis qu'en 1847, année où la mesure avait été tardive, ils s'étaient élevés à 39 fr. 45 c.

L'expérience de ces six années devait appeler l'attention du gouvernement français sur la valeur définitive de ce procédé si spécieux qu'il fallait suspendre en toute hâte dans les temps d'une crise alimentaire. Cependant l'échelle mobile fut rétablie le 7 mai 1859, à une époque où la guerre d'Italie fit juger convenable d'ajourner toute discussion de ce genre. Dès l'année suivante, on était encore obligé de la suspendre, tant elle justifiait peu ce retour de confiance ! Je rappelle ici brièvement cette curieuse histoire. Rien n'est plus instructif que ces détails un peu techniques. Les pluies incessantes et générales du mois de juillet et du mois d'août 1860 donnaient lieu de craindre que la récolte ne fût très-compromise. Le gouvernement était informé que le commerce anglais faisait des achats considérables en Crimée ; celui de Marseille hésitait, on le comprend ; le prix régulateur de la fin de juillet 1860 étant dans la première classe de 20 fr. 68 c., le droit était alors de 7 fr. 75 c. à Marseille. Quelques jours de retard pouvaient empirer les périls de la situation c'est alors qu'on se décida à réduire le droit d'importation à 25 c. jusqu'au 30 septembre 1861, pour faire cesser les hésitations du commerce. Décidément il devenait inévitable d'en finir avec ces suspensions temporaires pleines d'inconvénients. On aurait eu beau galvaniser encore une fois l'échelle mobile, il était visible qu'elle était morte !

Mais ne pouvait-on, dirent alors quelques personnes fidèles à la force des habitudes, améliorer ce régime, au lieu de le mettre au rebut ? modifier les zones, réformer les tarifs, corriger enfin l'échelle mobile et non la supprimer ? Ceux qui parlaient ainsi, et c'étaient de riches propriétaires, d'habiles agriculteurs, ne se rendaient pas suffisamment compte que le vice incorrigible de l'échelle mobile était dans son existence même. C'est ce qu'avait achevé pourtant de démontrer l'enquête si lumineuse et si complète qui avait eu lieu, en 1859, devant le Conseil d'État. De cette enquête remarquable, dans laquelle furent entendues successivement les dépositions longuement motivées de propriétaires, d'agriculteurs, de commerçants en grains, de publicistes, il résulta de la manière la plus claire que l'échelle mobile, bien loin d'être favorable tour à tour, selon l'occurrence, aux producteurs de blé et aux acheteurs, avait précisément le résultat contraire par le fait même de la variabilité des droits. Quant à l'agriculture française et à l'encouragement que l'on se proposait de donner à la production des céréales, un fait demeurait incontestable, c'est que l'augmentation de cette production n'a fait que suivre depuis 1820 le développement de la population sans le dépasser, et qu'elle continue à rester au-dessous des besoins de la consommation dans des proportions qui sont toujours à peu près les mêmes. Le déficit s'est même aggravé assez notablement dans la période décennale de 1846 à 1855, en tenant compte des deux années de rareté extrême qui se trouvent comprises dans cette période. Comment résister à ces chiffres ? De 1816 à 1855, sous le régime de la prétendue protection, l'excédant des importations sur les exportations a été en moyenne générale, par année, de 199,160 hectolitres. Avait-on su du moins, comme on se le proposait à l'aide de ces combinaisons si savantes et si spécieuses de droits échelonnés par zones, éviter les chertés excessives qui se résolvent en vives souffrances pour le consommateur et surtout pour les classes pauvres, ou échapper à l'avilissement excessif des prix qui est la ruine de l'agriculture ? Comment le prétendre quand on a vu les prix s'élever sur certains marchés à 35 et 40 fr., et tomber à 21 et à 11 fr. ? Sur 41 années, il y en a eu 25 où les prix moyens annuels ont été inférieurs à 20 fr. ; 6 où ils ont été supérieurs à 24 ; 10 seulement où ils se sont maintenus entre 20 et 24 fr. Bel équilibre en vérité, brillant résultat de cette bascule ingénieuse ! Que l'échelle mobile n'explique pas seule de tels écarts, soit ; mais ce qui est certain, c'est qu'elle a fortement contribué à les produire aussi bien en temps de rareté qu'en temps d'abondance.

Il fallait d'ailleurs entendre dans l'enquête les négociants de Marseille et des autres places pour comprendre comment, grâce à l'échelle mobile, l'importation en temps de rareté était impuissante à faire baisser les prix. Nos départements du Midi ne produisent pas, tant s'en faut, ce qui est nécessaire à leur alimentation ; il y aurait intérêt pour eux à recevoir en tout temps des blés d'Odessa. Cependant l'échelle mobile, dont le but était d'assurer à l'agriculture française le monopole du marché français et de faire combler les insuffisances d'une partie de nos provinces par l'excédant des autres, ne permettait pas au commerce de Marseille de faire venir des blés d'Odessa en tout temps pour alimenter les départements du Midi. Les achats de blé à l'étranger n'étaient que des opérations accidentelles, irrégulières, que par cela même on n'était jamais prêt à aborder, que du moins on n'abordait pas dans de bonnes conditions lorsque la nécessité était devenue pressante. Comment, lorsqu'une mauvaise récolte est prévue, le commerce se hâterait-il de faire ses commandes à l'étranger ? Il redoute les mouvements brusques et souvent considérables qui, d'un mois à l'autre, se produisent dans les tarifs. Son empressement même peut lui devenir funeste, en causant, par l'abondance des arrivages, une baisse dans les prix, qui serait suivie d'une élévation dans le droit. Combien de retards dès lors dont le consommateur aussi fait les frais, le commerce des autres nations ayant enlevé une partie du blé étranger, les prix s'étant élevés partout, et le fret étant devenu plus cher ! Le moyen donc de s'étonner que les droits variables à l'importation aient été un empêchement sérieux à ce qu'elle produisît ce qu'elle devait amener, ce qu'elle amène en effet en Angleterre un abaissement efficace des prix en temps de rareté ?

Que dire des droits variables à la sortie ? Quel obstacle n'ont-ils pas été au développement de la production et quelle cause déterminante de baisse en temps d abondance ! Les agriculteurs du Nord et de l'Ouest déclaraient qu'il leur serait facile d'augmenter leur production en blé et qu'il y aurait un grand intérêt pour eux à le faire, puisque les prix anglais, excepté en temps de rareté, sont toujours supérieurs aux prix français de 2 fr. à 3 fr. par hectolitre. Mais l'échelle mobile s'y opposait, parce que, entre le producteur de France et le marché anglais, pouvait s'élever brusquement un droit de 2 fr. 40 c. pour une augmentation de 1 c., un droit de 4 fr. 80 c. pour une augmentation de 1 fr. 1 c., au moment, d'ailleurs, où l'écart favorable entre les prix anglais et les prix français tendait à diminuer. C'était là le dernier coup porté à la vieille erreur que la production abondante en vue de l'exportation diminue les ressources de la consommation à l'intérieur. Tout au contraire, un excédant notable et habituel de la production peut seul assurer la consommation du pays. « Je suppose, disait à ce sujet un agriculteur distingué du département du Pas-de-Calais, M. le marquis d'Havrincourt, je suppose que vous exportiez, chaque année moyenne, 18 millions d'hectolitres, cela voudra dire que vous cultiverez tous les ans en blé 150,000 hectares environ de plus qu'il n'en faudrait pour nourrir le pays. Eh bien le jour où vous aurez un déficit dans la récolte, ces 750,000 hectares viendront le combler, et les prix s'élevant à l'intérieur, vous consommerez ces 15 millions d'hectolitres. » Vérité dont la Belgique et l'Angleterre avaient fait autrefois l'expérience, et que nos économistes français, Turgot en tête, n'avaient pas cessé de faire valoir, sauf à être traités, bien entendu, de rêveurs, de théoriciens, de gens voulant affamer leur pays au nom des principes et le faire mourir dans les règles. Ces plaisanteries, qui ont l'air de raisons, flattent l'amour-propre de la foule qu'elles entraînent en lui persuadant que ceux qui passent leur vie à étudier les questions en savent beaucoup moins qu'elle, qui les tranche par une prétention à la science infuse. Heureusement la nécessité agit lorsque la raison est inefficace, et la force des choses finit par imposer ce qu'on eût regardé comme une faiblesse d'accorder à la vérité seule.

Voilà pourquoi l'échelle mobile a été renversée, il y a plus de trois ans, à la presque unanimité par les mains mêmes qui l'avaient plantée, étayée, soutenue pendant plus de trente années, ne laissant après

CHAPITRE VI

elle qu'un article de plus à ajouter au long chapitre des erreurs de l'esprit humain et des illusions de l'apparence. La loi libérale sortie de ces longs débats est infiniment plus simple et elle est beaucoup plus efficace. Elle substitue des droits fixes et modérés, équivalant, disons-le, à la liberté du commerce, aux droits mobiles et protecteurs ; elle rend par là à l'agriculture des débouchés constants, au commerce d'importation cette certitude d'action que lui ôtait un régime fatalement arbitraire, certitude d'action sans laquelle il ne peut presque rien. Plus de droit aujourd'hui à la sortie pour les céréales, non plus que pour les pommes de terre. Le droit fixe à l'entrée n'est plus que de 50 c. par quintal métrique de blé. Le seigle, le maïs, l'orge, le sarrasin et l'avoine sont affranchis de tous droits par privilège. Nulle crainte d'ailleurs, ou, si l'on veut, en se plaçant à un autre point de vue, nulle espérance de grands arrivages de blé étranger inondant notre marché. L'agriculture nationale n'aura pas la douleur de nous voir payer notre pain bon marché. Seulement justice sera faite par la liberté à tous les intérêts, et en temps de rareté nous souffrirons moins qu'avec un régime qui empêchait d'entrer les suppléments indispensables. Nous venons d'en faire une éclatante expérience il y a deux ans. L'abolition de l'échelle mobile, en permettant l'entrée du blé, nous a préservés d'une disette qui eût été redoutable. La fantasmagorie des blés russes arrivant par masses énormes, des blés d'Amérique, d'Égypte ou de Dantzick envahissant la France, a disparu devant les documents fournis par l'enquête et devant une expérience de six années. On le voit le régime nouveau est bien la liberté du commerce ; il est même à peine fiscal, afin de ne pas risquer de devenir protecteur. Une seule disposition subsiste qui nous paraît empreinte d'un esprit et d'un degré fâcheux de protectionnisme, ce sont les droits différentiels maintenus sur les importations par navires étrangers, en faveur, comme on l'a dit fort à tort, de notre marine nationale. En ce moment, c'est une restriction fort menacée. Pourquoi aussi cette distinction très-peu rationnelle entre les provenances d'un pays d'Europe et des pays hors d'Europe, comme si le besoin qu'on a du blé s'en souciait, comme si les prix élevés et les frais de transport n'étaient pas une protection suffisante pour nos producteurs ? Ces taches devraient immédiatement disparaître. Elles disparaîtront d'ici peu, selon toute apparence. En dépit d'elles, on peut dire que la France est entrée en possession de la même législation libérale pour les denrées agricoles, qui régit l'Angleterre, la Hollande, la Belgique, la Suisse, les États-Sardes, le Zollverein et la Russie.

II

La liberté de la boulangerie est le complément d'autres mesures du même genre prises par le gouvernement, telles que l'abolition des réserves qui vient d'être proclamée pour les villes autres que Paris, telle que cette suppression dont nous venons de parler de l'échelle mobile, dont l'inutilité et les inconvénients pour l'agriculture et pour les consommateurs ont été enfin reconnus, malgré les apparences qui avaient séduit trop longtemps le législateur. C'est une nouvelle preuve, non moins significative que les autres, quoiqu'elle soit encore rendue incomplète par quelques mesures restrictives, de l'abandon de cette pensée arriérée et funeste que pour les subsistances le gouvernement doit se faire le pourvoyeur public et le régulateur des prix.

La question qui s'agitait entre la liberté et la réglementation se posait, là comme ailleurs, sur le double terrain des principes et des faits. Au point de vue des principes, la liberté de la boulangerie donne satisfaction à ce droit naturel reconnu et proclamé par la Révolution française de travailler et de vendre, de choisir et d'exercer telle industrie que l'on voudra sans rencontrer ces limites de nombre qui ne doivent être le fait que des fonctions publiques, ou ces fixations légales de prix, inutiles, si elles représentent le prix réel, injustes et préjudiciables à l'acheteur ou au vendeur (peut-être même, en fin de compte, à l'un et à l'autre) si elles tombent au-dessous ou s'élèvent au-dessus du prix qui résulte de la loi de l'offre et de la demande. Respecter ce principe dans une société qui se pique d'être démocratique et libérale est tout ce qu'il y a de plus essentiel. Les exclusions comme les privilèges, les réglementations abusives ajoutent au tort immédiat qu'elles causent le danger plus grand encore de substituer à l'idée de droit commun celle de l'État disposant de tout en maître, assignant à son gré la place de chacun et faisant le bon marché et la cherté. Est-ce une disposition qui ait tant besoin d'être encouragée en France, où l'on rend si volontiers le gouvernement responsable même de la pluie et du beau temps ?

Que se proposait l'administration par la taxe du pain ? d'empêcher le prix du pain de s'élever à l'excès. Encore une pensée prétendue démocratique ou philanthropique du genre de celles que nous avons rencontrées déjà sur notre chemin, nées de la réglementation moderne. Avant 1789, le pain de ménage était laissé à la libre concurrence. Les corporations n'avaient envahi que le commerce du pain de luxe. Cette pensée de maximum suffit à faire apprécier à sa vraie valeur cette invention du législateur de 1791. confirmée par le Consulat, qui l'établit la taxe malgré le ministre de l'intérieur et sans l'avis du Conseil d'État. Payer le pain au-dessous du cours, c'est une chimère, et si cet avantage pouvait se réaliser, qui ne voit que ce serait au prix d'une iniquité et d'un danger ? On ne saurait y prétendre, en effet, sans imposer soit au producteur de blé, soit au marchand de farine, soit au meunier, soit au boulanger, un préjudice décourageant. Et comment ne pas tendre ainsi à la cherté, contre le but qu'on se propose ? Veut-on empêcher ce résultat facile à prévoir, on ne peut y arriver que par des systèmes de compensation compliqués et coûteux, ayant pour objet de faire payer moins à certaines époques au consommateur ce qui vaut plus, sauf à lui faire payer ensuite plus cher ce qui vaut moins. Ce système de compensation forme, on le sait, le but de la Caisse de la boulangerie. Cette combinaison dont je ne conteste pas le mérite à titre de combinaison ingénieuse, non plus que les excellentes intentions, n'en est pas moins condamnable. On a allégué justement contre elle qu'elle attire par l'appât d'un bon marché tout local les populations voisines, lesquelles échappent plus tard à la surtaxe en cessant d'aller acheter leur pain dans le lieu où il est vendu au-dessus du cours ; que, dans ce dernier cas, ce sont les populations surtaxées qui vont s'approvisionner en partie dans les départements limitrophes. Ce système de réglementation imposait, selon de récents calculs, au public parisien un sacrifice annuel au moins de 9 millions, et de 18 millions environ en temps de cherté. Ce qui achève de le condamner, c'est que l'autorité n'a aucun moyen quoi qu'elle fasse, pour constater les quantités de farine consommées par les boulangers. Il en résulte qu'en temps de cherté la Ville paye au boulanger plus qu'elle ne doit, et en temps de bon marché, reçoit moins qu'on ne lui doit. En résumé par million de consommateurs et par centime d'écart, la Ville a payé en 1853 84,000 francs par quinzaine, et en 1862, alors qu'elle avait à recevoir, elle touchait par million de consommateurs et par centime d'écart 63.000 fr.

On invoque le motif charitable. Les bons de pain et les divers moyens transitoires inspirés par la charité ne sont-ils pas préférables, lorsque le pain est cher, à des institutions permanentes qui créent des complications fâcheuses, des responsabilités redoutables, et qui faussent quotidiennement le thermomètre des prix ? On met en avant le motif politique. Est-ce, encore une fois, une politique bien habile que celle qui favorise, de la manière la plus directe, la plus dangereuse des croyances, le préjugé vivace qui attribue à l'autorité le prix plus ou moins élevé du pain ?

Quant à la taxe, il suffit du simple bon sens pour comprendre qu'elle ne peut qu'être un obstacle au progrès de la boulangerie, et notamment à l'emploi des moyens mécaniques. Quel vif intérêt a le boulanger à s'ingénier à faire plus économiquement et mieux, avec une taxe qui lui assure un bénéfice certain et qui peut être réduite à chaque abaissement obtenu du prix de revient ? Aussi, de l'avis commun, la boulangerie parisienne, retenue dans les liens d'un système de règlements, végète dans un état arriéré. Qu'on s'étonne si elle fait la sourde oreille aux touchantes objurgations de l'autorité municipale qui la presse d'avoir à se mettre au courant du progrès ! Vainement on la convie à profiter des expériences qui ont pour théâtre de grandes usines expérimentales. Rien n'y fait ; elle ne sort pas de l'état patriarcal ou plutôt barbare. On serait mal venu à donner un autre nom à ce pétrissage à bras, vrai travail de galérien qui fait pousser au *gindre* de si affreux gémissements. S'il est vrai que les nouveaux pétrins mécaniques n'aient pas encore atteint la perfection du pétrissage à la main, tant pour la légèreté du pain obtenu que pour le rendement, la concurrence ne hâtera-t-elle pas mieux la solution que la réglementation ? Les essais qu'a réalisés la meunerie-boulangerie dite usine Scipion ont eux-mêmes obtenu le plus médiocre succès. C'est un fait constaté, ainsi que tant d'autres des plus concluants, dans le remarquable et libéral rapport au Conseil d'État de M. Le Play. N'est-ce pas un spectacle accusateur que celui d'une industrie, et surtout d'une industrie d'une nécessité aussi immédiate, ne trouvant pas en elle-même la force de se développer et à laquelle l'administration entreprend, bon gré, mal gré, de faire faire des progrès ?

On n'a besoin que de considérer l'exemple de villes comme Bruxelles et surtout comme Londres, cité plus immense encore que Paris, et où la boulangerie est parfaitement libre, et où 2,800 boutiques de détaillants opèrent dans des conditions en général beaucoup plus prospères que nos 900 boulangers, aujourd'hui accrus d'un dixième environ, depuis le nouveau régime de liberté. (Il y en avait 1200 avant 1789 !) De même quant aux approvisionnements, aux réserves obligatoires. En voyant des villes de cette importance et d'autres grandes cités européennes résoudre à merveille le problème quotidien de leur alimentation, en se fiant exclusivement à l'activité du commerce, on se demande si Paris a quelque raison particulière de s'imposer un régime exceptionnel, présenté comme provisoire, notons-le en passant, ce qui fait sans doute qu'il dure depuis soixante-dix ans, alors que tant d'établissements, un peu plus importants, qui devaient être éternels, ont duré quinze ou vingt ans. Il est vrai que le système réglementaire de la boulangerie avait pour lui une grande force qui manquait à d'autres institutions : nous voulons dire la peur de la liberté ! Il a fallu, pour changer cette disposition, l'expérience que nous avons faite, et que d'autres peuples ont faite avant nous, de l'innocuité et des bienfaits de la liberté du commerce des grains. On a moins peur que l'approvisionnement vienne à manquer après qu'on a vu les réserves de grains se constituer spontanément en Angleterre par le libre concours des cultivateurs, des négociants, des meuniers et des boulangers dans des conditions fort supérieures d'achat, de conservation et de modération de prix à celles qu'ont réalisées chez nous les gouvernements si peu aptes à ces opérations. On a vu la suspension et finalement la chute de l'échelle mobile avoir pour effet, dans les années de disette que nous avons traversées, d'amener un commerce régulier et abondant d'importation. Aujourd'hui que le prix des blés et des farines ne peut plus être modifié par le jeu des tarifs d'entrée ou de sortie, la taxe du pain n'offre plus ni moyen certain d'action à l'administration, ni prétexte à soutenir qu'elle garantit l'intérêt du consommateur : On craint de laisser à *l'aventure* l'approvisionnement d'une ville telle que Paris. Qu'y a-t-il donc de moins aventureux que les calculs du commerce ? Quel singulier oubli de cette vérité, qu'en matière d'approvisionnement l'expérience a révélé cent fois combien l'intervention de l'autorité entraîne plus d'erreurs et de déficit que la prévoyance intéressée et active des individus ! On ajourne la liberté à laquelle on veut bien réserver l'avenir. C'est beaucoup trop concéder, étant donné le système. Comment se fait-il que des administrateurs, amis aussi décidés des réserves de grains opérées par les villes et de tout l'ensemble des *mesures réglementaires* relativement à la boulangerie, ne déclarent pas franchement que c'est à tout jamais qu'ils écartent la liberté avec les arguments qu'ils mettent en avant ? est-ce que dans dix ans, avec une nouvelle consolidation de la réglementation, la perspective consolante laissée aux idées des économistes d'avoir pénétré dans la masse entière de la population aura plus de chances qu'aujourd'hui, quand tout au contraire aura conspiré contre ces idées ? Est-ce que ces interruptions de communication sur les fleuves, les canaux, les chemins de fer, causées par les glaces et les neiges, dont on trace un tableau si peu rassurant, ne se produiront plus dans dix ou quinze ans ? À quoi bon l'espèce d'hommage théorique que l'on rend à la liberté ? À quoi bon l'espérance lointaine qu'on se plaît à lui donner ? Si les arguments qu'on met en avant sont valables, si l'approvisionnement exige la prévoyance municipale, si la taxe est nécessaire, si la Caisse de la boulangerie est indispensable, si le pain doit manquer ou devenir mauvais avec la libre concurrence, si la politique exige enfin que les populations soient convaincues que l'autorité s'occupe d'assurer leur alimentation au plus bas prix possible, ce ne sont pas là des arguments d'une portée temporaire ; il faut promettre au système réglementaire la durée même qui appartient à l'immuable nature des choses.

Ne craignons pas la hausse exagérée des prix, prévenue autant que possible par le nivellement qui s'opère dans la répartition de la denrée et dans le prix qui résulte du libre jeu du commerce, combattue enfin par la libre concurrence des vendeurs. Ne craignons pas davantage l'altération de la qualité du pain. Ce ne sont pas là des dangers réels. Quant à la crainte des sophistications de cette substance alimentaire, ni Londres, ni Bruxelles, ni les autres villes de boulangerie libre ne les justifient. On y mange un pain que les nationaux jugent bon, quoiqu'il ne plaise pas toujours à nos habitudes françaises ; M. Le Play va jusqu'à dire dans son excellent rapport, en général du pain meilleur et plus nourrissant qu'à Paris, où tout est sacrifié à la blancheur. L'exemple de la liberté de la boucherie dont la conséquence, à ce qu'annonçaient hautement ses adversaires, serait d'empoisonner la population par des viandes malsaines, prouve d'ailleurs heureusement qu'une police bien faite suffit à prévenir ces attentats à la santé publique non moins que l'intérêt bien entendu des vendeurs. Si quelques exemples de sophistication suffisaient à empêcher la liberté de la boulangerie, à ce compte toutes les denrées alimentaires devraient être ramenées au régime réglementaire. On devrait y soumettre le vin, le sucre, le café, le chocolat, tout ce qui est susceptible d'altération. L'histoire du passé témoigne que les fraudes ne sont pas contemporaines de la concurrence, qu'elles avaient dans l'ancien régime un développement attesté par le nombre même et la sévérité des avertissements, des précautions et des peines.

Relativement à la boulangerie, la réglementation avait pris d'ailleurs des proportions tout à fait inconnues de nos pères. Chez eux la fabrication du pain le plus usuel, était libre. Il en résultait une variété de pain que nous ne connaissons plus ; accessible aux différentes bourses, et à laquelle nous avons substitué la presque absolue uniformité. Reste à savoir si cette égalité de tous les Français ou de tous les Parisiens devant le pain blanc rendu obligatoire, vaut ce qu'elle coûte, et si elle compense, par exemple, la disparition de cet antique pain de ménage qu'on regrette aujourd'hui. Sacrifier des parties nutritives à la blancheur parfaite peut être conforme aux lois d'un goût aristocratique, mais est-ce économique ? Le beau doit-il, si beau il y a, l'emporter sur l'utile, en fait de boulangerie, tout comme s'il s'agissait des arts qui s'adressent à la pensée et à l'âme ? N'y a-t-il pas plus d'apparence que de réalité démocratique dans la mesure qui a habitué le pauvre à acheter le même pain que les riches, et dans un système qui imposait un sacrifice annuel de 9 ou 18 millions au consommateur parisien ? En fait de qualité enfin, ne peut-on se fier, outre l'action de la police, à l'appréciation des ménagères, si sévères sur ce chapitre de la bonté du pain ?

Le peu de réalité que se sont trouvé avoir les craintes émises avec tant de retentissement et d'assurance toutes les fois qu'il s'est agi de proclamer une nouvelle extension de la liberté de l'industrie et du commerce est une garantie de l'innocuité de la liberté nouvelle, qui ne s'est jusqu'à présent révélée par aucun inconvénient. L'industrie de la boulangerie ne pourra devoir qu'à la liberté de sortir de sa situation misérable de gêne et d'infériorité ; elle trouvera dans la concurrence dans la mécanique, dans les perfectionnements qu'indique la science, dans une rémunération proportionnée à ses nouveaux efforts les éléments de progrès qui lui font aujourd'hui défaut. Les boulangers y gagneront, ils y gagnent déjà ; le public aussi, le public, intéressé à tous les progrès. Espérons qu'on a renoncé à tout jamais à des mesures qui ne font que flatter et entretenir les préjugés de la classe la plus arriérée de la population.

III

Le droit de se coaliser résulte de la liberté du travail, qui serait mensongère ou incomplète si l'ouvrier ne pouvait à volonté donner ou refuser son concours. C'est dire assez qu'un tel droit ne saurait être tourné contre la liberté du travail elle-même. C'est pourtant ce qui arrive lorsque les coalitions se manifestent par des violences ou des menaces exercées à l'égard des chefs d'industrie, et lorsqu'elles se forment par une pression tyrannique sur les ouvriers eux-mêmes. En dehors de ces écarts, contre lesquels la loi reste armée, la liberté des coalitions n'est qu'un cas particulier et une application de la liberté des transactions, liberté illusoire si les patrons ne peuvent s'entendre pour fixer les salaires, et si les ouvriers ne peuvent se concerter également à cet effet. N'est-ce pas cette mise en présence des deux intérêts rivaux qui donne à la loi de l'offre et de la demande toute sa sincérité ? Si l'intérêt des chefs d'industrie n'avait pas de contre-poids, est-ce les calomnier de croire que souvent ils tendraient à grossir leurs profits au détriment des salaires et qu'ils y réussiraient assez longtemps peut-être ? Qu'on ne le nie pas c'est un fait acquis à l'histoire que l'extrême difficulté qu'ont éprouvée les ouvriers, aux époques par exemple de dépréciation monétaire et d'élévation du prix des choses, à obtenir une augmentation, surtout une augmentation proportionnelle à leur ancienne rétribution quotidienne. Si l'intérêt des ouvriers n'était pas, d'un autre côté, balancé par celui des entrepreneurs, une tendance à rançonner le capital, sans tenir compte des charges qu'il supporte et des limites dans lesquelles l'action de la concurrence renferme ses bénéfices, ne se manifesterait-elle pas avec la même énergie ? De l'équilibre de ces deux tendances résulte le taux vrai des salaires.

On a prétendu que, pour arriver à une augmentation de salaires justifiée par l'état du marché, l'entente préalable des ouvriers n'est point nécessaire, attendu que si un ouvrier n'est pas content de son salaire, il n'a qu'à faire ses conditions à l'entrepreneur. Mais comment ne pas voir le peu d'efficacité de cette action isolée ? On a soutenu qu'il peut aller dans une autre maison. C'est oublier que les conditions y seront vraisemblablement les mêmes et que toutes les places seront probablement prises. On a dit enfin qu'il lui est loisible de changer d'état. Ces changements d'état sont d'une merveilleuse facilité sur le papier ; dans la réalité, c'est tout autre chose. Qu'ils essayent donc de changer d'état du jour au lendemain, ceux qui donnent ce conseil aux ouvriers, souvent bien plus difficile à suivre pour des travailleurs ne sachant faire qu'une chose !

Le principe d'égalité n'autorise pas moins que le principe de liberté le droit des ouvriers à former de pacifiques coalitions. Ce n'est point un socialiste, c'est un économiste, le premier de tous, Adam Smith, qui a parlé de la coalition tacite et permanente des entrepreneurs, rendue facile par leur petit nombre, pour n'élever les salaires qu'à la dernière extrémité. Comment neutraliser cette ligue, si ce n'est en permettant celle des ouvriers ? C'est ce que les Anglais ont fini par reconnaître, après avoir longtemps interdit les coalitions sous les peines les plus sévères, et, disons-le, les plus impuissantes. Le législateur français était en contravention complète avec ce principe d'égalité avant la loi de 1850, puisqu'il punissait avec autant d'indulgence les coalitions de maîtres qu'il sévissait avec rigueur contre les coalitions d'ouvriers. La loi de 1850 a cherché à se montrer plus équitable. Elle était la même pour les ouvriers et pour les patrons. Elle punissait les uns et les autres, s'ils étaient simples participants au fait de coalition, d'un emprisonnement de six jours à trois mois, et d'une amende de 16 fr. à 3,000 fr. ; et, s'ils étaient chefs et moteurs, d'un emprisonnement de deux à cinq ans. L'égalité recevait donc une satisfaction nominale mais ne restait-il pas vrai que les coalitions des maîtres se dérobaient, tandis que les coalitions d'ouvriers allaient se placer d'elles-mêmes sous l'œil et la main du juge ? La loi sur les coalitions avait donc besoin d'être révisée, d'abord parce qu'elle n'était presque jamais appliquée aux maîtres, et en second lieu parce qu'elle était un obstacle aux associations régulières des ouvriers.

Quelles sont donc les réserves dont nous accompagnons une approbation si entière à la proclamation de cette liberté nouvelle ? Elles portent toutes sur l'usage de ce droit. C'est un droit *in extremis*. Il y a unanimité parmi les économistes qui s'en sont occupés pour reconnaître tous les abus auxquels il a donné lieu chez les Anglais. Il y a quinze ans à peine que M. Léon Faucher, racontant, dans ses *Études sur l'Angleterre*, la grande et formidable coalition des mécaniciens qui se maintint plusieurs mois, énonçait comme une sorte d'axiome que c'est dans les industries les plus florissantes, les mieux rétribuées, et à leurs moments les plus prospères que l'on voyait se produire le plus de coalitions d'ouvriers. Les coalitions et les grèves anglaises fournissent la plus triste preuve des dangers et de l'impuissance trop ordinaires de ce moyen employé hors de propos et sans nécessité véritable. L'industrie interrompue, non-seulement dans le genre de travail où la coalition éclate, mais dans tous les travaux qui tiennent à celui-là par des liens de solidarité, la société troublée, la rue ensanglantée quelquefois, et, de la part des ouvriers, des fonds de réserve montant jusqu'à 600,000 fr. dévorés, pour aboutir à des capitulations dont ils ont à la fois la honte et le préjudice, voilà malheureusement l'historique de la plupart des grèves. C'est vrai des fileurs de Manchester, des mineurs des comtés de Northumberland ou de Durham, comme de toute autre industrie. Il ne faudrait pas pourtant se laisser ébranler et décourager par ce spectacle, surtout en France, où les ouvriers forment des agglomérations moins nombreuses, moins disciplinées et moins riches d'épargnes. Chose remarquable ! les coalitions sont devenues moins fréquentes et moins formidables en Angleterre depuis qu'elles y sont libres. Pratiquées avec modération et s'appuyant sur de justes motifs, elles n'ont pas été toujours un procédé inefficace. Enfin, ce qui ne forme pas l'élément le moins considérable de la question, il est impossible de calculer dans quelle mesure la crainte de voir de justes coalitions se produire agit sur l'esprit des chefs d'industrie, pour hâter de leur part le moment des concessions équitables.

De quoi donc s'agit-il ? D'ôter aux coalitions ce qui en a fait jusqu'à présent les inconvénients et les périls. Nous croyons que c'est possible dans une très-forte mesure. Nous ne parlons pas seulement de la nécessité de réprimer les actes de violence. Il y a malheureusement une sorte de violence qui échappe à la loi. Tel ouvrier a l'air de faire partie librement d'une coalition et obéit par crainte ou respect humain à un mot d'ordre. L'action de la loi s'exercera plus favorablement et plus efficacement en facilitant la création de chambres syndicales composées mi-partie de patrons, mi-partie d'ouvriers. Il y aurait là comme un gouvernement représentatif du travail. Les questions de salaires s'y débattront avec plus de maturité, de compétence, d'efficacité, que dans le choc tumultueux de masses compactes aux prises avec un capital blessé à la fois dans son amour-propre et dans son intérêt. Ne peut-on aussi établir des moyens de publicité qui fassent connaître aux ouvriers l'état des salaires dans les diverses localités, de manière à favoriser les déplacements du travail ? – Il y a là aussi une question de morale. Rien ne dispense en effet les entrepreneurs ni leurs auxiliaires salariés de ces sentiments d'équité, de modération, de bienveillance qui abrègent les conflits ou les empêchent de se développer. Enfin, c'est encore ici le lieu d'invoquer l'instruction. Sans doute, il y a une école sur les leçons de laquelle on peut compter à la longue, l'Angleterre le prouve, c'est l'expérience. Mais combien ces leçons-là coûtent cher ! L'instruction des classes ouvrières, coïncidant avec l'élévation des salaires, fruit naturel de l'accroissement de l'industrie, pourra beaucoup pour épargner aux ouvriers d'aussi cruels enseignements. Si l'on avait pris soin de leur faire connaître, à l'aide de quelques notions très-simples et très-élémentaires, le rôle des machines, l'accroissement que ne tardent pas à en recevoir d'ordinaire le nombre et la rétribution des travailleurs, peut-on croire raisonnablement qu'il n'y aurait pas eu moins de coalitions contre les machines et aussi moins de machines brisées ? Si on leur apprenait de même à quelle loi économique obéit la formation des salaires, contre quelles nécessités luttent souvent avec beaucoup de peine les entrepreneurs d'industrie, n'est-il pas à croire aussi que le nombre des coalitions déraisonnables, pour obtenir une paye plus élevée, diminuerait ? Ici, comme dans une foule de questions analogues, il ne s'agit pas de renoncer à la liberté, mais d'apprendre à s'en servir, et le seul moyen, c'est de l'éclairer.

IV

Le décret récent sur la liberté des théâtres se rattache aussi à l'émancipation du travail, il est une preuve nouvelle que le système réglementaire et préventif perd chaque jour une partie du terrain trop étendu qu'il occupe encore dans notre société issue de 1789. Comment ne pas s'en applaudir ? La liberté économique est, nous l'avons dit déjà, une des faces de la liberté civile.

Sous ce rapport, le décret sur la liberté de l'industrie théâtrale a fait disparaître, hâtons-nous de le dire, des gênes peu justifiées et des anomalies tout à fait choquantes. En laissant chacun libre d'ouvrir un théâtre sous la simple condition d'en faire la déclaration et de se conformer aux règlements de police, on a cessé d'entraver un genre de travail pour lequel nulle raison n'autorise le législateur à se montrer armé d'injustes exclusions. N'est-il pas en effet naturel et légitime, dans une société ou le goût des représentations théâtrales est extrêmement développé, que l'esprit d'entreprise se porte de ce côté, comme il se porte vers la satisfaction d'autres besoins à ses risques et périls ? On doit approuver par cette raison l'abolition de la redevance payée par certaines scènes secondaires à d'autres théâtres. Cette redevance constituait une des formes les plus blessantes du privilège, une des entraves les plus fâcheuses pour les entreprises théâtrales. Il y a bien longtemps qu'à Paris et dans les départements les spectacles de curiosité et les cafés-concerts se plaignent d'être l'objet de vexations fort légales sans doute, mais très-pénibles et très-préjudiciables à ceux qui les subissent. L'article qui ôte leur caractère de monopole aux répertoires des théâtres principaux en faisant cesser la délimitation légale des genres mérite de même particulièrement d'être loué. Des chanteurs pourront faire entendre en plein air un chant emprunté à quelque chef-d'œuvre musical sans commettre un crime de lèse-Opéra ; des acteurs pourront exécuter une scène comique avec le déguisement qui convient à leurs rôles, sans manquer au respect dû aux théâtres autorisés. La troupe de tel théâtre que je pourrais nommer pourra jouer une pièce de Marivaux sans s'exposer, par cet empiétement sur le domaine du Théâtre-Français, à recevoir, comme cela lui arriva il y a quelques années, du papier timbré.

Est-il possible que le décret qui supprime de telles entraves, si peu compatibles avec les principes qui régissent la société française, excite la défiance de bien des personnes ? Il est certain que la liberté théâtrale a été longtemps vue de mauvais œil par une portion assez considérable de la presse et du public. Ne nous étonnons donc pas si quelques préventions subsistent, quoique l'expérience encore récente que nous en faisons ne paraisse pas fort effrayante. Rappelons quelques-unes de ces préventions, non-seulement pour la question en elle-même qui touche au travail intellectuel dans notre société démocratique, mais parce qu'on retrouve et ces préventions et ces arguments dans bien d'autres questions analogues.

Avant de faire à l'avance le procès à la liberté, qui restera, on ne l'ignore pas, bien limitée par la censure, ne faudrait-il pas voir ce qu'a produit le régime du privilège, ce régime que ne supprime qu'incomplètement le décret du 6 janvier 1861, puisqu'il laisse subsister en face des théâtres ne relevant que d'eux-mêmes les théâtres largement subventionnés ? On est bien forcé d'avouer que ce n'est pas cette liberté industrielle à laquelle on est toujours prêt à n'attribuer que des sottises et des écarts, qui a fait ou vu naître ces théâtres mal construits, ces salles mal aérées, ces couloirs obscurs, étroits, étouffés, auxquels on ne peut songer sans frémir, en cas d'incendie, et cette attente du public, prolongée et en plein air par tous les temps, à laquelle on donne une désignation caractéristique. Il faut bien reconnaître que ce n'est pas la libre concurrence qui a engendré ces faillites plus nombreuses dans cette industrie privilégiée que dans toutes les industries libres ; que ce n'est pas elle qui a produit tant de mauvaises gestions. Non ; on acquiert, en parcourant l'enquête faite en 1849, cette conviction que le régime de l'autorisation a eu ici des effets particulièrement fâcheux, qu'il a tendu à multiplier outre mesure les entreprises par l'appât trompeur du privilège, et par l'obsession des demandes adressées au gouvernement trop souvent entraîné à confier l'administration des théâtres à des protégés peu capables. On craint qu'il ne se forme, du moins momentanément, sous l'empire de la liberté, plus d'entreprises théâtrales que n'en comportent les besoins publics. Cela commence en effet, quoique sans beaucoup d'excès ; mais cette perspective est-elle si effrayante qu'on le dit ? La concurrence, qui est le plus efficace des stimulants, le plus propre à faire naître les perfectionnements désirables, ne tarde pas à devenir aussi le plus énergique des freins aux entreprises folles ou trop nombreuses en évinçant brutalement, mais sûrement, les imprudents et les incapables. Enfin disons tout : Est-ce donc sous le régime de la liberté qu'on a vu les auteurs dramatiques tantôt être à la merci des acteurs, ce qui indignait tant Beaumarchais, tantôt former cette association puissante qui a tous les caractères d'une de ces coalitions jusqu'à ces derniers temps prohibées par la loi, et qui met les auteurs dramatiques en état de dicter leurs conditions aux théâtres ? Est-ce donc sous le régime de la liberté que l'on a vu la profession d'artiste dramatique le plus souvent misérablement précaire, surtout dans les départements, et quelquefois au contraire, quand il s'agit de sujets distingués, atteignant à des taux de rétribution tels qu'un seul individu perçoit pour une seule année une somme égale à celle que le budget distribue à deux ou trois maréchaux de France et à quinze professeurs de la Sorbonne ?

CHAPITRE VI

On ne s'étonnera pas, d'ailleurs, que le privilège n'ait pas produit de meilleurs fruits, si l'on songe non-seulement à ce qu'il a d'éternellement contraire à l'esprit de perfectionnement, mais aux manières si diverses de le rançonner dont disposent les gouvernements qui le concèdent. Soumettre les théâtres à un impôt en faveur des hospices, n'est-ce pas, quelles que soient les raisons qu'on allègue en faveur de ce tribut que le plaisir, dit-on paye à la charité, n'est-ce pas reprendre d'une main aux théâtres subventionnés ce qu'on leur accorde de l'autre ? Plusieurs théâtres ont soutenu, et nous pourrions citer notamment l'habile et spirituel directeur M. Harel, que c'était tout juste leur bénéfice qu'on leur enlevait de la sorte. La charité bien entendue devrait d'abord, ce semble, ne pas forcer les gens à faire faillite. Sous prétexte de secourir les hôpitaux, malgré moi, avec mon argent, je demande de ne pas être mis en état d'être obligé d'aller moi-même y solliciter une place et y mourir. Un autre abus véritablement ruineux qui résulte en grande partie du régime du privilège est l'abus des billets de faveur, dont M. Vivien, dans ses *Études administratives*, évalue à plus d'un million le montant annuel dans les théâtres de Paris. Comment un théâtre bien appris pourrait-il refuser ces billets à une administration tutélaire et à tous ceux qui ont une puissance quelconque de grossir ou de diminuer le chiffre de l'allocation ? N'est-ce pas pourtant aussi un dur impôt ? Comment n'en pas voir un autre enfin dans cette obligation inconnue en Italie, en Angleterre et ailleurs, de jouer pendant toute l'année ? Deux ou trois théâtres seulement en sont exempts à Paris pendant trois mois, faveur qu'ils sont réduits à regarder comme une véritable subvention. Forcer de faire les frais d'une coûteuse représentation pour un public absent pendant les chaleurs caniculaires, n'est-ce donc pas une condition aussi étrange qu'onéreuse ? Que diriez-vous de l'obligation qui contraindrait un établissement de bains froids, dit privilégié, à rester ouvert au mois de janvier ?

Arrivons à cette question d'art qui soulève le plus de défiances. Ici encore je crois que la démocratie est intéressée à la liberté. Il y a un art démocratique. J'entends par là non pas l'art baissant de niveau, mais élevant les masses jusqu'à lui, et se mettant en rapport plus intime avec elles que ne le font trop souvent des tragédies et des comédies supérieures, admirables, immortelles, mais enfin représentation un peu vieillie et peinture qui ne sauraient nous suffire d'une société qui n'est plus.

Quelques personnes redoutent qu'un accroissement de liberté n'amène la décadence de l'art ou pour le moins n'y contribue ; elles jettent un regard attristé sur cette destruction de la limitation des genres attribués chacun à un théâtre. N'était-ce pas en effet édifiant chaque genre sauvé sinon de la décadence, du moins de la déchéance, maintenu dans sa pureté ? La tragédie pure, la comédie pure, le vaudeville pur. La décadence de l'art par la liberté, nous n'y croyons pas, quant à nous, pas plus que nous ne croyons à l'efficacité de l'intervention de l'autorité pour maintenir son niveau et assurer ses progrès. Quand a-t-on vu jamais ce phénomène de l'art se développant et s'élevant à l'aide de règlements d'autorité ? L'atmosphère de l'art est la liberté. Faut-il citer l'antiquité elle-même, prise si souvent ici comme type absolu du beau ? On parle de moyens grossiers d'attirer la foule. Que peut véritablement ajouter à ce que nous voyons en ce genre l'ouverture de quelques nouveaux théâtres ? Il est également vrai de dire que la foule va au bas et au bouffon, à l'emphatique et au violent, et qu'elle va au beau, au sublime, à l'excellent. Puisqu'on cite les auteurs classiques, n'est-ce pas la foule qui aujourdhui encore, dans les représentations gratuites, applaudit le Cid dont le public a fait le succès plus peut-être que les purs lettrés ? Faites des lectures populaires. Élevez le niveau général de l'éducation. Pourquoi la masse, qui a montré qu'elle sent et apprécie la grande musique, dans les concerts populaires, resterait-elle insensible à la grande poésie si on lui en ouvre les sources ? Aux lettrés le privilège des finesses de l'art, à tous le sentiment et la jouissance du grand et du beau !

On attachera moins d'importance à la limitation des genres et à tout cet échafaudage d'organisation plus ou moins régulière, lorsqu'on voudra bien songer que l'organisation théâtrale, qui date de Louis XIV, avait son type dans les corporations d'arts et métiers dont chacune était parquée dans une spécialité distincte d'où elle ne pouvait s'écarter.

Les théâtres ne faisaient alors qu'obéir à la loi commune. Il était interdit à un théâtre d'empiéter sur le domaine d'un autre, comme il était défendu à un métier, sous peine d'amende, d'usurper les procédés et les matières employés par un autre métier. Une pensée d'art s'est mêlée, nous ne le nions pas, pour le Théâtre-Français et pour l'Opéra, à cette idée de l'exploitation par le monopole, qui a été là condition universelle du travail jusqu'en 1789. Qu'on nous dise donc quel grand parti il y aurait à tirer aujourd'hui de la limitation des genres ? « Y a-t-il des genres maintenant ? disait spirituellement un critique célèbre, M. Jules Janin, entendu dans l'enquête de 1849. Prenez un vaudeville en cinq actes, ôtez-en les couplets, ce sera une comédie prenez la dernière comédie jouée au Théâtre-Français, mettez-y des couplets, ce sera un vaudeville. » On craint la démocratie dans l'art au sens le pire du mot. Pourquoi dans une société où il y a des personnes riches, éclairées, délicates, n'y aurait-il pas toujours de grandes exploitations théâtrales consacrées à l'opéra, à la haute comédie ? Il faudra toujours un personnel façonné de longue main et approprié à une destination particulière. Il est vraisemblable que les scènes même secondaires devront à la faculté de représenter des ouvrages de différents genres une variété qui relèvera plus le niveau de l'art qu'elle ne l'abaissera. Le grand mal, après tout, que les masses rencontrent sur des scènes moins nobles que le Théâtre-Français les chefs-d'œuvre qu'on y joue, et qu'on leur verse un peu de la même liqueur dans une coupe d'un métal un peu moins précieux ou d'une forme qui sera moins achevée ? Ici encore comment ne pas être de l'avis de M. Janin, lorsqu'il disait « On parle du respect que l'on doit aux chefs-d'œuvre. Je répondrai d'abord que les acteurs des théâtres secondaires ne sont pas si médiocres qu'on veut bien le dire. Je demanderai ensuite si, par respect pour les œuvres de Raphaël, on empêche un mauvais graveur de les reproduire ? Non certes, et l'on a raison ; il vaut beaucoup mieux voir sur les murailles d'un appartement une mauvaise image de *la Vierge à la chaise* que d'y voir une excellente gravure d'un ouvrage immoral et défectueux. »

Au point de vue où je me place dans cet écrit, je ne ferai plus qu'une remarque, c'est qu'il ne saurait plus y avoir un art d'État quand il n'y a plus ni industrie d'État, ni religion d'Etat. Si c'est l'importance des choses qui justifie la main-mise de l'État sur la pensée et l'activité humaine, la religion le mérite bien sans doute autant que l'art dramatique, et il faudra croire que Louis XIV révoquant l'édit de Nantes avait raison. Laissez donc nos goûts libres comme nos consciences. Même en admettant qu'il est du droit et du devoir de l'État de proposer au goût public quelques modèles reconnus par l'admiration générale des générations en y consacrant quelques établissements spéciaux, de même qu'il entretient les manufactures de Sèvres et des Gobelins, est-ce une raison pour lui attribuer la faculté d'empêcher l'art dramatique de se développer suivant la loi propre à chaque époque, et y réussira-t-on par la déclaration que tel genre est hérétique et tel mélange hétérodoxe ? Non. Du jour où il a été résolu que chacun, sans que l'État eût à s'en mêler, pouvait se damner ou se sauver à sa guise, en choisissant lui-même sur ce qui importe le plus, la vérité ou l'erreur, il semble que cette question et toutes celles de même nature ont été tranchées à la fois. Le *compelle intrare* a été vaincu sur tous les points. En matière d'art comme d'industrie et de commerce, il n'y a plus, sauf les écarts que punit la loi qu'une question de libre appréciation remise à la garde du public et livrée à la responsabilité individuelle. Rentrons maintenant dans les questions purement économiques.

CHAPITRE VII
LA LIBERTÉ DU TRAVAIL ET L'ASSISTANCE.

Une même vérité domine les enseignements de l'économie politique et préside aux destinées de la vraie démocratie, c'est à savoir que la société n'existe pas pour étouffer, mais pour développer la personne humaine ; c'est que l'État ne doit ni ne peut tout faire, c'est qu'avant lui et au-dessus de lui il y a la liberté individuelle et la justice dont il est le gardien et le défenseur, c'est que la substitution de l'autorité dans la propriété et dans l'industrie à l'individu, injuste en droit, est en fait une cause d'appauvrissement et de ruine, une cause d'oppression pour le travail et pour les travailleurs, s'autorisât-elle du nom sacré de la charité ! La société est le moyen et le milieu du perfectionnement individuel ; c'est à ce perfectionnement que se mesurent la morale et la richesse d'une nation. Qu'est-ce en effet qu'une société sinon la collection des individus qui la composent ? Le prétendu *droit social*, mis à la place du droit individuel et pouvant le façonner à son gré, n'est qu'une chimère dégradante, un prétexte à la tyrannie qui se résoudrait pour les masses en privations, en abaissement de tout genre.

C'est à ces règles que doit être ramenée, dans les sociétés démocratiques surtout, la question de l'assistance.

Je me bornerai à rappeler qu'entre les devoirs de justice et les devoirs de charité il existe une différence essentielle dont l'oubli forme le fonds des systèmes par lesquels on égare plus d'une fois les généreux instincts de la démocratie. La justice peut être imposée par la force, et non la charité, essentiellement libre et spontanée. La justice forcée reste la justice ; la charité forcée perd jusqu'à son nom. C'est de toute évidence s'il s'agit de rapports purement individuels. Voici un malheureux qui me demande quelque secours. Son dénuement est profond, immérité. De mon côté je suis riche, et, pour ajouter à la force des circonstances, je connais celui qui implore ma pitié : je suis même son obligé. Que si je refuse de le secourir, on criera à la dureté de cœur, à l'ingratitude, on dira que je manque odieusement à la charité. Est-ce à dire que cet homme aura le droit de me l'imposer ? Pourra-t-il s'armer de la force pour la réclamer ? Non, et toute tentative de ce genre serait justement punie. Permis au juge de s'associer comme homme à l'opinion publique qui blâme ma dureté, mais il devra comme juge prendre parti pour moi et châtier la simple menace faite à ma liberté.

S'il s'agit de relations, non plus d'individu à individu, mais de rapports de l'individu avec la société, avec l'État, les choses changent-elles de nature ? Et pourquoi en changeraient-elles ? Si le droit à l'assistance était, comme on l'a dit, un droit véritable, il pourrait être revendiqué par la force contre ceux qui refusent d'y donner satisfaction. Alors mon bien ne m'appartient plus, il appartient à tous ceux qui le demandent en arguant qu'ils en ont besoin. Quiconque possède est à la merci de quiconque ne possède pas, sauf à l'individu dessaisi à faire valoir à son tour son droit à être assisté. Il ne sert de rien d'alléguer, nous le répétons, que ce droit ne sera pas exercé de l'individu à l'individu, mais de l'individu à la société. La société est un être collectif, et l'État qui la représente n'a pas la puissance de changer le caractère d'une injustice.

Le *droit à l'assistance* et la propriété sont incompatibles.[21] Si l'une est une vérité et un bienfait, l'autre est une erreur et un fléau.

De la part de l'individu il n'y a pas un droit à être assisté, mais il y a devoir de secourir le malheur et ce devoir s'étend à l'État ; sous quelles conditions sera-t-il bienfaisant et non nuisible, conforme et non contraire aux principes de la liberté ?

Pourvu qu'elle soit éclairée, la charité privée ne compte que des partisans. Il n'en est pas ainsi de la charité par l'État, par les départements et par les communes. Les économistes ont tenu en général sur la charité officielle un langage très-sévère. Voici en substance quelle est leur manière de raisonner à laquelle je comparerai tout à l'heure celle dont ont coutume d'user les partisans de la charité légale. Nulle part, peut-être, les intérêts de la démocratie ne sont plus directement en jeu que dans cette question controversée.

Le devoir de la prévoyance, disent les économistes, a besoin d'une sanction. Cette pénalité naturelle, attachée à l'infraction de tous les devoirs, ne fait pas non plus défaut à celui-ci, c'est la gêne, c'est la misère qui se lie à l'imprévoyance comme le châtiment au délit. Voilà l'expiation providentiellement réservée à la paresse, à l'insouciance, à toutes les habitudes vicieuses, expiation sans laquelle l'humanité n'aurait pas fait un seul pas en avant et dormirait encore au sein d'une incurable indolence, expiation qui est là toujours sous les yeux

---

21 C'est ce qu'a parfaitement démontré P.-J. Proudhon dans un écrit intitulé *le Droit au travail et la Propriété*, où il conclut, il est vrai, contre la propriété.

du travailleur comme une apparition menaçante, comme le stimulant de toutes les heures, qui ne permet ni à son activité de sommeiller ni à sa prévoyance de s'étourdir ! Quelle image de la responsabilité qui pèse sur lui que les privations de toute une famille ! Quelle perspective en revanche que celle d'échapper à son tour, grâce à des efforts soutenus, à la misère qui a pesé originellement sur tous les hommes ! L'ouvrier n'ignore pas qu'il est exposé à certaines chances mauvaises, crises industrielles, chômages, baisses de salaires, infirmités, blessures, maladies, vieillesse, famille nombreuse à soutenir, Qu'il s'habitue donc à compter sur lui-même, et il réglera en conséquence la quantité de son travail et ses dépenses journalières. Les époques de prospérité au lieu de profiter à sa dissipation profiteront à ses épargnes. Toute une série d'heureuses conséquences en naîtra. Sa valeur morale en sera augmentée, et avec elle sa valeur productive. Au lieu de peser sur les ressources publiques, il ne fera qu'y ajouter premier gage de l'élévation des salaires qui se mesurent sur la quantité du capital disponible. Par une suite nécessaire du même principe, il se gardera des mariages trop précoces ou faits dans de mauvaises conditions, ce qui préviendra l'excès de la population ouvrière, excès si redoutable pour elle et cette seconde cause n'agira pas moins sur les salaires dans le sens de la hausse, l'offre du travail devenant plus rare en présence du capital devenu plus abondant. Les misères accidentelles subsisteront ; eh ! sans doute ; car le meilleur régime économique ne saurait entièrement les faire disparaître. Mais pour y pourvoir on aura comme auparavant la charité des riches, et on aura de plus qu'auparavant le secours fraternel donné plus facilement à l'indigence par toute une population laborieuse et aisée. Faites au contraire que l'assistance devienne une sorte de dette publique, faites que le pauvre puisse y compter avec certitude, et toutes les conséquences opposées se tirent d'elles-mêmes avec une logique aussi impérieuse que redoutable. Au lieu de se fortifier comme il est nécessaire dans une société digne et libre, le sentiment de la responsabilité fléchit dans la proportion même de l'assistance promise, le travail se ralentit, la prévoyance et succombe. Ce n'est plus simplement la pauvreté qui frappe à la porte, c'est le paupérisme ! La mendicité devient un état : La misère abrutie et rassurée se met à pulluler, et multiplie sans mesure la race des *prolétaires !* ... Dès lors la société tourne dans un effrayant cercle vicieux. Ce qu'elle fait pour les pauvres retombe sur elle en aggravation continue de charges et sur eux en aggravation continue de misère. Tout ce qu'elle jette dans le gouffre béant du paupérisme ne sert qu'à le creuser chaque jour davantage. Et comment avec une activité qui s'amoindrit et une épargne nulle les pauvres espéreraient-ils une amélioration durable dans leur sort ? comment, poussés par leur nombre et par leur avilissement à la dernière limite des salaires, ne seraient-ils pas condamnés à tomber au plus bas degré de l'humanité ? Il faudra augmenter les secours eu égard à la quantité des hommes et au taux de plus en plus insuffisant de la rémunération du travail, deux maux qui iront s'aggravant l'un par l'autre. Alors viennent, suivant la loi terrible dénoncée par MALTHUS, la maladie et la mort qui signifient aux membres parasites l'ordre du départ, frappant à coups redoublés sur une population exubérante, assez pour l'empêcher de couvrir tout un pays, pas assez pourtant pour en prévenir la surabondance. — On prendra, dit-on le parti de réduire les secours au plus strict nécessaire. – Il n'importe. À mesure que l'homme se dégrade, qui ne sait qu'il se contente d'un minimum de satisfaction ? On s'accoutume à la saleté, aux haillons, à la plus détestable pitance pourvu qu'elle soit assurée. On la préfère même au travail. Ne dites-pas que ce sont là des exagérations et des rêves ! L'Angleterre a établi une taxe des pauvres, et ce sombre tableau s'est de point en point vérifié, Ne dites pas que de telles paroles sont un outrage à l'humanité ! La philanthropie la mieux entendue, c'est la vérité dite au peuple. Ne dites pas enfin que la science qui érige de pareils faits en axiomes est odieuse et sans pitié. Elle n'est pas plus coupable des maux qu'elle constate que la médecine n'est responsable des maladies qu'elle décrit, et, comme elle, animée d'un sincère désir du bien, elle ne les analyse que pour les prévenir par un traitement approprié ou pour les guérir par des remèdes plus efficaces, fussent-ils aussi plus héroïques.

Mais il n'est pas encore achevé le triste bilan de la charité officielle ! Qui ne sait qu'elle ne saurait avoir lieu sans un immense et coûteux appareil administratif absorbant une partie des revenus publics ? Le pauvre du moins en aura-t-il quelque reconnaissance à la société ? Et comment serait-il reconnaissant ? Comment ne s'habituerait-il pas vite à considérer au contraire le secours périodique comme une rente qui lui est due ? Essayez de la diminuer, à plus forte raison de la supprimer, vous excitez une haine sourde, et, peut-être, la révolte armée. Le contribuable lui-même ne se considérera guère comme un bienfaiteur ; est-ce donc une chose faite pour attendrir le cœur que de payer un impôt ? On peut douter d'ailleurs que le mobile qui le pousse soit la sympathie et non le souci exclusif de sa sécurité. Voilà donc à quoi auront abouti les défenseurs à outrance d'une charité mal entendue : ils auront tué la charité même en faisant du sentiment le plus libre, le plus spontané qui soit au monde une sèche obligation, un chiffre inscrit au budget, ils auront rompu les liens doux et sacrés qui unissaient le bienfaiteur et l'obligé, ils auront mis en face l'une de l'autre la faim habile à exploiter la peur, et la peur qui se hâte de jeter son obole à la faim pour la désarmer !

Les économistes n'ont pas craint d'entrer dans les plus grands détails ; ils examinent tour à tour les diverses institutions charitables dont la société est le plus portée à se prévaloir comme d'un témoignage de sa sollicitude pour les classes ouvrières. Ateliers et maisons de travail, distributions de secours à domicile, hôpitaux et hospices, crèches, reposoirs, enfants trouvés, salles d'asile, toutes ces inventions, dont quelques-unes paraissent si touchantes, de la charité publique, sont passées tour à tour au crible d'une critique sévère. Les ateliers de travail ! Ils ne font que déplacer et aggraver la misère. Les hôpitaux et hospices ! Ils tuent la prévoyance individuelle, ils brisent les liens de famille. Les établissements d'enfants trouvés ! Ils sont une prime au libertinage. Les crèches et les salles d'asiles ! Elles dispensent les mères des devoirs les plus pressants de la maternité. Et de même des autres institutions charitables accusées d'émousser le sentiment de la responsabilité et même parfois de dépraver le cœur humain. Les économistes vont plus loin : ils reprochent à un pareil état de choses de créer une disposition générale et toute une doctrine éminemment funeste à la classe ouvrière. Cette classe arrive à croire à une providence extérieure qui s'appelle l'État, chargée de pourvoir à tous ses besoins. Bientôt elle lui demandera l'impossible, à la voix du premier rêveur qui lui fera entendre que l'État peut tout. Que disons-nous ? Ce mal ne se borne pas à la classe ouvrière, il monte de proche en proche, il s'étend de ceux qui reçoivent la charité à ceux qui la font. Dès lors tout tend à l'intrigue, à la supplication, à la bassesse, sinon à la menace et à la violence. Au lieu de compter sur soi, sur son travail énergique et patient, sur une modeste économie, chacun se met à compter sur tout le monde. Triste résultat de lâches ou systématiques concessions faites à une philanthropie homicide, illusion chez les plus généreux et chez les plus honnêtes, chez les autres flatterie déguisée et intéressée faite au peuple !

À ces vives et pressantes raisons, à ces faits invoqués, que trouvent à opposer les défenseurs, j'entends ici seulement les plus modérés et les plus raisonnables, de la charité officielle ?

Il y a, disent-ils, un principe et un fait dans la question de l'assistance légale. Eu principe, on prétend que l'État ne doit point faire la charité. En fait, on ajoute qu'il s'en acquitte toujours plus mal que les individus, N'est-ce pas là une double erreur ? Et d'abord il est étrange de reconnaitre à l'individu le droit et le devoir d'exercer la charité et de les dénier à l'État. L'État n'est point, comme on le répète si souvent, une vague et sèche abstraction : il est la représentation vivante de la société ; il en résume la pensée, il en exerce l'action. Gardien avant tout de la sécurité, n'est-il que cela ? De même que dans ses relations avec les puissances du dehors, il est de son devoir de se montrer soucieux de la dignité du pays, de même dans ses rapports avec les citoyens, il ne lui est pas interdit d'avoir un cœur sympathique aux souffrances dont il est témoin. On prétend que l'impôt prélevé pour l'exercice de la charité légale dépouille les uns en faveur des autres. L'argument est sans portée dans un pays où l'impôt est consenti et où l'élection des législateurs dépend des contribuables.

Mais la charité est-elle seulement un droit pour la société, n'est-elle pas aussi un devoir ? Oui, sans doute, s'il y a des misères que l'action collective est seule en état de soulager. La charité privée a ses lenteurs, ses incapacités ses ressources d'ailleurs sont assez bornées et inégalement réparties. Il y a des maux pressants, subits, qui frappent par masses, comme les crises industrielles très-intenses, comme les incendies et les inondations qui atteignent tout un département. Ces maux veulent des remèdes prompts et étendus. Attendre que la charité privée ait pris ses mesures, n'est-ce pas consentir à ce que des malheureux souffrent et meurent dans l'intervalle ? Ils devaient être prévoyants, dites-vous. Eh sans doute ! Mais, dans le nombre, ne comptez-vous pour rien les hommes jeunes à qui le temps a manqué, les hommes mûrs à qui la chance a fait défaut, ceux que des pertes ont ruinés, ceux qui ne disposent que de ressources trop inférieures au malheur qui les frappe ? Ces ressources, d'ailleurs, ils ne les ont pas toujours sous la main et, en attendant, il faut qu'ils vivent. Êtes-vous d'ailleurs bien sûrs que ce qui a pu manquer à la prévoyance des uns autorise les autres à devenir complètement impitoyables ? Sans doute l'État a pu trop souvent agir avec imprudence, ne pas mesurer assez exactement ses dépenses à ses ressources, et surtout tenir trop peu de compte de ce qu'il y a de dangereux à encourager l'incurie des pauvres. Mais toute bonne œuvre a ses périls, ses écueils, ses commencements laborieux, son apprentissage à faire, et la bienfaisance publique, elle aussi, est un art long et difficile. Ses progrès sont-ils contestables ? Les hôpitaux sont mieux tenus qu'autrefois. Les secours sont mieux distribués, avec plus d'ordre et de connaissance de cause. Les établissements d'enfants trouvés ne sont plus des foyers de mortalité et de criminalité comme il y a quelques années encore.

Les salles d'asile et les crèches sont devenues des établissements modèles. L'administration de l'assistance s'est améliorée, et chaque jour elle s'améliore. On ne saurait l'accuser de pousser à l'imprévoyance par l'excès de générosités imprudentes. La moyenne des secours pour chaque individu assisté était, il y a peu d'années, en moyenne de 12 fr. Chiffre éloquent qui suffirait à prouver que, sans les ressources et le zèle de la charité privée, les indigents ne rencontreraient qu'une assistance des plus médiocres !

Ces raisons très-fortes, toutes de nécessité et de pratique, n'infirment point les conséquences tirées par l'économie politique sur les effets d'une charité légale qui tendrait à s'accroître au lieu de tendre à se resserrer. L'économie politique a raison dans ses protestations en faveur de la responsabilité et de la dignité humaine, dans ses allégations sur les effets désastreux des mesures qui y sont contraires, relativement à la richesse publique et à la situation des pauvres eux-mêmes. La dureté de quelques formules qui ont rendu l'économie politique peu populaire ne saurait voiler ni affaiblir dans l'esprit des masses éclairées la profonde justesse et la virilité de ses leçons. Au fond, il ne saurait être question de supprimer l'assistance publique, et il y a lieu de tenir compte de ce que cette assistance dit elle-même dans ses rapports officiels des améliorations qu'elle a reçues en France depuis plusieurs années. L'Assistance publique a voulu sur quelques points se mettre elle-même en garde contre ses défauts les plus naturels. C'est ainsi qu'elle a substitué en partie les secours en aliments, en vêtements, en chauffage, aux secours en argent dans lesquels se glisse plus facilement l'abus. Elle cherche aussi à faire prévaloir le principe des secours à domicile, qui a moins d'inconvénients pour la famille et pour la dignité individuelle. Ce sont là de bonnes inspirations. Quant à l'augmentation dans le chiffre des personnes secourues et dans le nombre des bureaux de bienfaisance, elle tient surtout à cette cause que des individus ayant réellement besoin de secours n'on recevaient pas il y a plusieurs années : ils en reçoivent aujourd'hui. Ainsi, lorsqu'il est constaté que, de 1833 à 1853, le nombre des assistés s'est élevé de près de 31 0/0, tandis que la population générale ne s'est accrue que d'un peu plus de 8 0/0, il ne faudrait pas conclure de ces chiffres que le paupérisme s'est étendu en France, ni que l'assistance soit placée sur la pente d'un laisser-aller abusif.

Est-ce à dire pourtant que tout soit au mieux en ce qui regarde l'assistance publique, même corrigée et perfectionnée ? Dans cette augmentation du nombre des assistés, il y aurait à signaler sans doute une certaine quantité d'individus qui, autrefois à la charge de la charité privée, ont passé pour ainsi dire dans les cadres de l'assistance communale, ce que l'on ne saurait toujours prendre pour un progrès. On est fondé aussi, et ceci n'intéresse pas seulement la charité, mais l'administration et les finances, à demander la cause de l'écart vraiment énorme qui a lieu entre les bureaux de charité des différents départements quant aux frais dits de bureau. D'où vient qu'en 1853, dans le Puy-de-Dôme, sur une somme de 100 fr. affectée aux secours, les frais de bureau ont absorbé 41 fr. 50 c., tandis qu'en Corse la même dépense n'a été que de 3 fr. 84 c. ? D'où viennent des écarts moins sensibles, mais bien graves encore, entre d'autres départements ? N'est-ce pas un fait dont l'administration doit sérieusement se préoccuper ? La moyenne même en frais de bureau, qui dans toute la période a été de 22 fr. 31 c. pour 100 n'est-elle pas beaucoup trop élevée ?

L'assistance publique a donc encore en grande partie à se mettre d'accord avec les principes de l'économie politique, avec la liberté par conséquent. Il y a là trop de centralisation, trop de services remis entre les mains de l'autorité.

Un écrivain des plus compétents dans ces questions d'assistance[22] comme administrateur et comme publiciste, exprime la même opinion avec des détails qui concourent directement à établir notre thèse :

« N'est-il pas permis dit-il, de se demander si l'on ne pourrait pas, en décentralisant au lieu de tendre toujours à centraliser, laisser à certains arrondissements riches le soin de se créer des ressources et de secourir, je dirais presque d'éteindre la misère sur leur territoire, pendant que l'administration centrale porterait toutes ses forces sur les quartiers qui ont la pauvreté pour unique habitant ? Paris est assez riche pour supprimer la misère dans ses murs. Il va sans dire que nous avons seulement en vue la misère ordinaire, les pensionnaires de la charité. Vienne une épidémie, une crise comme celle qui sévit en ce moment, et aussitôt un tiers de la population, qui ne vit que du travail, tombe dans un dénuement affreux.

« Par quelles ressources et de quelle façon l'assistance publique vient-elle au secours de la misère, soit dans ses établissements, soit à domicile ? »

« Elle produit elle-même une partie des denrées qu'elle consomme. Il y a une cave centrale, une boulangerie centrale, une pharmacie centrale, etc. Je comprends la pharmacie centrale. J'avoue que je

---

[22] M. Augustin Cochin, à propos du compte rendu de l'assistance, par M. Armand Husson, l'habile et savant directeur de ce service.

comprends moins la cave centrale et surtout la boulangerie centrale. Je ne m'explique pas l'utilité des immenses développements donnés depuis quelques années à ce dernier établissement, dont on a voulu faire une manufacture de pain à prix réduit pour la ville entière. Au commencement de ce siècle, la boulangerie des hospices fabriquait déjà près de 3 millions de kilogrammes de pain ; elle en a fabriqué, en 1860, 7 millions 500,000 kilogr, ; on compte aller jusqu'à 25,000 kilogr. par jour. Sur ce chiffre, 3 millions 200,900 kilogr. ont été vendus sur les marchés ; on a fourni 82,000 kilogr. au collège Rollin, pourvu la gendarmerie, etc. Je sais que la boulangerie est parfaitement dirigée, que, sous l'habile impulsion du préfet de la Seine, on en a fait un établissement modèle ; j'admire assurément ses pétrins mécaniques, son four annulaire à sole tournante, ses silos, le système d'aération graduelle des meules, les applications des importantes découvertes de M. Mège-Mouriès, les procédés à l'aide desquels on ne consomme plus que 13 kilogr. 20 cent. de charbon pour la mouture de 120 kilogr. de blé, tandis qu'à la manutention militaire de Chaillot on en consomme 22 kilogr. 80 cent. Mais pourquoi tant d'efforts ? pourquoi cette concurrence à l'industrie privée ? pourquoi ces achats et ces ventes, cette Ville meunière, boulangère et mécanicienne, cette concentration en un seul point d'une si grosse fabrication qu'une émeute pourrait accaparer ou anéantir, pourquoi ? pour arriver à vendre 0,31 c. 80 le kilogr. de pain que la mercuriale porte à 0,34 c. 58. C'est donc 1 c. par livre, si le calcul est exact, s'il comprend tout. Cet écart vaut-il tant de peine ?

« Je ne m'explique pas davantage pourquoi l'administration conserve un *bureau central des nourrices* ? Autrefois il était difficile de trouver des nourrices, plus difficile de les faire venir par le coche. Aujourd'hui l'industrie privée procure des nourrices, le télégraphe les appelle, le chemin de fer les amène, le bureau de bienfaisance, les crèches, les sociétés de charité maternelle assistent ce qui vaut bien mieux, les mères nourrices. À quoi bon consacrer 200,000 fr., une vaste maison sur les boulevards, des employés et des écritures à faire ce que fait une industrie qu'il est indispensable de surveiller, inutile de remplacer ?

« L'administration est déjà bien assez chargée. Sait-on ce que comprend son domaine ? 16 hôpitaux, 12 hospices, 11 établissements, 37 maisons de secours, près de 300,000 mètres de terrain bâti ou non à Paris, environ 7,000 hectares de biens ruraux, 1 million 800,000 fr. de rentes sur l'état, des droits qui s'élevaient à 13 millions avant 1789 et se réduisent maintenant à l'impôt sur les spectacles, qui a dépassé

1 million 600,000 fr. en 1860. Le budget total est de 20 millions, dont 12 millions de ressources diverses, 7 millions de subvention municipale. Le domaine immobilier, plus considérable avant la Révolution, s'accroît par des dons, s'accroît par la plus-value qui résulte du temps et d'une excellente gestion, mais il diminue plus encore qu'il n'augmente, par suite de ventes successives. De 1806 à 1860, on a vendu pour 43 millions 873,175 fr. de biens des hospices de Paris, 8 millions dans les cinq dernières années, sans parler des rentes aliénées. Une partie de ces ventes, destinée à l'amélioration des services, a été nécessaire et intelligente. Mais il y a eu exagération. M. Husson nous apprend que les ventes effectuées depuis vingt-cinq ans, compensation faite des remplois, se soldent par un déficit important.

L'expérience est d'accord avec la science pour établir que, comme patrimoine d'une administration perpétuelle, les immeubles valent mieux que les rentes. Les immeubles se gardent et s'augmentent ; la rente, dans les temps ordinaires, elle se déprécie, dans les temps prospères, on la convertit, dans les temps d'imprévoyance, on la vend, dans les temps de désordre, on la consolide. La conversion vient de coûter aux hospices de Paris 1 million 700.000 fr. Le cordonnier Geoffroy et sa femme Marie, en donnant leur maison de la Boule-Rouge, en 1261, ont assuré aux hospices plus de 6 millions. Une rente de 100 fr. en 1720, vaut aujourd'hui moins de 15 fr. ...

... L'administration de l'assistance publique se compose, en résumé, de trois parties : des établissements internes, des secours extérieurs, un domaine considérable. La nécessité des *hôpitaux* est facile à justifier ; ils valent moins que la famille pour la morale, ils valent mieux pour la guérison ; ils doivent se réduire de plus en plus aux maladies graves, les autres sont mieux secourues à domicile. Quant aux *hospices*, on fait bien de les transporter hors Paris, on fait mieux encore de les transformer en secours à domicile. Je n'aime pas ces grandes casernes de 3.000 femmes, où l'être humain n'est plus connu que par le numéro de son grabat. Je voudrais que la prévoyance, la famille et le secours à domicile finissent par tuer l'hospice. Toutefois, reconnaissons que notre siècle doit bien quelque chose à ses septuagénaires. Nés au milieu de la première Révolution, jeunes au moment de la troisième, hommes faits à l'époque de la cinquième, gagnant la soixantaine quand éclata la sixième, vraiment les vieillards d'aujourd'hui ont eu quelque peine à amasser des épargnes ou à les conserver.

« *Les secours à domicile* sont indispensables, ils ne sont pas excessifs : ils sont distribués par des bienfaiteurs gratuits et par des Sœurs de charité, mais *on tend à les réglementer, à les centraliser, à les subventionner beaucoup trop.* au lieu de laisser agir surtout le quartier, la paroisse, l'œuvre libre, l'aumône privée. »

Il y a longtemps que M. Duchâtel a écrit ces excellentes paroles « Efforts constants pour rendre la société capable d'exercer la charité sans tutelle, abdication volontaire le jour où l'émancipation est possible, telles sont les règles qui doivent présider à l'action du gouvernement en matière de bienfaisance, »

La charité publique est nécessaire ; cette nécessité qui est sa raison d'être, doit aussi lui servir de limite. Les progrès de la société doivent tendre à la perfectionner, mais non à la restreindre.

En matière d'hôpital et d'hospice, faire prévaloir de plus en plus le secours à domicile sur le traitement hospitalier, diminuer les grandes casernes ; en matière de secours à domicile, faire prévaloir de plus en plus les visites par des bienfaiteurs gratuits ou des Sœurs de charité, et l'assistance locale sur la répartition par des agents salariés et les règlements généraux, diminuer les centralisations ; en matière de budget, préférer le don à l'impôt, accroître les libéralités volontaires, diminuer les contributions forcées, tels paraissent les conseils à suivre. Ils reviennent tous à ceci, selon la juste parole de M. Cochin « Vous avez devant vous la misère et la vertu ; pour soulager celle-là, employez celle-ci. Ne recourez aux impôts, aux bureaux, aux agents, aux hôpitaux, qu'après avoir épuisé les dons, le zèle, la compassion, la famille. »

Répétons-le, l'assistance a une place nécessairement marquée, mais qui doit être assez sévèrement circonscrite dans une société démocratique. Les meilleures formes de l'assistance, les seules qui soient compatibles avec la liberté et la dignité des travailleurs, sont celles qui tendent à redoubler l'activité et à éclairer la marche des libres efforts. La société doit au travailleur, non comme une dette stricte et obligatoire, mais comme une dette de générosité et de civilisation, l'avance de l'instruction, et, toutes les fois que faire se peut, celle du crédit. Sous d'autres formes moins parfaites, l'assistance peut avoir encore sa place indispensable, mais comme une sorte de pis-aller. L'économie politique, qui se défie de ces formes sans les proscrire toutes, sans même vouloir en supprimer la plupart, pourvu qu'on les manie avec le plus de prudence et de circonspection possible, l'économie politique compte sur d'autres moyens plus efficaces pour améliorer le sort des classes populaires. Elle compte sur l'organisation des institutions de prévoyance et d'épargne. Elle compte sur l'instruction des travailleurs, qui les rend meilleurs producteurs, sur leur économie et leur bonne conduite, sur la liberté et la sécurité, sur le développement du travail et des transactions qui, en Angleterre, depuis l'abolition des lois prohibitives et ultra-protectrices de l'industrie et de l'agriculture dites nationales, auxquelles elles apportaient plus d'entraves que de secours, a contribué dans une si forte mesure à diminuer la mortalité et la criminalité dans les classes ouvrières.

Nous n'aurions pas achevé de traiter de l'assistance dans ses rapports avec la démocratie et avec la liberté du travail, si nous n'ajoutions quelque chose sur une des plaies qu'il importe le plus de voir disparaître dans une société démocratique laborieuse et digne, la *mendicité*, et sur un moyen d'assistance qui paraîtrait devoir mieux se concilier avec le travail et la dignité individuelle, quoique l'expérience qu'en ont faite les sociétés dans les moments où la démocratie était le plus en faveur n'ait pas répondu au but qu'on s'était proposé, nous voulons parler des ateliers nationaux.

Si la mendicité ne se révélait que comme fait accidentel, involontaire, comme l'expression digne de pitié d'une misère exceptionnelle, nous n'aurions peut-être pas à la mentionner. Mais l'étude du présent et l'histoire du passé montrent malheureusement qu'elle apparaît sous un tout autre aspect par lequel elle touche à l'ordre social. La mendicité est pour des groupes entiers d'individus un état, un métier faisant vivre ceux qui s'y livrent dans des conditions de bien-être quelquefois même supérieures à celles de l'ouvrier honnête et laborieux. À ce point de vue, elle est une cause profonde de démoralisation. Ne dites point que c'est un mal des sociétés plus ou moins démocratiques des temps modernes, qu'elle est une variété du paupérisme agricole et manufacturier. La mendicité dans l'ancien régime a pris plus d'une fois la forme du brigandage ; elle était alors une menace permanente pour la société plus souvent elle s'exerçait à l'aide de mille ruses, feignant les maladies les plus hideuses ; pour inspirer avec la commisération vivement éveillée l'idée d'une complète incapacité de travail. Il est rare que sous cette dernière forme elle ne se mêlât pas au vol. Le souvenir des *truands* et de la *Cours des miracles* n'est pas effacé de notre mémoire.

La mendicité n'a pas cessé aujourd'hui avec quelques-unes des causes qui la perpétuaient, comme étaient les couvents. Il y a des départements, des communes qui sont particulièrement infectés de cette plaie. Quelques pays étrangers en sont atteints plus encore que la France. Dans certains villages traversés par les voyageurs, qui deviennent la proie des importunités d'une mendicité organisée, la profession de mendiant est héréditaire. Pères et enfants, ils mendient tous depuis des siècles. Il en est quelquefois de même dans les villes. La mendicité est un fléau social : c'est le parasitisme à l'état chronique ; c'est l'exploitation régulière de la charité par l'hypocrisie ; c'est une école ouverte de dépravation. Toute société régulière doit tendre à fermer cette plaie à la fois honteuse et dangereuse, et c'est, nous le répétons, un but qui semble s'imposer plus étroitement à nos modernes démocraties qui demandent aux derniers de leurs membres de l'énergie et de la dignité.

Le remède n'est pas facile à trouver. En principe, la mendicité doit être interdite. La mendicité chez les hommes valides étant un véritable vol fait à la communauté et aux vrais pauvres, la liberté de la mendicité, qui compte quelques partisans, n'est pas autre chose que la liberté du vol. C'est une prime offerte à quiconque voudra spéculer sur la crédulité publique. Non, la communauté ne saurait souffrir dans son sein l'exercice régulier d'une profession qui consiste à se dispenser de tout travail utile. Non, il n'est pas possible d'admettre la formation en pleine civilisation de troupes de nomades vivant dans la promiscuité, se transmettant le germe de tous les vices moraux et physiques, et rejetant sur la société le soin de pauvres petits êtres nés de parents de hasard.

Sans doute on pourra répondre que la liberté de mendier a pour correctif la liberté de ne pas faire l'aumône aux mendiants. Ah ! craignons de mettre la sympathie humaine à de pareilles épreuves. Ce serait trop risquer de l'endurcir aux vrais maux. Comment croire que les bons cœurs cesseront de se laisser prendre à des pièges si bien tendus ? Enfin, lorsque la mendicité a reçu une certaine extension, ne sait-on pas qu'elle usurpe les airs exigeants qui conviennent à des droits acquis et le ton arrogant de la menace ? Laisser s'en former les cadres, c'est préparer ceux du vol avec ses bandes organisées. La présence de mendiants dans un pays y est cause de nombreux incendies, sous le prétexte de tirer vengeance du refus d'hospitalité, ou par l'unique plaisir de faire le mal.

Je crois donc pouvoir conclure que l'interdiction de la mendicité est réellement une mesure commandée par la moralité publique et par la prudence. Mais qui ne sait aussi que cette mesure, là où elle est prise, n'est jamais complètement exécutée ? Le public se fait complice des mendiants, et il y a en réalité des cas de force majeure devant lesquels la police reste désarmée. Une foule d'abus se glissent à l'abri de ces cas prétendus exceptionnels ! Malgré les pénalités existantes, on mendie dans nos villes, tantôt en simulant un petit commerce, tantôt dans l'ombre, quelquefois au grand jour : des ouvriers sans ouvrage, ou même en ayant, y cherchent un équivalent ou un supplément de leur salaire ; on mendie à jour fixe dans les campagnes. On ne saurait dire dans quelle proportion les valides se mêlent aux non-valides dans cette armée de la fainéantise. Enfin cette mesure de l'interdiction de la mendicité n'est pas générale. La législation manque d'uniformité. L'article 274 du Code pénal porte Toute personne qui aura été trouvée mendiant *dans un lieu pour lequel il existera un établissement destiné à obvier à la mendicité*, sera punie de trois à six mois d'emprisonnement, et sera après l'expiration de sa peine, conduite au dépôt de mendicité. Loi sévère, peut-être à l'excès, et peu exécutée !

Combien elle serait longue et sinistre la liste des répressions terribles essayées contre ce mal que rien n'a pu déraciner !

De vieilles ordonnances royales, à partir du XIVe siècle, condamnent les mendiants à travailler par force aux travaux publics, à l'emprisonnement, aux galères, au carcan, au bannissement. Tout en maintenant des pénalités contre la mendicité, la philanthropie de notre siècle ne pouvait s'accommoder de ces mesures non moins inefficaces qu'impitoyables, et qui n'empêchaient pas Vauban d'écrire vers 1698, au sortir des guerres qui avaient épuisé le pays, qu'un dixième de la population en France était réduit à la mendicité et mendiait effectivement. Sous l'Empire, on admit en principe qu'*avant de réprimer la mendicité comme un délit, il fallait lui offrir le travail comme un secours.* Un décret du 5 juillet 1808 ordonna qu'un *dépôt de mendicité* ou maison de travail pour les mendiants serait créé dans chaque département, et, dans l'espace de quatre années seulement, quatre-vingts de ces établissements furent fondés dans autant de départements. Quels abus n'ont pas produits ces institutions ! Quelles plaintes n'ont-elles pas fait naître ! Les ressources budgétaires locales n'y suffisaient pas. Elles offraient un spectacle pénible à voir. On leur reprochait amèrement de faire une concurrence ruineuse au travail libre. Les dépôts ont été successivement fermés, et il en subsiste aujourd'hui très-peu. Est-ce une institution qu'il soit impossible de faire fonctionner d'une manière satisfaisante ? Un habile administrateur répond que le dépôt de mendicité de Nevers a heureusement résolu la question.[23] Ce dépôt aurait, grâce au concours actif de la charité privée, agissant par souscription et complétée par les ressources de l'impôt, réussi à occuper utilement et à réformer efficacement un certain nombre de mendiants. Un intelligent mélange de sévérité et de bonté, l'emploi de tous les moyens de discipline,

---

23 Chiffres publiés par M. Léon Say dans son excellent compte rendu du *Journal des Débats*, relatif cette association.

de travail fructueux, d'instruction religieuse, l'encouragement à la formation d'un pécule, auraient accompli, sauf un certain nombre d'exceptions rebelles, ce beau résultat qui s'indiquerait ainsi comme un modèle a suivre par l'administration départementale. Mais c'est particulièrement sur l'emploi des moyens préventifs pratiqués par le même administrateur pour faire cesser la mendicité, qu'a été appelée l'attention des personnes compétente : Ces moyens, couronnés de succès dans un important département, semblent se recommander d'ailleurs par leur simplicité. Ils consistent, pour chaque commune du département où il n'existe pas de bureau de bienfaisance organisé, dans l'établissement d'une commission charitable chargée de rechercher les individus ayant droit par leurs misères, par leur âge ou par leurs infirmités, à l'assistance communale. Le maire et le curé font de droit partie de ces commissions. L'action de ces commissions, dit M. de Magnitot, doit « se manifester régulièrement et conformément à des écritures suffisantes pour mettre à couvert la responsabilité des ordonnateurs, sans que toutefois l'aridité et les exigences de la bureaucratie viennent lui enlever ce caractère de bienveillance et de consolation qui donne tant de prix à l'aumône individuelle. » Toutes les ressources formant ce fonds commun émanent de la charité locale, qui s'est traduite, pour le département, par un chiffre annuel de 242,381 f., c'est-à-dire à peu près un sixième de la somme d'un million et demi environ perçue annuellement par la mendicité libre sur les populations du département. Ces ressources sont concentrées dans chaque commune, sans possibilité d'en détourner la moindre partie au profit d'une ou plusieurs communes voisines moins bien partagées. Un recensement spécial, fait en 1854, du nombre des mendiants existants dans la Nièvre, avait donné les résultats suivants : nombre des mendiants valides, 1,433 ; nombre des mendiants invalides, 2,789 ; total, 4.222. Dans cette dernière catégorie des mendiants invalides ne figuraient pas les pauvres honteux, les nécessiteux et les indigents qui, reculant devant le recours à la mendicité pour obtenir le soulagement de leurs misères, acceptaient avec reconnaissance les secours que la charité mettait à leur disposition.

En cinq années d'application de ce système d'assistance en secours et en travail, qui n'envoie presque au dépôt de mendicité que les mendiants incorrigibles et condamnés, formant une assez faible minorité, la mendicité a disparu. Au lieu de 10 ou 11,000 indigents et nécessiteux secourus dans les deux années précédentes, on a vu le chiffre s'abaisser a 6,412 en 1860. Les moyens employés par M. de Magnitot ont été estimés par de bons juges aussi dignes d'éloges que les résultats obtenus. C'est en effet la charité privée qui fournit les fonds et en surveille l'emploi. Pourtant sur un point ses mesures ont paru critiquables. L'Académie des sciences morales, en couronnant son livre, lui a reproché de faire appel à l'impôt à titre de supplément aux dons insuffisants de la charité. L'auteur du livre sur *l'Assistance en province* répond que la contribution extraordinaire n'existe que dans dix communes sur trois cent dix-huit, et frappe exclusivement de grands propriétaires absents n'ayant opposé que des refus aux demandes faites au nom de la charité, et se prêtant eux-mêmes plus volontiers à un impôt. Nous croyons que toute coaction doit disparaître dans l'intérêt de la durée et de la généralisation de la mesure, si elle est réellement de nature à être appliquée ailleurs avec succès.

Nul doute que le remède le plus efficace à la mendicité ne soit dans le progrès général de l'industrie et de l'aisance. Mais cette cause générale d'élévation du niveau moral et matériel réduira le mal plutôt qu'elle ne le supprimera radicalement. D'une part, il y aura toujours des misères profondes plus ou moins imméritées ; d'autre part, peut-on espérer sans illusion qu'on verra tout à fait disparaître ces natures lâches et viles qui aiment mieux vivre aux dépens d'autrui que d'accepter la loi du travail ? Il y a donc là un problème subsistant et fort délicat d'assistance. Il faut reconnaître que jusqu'ici nulle société aristocratique ou démocratique, s'inspirant, comme le moyen âge, de l'idée de la charité ou, comme les temps modernes, de la pensée du travail, n'est parvenue à le résoudre d'une manière satisfaisante.

C'est le cas de dire un mot des ateliers nationaux ; on entend par là les ateliers publics organisés en vue de venir en aide aux ouvriers sans ouvrage. Si cette désignation est récente, et ne remonte pas au delà de la révolution de 1848, le genre d'établissements qu'elle indique n'est pas nouveau. Avant le règne de la démocratie, on les désignait sous le nom d'ateliers de charité, expression qui en faisait bien comprendre la nature et le but. Ils furent employés plus d'une fois en vue d'éteindre la mendicité et particulièrement dans les temps de crise et de disette. Leur première origine remonte au moins au seizième siècle, et l'on trouve des édits et des ordonnances qui en règlent la police au dix-septième et au dix-huitième. Le roi Louis XVI étendit le mode d'assistance en faisant ouvrir des travaux publics dans chaque province pendant la morte-saison. Turgot, dans son intendance de Limoges, en fit l'usage le plus sage et le mieux entendu qu'on en eût fait encore et qu'on en ait fait depuis lors. À l'époque de la disette qui sévit dans le Limousin, il organisa des ateliers de charité pour ceux qui pouvaient travailler et n'avaient pas d'ouvrage. Les précautions qu'il prit sont extrêmement remarquables et dignes d'être encore aujourd'hui méditées. Il adopta des mesures pour empêcher les ateliers de charité de faire concurrence aux travaux des particuliers et aux industries qui avaient pu se soutenir pendant la disette. Ainsi, le prix payé dans les différents ateliers de charité fut toujours au-dessous du prix courant de tous les autres travaux. De plus, le travail se faisait à la tâche et non à la journée. Enfin, les ouvriers n'étaient payés qu'en nature. On se servait d'une monnaie fictive qui ne pouvait être échangée que contre du pain ou du riz. On peut juger de la sagesse de ses vues d'après les instructions qu'il adressait aux curés et aux officiers municipaux pour l'organisation des bureaux, et des ateliers de charité. « Dans une circonstance, disait-il, où les besoins sont si considérables, il importe beaucoup que les secours ne soient point distribués au hasard et sans précaution. Il importe que tous les vrais besoins soient soulagés, et que la fainéantise ou l'avidité de ceux qui auraient d'ailleurs des ressources, n'usurpent pas des dons qui doivent être d'autant plus soigneusement réservés à la misère et au défaut absolu de ressources, qu'ils suffiront peut-être à l'étendue des maux à soulager. »

La révolution, cédant aux conseils d'une démocratie mal entendue, abusa des ateliers de charité. On trouve pourtant dans la loi des 12-22 juillet 1791 des dispositions sévères concernant l'ordre des travaux dans les ateliers publics, et la rémunération des travailleurs. Comment les abus auxquels venaient de donner lieu les vastes ateliers ouverts dans les environs de Paris, en 1790, n'auraient-ils pas éveillé l'attention du législateur ? Les idées exagérées que la Convention se faisait du rôle de l'État, en matière de travaux et d'assistance, comme en toutes choses, devaient la faire entrer dans cette voie où la poussaient d'ailleurs les souffrances de la classe ouvrière : ce genre de palliatif ne pouvait qu'y apporter de médiocres soulagements. La loi du 24 vendémiaire an XII donna aux ateliers de charité une organisation plus régulière ; mais à cette époque, comme dans celles qui suivirent, les ateliers de charité révélèrent les vices qui leur sont propres, et devinrent trop souvent le refuge des ouvriers fainéants ou mécontents. On y eut recours de nouveau en 1830. Toutefois ce fut en 1848 qu'on en fit l'application sur la plus large échelle. Nous n'avons pas à raconter dans ses détails cette triste expérience, dont les gouvernants de cette période révolutionnaire se rejetèrent la responsabilité les uns aux autres. Il était peut-être inévitable d'ouvrir, comme dans les crises précédentes, des ateliers de travail. Mais la vaste extension que prirent ces ateliers, et le nom même qu'ils reçurent, beaucoup moins modeste que leur désignation d'ateliers de charité, se rattachent à la pensée générale dont le gouvernement et dont les chefs démocratiques étaient alors fort préoccupés. Cette pensée était pour les plus *avancés* de faire accaparer progressivement l'industrie par l'État, qui l'eût organisée en ateliers *sociaux*, pour les autres, c'était d'accroître du moins les attributions du gouvernement, particulièrement dans la charité. Aussi ne vit-on jamais, autant qu'à cette époque, se manifester les inconvénients et les dangers de ces établissements. On s'y précipita. Les cadres de l'industrie privée se vidèrent chaque jour à leur profit. Plusieurs ont porté au chiffre de 110 ou 120,000 cette masse d'hommes déclassés parmi lesquelles figuraient en certain nombre des individus appartenant aux professions libérales. La fainéantise et le désordre y furent portés au comble. On n'y organisa guère que des manifestations politiques. Tout ce qu'on peut dire pour les excuser, c'est qu'on souffrait beaucoup. Les seuls travaux presque étaient des terrassements sans but pour la plupart. Paris se sentit pendant plusieurs mois aux mains de cette armée du désordre qui devait fournir aux journées de juin une partie de leurs combattants.

Ce qu'il importe de remarquer, c'est que les maux qui sortirent de cette expérience faite en grand des ateliers de travail, résultèrent moins peut-être de circonstances accidentelles que de leur nature même. Combien il est difficile de créer instantanément des travaux publics pour fournir de l'emploi aux ouvriers inoccupés ! Rien n'est prêt, ni les plans, ni les devis, et d'ailleurs quelles entreprise prises d'utilité générale pourraient occuper des masses d'hommes grossissant chaque jour, et dont beaucoup sont impropres à la nouvelle besogne dont on les charge ? L'effet de ces ateliers est en outre, qui ne le voit ? d'achever de désorganiser l'industrie privée déjà malade, en ouvrant aux hommes qu'elle emploie la perspective de trouver ailleurs des salaires assurés. Et quelle difficulté soulève la rémunération de ce nouveau travail ! Le crédit public et les finances de l'État, qui ne sont pas moins éprouvés par la crise que les intérêts particuliers, ne trouvent pas aisément à faire les fonds de cette quantité de salaires. Les demande-t-on à l'impôt, on aggrave le malaise et l'on tourne ainsi dans un cercle vicieux.

La commission de l'assistance et de la prévoyance publiques, nommée au sein de l'Assemblée nationale législative, en 1850, ne s'est pas moins demandé s'il n'y avait pas quelques moyens de se servir des travaux publics dans les temps de chômage, avec moins de péril et d'une manière plus fructueuse. Elle a répondu par l'affirmative. M. Thiers, dans son rapport sur l'Assistance, exprime, comme organe de cette commission, la pensée qu'il serait possible de tenir en réserve une certaine masse de travail pour les cas de crise. Au lieu de surexciter ses travaux dans les temps de prospérité générale, comme il le fait habituellement, le gouvernement les ralentirait au contraire. Les terrassements, les monuments, les routes, les articles surtout fabriqués en vue de l'armée, matériel de guerre ou approvisionnements en habits et en chaussures, pourraient être ajournés à des périodes d'environ cinq ans, qui ramènent en moyenne des crises plus ou moins difficiles à traverser. De même l'Etat réserverait pour ces moments critiques des ressources financières intactes. Une disposition à ajouter à l'organisation de la dette flottante, ce dépôt des ressources disponibles et immédiatement réalisables, fournirait le moyen de l'adapter à ce nouveau besoin. C'est là, ce nous semble, une pensée judicieuse et véritablement politique. Il est à regretter qu'elle doive être reléguée parmi les utopies, tant que les gouvernements n'auront point assez d'empire sur les entraînements qui les poussent à dépenser pour la mettre en pratique. Quant aux ateliers nationaux, comment ne pas émettre le vœu qu'on ne recoure que le plus rarement possible à un tel mode d'assistance et en le resserrant dans les plus petites proportions ? Il faut éviter surtout cette concentration extrême d'un grand nombre d'hommes réunis sur un seul point, qui agit avec toute la puissance de l'attraction sur les autres ouvriers, et qui devient une menace pour l'ordre public. Les idées exprimées et pratiquées par Turgot, en cette matière, demeurent le meilleur enseignement et le moins dangereux des modèles, de même que l'exemple déplorable des ateliers de 1848 atteste à jamais les vices et les périls inhérents à ce mode à peine déguisé de l'assistance et de l'aumône.

Avouons-le : sous la plupart des formes qu'elle a revêtues jusqu'à présent, l'assistance publique a constitué souvent une atteinte directe à la liberté du travail. Elle prend sur le capital qui se serait converti pour une partie en rémunérations destinées au travail non assisté. Elle prend sur les salaires. Les ouvriers ne s'aperçoivent pas assez qu'ils font les frais de l'assistance, et qu'une taxe des pauvres est une taxe sur le travail libre qui ne demande rien à personne. Aussi l'aumône est-elle une forme notoirement imparfaite et à quelques égards même contradictoires de la charité. Elle a sans doute sa place nécessaire dans les relations de riche à pauvre, quoique là aussi elle doive être éclairée et bien dirigée. Mais on peut dire que sur une grande échelle elle attaque même les pauvres. C'est la substance du travail se dévorant elle-même. Quant aux effets sur l'âme du travailleur, ils portent une atteinte plus profonde encore à son bien-être. Tout ce qui entretient la paresse et l'imprévoyance ne tarit-il pas le bien-être à sa source même ?

En partant de ce principe que la meilleure assistance est celle qui tend à rendre le secours inutile, on arrive à cette conséquence que l'*assistance intellectuelle* est celle qui se justifie le mieux de la part de l'État et de la société. L'instruction rend l'homme plus libre. La moralité qui l'affranchit du joug des passions grossières est la plus vraie des émancipations. Tout ce qui a pour objet de favoriser dans les classes ouvrières l'éducation générale et spéciale, d'y détruire les mauvaises habitudes, qui pèsent si lourdement sur leur modeste budget en même temps qu'elles portent un si triste préjudice à leur dignité ; telle est, sans exclusion absolue et systématique des autres formes de l'assistance purement matérielle, mais sans illusion aussi sur leur portée, telle est, disons-nous, l'assistance la plus féconde qui puisse être donnée aux ouvriers par une société civilisée. J'ai pris soin de rappeler moi-même tout ce qui doit être attribué aux chances mauvaises d'une lutte inégale contre la misère qui met certains hommes dans la nécessité d'être assistés. Mais quelle part n'y aurait-il pas à faire à l'incurie, à la dissipation, au vice ! Ah ! quand on parle de la liberté du travail et des obstacles qui s'y opposent encore, il faut oser signaler ceux qui viennent des vices des classes ouvrières. Certes, il y a partout des vices. Quelle classe en est exempte ? Mais n'ont-elles pas les leurs qui trop souvent sont hors de toute mesure, et qui créent de permanentes entraves à leurs progrès ? Ce ne sont pas seulement des causes qui rendent l'assistance momentanément nécessaire, ce sont, chose plus grave ! des principes durables de gêne et d'abaissement. La classe ouvrière des villes a des qualités touchantes, elle déploie parfois des vertus admirables. Quelle classe a plus de sympathie pour la souffrance ? Chez nulle le sentiment de la charité réciproque n'est plus développé. Ils se privent pour donner. Le secours mutuel est pour eux une religion. Quelle abnégation parfois chez la pauvre ouvrière ! Quel héroïque travail chez tel et tel père de famille ! Mais n'aura-t-on pas le courage de dire aussi aux ouvriers cette vérité que les prédicateurs de la chaire osaient bien adresser aux grands et aux rois ? Elles savent bien d'ailleurs elles-mêmes ce qui leur manque ! Les juges les plus sévères des ouvriers, ce sont les ouvriers eux-mêmes. Le chômage du lundi est la plaie de la population manufacturière. Elle en a d'autres. Ouvriers et maîtres, faites une sainte ligue contre le cabaret.

Voilà de l'assistance qui se résout en économies et qui ne coûte pas un centime : tout est là bénéfice net. À Sedan, on a vaincu en grande partie l'ivrognerie qui était devenue une habitude invétérée, on a réussi à abolir le honteux chômage du lundi. L'épargne devrait se mesurer à l'élévation des salaires. C'est ce qui a lieu souvent. Mais, hélas ! combien d'exceptions, dont on rougit, à cette règle qui seule peut assurer le mouvement ascendant des populations ouvrières dans l'échelle sociale ! Un homme qui connaît bien les ouvriers, M. Corbon, dans son *Secret du peuple de Paris*, dit qu'il se forme de plus en plus à Paris trois classes d'ouvriers : une supérieure, une moyenne qui vit plus ou moins bien avec son petit budget de 3 ou 4 fr, par jour, une inférieure tout près de tomber dans l'indigence. Il pose en fait que c'est la première de ces classes qui se plaint et se dérange le plus. Les consommations sensuelles ont fait à Paris d'effrayants progrès. Il ne s'agit plus de pain, de viande, pour beaucoup d'ouvriers, mais de tabac, de café, de spectacles, non comme distractions rares, mais comme habitude. Beaucoup d'ouvriers luttent contre le flot. Ils poussent les autres à la lecture, à la fréquentation des cours du soir, cherchent à en organiser les moyens. Qui pourrait dire que cet exemple soit suffisamment suivi ? Voyez ce qui se passe un jour de paye. Combien de fois ne faut-il pas que la mère de famille dispute à l'ivrognerie le pain de ses enfants, le prix de son loyer ! La perte occasionnée à l'industrie par ces vices et par ces interruptions systématiques du travail est incalculable. L'eau-de-vie absorbe avec les autres liqueurs fortes et le vin du cabaret une partie de la subsistance de la famille. Au budget de l'ivrognerie, il faut joindre celui du libertinage. Je n'ai pas à retracer un tableau esquissé maintes fois avec une exactitude accusatrice par les meilleurs amis de la classe ouvrière. Toutes ces peintures sont d'accord entre elles.

La réforme économique peut aider à la réforme intérieure. En favorisant la liberté des efforts, les associations utiles, les épargnes fructueusement placées, on contribué à la moralisation en même temps qu'à l'aisance des ouvriers, on crée toutes sortes de points d'appui et d'utiles auxiliaires à quiconque a bonne intention et bonne volonté, on conjure enfin beaucoup de ces tentations qui font tomber l'individu dans l'abîme de la misère et ne lui laissent ensuite d'autre planche de salut que l'assistance, remède, on l'a vu, si précaire, souvent si trompeur. Mais, si je place très-haut l'importance des réformes économiques, même au point de vue de leur contre-coup moral, c'est l'homme intérieur directement, c'est la pensée, c'est le cœur, c'est la volonté qu'il faut modifier avant tout ; tout le reste sera donné comme par surcroît. Les moyens de solution de l'ordre purement économique se font, dès à présent, suffisamment entrevoir pour que ce ne soit plus là le principal *desideratum* de l'amélioration du sort populaire, il est dans la moralité ! Là est l'unique, l'infaillible pierre de touche des systèmes d'organisation du travail comme de tous les systèmes d'assistance qui prennent le mal pour ainsi dire par ses côtés extérieurs au lieu de l'attaquer au dedans et dans sa source.

CHAPITRE VIII
L'ASSOCIATION. — LES ASSOCIATIONS OUVRIÈRES.

I

L'homme n'est pas seulement un individu libre et responsable, il est aussi un être sociable. Cette sociabilité prend dans le travail une foule de formes. Ce qu'on appelle la division du travail en est une. Bien loin d'être un témoignage de l'isolement de l'individu, elle crée entre toutes les tâches et entre tous les travailleurs une vaste solidarité. L'échange est la manifestation économique la plus éclatante de la sociabilité. Mais il est des formes de la sociabilité dans le travail plus spéciales et plus particulièrement adaptées aux sociétés démocratiques. C'est de celles-là que je voudrais parler. Reconnaître, constater la puissance de l'association, en recommander l'usage est un des principaux objets que je me suis proposé.

Voici ce qu'écrivait il y a environ trente ans un publiciste éminent : « S'il y a dans l'homme un principe d'indépendance personnelle, il y a aussi un principe non moins puissant et non moins sacré de fraternité et de secours mutuel : le vrai, le bien, l'utile, se trouvent dans l'harmonie de tous les principes de notre nature sous l'empire de la raison. » Et le même publiciste ajoutait « Dans les sociétés modernes, l'individu est trop isolé, trop concentré en lui-même : cette même fierté qui l'isole, l'affaiblit, et cette même indépendance personnelle qui l'élève, devient une cause de retardement et de faiblesse pour tous. Le correctif, c'est l'association volontaire. Malheureusement le public n'a pas encore une vue bien nette des conditions du problème qu'il est appelé à résoudre : aussi le progrès que nous signalons ne peut-il être improvisé : c'est un but vers lequel nous avançons un peu tous les jours. Entre la dissolution des anciens liens et la formation des liens nouveaux qui, sous l'empire de l'égalité civile, doivent réunir et coordonner les forces individuelles, il devait y avoir un état intermédiaire, une époque transitoire, agitée difficile, livrée aux passions et aux controverses des hommes. Cet intervalle, plein de difficultés et de périls, nous sommes près de le franchir : on peut en apercevoir distinctement la ligne extrême. » Ces paroles de Rossi contenaient la critique des économistes trop systématiquement indifférents ou hostiles aux progrès de l'association, donnaient raison non pas certes aux vains rêves et aux faux systèmes mais aux pressentiments et aux appels de ceux qui invoquaient l'association comme un des remèdes aux souffrances des classes ouvrières. Ce que M. Rossi, cet esprit ferme et judicieux, si peu enclin lui-même aux illusions de l'utopie, annonçait en termes si clairs et si assurés, est en voie de se réaliser. On dirait que nous touchons à cette ligne extrême qu'il est dans la destinée de la moitié du XIXe siècle de franchir. C'est un mouvement qui fait peu de bruit. Mais la tâche des esprits sérieux, dans l'ordre de la politique et de l'économie sociale, est de se montrer attentifs à ce sourd travail par lequel les sociétés se modifient jour à jour. À croire épuisées toutes les combinaisons économiques, il y aurait une illusion extrême. Le monde ne s'arrête pas. Il se transforme lentement, mais sans cesse. Pendant que l'on répétait encore les paroles d'Aristote en faveur de la perpétuité de l'esclavage, l'esclavage achevait de s'en aller. Puis ç'a été le tour du servage, des corporations. Le travail libre, lui aussi, sans rêver des transformations aussi radicales, peut revêtir plus d'une forme. Déjà, grâce au crédit, l'association des petits capitaux a pu donner à une société démocratique dont les fortunes présentent le spectacle d'un morcellement parfois extrême, une puissance de création industrielle dont l'ancienne société, aux jours les plus brillants de sa prospérité et de sa force, n'avait pas même l'idée. En face du mouvement d'agglomération qui associe les capitaux, l'isolement des individus qui travaillent, poussé au degré où il l'est, frappe comme une anomalie !

Ce n'est pas que je m'étonne qu'au point de vue de l'association, le capital ait pris et dû prendre mieux et plus vite que le travail son assiette et son équilibre. Le capital représente la force acquise, l'intelligence éprouvée, l'expérience. Ses écarts, ses écoles, ses crises même, sont les maladies d'un corps ordinairement sain et vigoureux. Il en sort plus fort, plus vivace, mieux discipliné. Il est en outre de sa nature plus mobile, plus malléable, plus susceptible de se prêter à toutes les combinaisons que les volontés individuelles engagées dans le travail. Il y a pour celles-ci un principe d'indocilité, de résistance, aussi bien dans ce qui fait leur valeur et leur dignité, que dans leurs imperfections et leurs faiblesses. Associer des individus, des personnes vivantes, c'est-à-dire pourvues de liberté et animées de passions, sera toujours une œuvre infiniment plus difficile que d'associer des valeurs.

Est-ce une raison de conclure à l'impossibilité de l'association des travailleurs ? Faut-il à l'excès réduire le champ du possible parce que dos imaginations enthousiastes et des esprits abusés l'ont à l'excès étendu ? L'expérience elle-même ne le permet pas. Voyez, pour citer une espèce d'association qui n'a que des partisans, voyez les sociétés de secours mutuels. Quels progrès depuis environ vingt ans ! C'était le grain de sénevé. C'est un arbre aux rameaux vigoureux, étendus. Ne veuillez pas trop les diriger par une indiscrète ingérence. Abstenez-vous d'une intervention trop défiante. Elles couvriront de leur ombre d'inépuisables générations nées et à naître.

L'association est dans la nature même, dans les besoins impérieux de l'humanité ! Partout où elle peut se produire, elle se manifeste. Elle se plie à la diversité même des buts dont l'accomplissement constitue la destinée totale de l'humanité. Partout, au sein de la grande société, des sociétés particulières poursuivent un objet spécial. La religion pousse à l'association. Elle enfante l'Église, et, au sein de l'Eglise, combien d'associations diverses, d'Ordres puissants, plus durables que des empires ! La politique pousse à l'association. Glorieuses ou coupables, publiques ou secrètes, ces associations remplissent le monde de leurs œuvres ou de leur bruit. La Ligue, la Fronde, les clubs de la Révolution, qu'est-ce, sinon de l'association ? L'industrie pousse à l'association autant et plus que nulle autre puissance. Dans l'isolement, l'homme ne produit rien ou presque rien. L'échange est une association qui de l'individu s'étend au monde. La division du travail qui a l'air d'isoler les individus aussi bien que les tâches, cache et contient le fait de l'universelle coopération. Association aux mille replis, échange immense de services rénumérés, compensés les uns par les autres, voilà la société ! Est-ce donc l'association entre ouvriers qui est nouvelle ? Pas davantage. La Grèce et Rome ont leurs corporations, leurs hétairies. Le vieux Paris travailleur du temps des Césars nous montre une association de bateliers.

Aujourd'hui l'association tend à descendre dans les plus profondes couches populaires, de même qu'à envelopper un plus grand nombre de situations de la vie. Mouvement excellent sous deux conditions : la première, c'est que la liberté individuelle et la responsabilité morale n'en souffriront point d'atteintes ; la seconde, c'est qu'elles y gagneront, car l'association n'est pas un fait indifférent ; ou elle aide l'individu à se développer, ou elle contribue à l'étouffer. Pour qu'elle ne soit pas une diminution de la liberté, il faut qu'elle en soit un complément et une extension. C'est à ce but que nous devons tendre.

L'Angleterre a résolu le problème ; elle le résout du moins de plus en plus, à la satisfaction de l'économiste et du politique. Nulle part l'individu n'y est en général plus lui-même, nulle part l'association n'y est plus florissante. Non que je veuille dire qu'elle a atteint là non plus la perfection. Elle en est loin sans doute : elle est loin encore de cette perfection purement relative, la seule qui appartienne aux choses humaines, trop heureuses quand elles y parviennent ! Mais c'est là que l'association, même celle des ouvriers, a fait le plus de progrès. C'est là que l'association rencontre aussi le moins d'entraves. Jetons-y donc un coup d'œil, mais sans perdre de vue la France. C'est à la France que nous viendrons ensuite plus directement.

L'association ouvrière forme l'application la moins connue de cet esprit d'association si puissant qui, en Angleterre, comprend tous les actes et presque toutes les pensées et tous les désirs, celui de travailler ou de refuser de travailler, celui de manger et de boire avec tout le confortable désirable, et même avec quelque excès, ou le désir tout contraire de demeurer tempérant jusqu'à l'exclusion des boissons fermentées et de la viande. Dans l'ensemble, en général plein de grandeur, de l'association chez les Anglais, se détachent les nombreuses sociétés ouvrières dont les plus vastes accroissements sont le fruit des vingt dernières années. On ne saurait en faire honneur au socialisme, doctrine qui compte peu d'adeptes dans la Grande-Bretagne. Le développement des associations y prouve donc seulement une chose, c'est qu'entre l'association et le socialisme il n'y a nulle solidarité.

Parlons avec quelques détails de ces diverses sortes d'associations entre ouvriers. En voici d'abord une dont le développement est bien fait pour nous frapper. Les sociétés dites d'amis (*friendly societies*) tiennent dans l'organisme industriel de ce grand pays une place dont on a de la peine à se faire une idée. Il ne faudrait pas croire d'ailleurs que sous la forme de sociétés de prévoyance et d'assistance mutuelle l'association ouvrière y date d'hier. Les historiens de l'association remontent, pour en rendre compte, jusqu'à des époques fort reculées. Sans aller au delà du dernier siècle, citons-en quelques-unes, par exemple deux associations qui ont des statuts datés de 1703 et de 1705. L'association des cordonniers de *Newcastle upon Tyne* remonte à 1719. Une autre (*l'Amiable Society*), qui repose sur des combinaisons d'assurance, fut fondée par la charte de la reine Anne en 1706. Une particularité curieuse est à noter ici, de laquelle il résulterait que nous ne sommes pas, nous autres Français, aussi incapables qu'on veut bien le dire et que nous nous plaisons souvent à le dire nous-mêmes, de la faculté d'association. Les Français ont concouru pour une part notable à la fondation des sociétés d'amis en Angleterre.

« Quelques personnes, dit un des plus habiles et des plus récents historiens de ces sociétés,[24] veulent même que les Français puissent revendiquer absolument l'honneur des premières sociétés de ce genre, et que, par un pareil exemple, ils aient indirectement, mais grandement, acquitté la dette qu'ils contractèrent, lors de la révocation de l'édit de Nantes, vis-à-vis de la nation dont ils reçurent l'hospitalité et les généreux subsides. Ce qui est certain, c'est qu'un rapport officiel présenté au Parlement en 1858 énonce que, « lors de la révocation de l'édit Nantes, des Français réfugiés à Londres y fondèrent une société de secours réciproques sous le titre de Société des Parisiens. En 1703, une autre société mutuelle française s'établit à Londres, dans la paroisse de Bethual-Green, sous le titre qu'elle porte encore de *Société normande*. En 1764, une nouvelle association, qui, elle aussi, existe encore aujourd'hui, fut fondée dans la même paroisse, sous le titre de *Société de Haute et Basse-Normandie*. En 1765, toujours dans la paroisse de Bethual-Green, se fonda une société appelée jusqu'à ce jour *Société des Picards et des Wallons*. La *Société du Lintot*, ainsi appelée du nom d'une contrée de la Normandie, est la troisième société normande que possède encore Londres. Longtemps ces diverses sociétés, qui durent être d'un si puissant secours et d'une si grande consolation pour nos malheureux compatriotes chassés de France, chassés du Palatinat, chassés de partout, puis isolés dans une ancienne ville dont ils comprenaient à peine la langue, ont été exclusivement composées de Français. » Voilà donc l'association française à l'étranger. Elle est née de la persécution, de l'isolement et de la souffrance !

Les sociétés d'amis présentent une masse des plus imposantes. D'après le rapport publié en 1863, les sociétés amicales seraient au nombre de 20,000, comptant 6 millions de membres, et possédant 625 millions de francs. M. Gladstone évalue à 30,000 le nombre de ces sociétés. Telles sont les proportions colossales dans lesquelles se présente l'association en Angleterre. La seule Union des Odd-Fellows (*bons garçons* ou *drôles de corps*), la plus considérable de toutes, et dont le siège est à Manchester, paraît se composer aujourd'hui de 3,198 loges et de 287,573 sociétaires. Cette immense association peut assurer à ses membres, outre plusieurs avantages spéciaux, 12 fr. 26 c. par semaine en cas de maladie. 205 fr. à la mort du sociétaire, 153 fr. à celle

---

[24] M. Émile Laurent, *le Paupérisme et les Associations de prévoyance*, livre couronné par l'Académie des sciences morales et politiques, 2ᵉ édition. L'auteur consacre tout un chapitre, dans cette édition nouvelle, en deux volumes, aux Sociétés amicales *qui se sont formées en Angleterre et un autre à leur législation*.

de sa femme. Viennent ensuite par ordre d'importance les *foresters* et l'association des *employés des chemins de fer*. L'aristocratie se mêle à ce mouvement pour le diriger, comme elle se mêle à tout chez nos voisins. Les plus hauts personnages ont sous leur protection spéciale telle ou telle association ouvrière. On se fera une idée de l'extension qu'ont acquise ces sociétés par ce fait que sur la population totale de l'Angleterre on compte plus d'*un* sociétaire par *cinq* habitants. La proportion n'est encore chez nous que de 1 sur 76 !

Quelle assurance mutuelle qu'une telle masse d'individus associés ! Quelle puissance que celle qui repose sur le bon sens et la prévoyance de ces classes qui pourraient se rendre si aisément redoutables, mais qui ne font sentir le poids dont elles pèsent que dans le sens de la grandeur et de la sécurité de leur pays !

Ces grandes associations n'échappent pas pourtant au reproche de gaspillage. M. Gladstone, dans un de ses discours, ne le leur a pas épargné. On en accuse des réunions trop fréquentes, des repas trop abondants, des amusements trop prolongés. À côté du budget de l'épargne utile il y a le budget des consommations intempérantes. C'est une des causes qui contribuent à maintenir encore si considérable en Angleterre la proportion du paupérisme. Mais le bien fait par ces sociétés d'amis est incalculable, sans aucune comparaison avec leurs défauts, qu'il serait d'ailleurs injuste d'imputer à toutes également et de reprocher sans distinction à la grande masse des membres qui les composent.

En dehors des sociétés amicales se placent les sociétés connues sous le nom de *Trades Unions*. Ces dernières associations ont été formées surtout en vue du maintien ou de l'élévation du taux des salaires. Des grèves gigantesques, celles de Preston, de Manchester, de Glascow, de Colne, de Londres, la grève récente du *pays noir* et tant d'autres, les ont rendues célèbres même chez nous. Sans doute les *Trades Unions* donnent aussi des secours à leurs membres malades : mais, dans l'immense majorité des cas, leurs fonds sont attribués aux secours en cas de chômage, et lorsque le chômage a été ordonné par le comité même de l'union. Sans doute encore, depuis quelques années surtout, elles se préoccupent, elles aussi, pour la plupart, de certaines conditions de moralité chez les travailleurs qu'elles incorporent : ceux-ci ne franchissent guère le seuil des *Workhouses* et ils sont frappés d'exclusion s'ils ont forfait à la probité : mais ces analogies ne sont que partielles, Somme toute, il faut mettre les *Friendly Societies* fort au-dessus des *Trades Unions*. Tout ce qui est enlevé aux grèves, dont les ouvriers anglais tendent à s'éloigner, et que l'expérience leur a appris à juger comme des déceptions douloureuses, ôtera de leur raison d'être à ces formidables associations qui, au nombre de 2,000 il y a peu d'années, comprenaient environ 600,000 membres et disposaient d'un fonds de 300,000 liv. st.

Si elles rapprochent les individus associés, de telles associations ne créent pas entre eux cette solidarité intime, quotidienne, permanente, de travailleurs, s'engageant de leurs personnes dans le succès d'une même entreprise. Il existe aussi des associations de ce dernier genre en Angleterre et en France. Partons-en plus à loisir.

II

L'association ouvrière qui en Angleterre a fait le plus de bruit est celle des *Équitables pionniers* de Rochdale. On ne saurait trop rappeler comment cette association, formée durant l'hiver de 1814, de vingt pauvres tisserands presque sans pain, et qui eut tant de peine, avec les économies les plus sévères de réaliser un capital de sept cents francs, parvint, à force de, persévérance, de bonne entente et d'heureuses inspirations, au plus haut degré de prospérité. Leurs premiers statuts indiquaient pourtant des visées bien hautes. Il s'agissait de réorganiser le travail sur de nouvelles bases, et, peu s'en faut, de régénérer le monde. Reconnaissons-le l'influence du célèbre réformateur Robert Owen se faisait sentir dans de tels projets, qui démentiraient ce que nous avons dit sur le peu de part qu'a eu le socialisme dans le développement des associations ouvrières, si ce n'était là une exception isolée.

Tous nos lecteurs connaissent les étonnants succès et les revers plus éclatants encore qui ont marqué la carrière du réformateur Owen,[25] ce promoteur ardent de l'association, mais de l'association entreprise en dehors de toutes les idées saines en morale et en économie politique.

Curieuse destinée que celle de cette forte intelligence, animée des sentiments les plus humains, voulant faire de l'association ouvrière le levier de l'amélioration sociale ! Lui-même était né dans les classes pauvres et il occupait une place obscure lorsque ses talents et sa probité frappèrent l'attention de son riche patron, le manufacturier Dale, qui lui donna sa fille et qui le plaça à la tête d'une grande filature de coton, à New-Lanark, en Écosse. Ce village industriel, fondé sur les bords de la Clyde par le beau-père de Robert Owen, se composait

---

[25] M. Louis Reybaud a raconté cette histoire si pleine d'enseignements, et ceux qui veulent s'instruire à fond sur les expériences du communisme pourront la lire dans la septième édition, récemment publiée, de ses *Réformateurs contemporains*.

de la lie de la classe ouvrière. Tout ce que mit en œuvre cette volonté puissante, cette âme charitable pour améliorer les mœurs d'une telle population et lui communiquer avec le goût du travail la possession du bien-être se conçoit difficilement. La bienveillance, la persuasion, l'exemple, furent ses seules armes. Son succès fut immense. Il1 changea la face de ce village, transforma en travailleurs actifs et en honnêtes gens des hommes paresseux et corrompus, et fit lui-même une très-grande fortune. L'homme avait fait réussir le système, d'ailleurs à peine indiqué alors, et qui ne se dessina complètement que lorsque le succès de New-Lanark fut devenu pour le réformateur un type absolu. Owen s'imagina que ce qui avait réussi sur un point donné réussirait partout par les mêmes procédés. La bienveillance universelle devint pour lui le secret de la régénération du genre humain, sans le secours des peines et des récompenses, ce qui le mena droit à la négation de la responsabilité humaine. Aussi l'immoralité fondamentale du système devait-elle porter ses véritables fruits, et l'échec de la colonie de New-Harmony, fondée par Owen dans l'État d'Indiana, restera à jamais la leçon du communisme. Cet échec ramena à des idées plus saines bien des adeptes : il n'ouvrit pas les yeux de l'opiniâtre réformateur : nous l'avons vu en 1848, parvenu déjà à un âge avancé, reprendre (le moment semblait favorable) ses ardentes et infructueuses prédications.

Les premiers ouvriers de Rochdale avaient été touchés de ce souffle réformateur, mais ils eurent le bon sens de rejeter loin d'eux les idées communistes. L'expérience eut bien vite corrigé ce qui restait d'excessif dans leurs ambitions de régénération sociale, et il n'y eut de remarquable chez eux que la modestie même de leurs opérations. On a pu lire dans un article du *Quaterly Review*, traduit par la *Revue britannique*, et dans une récente brochure, très-sympathique aux sociétés coopératives, écrite par M. Casimir Périer, d'intéressants détails sur les débuts de ces travailleurs. Ils se bornèrent assez longtemps à une association pour la vente en détail et au comptant de quelques denrées, farine, beurre, sel, au fond d'une boutique ou plutôt d'une espèce de trou noir, éclairée par un bout de chandelle, et où chacun venait vendre à tour de rôle le samedi soir. Les frais étaient faits par une cotisation de 31 c. par semaine pour chaque associé. Sachant se contenter d'un petit bénéfice sur chaque vente, mis à l'abri des pertes par la vente au comptant, qui ne souffrait pas d'exception, enfin vivant de presque rien, ils réussirent assez pour susciter bientôt contre eux une ligue de détaillants qui vendirent au-dessous du cours établi au *magasin*; c'était le nom qu'on donnait par moquerie à la petite boutique et qu'elle garda pour le justifier avec honneur. Ni les procès qu'on trouva moyen de leur intenter, ni de perfides manœuvres ne lassèrent leur persévérance et n'arrêtèrent leur succès. D'hebdomadaire la vente était devenue quotidienne en 1851. Avec la prospérité croissante on multiplia les entreprises. À côté du magasin général agrandi s'établirent des boutiques dans différentes parties de la ville, destinées non plus seulement à des ventes d'épiceries, mais à la boucherie, à la chaussure, au vêtement, à la draperie, à la lingerie. On fonda une bibliothèque, on établit des lectures, on créa même un enseignement professionnel. Voilà ce qu'avaient produit les 31 c. hebdomadaires donnés par chaque membre, auxquels s'étaient jointes des cotisations successives. Est-il besoin de remarquer que ceux qui menaient bien une pareille œuvre étaient des hommes de choix tant par leurs qualités morales que par leur capacité professionnelle ? Pour qu'aucun mélange impur ne vînt compromettre l'œuvre, les nouveaux venus étaient tenus de se faire agréer par le conseil de direction ou par l'assemblée générale. Quant aux combinaisons qui aujourd'hui encore assurent le succès de cette belle association, on les trouve aussi simples qu'ingénieuses. Chaque membre continue à verser la cotisation jusqu'à ce qu'il ait complété le prix d'une action de 25 fr. Nul ne peut avoir moins d'une action, nul n'en peut en avoir plus de cinq. Le surplus des fonds figure en compte courant au crédit personnel du dépositaire jusqu'à la limite de 2,500 fr. qui est un maximum. L'intérêt payé par l'association est de 5 0/0. Le retrait des fonds peut avoir lieu immédiatement jusqu'à 62 fr. 50 c. ; au-dessus il y a des délais fixés, selon l'importance de la somme. Acheter en gros, revendre en détail et au comptant, à un prix modéré, et en donnant toute sécurité à l'acheteur sur le poids et la qualité, voilà tout le secret de l'entreprise. Par une mesure aussi habile que fraternelle, l'association a su s'assurer la clientèle et la coopération de beaucoup d'ouvriers endettés. Elle a payé leurs dettes en leur faisant des avances qu'ils ont remboursées avec une scrupuleuse ponctualité pour la partie convenue. L'autre partie devait être payée par des retenues sur les dividendes de ces nouveaux associés. Une autre idée originale est venue enfin compléter le succès de l'association. Le simple fait d'acheter à l'association devint un titre constaté par un reçu à une part dans les bénéfices, qui fut proportionnelle à la quantité des achats. Il suffit d'avoir versé la somme obligatoire de 25 fr, pour acquérir cet avantage, qui ne laisse pas que d'être très-fructueux ; plus d'une fois, en effet, une part de 12 0/0 pour payer un trimestre est échue à une famille ayant acheté pour 100 fr. En laissant la somme au crédit de leur compte dans l'association, des acheteurs se trouvent posséder 12 à 1,500 fr. Telle est pour ainsi dire toute l'économie de cette association ouvrière qui attire aujourd'hui l'attention du monde civilisé : elle compte plus de 4,000 associés ; son capital dépasse 1 million. Pourtant ce merveilleux résultat n'épuise pas encore l'histoire du succès de l'association de Rochdale. Du commerce elle passa à la manufacture, non sans d'assez graves difficultés au début, qui furent surmontées avec la même sagesse, la même fermeté, le même bonheur. Elle eut d'abord un moulin. En 1856, elle y joignit une filature qui a, elle aussi, traversé, non sans de rudes épreuves, la crise de la guerre d'Amérique, et qui se sert aujourd'hui des machines à vapeur les plus perfectionnées et les plus coûteuses. La filature et le moulin ont fait en 1863 pour 6 millions 500,000 fr. d'affaires.

On se tromperait fort en voyant dans cette magnifique réussite des équitables pionniers un échec quelconque pour les enseignements de l'économie politique. Bien loin de là, ces enseignements ont tous été respectés, et il n'est qu'exact d'affirmer que c'est par le respect même des principes économiques que l'entreprise a réussi. Les droits du capital ont d'abord été pleinement reconnus. Le capital, qui représente une avance, a vu sa part évaluée à un taux notablement supérieur à celle du travail. À Rochdale, le capital ne reçoit pas seulement un intérêt, mais une part dans les bénéfices, ce qui n'empêche pas celle du travail d'être assez élevés. On évalue de la manière suivante les parts respectives, dans la supposition de l'intérêt à 5 et du dividende fixé à 6 0/0 Le capital versé dans l'entreprise, en admettant que son possesseur travaille ailleurs, perçoit 111 fr. ; le travailleur qui n'a rien versé, et qui gagne 100 fr. pour son salaire, reçoit 106 fr. ; enfin le travailleur qui n'a gagné que 75 fr. pour son salaire, mais qui possède une action de 25 fr., touche 107 fr. 25 c.

L'exemple des équitables pionniers de Rochdale était trop frappant pour ne pas être contagieux. Aussi les imitations ont-elles été nombreuses. Quelques-unes ont échoué, celle de Coventry, par exemple. Et pourquoi ? C'est que les principes d'économie sévère et peut-être les sentiments de bienveillance mutuelle et de réciproque dévouement qui avaient commencé et qui ont presque fait le succès de Rochdale paraissent n'avoir pas trouvé le même accès auprès des associés. On avait trop donné aux jouissances ; on avait converti même des terres coûteusement achetées en jardins d'agrément. Mais si plusieurs de ces imitations n'ont pas réussi, il faut reconnaître que d'autres en assez grand nombre prospèrent, et c'est là un résultat des plus importants. On cite l'association de Leeds, qui, partie en 1848 de commencements moins humbles que les tisserands de Rochdale, mais bien modestes aussi, s'appliqua avec un succès croissant à l'exploitation de moulins, montés et possédés exclusivement par des ouvriers. L'association de Leeds a vu en dix années le nombre de ses associés porté à 3,000 membres ; elle a vendu pour 1 million 500,000 fr, de farine, et réalisé un bénéfice de 62,000 fr., avec un capital engagé de 280,000 fr. Un rapport du greffier des sociétés amicales a constaté, à la date de décembre 1865, l'existence de 454 associations enregistrées. Les 381 sociétés qui ont, à cette époque, envoyé leurs rapports comprenaient 108.558 membres, et le total des ventes ou consommations s'est élevé pour 1863 à la somme de 65 millions 668,525 fr. Étant mise à part l'association de Rochdale, on trouve, pour chacun des membres composant ces sociétés, une consommation égale à 55 millions 380,000 fr., soit-environ 510 fr, par tête. Les bénéfices réalisés par ces sociétés, c'est-à-dire l'économie faite sur la dépense et constituée en épargne, s'élève pour cette même année à 5 millions 310,000 fr..[26]

Pour que les résultats dont nous avons esquissé l'historique puissent se produire, il ne suffit pas qu'un peuple soit bien préparé à l'association par l'ensemble de ses mœurs et de sa civilisation politique et économique. La condition première, sinon absolument suffisante, pour que l'association prospère, c'est que la loi n'y mette pas d'obstacles. Même en Angleterre, il a fallu, pour favoriser les récents progrès de l'association ouvrière, les changements introduits dans la législation depuis quelques années par les nouvelles lois sur les associations, et principalement par la loi de 1863, sur les sociétés de prévoyance. En France, la liberté de l'association industrielle trouve

---

26 M. Laurent, dans son ouvrage sur le *paupérisme et les sociétés de secours mutuel*, cite quelques fondations survivantes : celle de M. le baron de Damas à Hautefort : celle de M. Paul Dupont à Saint-Astier ; celle de Chervais et de Tourtoirac : de Saint-Mexaint, et de Beaumont (Nièvre). Quelques sociétés de secours mutuel cherchent aujourd'hui à mettre en pratique le prêt d'honneur. Les sociétés de Figeac, de Pézenas, de Raismes, sont entrées dans cette voie. On est forcé d'avouer que ces tentatives se présentent avec un caractère de timidité et de réserve qui fait contraste avec ce que nous voyons pour les prêts effectués en Écosse au profit des classes ouvrières et rurales. Le maximum des prêts, pour les *banques de prêts d'honneur*, était fixé par le projet officiel de 1880 à 200 fr. ; la société de Figeac a fixé le maximum de ses prêts à 30 fr., remboursables par dixièmes. Les sociétés de secours mutuel peuvent-elles faire beaucoup mieux sans altérer leur nature et sans compromettre leur existence ? Peut-être non. Mais des avances ne dépassant pas 80 fr. et même 200, n'assimilent-elles pas les institutions qui les font, beaucoup moins à des banques venant en aide à la petite industrie, qu'à des monts-de-piété offrant sans gages des ressources momentanées à la misère.

dans la loi son principal empêchement. L'auteur de la brochure sur les *sociétés coopératives*, que je viens de citer, M. Casimir Périer, n'a pas de peine à prouver, le texte de la loi en main, que l'association des pionniers de Rochdale n'aurait pas été possible en France. Ainsi qu'il le remarque, la loi du 23 mai 1863, sur les sociétés à responsabilité limitée, n'a presque rien fait dont puissent profiter les sociétés de coopération. Elle ne dispense de l'autorisation exigée par l'article 37 du Code de commerce que les sociétés commerciales qui observent les dispositions des articles 29. 30, 32, 33, 34, 36 et 40 de ce Code. Le capital doit être divisé en actions cessibles (art. 34 et 36). Cela est contraire au principe de la plupart des associations, cela est tout à fait impossible pour les sociétés coopératrices de crédit et de travail, qui doivent, en raison de la mutualité et de la solidarité, rester libres d'accorder ou de refuser l'admission dans leur sein. La loi ne permet pas la division en actions ou coupons d'actions de moins de 100 fr, lorsque le capital n'excède pas 200,000 fr. ; de moins de 500 fr., lorsque le capital est supérieur. Elle ne permet la constitution des sociétés qu'après le versement du quart au moins du capital souscrit (art. 4). Les dispositions de ces deux articles s'opposent à la formation graduelle du capital par cotisations successives, ce qui est la base fondamentale des sociétés de coopération pour qu'elles soient accessibles à tous. En outre, le minimum des coupons d'actions est porté trop haut, et l'obligation du versement préalable du quart du capital souscrit équivaudrait souvent à une interdiction. La loi impose aux administrateurs (art. 7) l'obligation d'être propriétaires, par parts égales, d'un vingtième du capital social, ce qui, dans les associations nombreuses, ne permettrait pas de composer le conseil d'administration, ou pourrait en exclure les membres les plus capables. Il faut permettre aux sociétés de coopération de réunir les conditions qui sont indispensables à leur existence, ou sans lesquelles elles ne peuvent avoir qu'une existence précaire, si on veut leur ouvrir la voie qui leur a si bien réussi ailleurs, si on veut que la France ne reste pas trop étrangère au mouvement qui s'accomplit à côté d'elle.[27]

Malgré l'absence d'une suffisante liberté d'association industrielle, l'association ouvrière a poussé néanmoins en France plusieurs rejetons ; elle s'y présente sous diverses formes. Il nous reste à voir où elle en est aujourd'hui, et à discuter sa valeur en elle-même.

---

[27] Au moment où nous mettons sous presse, le conseil d'État s'occupe d'une loi destinée à faire disparaître la plupart des entraves qui empêchent la formation des associations ouvrières.

III

On ne prononce guère en France le nom de l'association sans éveiller des préventions et des craintes. Ces préventions sont antérieures à la formation et aux échecs des associations ouvrières de 1848. Toutes nos lois portent l'empreinte de cette défiance, et la libérale Assemblée constituante de 1789 a donné elle-même cet exemple, dans la crainte avouée de voir renaître ces corporations industrielles pleines d'iniquités, toutes pénétrées d'abus qu'elle faisait disparaître pour y substituer la libre concurrence dans le travail. Peut-être aussi faut-il rapporter ces préventions contraires à l'association à l'influence de la philosophie générale du temps, habituée, comme on le sait, par sa méthode même et par tous ses penchants, à

considérer l'individu isolément. Tous les philosophes du dix-huitième siècle isolent pour ainsi dire l'individu humain pour mieux l'étudier, du moins à ce qu'ils croient. Condillac isole l'homme métaphysique et en fait une statue vivante, recevant toutes ses idées du monde extérieur, sans aucun secours de la société ; Helvétius isole l'homme moral dans son moi égoïste, devenu le centre et la mesure de toutes choses ; Rousseau isole son élève le plus possible de tout contact avec ses semblables ; le sauvage, errant seul au milieu des bois, est présenté comme le type auquel doivent être ramenées toutes nos opinions pour en éprouver la vérité, toutes nos institutions pour en contrôler le mérite ; enfin, sous le nom de droit naturel, on imagine une théorie qui le plus souvent fait abstraction de la tradition, cette sociabilité dans le temps, comme l'unité de langue et d'éducation, et la puissance de l'échange, s'appliquant aux idées et aux produits, forme la sociabilité dans l'espace. Qu'y a-t-il donc d'étonnant que cette génération, nourrie des théories et des sentiments qui dominaient alors l'esprit humain, ait paru touchée des droits de l'indépendance individuelle jusqu'à oublier, jusqu'à sacrifier quelquefois ceux de l'association, sauf à se rattraper pour ainsi dire du côté d'une centralisation excessive, legs de la monarchie accru par la République ?

Depuis lors, combien de fois l'association n'est-elle pas apparue à la France comme un épouvantail ! Elle a eu peur des associations, des congrégations religieuses, peur des associations politiques et des clubs. L'association dans le travail, l'association des ouvriers dans l'industrie travaillant à leurs risques et périls, la France ne l'a entrevue également qu'au milieu du nuage de sang des journées de juin et au bruit de chutes successives. Le souvenir du socialisme pèse sur l'association comme le souvenir de la Terreur a pesé longtemps et pèse encore peut-être sur la liberté. Il faut envisager la question avec sang-froid. L'association ouvrière en vue de produire est-elle possible, est-elle désirable ? dans quelle mesure et sous quelles conditions ?

Est-elle possible ? On l'a contesté. Des hommes d'une très-grande autorité lui ont refusé tout avenir. À ces condamnations trop sommaires l'association a répondu *en existant*. Elle existe en Angleterre, en Belgique, en France même. Il suffit de quelques succès durables, et nous verrons qu'il y en a même en France, – pour ôter sa valeur à l'objection d'impossibilité.

C'est bien assez que l'association ouvrière offre de sérieuses difficultés. Il s'agit d'abord de remplacer le patron, le chef d'entreprise. Comment le remplacera-t-on ? Sera-ce par le gouvernement direct des ouvriers votant sur chaque mesure, spéculant, administrant, dirigeant et travaillant à la fois ? C'est de l'anarchie pure et simple. Sera-ce par un gérant ? Sera-t-il révocable, et à quelle échéance ? Quel gérant que ce coassocié qui tremble sans cesse sous le jugement de ses pairs ? Où est son indépendance ? Un gérant, même investi de pouvoirs suffisants, aura-t-il au même degré que l'entrepreneur l'esprit des affaires ? Trouvera-t-il dans son dévouement, même convenablement rémunéré, car j'écarte l'absurde hypothèse de l'égalité des salaires, l'équivalent du stimulant puissant de l'intérêt personnel chez un homme qui engage toute sa fortune, tout son avenir et celui de sa famille ?

Ces objections sont triomphantes contre l'application de l'association ouvrière à toute l'industrie. Elles sont loin d'avoir une valeur absolue contre toute entreprise formée en dehors des cadres de l'organisation actuelle. Que des hommes de choix se réunissent, qu'ils confient à l'un d'entre eux ayant les qualités qui constituent le bon commerçant la gérance de leur entreprise, il n'y a nulle impossibilité à ce qu'ils prospèrent, à ce qu'ils trouvent dans l'association de leurs petits capitaux et dans la combinaison de leurs efforts les éléments d'un succès. On a soutenu que l'industrie morcelée, que celle du moins qui se contente d'un très-petit nombre d'auxiliaires, pouvait seule s'accommoder de ce régime. C'est encore vrai pour la généralité des cas. Pourtant les exemptes de Leeds et de Rochdale, dans lesquels il s'agit de filatures occupant une masse d'ouvriers, s'opposent encore à cette déclaration d'impossibilité absolue. N'oublions pas aussi que, même dans la grande industrie, on voit à coté d'immenses manufactures exister et se développer de petits ateliers. Il faut conclure seulement que l'association ouvrière, déjà difficile quand il s'agit d'un petit nombre d'ouvriers dans la petite industrie, l'est beaucoup plus quand il s'agit d'une masse considérable d'hommes dans l'industrie manufacturière, où le besoin de l'unité parfaite dans la direction et la présence d'un fort capital se font sentir plus particulièrement.

L'association ouvrière n'est donc pas impossible, et plus se répandront la moralité, l'instruction, la capacité professionnelle, l'intelligence des conditions auxquelles a été mise la réussite des entreprises, plus on conçoit qu'elle puisse tenir, de place dans le travail.

On demande en second lieu si l'association ouvrière est désirable. Il est difficile de ne pas répondre affirmativement, à condition qu'elle ne soit pas, qu'elle ne vise pas même à être une forme absorbante pour l'industrie, ce qu'une foule de raisons rend impossible. Si l'association met plus fortement en jeu la responsabilité, contribue à développer le goût du travail et des habitudes d'ordre, il n'est pas douteux qu'un certain degré d'extension de cette forme de travail ne soit un bienfait pour l'industrie, pour les associés, pour le pays lui-même. Or, comment nier que l'ouvrier travaillant à ses risques et périls ne soit autrement stimulé que l'ouvrier salarié ? Il a au succès de l'entreprise un intérêt direct. N'est-ce pas ce sentiment que les commerçants savent exploiter déjà en intéressant leurs commis à un bénéfice, et que de grandes compagnies ou d'importantes maisons mettent en jeu, avec une philanthropique habileté, par une certaine participation de leurs ouvriers à leurs profits ?

Le rêve, où donc est-il ? C'est de vouloir exclure le salariat, cette forme de rémunération qui a ses avantages incontestables et sa place prépondérante dans l'industrie. L'association elle-même n'exclut pas l'emploi d'un certain nombre d'auxiliaires salariés par les associés, qui deviennent ainsi comme de petits patrons. Dans un certain nombre de cas, cette combinaison s'est réalisée et elle a bien réussi. On parle beaucoup de la société de l'avenir. Autant que nous pouvons nous en faire une idée, bien loin d'être l'exagération de l'unité, elle aura pour caractère de voir se produire et se développer librement dans leur riche variété les formes et les types les plus divers.

Le rêve encore, c'est de vouloir supprimer la concurrence. Heureusement, l'association ouvrière ne la supprime pas ; autrement, il faudrait la sacrifier ; car, quelque bienfaits qu'on puisse en attendre, ils compteraient pour peu s'il fallait les mettre en balance avec les avantages que la concurrence développe dans la production au profit de la masse sociale tout entière.

Enfin l'association ouvrière ne peut-elle, dans une certaine mesure, servir de contre-poids à ces vastes et absorbantes concentrations opérées par le capital dans bon nombre d'entreprises ? Il y aurait un danger sérieux à ce que ces concentrations énormes tendissent trop à se multiplier et à s'exagérer. Tout en souffrirait, la production et la consommation. Au lieu de l'économie dans les frais généraux, on n'aurait que les inconvénients du monopole. Pourquoi l'association ouvrière ne constituerait-elle pas en face de ces agglomérations, dans les cas où c'est possible, la moyenne et la petite industrie au sein de la grande société laborieuse ?

Au surplus, que demande aujourd'hui l'association ouvrière ? Est-ce l'intervention, les subsides de l'État ? Est-ce l'emploi de la force pour l'imposer aux patrons ? Si de telles folies subsistent trop souvent encore, les travailleurs doivent s'attendre à en porter la peine. Mais non dans les exemples qui s'en produisent sous nos yeux, ce que l'association ouvrière demande, c'est tout simplement qu'on la laisse se former sans obstacles, que l'on supprime les entraves légales qui l'empêchent de se développer. Comment lui contester le droit de faire en quelque sorte son expérience dans les conditions du droit commun ?

Voyons où en est l'association ouvrière en France.

La plupart des associations ouvrières dont nous avons vu la chute depuis 1848 s'étaient formées en dehors et souvent même en haine des principes qui rendent possible une exploitation industrielle quelconque. Elles étaient nées sous l'astre mortel de l'utopie. Toutes n'étaient pas pénétrées pourtant au même degré de cette funeste influence. Ainsi il ne serait pas juste de confondre l'action exercée par la démocratie néo-chrétienne de M. Buchez, dont le journal *l'Atelier* fut l'organe, et qui commença dès 1831 à propager l'association ouvrière, avec les idées de rénovation radicale qui devaient un instant trôner au Luxembourg. Ceux que j'appellerais les ouvriers de l'école de M. Buchez étaient en général des hommes de mœurs rigides, réfléchis, d'une capacité exceptionnelle. Ils échouèrent pourtant dans la plupart des cas, parce que si les conditions morales sont indispensables au succès de l'association ouvrière, elles ne peuvent tenir lieu, néanmoins, des conditions économiques, qui péchèrent par plus d'un endroit. Les ouvriers qui fondèrent ces essais si honorables oubliaient qu'on peut être de très-bons travailleurs et de très-mauvais commerçants. C'est ainsi que s'explique, par exemple, la chute d'une société formée pour exploiter le brevet d'imprimerie de M. Lacrampe et dont le public admira les produits sans savoir quelle était l'organisation de l'établissement d'où ils sortaient. Inhabile à se faire payer par ses débiteurs, elle fut, par une conséquence inévitable, entraînée elle-même à s'endetter. Une autre de ces sociétés qui naquirent sous l'inspiration des idées et des sentiments qu'exprime le nom de M. Buchez subsiste non sans éclat encore aujourd'hui c'est celle des bijoutiers en doré. Elle débutait avec 200 fr. en 1835, et elle faisait en 1851 pour 130,000 fr. d'affaires par an ! Elle a pris encore de nouveaux développements. Elle est en pleine prospérité. Elle a fondé des succursales. Elle fut l'œuvre, au début de quelques ouvriers d'élite, tous d'un catholicisme sévère. Cette association obéit à un gérant unique et emploie des ouvriers auxiliaires.

Sur les cinquante-six associations ouvrières qui, après 1848, eurent leur part des 3 millions votés par l'Assemblée à titre d'encouragement, quarante-deux sont mortes après avoir, pour la plupart, végété obscurément. Dans son curieux travail sur les associations ouvrières, publié il y a quelques années, M. Anatole Lemercier cite celles de ces sociétés subventionnées qui eurent plus de longévité que les autres. Ainsi la société des *ouvriers d'appareils au gaz et à l'huile*, qui reçut un prêt de 17,500 fr., et qui comptait une dizaine d'associés offrant des garanties sérieuses d'admission, avec un gérant unique et irresponsable, vécut plusieurs années. L'*Union des veloutiers de Lyon*, qui obtint un prêt considérable, 200,000 fr., a prolongé son existence jusqu'en 1862. Mais, il faut bien le dire, c'est à tort qu'elle a été inscrite par quelques-uns des historiens des associations ouvrières au chapitre des succès. La vérité est qu'elle a très-malheureusement échoué. Un rapport adressé en 1858 à tous les créanciers de la *Société des veloutiers* par le mandataire judiciaire chargé, dès 1856, de liquider cette entreprise, en attribue l'insuccès à la direction insuffisante du gérant, à l'inexpérience des membres du conseil de surveillance, « à leur ignorance des données les plus communes du commerce, » à l'insolvabilité des commanditaires. À ces causes officiellement signalées par le liquidateur, l'auteur d'un ouvrage tout récent sur les associations ouvrières,[28] qui a pu étudier celle-ci de très-près, ajoute le mauvais vouloir et l'inintelligence des ouvriers commanditaires, aussi disposés à réclamer leur part dans les bénéfices que rebelles à contribuer aux pertes. C'est ainsi que, sur la demande en payement que le liquidateur dut former contre eux du montant intégral de leur commandite, la plupart répondirent en excipant soit de la ruine de la société qui, à leurs yeux, devait les exonérer de toute obligation, soit de la clause qui leur permettait de réaliser leur mise de fonds, partie en espèces, partie en salaires d'industrie. Ils ne pouvaient

---

[28] Les *Associations ouvrières*, par M. Paul Rougier, docteur en droit, avocat a la Cour impériale de Lyon. 1 vol. in-8, chez Guillaumin et Cⁱᵉ. Cet ouvrage a été couronné par l'Académie des sciences, arts et belles-lettres de Lyon.

comprendre que l'obligation d'un commanditaire consiste essentiellement à contribuer aux pertes sociales à concurrence du capital qu'il a promis, et que les stipulations particulières ayant pour objet de lui en faciliter le versement par la prestation de son industrie, à défaut d'espèces, ne sauraient être opposables aux tiers. En résumé, la *Société des veloutiers* a été dissoute avec un passif de 361,715 fr. (sur lesquels elle doit près de 200,000 fr. à l'État), et avec un actif de 166,428 fr. 89 c, seulement.

Nous reconnaîtrons pourtant avec une vraie satisfaction qu'il existe encore plusieurs associations qui remontent à cette époque et qui n'ont pas cessé de se développer. Telle est, par exemple, celle des *menuisiers en fauteuils*. Elle est gouvernée par un gérant unique revêtu d'un pouvoir presque absolu, qui a même donné son nom à cette société, qu'on appelle l'association Antoine. Elle possède un excellent personnel. Elle présente enfin l'observation scrupuleuse des règles qui, dans la grande société laborieuse, établissent des rémunérations inégales pour des services inégaux. L'attention s'arrête à bon droit sur cette association qui débuta avec un capital social de 804 fr. 20 c., dont 369 fr. en outils et 153 fr. 20 c, en argent, et qui possédait en 1857 un établissement d'une valeur de 400,000 fr. ; elle avait même perçu un bénéfice de 110,000 fr. pour les dix premières années. À la même date, l'association des menuisiers en fauteuils comptait 68 associés, dont 8 en nom collectif, 60 en participation et plus de 100 auxiliaires. On doit accorder les mêmes éloges à l'*Association des ouvriers en limes*, qui a commencé avec 14 ouvriers et un capital de 2,280 fr. en matériel, et à peu près 500 en argent. Au bout de peu d'années, elle comptait 34 ouvriers, dont la moitié en nom collectif, l'autre moitié en auxiliaires, et faisant 80,000 fr. d'affaires par an. Je signalerai de même l'association des ouvriers imprimeurs qui, au nombre de quinze, acquirent le fonds de la maison Renouard où ils travaillaient depuis des années, et prirent le brevet de leur ancien patron. Une subvention de 80,000 fr. les aida à en payer le prix, qui était de 90,000 fr. Cette florissante entreprise est une preuve que l'association ouvrière peut vivre et prospérer. Au reste, ces ouvriers typographes se montrèrent fort peu enclins tout d'abord aux idées utopistes ; ils déclarèrent dans un langage très-propriétaire, comme on eût dit en 1848, que leur but était de *travailler pour produire et d'épargner pour avoir*. Leur projet de statuts portait que le gérant possède *tous les pouvoirs du patron*. Cela est clair et explicite.[29] La grande

---

[29] M. Cochut a présenta, dans un travail fort sympathique à l'association ouvrière, un tableau excellent de ces associations ouvrières à Paris. Les observations de l'auteur

CHAPITRE VIII

association des *maçons*, également fondée en 1848 sans aucun capital, est à la tête maintenant d'un capital de 250,000 fr.

Les *ferblantiers-lampistes* ont réalisé un des succès les plus honorables dont puisse se recommander l'association ouvrière, et cela à force d'économie et de travail. Leur association a traversé les plus difficiles épreuves et supporté courageusement les plus dures privations. La société ne comptait que 14 ouvriers en juillet 1849 ; elle en comptait 45 il y a trois ans, avec un actif à reporter qui s'élevait à 74,000 fr. Les *ouvriers en pianos* offrent une expérience non moins remarquable. Chez eux, le travail est payé aux pièces. C'est une garantie de plus de zèle et d'activité. Il y a en outre une part proportionnelle au bénéfice, réglée par tête et qui, à une époque encore peu éloignée, avait représenté 1 fr. en sus par journée de dix heures. C'est avec une réelle sympathie qu'on suit les péripéties par lesquelles a dû passer l'association, bien modeste d'abord, des *tourneurs en chaises*. Réduits à un état voisin de la misère, ils ne demandèrent rien pourtant sur le fonds de 3 millions. *Nous avons voulu*, disent-ils, *ne devoir rien à personne et rester libres*. Un tel sentiment, courageusement soutenu par une lutte de tous les jours, porta bonheur à l'association. Elle s'accrut d'année en année, et, à mesure qu'elle se développa, elle redoubla de surveillance morale sur ses membres. Ce caractère de moralité qui exclut ou punit tout acte contraire non-seulement à la loyauté la plus scrupuleuse, mais à la tempérance, à la dignité des mœurs au dehors, à la décence des propos dans l'atelier,

est extrêmement remarquable chez plusieurs de ces associations ouvrières. Il atteste le sérieux de ce mouvement, toute réforme efficace ayant besoin de commencer par la réforme intérieure de ceux qui l'accomplissent. C'est en se rendant digne d'une forme aussi difficile à mettre en pratique qu'on réussira à l'implanter dans le travail, non pas partout, encore une fois, mais dans des proportions auxquelles il est difficile d'assigner une limite précise.

À la fin de l'année 1861, il existait en France une cinquantaine d'associations coopératives tant de crédit que de consommation et de production. Il existe aujourd'hui à Paris 45 sociétés de crédit mutuel. La province participe aussi à ce mouvement. D'après les renseignements que fournit un nouveau journal destiné à lui servir d'organe, *l'Association*, on compte à Lyon trois grandes associations de production ; d'autres associations de teinturiers, de mécaniciens

---

ont été confirmées par d'autres témoins moins manifestement favorables. On trouve dans les Leçons d'économie politique à Montpellier, faites par M. Frédéric Passy, une remarquable analyse des associations ouvrières.

et de tisseurs fonctionnent ou sont en voie de se former. La grande association des tisseurs comprend plus de 1,800 membres, à la tête d'un capital dépassant 80,000 fr. Je sais même gré à ce journal, qui se dévoue avec une foi enthousiaste à l'association ouvrière, d'avoir fait entendre quelques prudentes réserves en disant que le mouvement à Lyon se prononce avec un entraînement, une *furia* française qui demandera bientôt à être plutôt contenue qu'aiguillonnée. Les associations de consommation sont de 14 ou de 15. Elles comptent de 15 à 1,800 membres. À Saint-Étienne, le mouvement d'association coopérative n'est pas moins sensible. La société des ouvriers rubaniers, constituée le 31 octobre 1863 (sous la raison sociale Dommartin, Laroche et Ce), comprend plus de 1,200 membres et possède un capital souscrit de plus de 600,000 fr. À Roanne (Loire), il y a une association d'ouvriers en cotonnade qui, dit-on, marche bien. À Aix, les ouvriers chapeliers, au nombre de 22, ont fondé une association qui a commencé au 1er janvier 1864 : depuis, de nouvelles admissions ont porté le nombre des associés à 40. En 1863, il s'est formé une association d'ouvriers tailleurs à Nantes et une à Bordeaux ; elles sont toutes deux en voie de prospérité. Au Havre, il vient de s'établir une société de consommation et d'approvisionnement dont les débuts paraissent très-heureux. À Pau, à Pouilly-sur-Loire, à Alger, des associations de consommation sont en train de se constituer. Tout ce mouvement, on le voit, est de date assez récente. Parmi les associations de production en province qui remontent à 1848 on ne cite, à notre connaissance, que les drapiers à Vienne (Isère) et les porcelainiers à Limoges.

Outre les sociétés de crédit mutuel, il s'est formé, depuis le 1er octobre 1863, une importante société dite de Crédit au travail, fondée et dirigée par M. Bétuze, et qui est destinée à créditer les sociétés coopératives existantes, à aider à la formation de nouvelles associations et à rendre en général le crédit accessible aux travailleurs dans les différentes branches de l'industrie. Fondée sur des principes analogues à ceux des banques populaires de l'Allemagne, elle mérite de réussir comme elles.

Du dernier rapport présenté par le directeur, il résulte que le nombre de ces associations ouvrières s'est fort développé depuis peu, puisque nous voyons la *Société de crédit au travail* en rapport avec des associations de boulonniers, de charpentiers, de cloutiers, de menuisiers en bâtiment, de peintres, de cordonniers, de tailleurs, de fondeurs en fer. Il s'en faut bien d'ailleurs que toutes ces associations prospèrent. Beaucoup sont dans une situation médiocre, plusieurs dans une position très-précaire. La prudence doit donc rester la loi suprême des ouvriers. Avant de s'engager dans l'association, il faut qu'ils mesurent leurs forces, et qu'ils ne s'y laissent pas entraîner par des déclamations contre le salariat. Car le salariat, condition de quiconque reçoit une rétribution fixe, le salariat, qui est le lot d'une portion même fort élevée de la société, ne manque ni de dignité ni d'une sécurité souvent plus grande que celle qui appartient à des bénéfices purement éventuels. Le salaire, nous ne saurions trop le répéter, gardera sa place, quoi qu'il arrive, par cent raisons morales et économiques, dans toutes les industries. Mais quand les conditions dictées par la prudence sont remplies, quand les moyens sont aussi louables que le but est honorable, comment ne pas assister avec un sympathique intérêt, et même avec espérance, à ce travail interne de la démocratie sur elle-même, à cet enfantement silencieux d'une organisation qui a sa place entre la corporation d'autrefois et le régime d'indépendance isolée qui prévaut aujourd'hui ? Au lieu des jurandes et des maîtrises, avec leurs oppressions et leurs iniquités, ce sera l'association volontaire et libre d'une élite intelligente et courageuse, d'un état-major suivi par une masse plus ou moins grande d'ouvriers pourvus de la capacité, de la moralité et du capital nécessaires à une pareille tâche. Même entre les ouvriers salariés il y a encore bien des manières de pratiquer l'association. La formation de syndicats en est une. Parler de l'association, comme nous le faisons ici avec éloge, ce n'est pas cesser d'être économiste pour devenir socialiste, ce n'est pas cesser d'être conservateur, dans le sens où ce mot n'exclut pas le progrès, pour devenir utopiste et révolutionnaire. Bien loin de là : c'est en s'inoculant l'association sous ses diverses formes que la société moderne pourra le mieux réussir, selon nous, à se préserver du socialisme qui la menace et qui la perdrait. Il est à désirer que les hommes qui occupent les rangs élevés de cette société le comprennent, afin qu'ils aident, au moins de leurs vœux sincères, cette transformation partielle des rapports que l'industrie établit entre les membres de la grande famille laborieuse.

Nous terminerons en disant un mot des applications de l'association aux sociétés de secours mutuels, aux logements et aux sociétés alimentaires.

IV

Concilier la mutualité avec le sentiment de la responsabilité personnelle, tels sont les termes dans lesquels s'est posé à nos yeux le problème de l'association, problème qui contient encore beaucoup d'inconnu. C'est le chef-d'œuvre de l'association quand, au lieu d'effacer l'individu, comme on le lui a reproché souvent avec raison, elle est employée comme ressort pour le développer. Elle atteint la perfection quand elle le modifie de telle sorte que les efforts de l'individu associé deviennent plus habiles et plus énergiques, ses prévoyances plus longues et plus fermes, ses travaux plus fructueux pour lui-même et pour la communauté. Le succès des associations ouvrières les mieux conçues est à ce double prix de supposer d'abord ces sentiments chez les associés et de les augmenter dans une forte proportion. C'est là ce qui fait le mérite moral et la puissance économique des sociétés de secours mutuels. Ces associations, dont personne ne conteste le mérite et l'avenir, combinent deux idées qui trop souvent apparaissent en complète opposition : l'assistance et la prévoyance, le secours reçu et la dignité personnelle. C'est l'assisté qui, moyennant un faible sacrifice consenti, s'assiste lui-même lorsque le malheur le frappe. Forme savante de l'assurance mutuelle contre la misère, ou du moins contre quelques-uns des embarras qu'elle amène, comme la difficulté de se faire soigner dans la maladie, de suffire aux frais des funérailles, etc. On a même vu là un levier qui, appliqué en sens divers, peut contribuer puissamment à changer la face de nos laborieuses sociétés. On répète qu'il n'y a point de panacée contre la misère, et rien n'est plus vrai. Ce n'est pas seulement l'Évangile, c'est la raison qui affirme *qu'il y aura toujours des pauvres parmi nous.* Mais cette pauvreté ne peut-elle être atténuée chez ceux qui en souffrent ? En second lieu, est-il permis de conclure de la pauvreté individuelle, née de circonstances accidentelles ou fruit volontaire du désordre, au *paupérisme* qui atteint fatalement des catégories entières, à la misère endémique et héréditaire qui frappe des générations successives ? Non assurément, et contre une telle interprétation donnée au christianisme la conscience humaine ne protesterait pas moins énergiquement que l'économie politique.

Ces réflexions s'appliquent aussi aux associations en vue de consommer. Nous y rencontrons de plus un sentiment qu'il n'importe pas moins de ménager et de développer que celui de la responsabilité ; nous voulons parler du sentiment de la famille. Une forme de l'association qui désorganiserait au lieu de le fortifier ce type primitif de toute association serait condamnée d'avance. Dans la critique toujours si vraie qu'il a faite de la république de Platon, Aristote remarquait déjà que les affections ne constituent pas un mobile de production moins puissant que l'intérêt égoïste. Allons plus loin il arrive souvent que le pur égoïsme préfère les jouissances immédiates, les satisfactions brutales, même suivies de privations, aux résultats heureux, mais éloignés de la prévoyance et de l'épargne. Le *moi* quand rien n'est là pour le soutenir et l'ennoblir en l'élargissant, vit beaucoup dans le présent, très-peu dans l'avenir. Il se jette sur le plaisir comme sur une proie assurée, aimant mieux s'étourdir que de s'attrister par des privations pénibles en vue d'incertains châtiments. Ce n'est pas là, nous dit-on, la voix de la raison ; qu'importe, si c'est la loi de la nature ? Le sentiment de la famille vient en aide à ce qu'il y a dans l'égoïsme de court et d'insuffisant. En substituant à l'idée du plaisir l'idée plus haute, plus compliquée et plus morale du bonheur, il met des devoirs à la place de cette sécheresse de cœur qui rapporte tout à elle-même. Combien voilà de freins et de stimulants ! et combien ils profitent à l'aisance particulière, à l'ordre public, à la richesse nationale ! Avec la prescription de respecter la liberté, l'association n'en connaît pas de plus obligatoire que de respecter le sentiment de la famille, sans lequel l'individu isolé n'est qu'un atome, n'ayant avec ce qui l'entoure que des rapports passagers ou fragiles.

Pourquoi les cités dites ouvrières, qui sont à coup sûr une des formes de l'association dans les classes populaires, ont-elles généralement si peu réussi, et pourquoi les maisons construites sur un autre modèle, particulièrement à Mulhouse, ont-elles obtenu un succès qui fait en ce moment notre admiration et notre espoir ? Les cités ouvrières ont échoué, parce qu'elles gênaient et inquiétaient la liberté de l'individu, et parce qu'elles semblaient en outre établir entre les familles une sorte de communauté. On n'était pas assez chez soi dans ces vastes et monumentales maisons si coûteusement construites à Paris et à Marseille. C'était parfait au point de vue de l'air et de la lumière. C'était, eu égard aux avantages matériels à un prix peu élevé. L'exécution, à beaucoup d'égards, était digne de l'intention, en elle-même fort louable. Mais ces règlements qui rappelaient la caserne, impossibles à éviter dans d'aussi populeuses habitations, ces règlements déplaisaient extrêmement. On croyait avoir toujours l'œil de la police ouvert chez soi. Partout régnaient de longs corridors où s'ouvraient les chambres et où l'on se rencontrait beaucoup trop souvent. Enfin les voisins étaient beaucoup trop nombreux pour n'être pas fréquemment désagréables, sans parler du rapprochement peu moral des ménages. Tout cela s'opposait à rendre jamais populaire l'usage des cités ouvrières. Plutôt respirer un mauvais air, plutôt un escalier humide, infect et être chez soi ! Voilà l'instinct de l'ouvrier. Et pourtant l'insalubrité du logement est souvent portée à un tel point qu'elle détruit ce chez soi si précieux, puisque sans lui, qui ne le sait ? c'est la dispersion et la ruine même de la famille. L'homme s'éloigne avec dégoût de ces affreux réduits, il s'éloigne dès lors de sa femme et de ses enfants. Parfois la femme elle-même le déserte. Ce n'est plus le foyer domestique, ce n'est plus que le lieu banal où l'on se réunit pour y dormir quelques heures. Et voilà l'ivrognerie, les mauvaises distractions, l'immoralité, le vice, s'introduisant et s'établissant en permanence par cette espèce d'absentéisme d'un nouveau genre. C'est là qu'est le mal, et il est trop commun. Pour les uns, il semble inévitable, les salaires ne donnant pas de quoi vivre à la famille ouvrière ; pour les autres, plus à leur aise, le logement est la dépense sacrifiée ; on aime mieux donner plus à d'autres besoins. Il se passe chez les ouvriers juste le contraire de ce qui a lieu dans la classe supérieure, où le goût et les besoins de la vie de famille, se joignant aux exigences du décorum, portent cette dépense du logement jusqu'à l'exagération, eu égard à l'ensemble des ressources.

C'est une sorte d'association entre les patrons et les ouvriers, c'est d'abord l'association entre les premiers, sous forme de société industrielle, qui a résolu, par une combinaison ingénieuse, ce problème difficile. Les maisons de Mulhouse, ces maisons dont nous ont entretenu M. Louis Reybaud, M. Jules Simon, M. Audiganne, et plusieurs autres écrivains qui s'occupent des classes laborieuses, prennent aussi le nom de cités ouvrières ; mais elles diffèrent des cités dont nous avons parlé de toute la distance de la caserne à ce que les Anglais appellent le *at home*. Elles sont au nombre de plus de 700, et on en construit près de 100 chaque année. Environ 6,000 personnes les occupent aujourd'hui. C'est par le concours des patrons formant cette grande association connue sous le nom de Société industrielle, et des ouvriers leurs auxiliaires dans l'industrie, qu'elles sont nées et se sont multipliées. Le procédé auquel on n'est arrivé qu'après bien des tâtonnements et des essais semble aujourd'hui si simple, qu'on s'étonne qu'on ne l'ait pas trouvé depuis longtemps. C'est l'éternelle histoire de l'œuf de Christophe Colomb ! Rappelons seulement en quelques mots cette organisation aujourd'hui connue. La société civile des cités ouvrières de Mulhouse, qui s'est constituée en 1853 au capital de 300,000 fr., divisé en soixante actions de 500 fr. appartenant à douze actionnaires (il y en, a aujourd'hui dix-neuf), vend à un ouvrier une maison et un petit jardin. Elle fait le compte total de ses déboursés avec l'intérêt. Par une clause expresse de ses statuts, elle s'interdit tout bénéfice au delà de l'intérêt fixe de 4 0/0 que reçoivent les porteurs d'actions. L'ouvrier acquéreur devient le même jour propriétaire et débiteur. Il paye un à-compte de 400 fr., et doit non-seulement le capital, mais encore les intérêts arriérés et l'intérêt courant. La somme qu'il paye chaque mois, qui est de 18 à 25 fr., se compose du loyer calculé sur le taux des loyers ordinaires, et d'une très-légère augmentation représentant l'épargne, et plus spécialement destinée à l'amortissement. La société qui encaisse ces sommes les regarde comme la perception d'un à-compte sur sa créance, et en bonifie l'intérêt au débiteur, qui touche 5 0/0 sur tous les versements, de telle sorte que sa dette est diminuée d'autant, pour le principal et pour les intérêts. En dix, douze ou quatorze ans, suivant les conventions faites, la société a recouvré son capital avec les intérêts, et voilà l'ouvrier, sans que cela lui ait rien coûté qu'un peu d'épargne régulière, propriétaire à jamais, lui et les siens, d'une maison propre, commode et riante. Tout ce qu'il aime y tient, y vit à l'aise. Comment surtout oublier le petit jardin où jouent les enfants, où lui-même respire aux heures de repos, et où il trouve les éléments d'un gai, salubre et fructueux labeur ?

Ceci, disons-le, n'est guère moins qu'une révolution morale en même temps qu'économique ; c'est la famille reconstruite par la propriété, et la moralité reconstituée par la famille.

Chose digne de réflexion ! l'expérience qui s'est faite à Mulhouse n'est pas moins que la reproduction sur un petit théâtre du mouvement même de la société moderne depuis plusieurs siècles. C'est ainsi qu'elles se sont formées successivement, ces familles qu'aujourd'hui encore on appelle bourgeoises ! L'amour de la propriété bien dirigé a engendré le travail, l'économie, le capital. Les procédés sont encore les mêmes parce que le cœur humain n'a pas changé, non plus que l'éternelle nature des choses, parce qu'aujourd'hui, comme aux époques où peu à peu la richesse mobilière appela un nombre croissant d'individus aux lumières et au bien-être, il y a dans la propriété une admirable puissance pour arracher l'homme aux vices de l'imprévoyance. Liberté, propriété, dignité, causes et effets tout ensemble ! Où donc est-elle, la prédication aussi efficace contre le vice que cette perspective prochaine, assurée de la propriété ? Où est l'aumône qui ait contre la misère la même puissance préventive et la même action durable ?

Nul type de cité ouvrière n'est donc à mettre en comparaison avec celui de Mulhouse, imité dans plusieurs de nos grandes villes manufacturières. Il ne s'agit pas ici seulement d'une propriété quelconque à acquérir, mais, notons ceci, d'une propriété foncière, c'est-à-dire de cette propriété spéciale qui parle le plus à l'imagination et au cœur de l'homme ; n'est-ce pas celle qui ressemble le plus à un prolongement de sa vie même ? celle qui lui fait éprouver le plus vivement l'orgueil et la douceur de dire : *Ceci est à moi* ? celle qui se combine le mieux avec les joies de la famille, les rêves d'avenir et l'espoir du repos dans les vieux jours ? Sans doute un coupon de rente est, lui aussi, un vrai titre d'affranchissement pour le travailleur économe. Avec un livret de la Caisse d'épargne, c'est aussi sa liberté qu'il tient en main, c'en est du moins le premier fondement ; j'entends ici cette liberté réelle que procure la possession d'un capital. N'est-ce pas la liberté d'attendre en cas de chômage ou de maladie ? n'est-ce pas la liberté de discuter ses conditions de salaire plus à loisir avec l'entrepreneur ? n'est-ce pas enfin la liberté aussi vis-à-vis des besoins les plus pressants, assurés de trouver satisfaction ? Mais la différence est grande avec une maison où il s'abrite et qui est à lui ; propriété commode, jouissance de chaque jour ! Elle n'exclut pas, elle excite au contraire l'épargne prenant la forme des valeurs mobilières ; car l'ouvrier qui se trouve avoir acheté une maison rien qu'en payant son loyer pas beaucoup au delà du taux habituel pendant une douzaine d'années, c'est-à-dire au prix de 2,400 fr. ou de 3,000 fr., n'est pas au bout de ses moyens d'économiser, qu'augmentent au contraire ses habitudes d'ordre et son amour pour sa famille. Une autre supériorité de cette forme de l'épargne, c'est qu'elle commande un sacrifice permanent, au nom de l'honneur comme de l'intérêt. Ce qui rend préférables ces maisons aux logements loués par les patrons, c'est que l'ouvrier s'y sent plus libre. Il est absolument chez lui. Nul rapprochement gênant, nulle contrainte, nulle surveillance réelle ou supposée. Rien ne saurait l'attirer et le retenir davantage.

Voilà bien des motifs qui doivent faire souhaiter que ce mode de cités se répande de plus en plus parmi nous. Mais est-ce à dire que ce type excellent exclut les logements loués dans des maisons spécialement adaptées aux ouvriers, comme celles, par exemple, que vient de faire construire M. de Madre, à Paris, comme celles aussi qui existent, grâce au concours des patrons dans d'autres villes ? Non, assurément. Tous les ouvriers ne peuvent devenir propriétaires. Qu'on leur donne pour 200 ou 830 fr. des logements qui offrent toutes les conditions désirables de commodité et d'hygiène, ce sera un immense service rendu. L'association peut utilement s'y employer. C'est ce qui a eu lieu à Amsterdam, par exemple, une des villes où les cités ouvrières, construites par une société constituée à cet effet et bâties dans des conditions admirables d'hygiène et de bonne appropriation, sans aucune tache de communisme, malgré l'étendue assez grande des maisons, ont le mieux réussi et méritaient le mieux leur succès.

CHAPITRE VIII

J'ai rattaché les logements aux associations en vue de consommer, parce qu'en effet le logement est une consommation véritable qui prend à chacun une portion de plus en plus notable de son revenu et qui répond à un des besoins les plus impérieux dans toutes les classes. Mais le sens de consommation a, dans le langage populaire, une signification plus particulière et indique surtout la consommation alimentaire. Avant de dire un mot des associations qui se proposent cet objet, je signalerai rapidement d'autres sociétés de ventes et d'achats qui ne sont pas sans certains rapports avec ce que j'ai dit précédemment de quelques associations anglaises. La Compagnie du chemin de fer d'Orléans a fondé un magasin de denrées de consommation et de vêtements procurant à ceux qui y recourent une économie de plus de 100 pour 100. Les magasins sont établis à Paris, à Orléans, à Tours et à Bordeaux. L'acheteur envoie son livret, sur lequel il inscrit sa demande, au magasin le plus voisin de lui ; on lui renvoie dans le plus bref délai les denrées, étoffes ou vêtements demandés, avec son livret portant mention du prix. Le compte de l'employé est débité de ce prix, qui est retenu sur son traitement. En 1862, il a été livré pour 950,000 fr. de denrées diverses et pour 300,000 fr. de vêtements. On se demande pourquoi une association ne ferait pas pour ses membres ce qu'une grande compagnie fait pour ses employés, sauf, comme à Rochdale, à répartir ses bénéfices, au lieu de les employer à un trop grand abaissement de prix. C'est encore à la puissance salutaire de l'association qu'il faut rapporter, à Mulhouse même, la création, au centre du quartier des cités ouvrières, d'établissements communs d'une grande utilité. Une boulangerie vend le pain de 5 à 7 c. ½ au-dessous de la taxe municipale. Un restaurant très-vaste et très-proprement tenu reçoit les ouvriers célibataires et procure, pour des prix très-réduits, des portions de soupe et de viande à ceux qui les font prendre sur place. L'ouvrier dépense pour dîner de 35 à 45 centimes. Un établissement de bains très-suivi donne des bains avec linge au prix modique de 20 centimes ; un lavoir, avec séchoir, est ouvert pour deux heures à quiconque paye 5 centimes. Ici, comme pour la construction des maisons, se retrouve encore la trace bienfaisante de M. Jean Dollfus, si bien secondé, pour ce qui regarde les cités ouvrières, entre autres collaborateurs, par MM. Louis Huguenin et Zuber, et par le gérant, M. Bernard.

Les sociétés alimentaires destinées à réaliser le bon marché de la vie pour la nourriture des classes ouvrières ne sont pas soustraites à ces conditions morales que nous assignions tout à l'heure à toutes les associations, quelles qu'elles soient. Elles ne doivent pas agir comme un dissolvant, mais comme un auxiliaire de la famille. C'est avilir l'économie politique, même sous la plus humble de ses formes, à savoir : l'économie domestique, que de la réduire en quelque sorte à un problème de cuisine. Bien manger n'est pas tout, même pour l'ouvrier qui a tant besoin de réparer ses forces, et dont l'alimentation intéresse à un haut degré la puissance productive du pays. Le repas en commun au sein de la famille est pour ainsi dire sacré. C'est là que les corps fatigués se reposent et que les cœurs séparés par les travaux absorbants du jour se touchent pour ainsi dire et se réchauffent. L'honnête liberté, la gaieté douce, la cordialité, ne s'accommodent pas du communisme des restaurants. Les sociétés alimentaires ont donc deux buts : suffire sur place aux besoins des célibataires, et fournir aux ménages quelques plats substantiels auxquels la ménagère ajoute ce qu'elle juge a propos, de manière à faire sentir sa douce présence au mari et aux enfants. Sous ces conditions, les sociétés alimentaires sont dignes de tout éloge. Deux plaies s'attachent à la consommation ouvrière : l'achat à crédit, et la cherté qui résulte de l'achat au détail poussé aux limites extrêmes. Anomalie blessante ! le pauvre paye tout plus cher que l'homme aisé. L'association est donc son seul refuge, et contre la nécessité du mauvais crédit, et contre la cherté qu'entraîne l'achat très-morcelé. Je ne parle pas ici des institutions connues sous le nom de fourneaux économiques, cette forme d'ailleurs trop nécessaire de l'aumône, dont la clientèle à Paris est si étendue. Je parle des sociétés alimentaires réalisant des bénéfices modestes, mais réels, comme à Saint-Quentin, comme à Grenoble, dont l'établissement de ce genre est célèbre. L'économie pour les consommateurs y est très-considérable, et l'on y voit avec satisfaction que les consommations sur place n'y tiennent pas la plus grande part. Ce n'est pas que cette consommation sur place, si utile aux célibataires, n'ait aussi sa nécessité dans certaines industries qui retiennent l'ouvrier pendant toute la durée du jour loin de son foyer. On ne peut qu'applaudir en ce sens au réfectoire institué par la Compagnie d'Orléans aux ateliers d'Ivry et tenu par des sœurs de charité. La faculté d'emporter des denrées est loin d'ailleurs d'en être exclue. Le réfectoire sert chaque jour à plus de mille employés et ouvriers qui peuvent aussi emporter dans leurs ménages des repas dont la valeur est de 65 à 70 centimes, et composés de 255 grammes de pain, 100 grammes de viande, une portion de légumes et une ration de vin.

Je me suis étendu assez longuement sur l'association ouvrière, et je suis loin pourtant d'avoir épuisé cet immense sujet, si riche en aspect pour le moraliste, l'économiste et le politique. Je voudrais qu'il

CHAPITRE VIII

se dégageât de ces considérations un vif sentiment de l'importance réelle et croissante que l'association est appelée à tenir dans notre organisation industrielle, sous les diverses formes que j'ai indiquées et sous d'autres que le temps développera ; je voudrais avoir mis en relief la nature des conditions tant morales qu'économiques qui font d'elle le complément de la liberté du travail, qui font d'elle surtout un des moyens de cette liberté de fait de cette émancipation réelle des travailleurs que la simple proclamation du droit ne suffit pas à assurer. L'association ouvrière peut et doit se passer de l'intervention de l'État, sauf dans un certain nombre de cas déterminés et limités et sous des formes qui excluent la tutelle et les subsides en argent. Mais les classes ouvrières ont besoin d'y être aidés par le concours des capitalistes et des patrons. Si l'intervention de la classe la plus aisée et la plus éclairée est nécessaire pour constituer les sociétés de secours mutuels elle est indispensable pour la constitution de certaines autres formes d'association plus difficiles. L'association, ce puissant instrument de concorde entre les classes, si ce mot de classes s'applique bien aux différentes catégories formées par l'inégalité inévitable des conditions, suppose donc déjà entre elles une certaine union. Mais, une fois créées, les associations ouvrières peuvent se prêter une aide mutuelle. Ce ne sera pas, nous l'avons dit, en faisant disparaître la concurrence, rêve insensé, heureusement irréalisable ; ce ne sera point en opérant de colossales fusions. Ce sera, par exemple, en s'approvisionnant réciproquement les unes chez les autres. On cite déjà des exemples de ce mode de procéder pour quelques associations ouvrières établies à Paris. C'est là de l'assurance mutuelle contre la ruine, et du meilleur aloi. De ces libres et fraternelles associations, on ne saurait attendre que d'excellents effets pour le succès de chaque association particulière.

Nous résumerons nos vœux dans celui-ci : qu'on laisse s'établir les associations ! Puisse la loi qui se prépare en ce moment donner à ce vœu une complète satisfaction ! Le gouvernement a assez de force pour ne pas craindre le développement de quelques associations ouvrières. Les moyens ne lui manquent pas d'ailleurs pour ôter à ces associations industrielles le caractère politique que l'on redoute. À seconder cette expansion qui cherche à se faire jour, il ne peut que gagner. Le développement de l'association, besoin que rien ne saurait arrêter toujours, fait partie de ces libertés économiques que le gouvernement a tenu avec raison à accroître, au grand profit de la masse. Il est d'une bonne politique aussi bien que d'une économie sociale conforme à tous les principes du juste et de l'utile ; d'ouvrir un libre essor à ce besoin croissant d'association dans les classes qui forment la majorité des villes et qui sont, pour ainsi dire, à l'avant-garde de ce qui a été justement appelé la seconde couche du Tiers-État.

CHAPITRE IX
DE L'ASSOCIATION. — CRÉDIT POPULAIRE.

Les moyens de mettre le crédit à la portée des travailleurs capables et honnêtes font partie des conditions qui assurent dans la pratique la liberté du travail, et c'est encore par l'association que le problème se résoudra.

Ici encore il faut, avant d'aborder la question en elle-même, regarder en face l'idée de l'intervention de l'État.

La raison et l'expérience consultées attestent que cette intervention, plus ou moins voisine de l'absorption, serait funeste, et que bien loin qu'il y ait insuffisance d'intervention de l'État en ce qui regarde le crédit populaire, il y aurait plutôt excès de ce côté comme ailleurs.

Il faut toute l'illusion de l'esprit utopiste pour ne pas voir que charger l'État de faire des avances aux pauvres, ce serait ajouter encore à la dangereuse chimère de l'État créateur et distributeur de la richesse. Si l'État, avec sa bureaucratie si lente à se mouvoir, est incapable d'exercer en général l'industrie et d'entreprendre le commerce, s'il lui est impossible de remplacer ce tact de l'intérêt personnel, cette activité attentive, seule propre à pourvoir aux besoins si nombreux et si variables des sociétés, seule en état de dégager le prix vrai des services, le prix des transactions successives auxquelles le moindre produit a donné lieu avant d'arriver à la consommation, comment donc la même incapacité ne s'appliquerait-elle pas au crédit ? Est-ce que le crédit offre moins de diversité dans les cas de prêt et d'emprunt, dans les combinaisons si multiples auxquelles il se plie, et dont plusieurs ont été découvertes sous nos yeux ? L'offre et la demande s'y laissent-elles plus qu'ailleurs ramener à des règles arbitraires, maîtriser par une autorité extérieure ? Est-il rien qui exige plus de flexibilité dans les mouvements, plus de liberté dans les déterminations, plus de sûreté délicate dans les appréciations souvent toutes personnelles auxquelles il est tenu de se livrer ? Que sera-ce s'il s'agit de pauvres travailleurs n'ayant à offrir que le gage moral de leur bonne volonté ? Ou l'État se montrera difficile, et il se rendra odieux et impopulaire, ou il se fera tout à tous, et il sera obligé, de couvrir la folle imprudence des prêts par un recours à l'impôt ; or, quoi de plus injuste et de plus funeste ? Où serait l'équité de faire payer par tous les avances faites à quelques-uns qui, pour être les plus dépourvus, ne sont pas toujours les plus méritants ? Où serait l'équité de faire faire des prêts par d'autres pauvres qui payent les impôts de consommation et plusieurs des impôts directs ? Il y aurait une nouvelle cause de misère dans cette atteinte portée à la formation du capital qui seule alimente le fond des salaires. Que d'argent perdu dans des entreprises malheureuses ! Le principe de l'organisation du crédit par l'État est donc gros de désastres. Il entraîne la banqueroute publique à la suite des banqueroutes particulières. Il associe deux termes incompatibles crédit et gratuité, et met sur le même pied le paresseux et l'homme laborieux, le dissipateur et l'économe. Il a pour conséquence le communisme absolu par l'abolition de l'intérêt, car l'intérêt entre dans le prix de toutes choses, dans les profits de toute industrie comme dans la valeur de toute propriété. Il ne peut avoir de corollaire légitime que l'exacte égalité des salaires pour tous, depuis les plus hautes charges de l'État jusqu'au dernier manœuvre. Est-il nécessaire qu'il en arrive là pour être apprécié à sa valeur ? À défaut de l'accaparement, on demande la main tendue de l'État vers les travailleurs, l'aide efficace donnée par lui à leurs misères par une intervention plus grande dans les institutions qui existent.

N'est-ce pas le lieu de se demander si cette intervention ne nuit pas à ceux même qu'elle voudrait secourir ? N'est-ce pas le lieu de jeter un coup d'œil sur ces institutions de crédit populaire qui se sont établies récemment sous les auspices de l'association, et qui sont les fruits admirables de la liberté organisée ?

L'importance du crédit en tant qu'il peut venir en aide aux classes laborieuses n'a plus besoin d être démontrée. Il peut les favoriser, mieux qu'il ne l'a fait chez nous jusqu'à présent, par les services qu'elles tireront des grandes banques établies en vue de l'industrie et du commerce. Il peut recevoir leurs épargnes par des établissements spéciaux, ce qui a lieu déjà. Il peut, à l'aide d'institutions particulières, leur faire des prêts dans des conditions telles, que ceux qui ont peu ou qui n'ont point de capitaux, mais qui présentent des garanties morales, ne soient pas exclus de ses bienfaits, idée qui reçoit déjà une application très-heureuse et plus étendue qu'on ne pourrait le croire dans quelques contrées de l'Europe. C'est un signe du progrès de la civilisation que l'élément moral soit de plus en plus représenté par le crédit. Qui peut nier que la confiance accrue, que la moyenne plus satisfaisante de la probité publique et de la foi privée, ne figurent comme une des causes de la baisse de l'intérêt qui s'est manifestée dans les temps modernes ? Sans contester le vieil adage *Plus cautio-*

nis in re quam in persona, le gage *personnel* peut donc être appelé à prendre une place croissante dans nos sociétés démocratiques. Voilà ce que la science reconnaît de réel dans des utopies que les amis du progrès populaire feront bien d'ailleurs d'abandonner. Qu'ils comprennent, malgré tout ce qu'ont pu écrire là-dessus, M. Proudhon et son école, que le crédit ne se donne pas, qu'il se prête, que l'*intérêt* est de son essence, que la destruction de l'intérêt dans le prêt entraînerait la cessation de l'épargne, cette vertu et cette force du travail, et dès lors équivaudrait à l'absence de tout mobile et de tout moyen d'avancement pour les classes laborieuses.

Patrons, ouvriers, associations de tout genre, faites que le crédit s'accorde à quiconque est en état de justifier par sa moralité, de féconder par son activité sagement entreprenante les avances qui lui seront attribuées, vous aurez fait tout ce qu'il est humainement possible de faire ; vous aurez réalisé ce que nulle société n'a encore réalisé que trop imparfaitement, vous aurez spiritualisé le crédit en lui donnant d'autres gages que des gages matériels, vous aurez bien mérité de l'humanité.

Pour que ce problème du crédit populaire, soit qu'il émane d'institutions placées hors des mains des classes ouvrières, soit qu'il naisse d'associations ouvrières, reçoive une solution satisfaisante et qui s'étende à des catégories nombreuses, il faut un certain nombre de conditions, et ces conditions sont morales avant tout. Il faut, de la part des travailleurs, une tenue, une solidité morale qui présente par elle-même une garantie. Le désir de bien user des ressources offertes et le ferme propos de rembourser intégralement les avances sont nécessairement supposés par de telles institutions. Elles-mêmes ont d'ailleurs pour effet de répandre ces dispositions. Traiter l'homme avec considération, c'est lui inspirer le respect de lui-même ; les natures mauvaises doivent être exceptées, bien entendu cependant il est rare qu'elles soient elles-mêmes inaccessibles à l'empire de l'opinion et à un certain respect humain ; ce n'est pas au surplus pour de telles natures qu'un crédit de ce genre peut être établi. En général, la disposition d'un certain capital qui ne peut être remboursé et fécondé que par d'actifs efforts crée le désir de bien faire, dont elle donne les moyens. Ce désir éloigne les tentations funestes que fait naître le sentiment de l'impuissance. Le crédit a cela de moralisateur qu'il force à prévoir. Oui, sans doute, il faut déjà pour qu'il s'établisse une moyenne de moralité satisfaisante ; mais, ne l'oublions pas, son établissement concourt à la raffermir et à la répandre dans une proportion considérable. Un certain sentiment d'honneur et le bon vouloir ne suffisent pas, il faut une dose de capacité assez grande pour tirer bon parti du capital emprunté. C'est ici que se place la nécessité qu'on rencontre partout dans ces questions d'amélioration du sort populaire, d'une instruction appropriée. C'est elle, après tout, qui constitue le meilleur capital. La dextérité de l'intelligence et l'habileté de la main sont les meilleures conditions pour exploiter utilement le fonds confié. Qu'importe que l'on ait à payer 4 ou 5 % quand le talent qu'on a et dont on tire parti rapporte bien davantage ?

Il est nécessaire enfin que les classes aisées se mêlent de ces institutions ; soit pour faire les premiers fonds, soit pour servir de répondants, soit pour s'enquérir par d'attentives informations de la valeur morale des emprunteurs. Le sentiment de la charité pourrait leur en faire une obligation ; le désir de conjurer les révolutions pourrait leur y faire voir un devoir de prudence ; mais rien n'empêche qu'elles ne traitent ce nouveau développement du crédit comme une affaire qui peut devenir fructueuse entre leurs mains. J'en citerai divers exemples.

Parlons d'abord des grandes institutions de crédit qui n'ont pas pour destination particulière de venir directement au secours du travail nécessiteux, et voyons ce qui leur manque pour lui être d'une aussi grande utilité qu'on peut y prétendre, selon nous.

Tandis que la Banque de France ne reçoit que des dépôts trop élevés pour attirer les petites épargnes, et que, dans la crainte de voir à certain moment les déposants apporter en masse leurs réclamations, elle ne paye à ces dépôts aucun intérêt, les banques d'Écosse, touchent à titre de dépôt toute somme au-dessus de 10 livres sterling, et elles en payent l'intérêt à 2 ½ ou 3 % ; quant aux dépôts au-dessous de 10 livres, ce sont les *saving-banks* et les *provident-banks* qui s'en chargent. Ainsi l'épargne trouve dans cette terre classique du crédit d'énergiques et continuels encouragements. On aurait peine à le croire, si l'on ne connaissait la puissance infinie de l'épargne : les espèces déposées dans les caisses des banques dépassent d'ordinaire le chiffre énorme de 25 millions sterling, dont la moitié consiste en dépôts de 10 à 200 livres. Un écrivain très-compétent dans ces matières, M. Wilson, portait naguère ce chiffre à 30 millions pour 1847, et écrivit à ce sujet cette phrase bien remarquable :« Comme les banques d'Ecosse allouent le même intérêt pour quelque courte durée de temps que le dépôt soit fait, il en résulte que presque chaque homme se fait ouvrir un compte dans une banque où il verse chaque soir ce qu'il a pu économiser dans la journée, afin de ne pas perdre même l'intérêt d'un jour. Cette économie chez chacun fait épargner l'argent de la circulation jusqu'au dernier degré du possible ; on ne garde chez soi, même pour un jour, que la somme qui est absolument nécessaire. »

L'encaisse de ces banques n'a rien d'extraordinaire. Le bill de Robert Peell en 1845 les a forcées à l'accroître ; mais ni dans l'état antérieur au bill, ni dans le régime actuel, on n'a vu ces *courses sur les banques*, selon l'expression anglaise, par les petits déposants, avoir lieu de manière à créer une crise, et ces dépôts offrent aux mêmes établissements une immense ressource.

Chez nous, le *Comptoir d'escompte*, qui ouvre des comptes courants contre des dépôts d'espèces, paye un intérêt de ces dépôts. *Le Crédit foncier* reçoit en dépôt des sommes aussi minimes que 100 francs, et il sert des intérêts à un taux variable, soit en compte courant, soit en compte de dépôts. C'est une amélioration ; mais elle est éloignée d'égaler ce que font les banques d'Écosse réparties sur tout le territoire et placées à la portée de chaque déposant.

Sans rendre, au point de vue qui nous occupe, les mêmes services que les banques d'Écosse, plusieurs banques anglaises en rendent d'analogues et se montrent en ceci fort supérieures aux nôtres. Je citerai, entre autres, la première banque fondée par actions avec charte, et dite *Banque de Londres et Westlinster*. Comme ressource offerte au petit commerce et aux particuliers, elle n'a pas cessé de se signaler depuis sa fondation. L'énorme chiffre des dépôts en compte courant provient de ce que l'établissement a rendu les facilités ordinaires données par les banques accessibles au petit négoce et aux particuliers de la fortune la plus modeste.

Mais c'est encore par l'exempte des banques d'Écosse, banques qui ne sont point pourtant affectées d'une manière spéciale aux travailleurs, qu'on voit de quelle utilité elle peut leur être sous la forme de prêts effectués. C'est au travail nécessiteux que retournent en partie les dépôts confiés aux banques par le travail économe. Je ne connais guère, pour ma part, de spectacle plus beau et plus touchant que celui-là. Nulle part la solidarité humaine ne m'apparaît sous un jour plus consolant. Le pauvre vient en aide au plus pauvre, et cela par le seul jeu des institutions économiques, jeu plus puissant que toutes les combinaisons de la charité. Des gens qui n'ont rien obtiennent du crédit de la part de ces banques, pourvu qu'ils trouvent deux répondants solvables qui ne leur manquent guère, témoin un crédit de plus de six millions sterling accordé ainsi à l'activité dépourvue des premiers capitaux nécessaires. Qui peut dire tout le bien qui en sort ? Que d'existences appelées à l'aisance qui eussent langui dans la gêne et se fussent consumées dans de vains efforts ! Que de richesses nouvelles pour le pays ! et quel lien puissant entre ceux qui ont et ceux qui n'ont pas !

On ne comprend rien, en présence de pareils faits, au langage des auteurs de l'organisation du crédit populaire par l'État, aux calomniateurs, si nombreux parmi nous, de l'initiative individuelle. Plus on étudie la richesse des formes que celle-ci peut prendre, les ressources en quelque sorte imprévues dont elle dispose dès qu'elle ne s'endort pas sur les trompeuses promesses d'un tiers tout-puissant, ou réputé tel, qu'on appelle le gouvernement, plus on se convainc de ce qu'elle peut faire encore.

Nul spectacle plus magnifique, nulle institution plus féconde, que les *banques d'avances populaires* telles qu'elles se sont organisées en Allemagne depuis 1848, et qu'un économiste de mérite, M. Horn, a décrites le premier, je crois, sous des traits dont l'exactitude est incontestée.

On disait à cette époque de révolution européenne et de socialisme universel, on disait aux Allemands : Adressez-vous à l'État pour obtenir le crédit dont le travail a trop souvent besoin sans le trouver. Et qui tenait un tel langage ? Une masse de pétitions envoyées à l'Assemblée nationale de Berlin ; il n'y en avait guère moins de seize cents. Dans ce chaos d'idées il y en avait une juste et féconde, qui existait surtout dans l'esprit du président de la commission nommée pour s'occuper de la question ouvrière, M. Schultz-Delitzsch. Cette idée, c'était le crédit mutuel. Qu'on veuille bien être attentif aux principes élémentaires de ces banques, qui commencèrent à se répandre depuis 1850 et qui prouvent admirablement ce que peut l'association par elle-même quand elle se met à l'oeuvre. Ces banques comprennent les petits industriels, les petits commerçants, les ouvriers en grand nombre. Cent ou deux cents individus de ces catégories se réunissent pour constituer une société qui signe un engagement collectif vis-à-vis des capitalistes auxquels elle fera des emprunts. Ce mot d'engagement solidaire, qui a opéré des prodiges dans l'application du capital aux grandes entreprises, paraît ici non moins efficace, peut-être même il l'est encore davantage. Dans les années 1857 et 1858, quand les maisons les plus solides avaient souvent beaucoup de peine à obtenir des prêts, en se soumettant à des conditions très-onéreuses, les banques d'avances en ont toujours trouvé autant qu'il leur en fallait et sans payer au delà de 4 ou 5 %. Se figure-t-on ce que serait le crédit donné à des ouvriers par l'État en semblable occurrence ? Je n'ai pas l'intention de décrire tout ce mécanisme ingénieux, qui n'est sorti ni de la tête d'un Louis Blanc, ni d'un Proudhon, ni d'un Law, mais dont la sûreté décèle une de ces combinaisons qui naissent de la nécessité bien plus que du cerveau d'un homme, on peut bien le dire sans faire tort à tout le mérite si éminent de M. Schultz-Delitzsch et à la reconnaissance qui lui est due.

« La banque d'avance, dit l'écrivain que je viens de nommer, est pour les sociétaires, qui peuvent à leur gré augmenter leurs cotisations, une espèce de caisse d'épargne ordinaire sur deux points essentiels : elle est administrée par les déposants eux-mêmes, et l'intérêt que rapportent les dépôts s'élève souvent au triple et au quadruple de l'intérêt que bonifient les caisses d'épargne officielles. Néanmoins, quelque grand que soit cet avantage, il ne constitue que le côté secondaire dans le mécanisme des banques populaires. Leur tâche principale, comme l'indique leur nom, est la *distribution du crédit*. Jusqu'au montant de son boni, chaque sociétaire peut emprunter à la banque contre sa seule signature[30] ; les prêts se font d'ordinaire pour *trois mois* et ils sont *renouvelables*. S'agit-il de sommes supérieures au *boni*, il ne faut encore que la cosignature d'un autre sociétaire, qui garantit la solvabilité du demandeur. À première vue, ce mécanisme peut sembler dangereux ; mais les faits prouvent que sur une somme de huit millions de francs prêtée en 1858, année très difficile pourtant, pour ces quarante-cinq banques, les pertes sont restées au-dessous de 400 Fr. Cette somme de huit millions a été avancée à des personnes auxquelles les voies ordinaire du crédit sont presque entièrement fermées ; il n'est pas besoin d'insister sur les immenses bienfaits que peut procurer, sur les pertes douloureuses que peut prévenir une pareille somme distribuée dans de pareilles conditions.

Plusieurs centaines de banques de ce genre, environ six cents,[31] couvrent aujourd'hui l'Allemagne, réparties entre la Prusse, qui en a le plus grand nombre, la Saxe-royale, les États thuringiens, le Hanovre, les provinces allemandes de l'Autriche, le Mecklembourg et

---

30 En outre de l'argent que les sociétaires empruntent sous leur engagement collectif, la banque se crée un fonds de roulement par le droit d'admission que paye chaque sociétaire une fois pour toute, et par les cotisations mensuelles ou annuelles des sociétaires. Dans presque toutes les banques d'avance, le droit d'admission est d'un demi-thaler (3 fr. 75 c.) pour toute l'année : voilà certes un sacrifice que l'ouvrier le moins favorisés par le sort peut s'imposer sans grande gêne. Au surplus, l'argent qu'il verse dans la caisse de la banque n'est pas une dépense, mais un placement ; Ces versements successifs constitue au sociétaire des *boni* au prorata desquels se répartissent les bénéfices à la fin de chaque exercice.

31 On trouvera la description de ce mécanisme et d'intéressant renseignements sur les diverses banques à l'usage des masses dans l'ouvrage de M. Batbie : *le Crédit populaire*.

CHAPITRE IX

les autres États allemands. Quand il n'y avait pas encore deux cents établissements de ce genre, en 1859, quatre-vingts de ces banques avaient prêté 15,492,883 francs à des personnes auxquelles les ressources du crédit ordinaire sont généralement inaccessibles : chiffre dont l'importance ressort pleinement, si l'on remarque que les débiteurs, ouvriers en grand nombre, obtiennent ce crédit uniquement sur leur propre garantie collective, et sans que l'aumône, la charité soient pour rien dans ces avances. Loin de là, les débiteurs retrouvent, sous forme de dividende, une partie de ce qu'ils ont payé en intérêts. Ces quatre-vingts banques n'avaient dépensé ensemble que 20,985 thalers en frais d'administration, et elles avaient réalisé un bénéfice net de 37,321 ; à la clôture de l'exercice 1859, elles étaient parvenues à se créer une réserve de 20,985 thalers et à avoir à leur disposition un capital de 1,290,150, composé partie en sommes empruntées (501,797 thalers), partie de bonis des membres et de la réserve. Aujourd'hui c'est un établissement véritablement colossal. Nul modèle plus imposant et plus sûr ne se propose aux masses populaires.

J'entends dire souvent que ces heureux effets de l'association ne sont possibles que dans les pays protestants. On me permettra de n'en rien croire. Je ne prétends pas nier que la race anglo-saxonne, où le protestantisme domine, déploie plus naturellement et avec plus de richesse cette admirable faculté de s'associer en quelque sorte à propos de tout, qui centuple les forces humaines et multiplie le plus énergique individualisme par la plus complète sociabilité. Mais la France, l'Italie et d'autres contrées catholiques n'ont-elles pas donné maintes preuves de ce qu'il y a d'éminemment sociable dans leur génie ? Quant à croire que par son essence le catholicisme s'oppose au développement des grands intérêts économiques, c'est une erreur. Grâce au ciel, le catholicisme et la théocratie sont deux choses séparables et que l'expérience nous montre souvent séparées. Tout languit dans les États romains, ou les prêtres gouvernent tout prospère en Belgique, où le catholicisme règne le plus généralement dans les âmes sans prétendre ou, du moins sans arriver au gouvernement du temporel. Où y a-t-il une plus grande somme de libertés commerciales et individuelles que dans ce pays ? Ne nous écartons pas du crédit institué en faveur des masses laborieuses ; j'en trouve dans ce pays un germe précieux, ayant reçu déjà un assez grand développement. C'est aussi en 1848 qu'une société, dite de l'*Union du crédit* dont j'ai déjà prononcé le nom, s'est formée à Bruxelles pour procurer au commerce, à l'agriculture, à l'industrie, aux travailleurs de toutes les classes, les capitaux qui leur sont nécessaires dans la limite de leur solvabilité matérielle et morale. Il suffit d'indiquer les bases de cette association pour en faire comprendre le caractère. La solvabilité s'établit par l'admission dans la société, et le but de l'admission a été d'établir un crédit ouvert à chacun au prorata d'une demande faite dès l'entrée dans la société et garantie : 1° par une obligation signée à la même date ; 2° par une première prime proportionnelle payée pour servir de fonds de roulement ; 3° par une retenue opérée chaque fois qu'il était fait usage de la totalité ou d'une partie du crédit obtenu, et destinée à couvrir les frais d'escompte, d'administration, et même les risques. En éliminant ainsi les actionnaires pour appeler ceux qui sont intéressés directement à jouir du crédit, à composer seuls la société, on a écarté un élément parasite fort coûteux. L'heureuse application du principe de la mutualité a permis aux membres de l'Union de Bruxelles d'obtenir leur crédit à raison de 2 ⅓ % par an. Mais ce n'est pas seulement à Bruxelles que s'étend cette utile institution. Gand et Liège possèdent des établissements analogues. Celui de Liège, fondé au mois de juin 1856, comptait, en décembre 1857, 141 sociétaires avec un capital de garantie de près de 1,100,000 fr., et avait réalisé 740,000 fr. d'escomptes. La société de Gand a une année de plus d'existence ; elle réunissait à la même date 233 sociétaires avec un capital de garantie de 2,261,000 fr., son fonds de roulement s'élevait à 143,000 fr., et elle avait escompté en 1857 près de 5 millions d'effets, en répartissant aux sociétaires un bénéfice de 9 %. Dans ce nombre de 233 associés, on compte 80 commerçants, 43 fabricants, 42 détaillants et petits industriels, 25 entrepreneurs, 4 horticulteurs, 14 brasseurs et tanneurs, et seulement 12 propriétaires. En 1862, le rapport donne l'énumération nominative de 511 associations de prêt. Sur ce nombre, 243 avaient envoyé à l'agence centrale leur compte des opérations de l'année 1862. Ces 263 banques ou sociétés d'avances comptent à la fin de 1862 69,202 sociétaires les *boni* des sociétaires s'élèvent à 498,290 fr., et leurs versements volontaires ou dépôts à 10,313,315 fr. Le fonds de réserve est de 498,353 fr., et les banques détiennent un capital emprunté de 12,903,878 fr. Les fonds à leur disposition se montent donc ensemble à 27,715,480 fr. Les avances faites aux sociétaires dans le courant de l'année atteignaient le chiffre de 88,778,480 fr., et avaient rapporté 1,772,490 fr. en intérêts et provisions. De leur coté, les banques avaient payé 1,031,970 fr. en intérêts, 402,300 fr. en frais d'administration, et réalisé un bénéfice net de 404,800 fr. Un tel crédit, on le voit, n'est pas loin d'atteindre jusqu'au peuple. D'intelligents efforts se poursuivent pour le faire descendre plus avant et le généraliser à l'aide d'une distribution savante et d'une centralisation souple et forte des banques rattachées les unes aux autres jusque dans les nombreux chefs-lieux de cantons. Il ne s'est agi dans tout cela ni de faire organiser les banques par l'État, ni de lui demander des règlements. On marche seul et sans lisières, et tout fait prévoir qu'on n'en ira que mieux et qu'on marchera d'un pas de plus en plus ferme et rapide.

Notre France a bien de la peine à s'avancer dans cette voie féconde. Une institution d'essai, et deux institutions en plein exercice, voilà tout ce qu'elle possède. Je n'entends parler ici ni des sociétés de secours mutuel, dans lesquelles je crains de voir l'État exagérer de plus en plus son intervention, après les heureux débuts qu'elles ont eus en votant de leur propres ailes, ni des caisses de retraite pour la vieillesse, qui ne sont pas non plus des institutions de crédit proprement dites.

L'institution d'essai dont je veux parler n'est évidemment appelée à se développer que par l'association d'un double sentiment qui n'a rien à démêler avec la tutelle de l'État, le sentiment de la responsabilité chez les travailleurs, le sentiment de la charité, mais d'une charité qui dirige et organise encore plus qu'elle ne donne, chez les classes arrivées à la richesse et à l'aisance. Les banques dites de *prêt d'honneur* ne sont pas autre chose que l'application de l'idée que nous venons de voir réalisée en Écosse. Faut-il accuser de leur peu de succès une solidité morale insuffisante de la part de nos travailleurs, ou un zèle trop froid chez ceux qui pourraient leur venir en aide[32] ? Ce n'est pas la mise en scène qui à fait défaut pour inspirer aux emprunteurs des banques de prêt d'honneur le sentiment sacré des obligations qu'ils contractaient. L'emprunteur se présente devant la banque, accompagné de sa femme et de ses enfants, ou de son père et de sa mère, afin d'hypothéquer la dette sur l'honneur de toute une famille. Deux registres sont ouverts l'un a été nommé, non peut-être sans un peu de pompe, « le grand-livre de l'estime publique de la commune, » où s'inscrivent les noms de ceux qui ont tenu leur parole ; sur l'autre, figurent les noms des débiteurs de mauvaise foi. Vainement pourtant les conseils de la presse, du pouvoir ont parlé ; cette idée est loin d'avoir produit ce qu'elle doit donner un jour.

La *Société* dite de *Crédit du Prince impérial*, née d'une pensée d'humanité et de l'intelligent désir d'élever la condition morale et matérielle des masses, pensée honnêtement et sagement politique qui tend à l'union des classes, a pris une solide assiette après de laborieux commencements. Elle fonctionne aujourd'hui avec succès, et fait une

---

32 *Études sur l'Angleterre*, par Léon Faucher. T. I. (Manchester.)

somme de bien qu'on ne saurait plus nier. Il n'est que juste d'en faire honneur d'abord à l'inspiration touchante qui l'a conçue, ensuite à la persévérance infatigable et à l'habile direction de M. Frémy. Ce qui frappe surtout dans le dernier rapport de M. l'archevêque de Paris (1863-1864), c'est la ponctuelle exactitude avec laquelle les emprunteurs ont effectué leurs remboursements, heureux symptôme pour les institutions du même genre appelées à se développer sans aucune intervention tutélaire ! Ainsi, avec un capital de 1.600.000 fr. environ, qui est destiné à s'accroître, la Société a pu venir en aide à un grand nombre d'ouvriers dans la détresse ; leur fournir, par de légers prêts, le moyen de se procurer des outils ou des matières premières. La Société a étendu dans les départements sa secourable intervention. À Rouen et dans d'autres villes du département de la Seine-Inférieure, les fileurs de coton, manquant de travail, se sont transformés peu à peu, grâce aux encouragements de la Société, en fileurs de laine. Tous ils ont dû bénir la main ingénieusement généreuse qui leur venait en aide sous une forme qui respecte la dignité de celui qui emprunte, sans exclure la reconnaissance pour le service rendu !

Quant aux prêts d'honneur, ils ont réussi en Italie, ils réussiront en France par suite des progrès dans l'instruction et la capacité professionnelle, et de l'habitude plus grande du crédit ; du moins telle est notre espérance. Croit-on aussi qu'outre les ouvriers, le petit commerce n'y trouverait pas un secours précieux ? Naguère un honorable industriel de Paris émettait cette idée, dont il demandait peut-être un peu singulièrement la réalisation à M. Thiers, qui voulait faire une fondation utile du prix de 20,000 francs accordé par l'Institut à l'*Histoire du Consulat et de l'Empire*. M. Duchêne, fabricant de jouets, faisait la proposition suivante : Diviser un capital, soit de 20,000 fr., en vingt parts égales, et les prêter à vingt petits fabricants d'articles de Paris pour cinq ans, à 5 %, et remboursables de six mois en six mois, par somme de 100 fr. Les vingt fabricants pourraient, disait-il, être désignés, soit par la chambre du commerce, soit par le conseil des prud'hommes. M. Duchêne appuyait sa proposition de développements curieux sur l'état des petites industries parisiennes, auxquelles un crédit de 1,000 fr. permettrait d'atteindre un certain degré de prospérité. Je n'entends point indiquer cette voie ni aucune autre. Je signale tout ce qu'il y a et tout ce qu'il peut y avoir, le temps et le bon vouloir aidant, d'ingénieusement fécond dans l'initiative des individus et dans la puissance de la libre association. N'est-ce pas le lieu de répéter le mot si juste et si vrai de Voltaire « On ne veut pas assez ; les petites considérations sont le tombeau des grandes choses ! » Parmi ces petites considérations, il faut placer les petites haines, les petites rivalités, les petits sentiments, quels qu'ils soient. On ne fait rien sans âme. Les exemples que j'ai cités prouvent que l'âme et le calcul peuvent fort bien aller ensemble.

Dieu me garde de parler autrement qu'avec respect et sympathie de nos caisses d'épargne, ces auxiliaires si efficaces de la morale dans les classes ouvrières, les seules institutions de crédit populaire qui aient chez nous un passé ! Que de sophismes n'a-t-on pas entassés contre elles ! L'avenir aura peine à concevoir qu'il se soit trouvé des publicistes pour soutenir que les caisses d'épargne ne servent qu'à faire pénétrer des habitudes d'égoïsme dans la classe ouvrière ; comme si de toutes les formes de l'égoïsme, la plus honteuse n'était pas celle qui confine l'homme dans la jouissance immédiate ; comme si le sacrifice du présent à l'avenir, du plaisir brutal au futur bien-être n'était pas noble et difficile ; comme si, enfin, à ces calculs intéressés ne se mêlaient pas les sentiments sympathiques qu'inspirent le devoir et les saintes prévoyances de la famille ! Pour moi, je considère comme un progrès moral cette disposition de l'homme moderne qui l'éloigne de croire, comme le faisaient plus volontiers nos aïeux, à cette Providence aveugle, laquelle se plairait à l'imprévoyance, et accorderait à tous d'une main prodigue et banale le salaire sans le travail. Nous croyons aujourd'hui à la puissance des efforts personnels. La confiance en Dieu la plus entière n'exclut pas chez nous le souci de notre destinée. Voilà pourquoi il y a des caisses d'épargne, même à Rome. Elles sont nées sous les auspices du pontife le moins favorable aux sentiments et aux idées modernes, Grégoire XVI. Ce pape, dans l'intérêt bienveillant qu'il portait aux ouvriers, n'a pas cru déroger en recommandant du haut de son siège l'usage de ces établissements. « Le jour du Seigneur, écrivait-il, sera mieux sanctifié, parce qu'on y épargnera l'argent dépensé à jouer et à boire. Les délits diminueront, car la misère et la faim conduisent certainement au mal. La preuve que la caisse d'épargne engendre l'amour de l'ordre n'éclate-t-elle pas dans ce témoignage rendu par M. Benjamin Delessert, un des hommes qui ont le mieux mérité de cette utile institution, que pas un déposant aux caisses d'épargne n'a subi de condamnation devant les tribunaux, et plus récemment par le directeur de la caisse de Paris, attestant que pas un seul n'avait encore été poursuivi pour fait d'émeute, d'insurrection, d'association politique illicite ? Étranges moralistes et politiques plus singuliers encore, ces écrivains qui ont soutenu sérieusement que la loterie était une institution favorable à l'esprit de Conservation sociale, parce qu'elle ouvrait une perspective illimitée à l'espérance, parce qu'elle étourdissait le pauvre sur ses maux, parce qu'elle promettait à son imagination la jouissance prochaine de tant de biens étalés sous ses regards, parce qu'elle tuait ainsi l'envie en alimentant l'illusion ! Nous n'aurions jamais soupçonné ce merveilleux effet de la démoralisation systématique du peuple. Puisqu'on veut à toute force de la poésie dans ce domaine des choses positives, n'y en a-t-il pas, et de meilleur aloi, dans ces caisses d'épargne où l'ouvrier vient placer franc à franc ses rêves d'avenir ? La grande quantité de livrets appartenant à des mineurs témoigne si l'esprit de famille est étranger à ces philanthropiques établissements. Je m'associe donc du plus grand cœur à tout le bien qu'on a dit et qu'on peut dire des caisses d'épargne, et je reconnais que les faits répondent à ceux qui ont prétendu qu'elles atteignaient mal leur but de venir en aide aux classes ouvrières. Ce sont, sans aucun doute, les ouvriers qui y figurent pour la plus large part, soit quant au nombre des déposants, soit quant à la somme des versements. Je suis d'avis qu'un livret pour 32 habitants, que 444 caisses d'épargne avec plus de 200 succursales, qu'une moyenne, enfin, de dépôts égale à 300 fr. pour chaque déposant, chiffres des derniers relevés, constituent d'assez beaux résultats, moindres pourtant que ceux qu'obtient la Grande-Bretagne, où l'épargne atteint presque au double ; comparaison qui m'humilierait un peu pour nos ouvriers, je l'avoue, si, par un triste revers de médaille, cette industrieuse et riche population anglaise, adonnée au travail des champs et des manufactures, n'accordait à l'intempérance un budget plus grand encore qu'à l'épargne, si tandis qu'en 1843 l'épargne ne recueillait encore pour toute la Grande-Bretagne que 612 millions, la seule Angleterre n'avait consommé la même année plus de 685 millions en liqueurs fortes ! Mais la grandeur des résultats ne doit pas nous faire illusion. Y a-t-il assez de caisses d'épargne dans notre pays ? Que sont les quelques succursales de Paris en comparaison des cent bureaux que la loterie tenait ouverts ! Combien l'éloignement ne met-il pas obstacle aux bonnes résolutions ? Combien de déplacements devant lesquels on recule, et qui, dans les campagnes, paraissent entraîner trop de temps perdu ? À dire toute la vérité, les caisses d'épargne créent pour le gouvernement un embarras et une charge. De là résultent, dans l'organisation et dans les statuts de ces établissements, des mesures préjudiciables à leur utile développement. Par une conséquence nécessaire de cette immixtion, tous les essais faits pour tirer un bon parti de l'idée fausse qui unit financièrement les caisses d'épargne à l'État n'ont abouti à rien de satisfaisant. Depuis 1818, date de leur fondation en France, jusqu'en 1829, les dépôts devaient s'employer en acquisitions de rentes à 5 %. Plus tard, le Trésor fut chargé de la gestion des fonds des caisses d'épargne. Qu'en résulta-t-il ? C'est que, les règlements de la trésorerie lui défendant de placer ses capitaux au dehors, des sommes considérables étaient condamnées à l'inaction, et quelle situation était faite à l'État, obligé de payer sur cette partie de la dette flottante un intérêt annuel de 4 %, tandis qu'il lui était facile d'obtenir ailleurs, au moyen d'émission de bons du Trésor, autant de fonds qu'il en voulait à 2 ½ ou 3 % ? Que l'on joigne à cela que la masse des dépôts augmentait rapidement, et l'on comprendra que la nécessité de retirer cette gestion au Trésor devenait évidente. Ce fut le but de la loi de mars 1837. Tout le monde sait que depuis cette époque, c'est la caisse des dépôts et consignations qui est chargée des fonds, avec la faculté de les employer, soit en rentes sur l'État, soit en actions de canaux, soit en prêts aux communes, soit enfin en bons du Trésor. Avait-on remédié par là aux vices de la situation ? Il fallut bien reconnaître que les achats de rente, destination habituelle de ces fonds, avaient pour effet d'augmenter assez stérilement l'afflux des capitaux à la Bourse ; que ce système présentait l'inconvénient sérieux de soumettre le capital des dépôts à toutes les fluctuations de la rente, et de suspendre sur les caisses d'épargne la menace incessante d'un découvert. Cela put aller toutefois sans des inconvénients trop énormes tant que la caisse de dépôt put acheter des rentes au-dessous du pair ; mais, les fonds des caisses s'accroissant toujours, et d'un autre côté la rente cessant de présenter un intérêt égal à celui qui est dû aux caisses d'épargne (4 %), la caisse des dépôts et consignations ne se soucia pas de rester à découvert, et au lieu de continuer ses emplois de fonds, elle préféra dès lors en laisser la plus grande partie au Trésor, ce qui, ramenant l'institution, à peu de chose près, sous le régime vicieux qu'on avait voulu corriger, rendait nécessaire une loi nouvelle. Cette loi du 22 juin 1845, quel remède efficace a-t-elle apporté ? A-t-elle changé ce qui paraissait être l'important, la destination des fonds ? Aucunement ; elle ne songea qu'à limiter la quantité des dépôts en fixant à chacun d'eux un maximum plus restreint encore que celui qui existait. En Angleterre, le maximum des dépôts est de 5,000 francs pour chaque déposant ; en France, il n'était déjà que de 2,000 dans la plupart des caisses, et de 3,000 par exception. Il ne fut plus que de 1,500 francs ; on permit seulement que la somme s'élevât à 2,000 par l'accumulation des intérêts. La loi de 1851 a encore réduit ce chiffre en le portant à 1,000 francs. Ainsi une vertu qu'on ne saurait trop encourager dans les classes populaires s'est trouvée, de par la loi, soumise à une entrave ; on lui a dit : Tu n'iras pas plus loin.

On allègue, à titre de compensation, que ces dépôts, fruits sacrés du labeur et de la privation, jouissent d'une sécurité que l'État seul peut garantir. Je ne conteste pas la sûreté qu'offre ce placement dans les temps calmes. En est-il de même dans les époques de crise et de révolution ? Les crises mettent le gouvernement sous le coup d'une demande immédiate de remboursement intégral. On l'a vu après la révolution de février : les déposants assiégèrent les bureaux, pressés par le besoin et par l'inquiétude. Il s'agissait pour l'État obéré, aux prises avec mille difficultés financières, de rembourser la somme de 355,087,717 francs, dont 80 millions à Paris seulement. Il fut facile au gouvernement provisoire d'afficher sur les murs que, de toutes les propriétés, la plus inviolable était l'épargne du pauvre ; que les caisses d'épargne étaient placées sous la garantie de la loyauté nationale ; il put même décréter que l'intérêt de 5 % serait alloué aux caisses ; ces solennelles déclarations ne pouvaient prévaloir contre une terrible nécessité ! Le remboursement en espèces fut suspendu par un autre décret, ou plutôt limité à la somme de 100 francs par livret : la conversion du surplus fut offerte moitié en bons du Trésor à 4 et à 6 mois, moitié en rente 5 % au pair. À ce moment les bons du Trésor s'escomptaient à 30 ou 40 % de perte, et la rente était à 70 ; c'était donc une véritable banqueroute. L'émotion fut immense. La moralité publique elle-même paraissait mortellement frappée par ce déni de justice. Tant de privations pour aboutir à la misère, à la déception ! Nul coup plus funeste ne pouvait être porté au crédit dans l'imagination des masses. Le décret du 7 juillet suivant fut un commencement de réparation. L'État renonça à offrir les rentes au pair, et fixa le taux de 80, clause injuste encore, à laquelle s'ajouta la conversion rendue obligatoire, même pour les déposants qui ne réclamaient aucun remboursement. Jaloux de réparer le mal, autant qu'il était possible, le gouvernement, par la mesure du 21 novembre, accorda aux déposants ce qu'on a appelé une compensation. Les dépôts qui avaient été convertis en rentes au taux de 80 francs furent bonifiés de la somme de 8 fr. 40 c. pour 5 francs de rente, différence entre 80 fr. et 71 fr. 60 c., cours moyen des trois mois qui avaient précédé le jour où la conversion fut ordonnée. Tout ceci équivalait à une liquidation des caisses d'épargne, liquidation qui se résolut elle-même en frais énormes. Le lien financier qui unit les caisses d'épargne à l'État est donc regrettable de tous points. Des caisses d'épargne indépendantes offriraient de tout autres ressources. Ceux qui ne conçoivent ni développement ni sécurité en dehors de l'action de l'État feront bien de s'enquérir de ce qui se passe en Allemagne. Ils y verront que les caisses d'épargne y ont pris, particulièrement en Prusse, sous le régime de la liberté, le plus remarquable essor. On ne craint pas d'y voir la masse des dépôts s'élever à de trop fortes sommes. Libres de canner leurs fonds aux emplois les plus fructueux, elles deviennent à leur tour les commanditaires du travail. Au lieu de remettre leur argent aux mains de l'État, qui n'en sait que faire ou qui ne sait comment le leur rendre, suivant les temps, elles les remettent à l'industrie, à l'agriculture. Le lien des caisses de dépôt avec les banques qui font des prêts offre l'idéal même du crédit fécond. Partout où les caisses d'épargne s'isoleront dans leurs fonctions, elles ne vivront que d'une vie incomplète, sous l'empire de règlements restrictifs à l'excès, et elles ne rendront au travail qu'une faible partie des services qu'il peut en tirer. Aujourd'hui que les masses ont pris le chemin du crédit, et même n'ont montré que trop de penchant dans ces derniers temps à confier leurs économies aux entreprises équivoques et aléatoires de la spéculation, comment craindraient-elles de se confier à de solides établissements entourés de toutes les garanties désirables ? Pourquoi, du moins, la concurrence d'établissements libres de ce genre ne serait-elle pas autorisée à se produire ? L'uniformité des règlements est-elle si précieuse qu'il faille y sacrifier tout progrès et la fécondité même du crédit ?

Je ne veux plus parler de l'intervention de l'autorité publique qu'en ce qui concerne la seule institution de crédit populaire qui fasse des prêts, les monts-de-piété. En fait de crédit populaire, c'est l'enfance de l'art. On nous répète avec une pieuse persévérance que l'objet primitif de ces établissements qui datent du XVe siècle, époque où ils furent institués en Italie, cette première partie du crédit et de l'économie politique, c'était de combattre l'usure des juifs et des Lombards, et de ceux qu'on appelait les Cahorsins, seul recours des malheureux ouvriers dans les moments de détresse. On nous fait observer avec plus d'à-propos qu'en Angleterre, unique pays peut-être où ces institutions populaires n'existent pas, les ouvriers pressés par le besoin sont forcés de s'adresser aux *pannbrokers*, qui leur prêtent à des taux énormes (30 et 40 % !). Cela ne prouve rien, sinon qu'en fait d'usure nos monts-de-piété se montrent moins exigeants, ils se contentent de 15 et de 10 %, sous la même législation qui prétend fixer un maximum au taux de l'intérêt, et qui, au moment où j'écris ces lignes, poursuit comme délit l'intérêt dépassant 5 % en matière civile et 6 % en matière commerciale. L'admirable image du crédit populaire parmi nous que des prêts qui, dans une ville comme Paris, s'effectuaient, il y a quelques années encore, au taux de 18 % ! Ce n'est plus que 9 aujourd'hui, dit-on. Et quel genre de prêt ? il faut que tout y passe, ustensiles, objets de ménage nécessaires à l'usage quotidien et quelquefois même au travail ! Quel vaste capital, au bout de l'année, rendu inutile entre les mains de ses détenteurs, au double préjudice des ouvriers emprunteurs et de la société tout entière ! Il existe à Lyon une caisse de prêt qui fait des avances à 5 et 6 % aux chefs d'atelier sur leurs outils en leur en laissant l'usage. Pourquoi est-ce un exemple isolé ? Mais que dire de cette clause sans pareille par laquelle les bénéfices des monts-de-piété appartiennent de droit aux hospices ? N'est-elle pas à elle seule une curiosité des plus étranges ? N'est-il pas singulier que de pauvres gens, qui ont eux-mêmes besoin d'être assistés, fassent les frais de l'assistance publique, et que l'argent gagné sur les indigents d'une façon usuraire aille secourir les malades ?

Au sujet des monts-de-piété, on a signalé un fait curieux. Les années de prospérité sont celles où le nombre des engagements et l'importance des sommes prêtées augmentent le plus. N'est-ce pas là aussi une étrange anomalie ? Les explications qu'on en donne attestent elles-mêmes que les monts-de-piété tels qu'ils sont aujourd'hui constitués sont loin de remplir suffisamment l'objet de leur institution. Ainsi les monts-de-piété abaissent d'ordinaire le maximum de leurs prêts dans les temps de crise. Il paraît que le petit commerce et la petite industrie, faute d'établissements de crédit, tendent à en devenir la clientèle la plus considérable, et vont demander des moyens de faire des affaires à une institution uniquement destinée à procurer quelques ressources à la misère. Enfin, dans les années de crise, beaucoup de gens préfèrent vendre les objets mobiliers sur lesquels ils ne recevraient que des sommes trop faibles et à la condition de payer de gros intérêts. Tout cela ne prouve pas que les monts-de-piété ne font aucun bien, mais cela prouve à merveille combien c'est une institution imparfaite.

Comprendra-t-on enfin que si les monts-de-piété n'étaient point des établissements de monopole, il n'en serait pas ainsi ? Si l'autorité ne leur dictait pas les règlements qui les entravent, il est de toute évidence que leurs fonds recevraient une destination plus fructueuse qui leur permettrait de diminuer leurs intérêts. Je ne voudrais d'autre preuve du succès qu'aurait la liberté pleine et entière que le succès de cette liberté bâtarde représentée par les agents intermédiaires qu'on appelle les commissionnaires. La faveur qu'ils rencontrent dans les masses, lesquelles confient à leur entremise, pourtant assez onéreuse, environ les quatre cinquièmes des engagements dans une ville comme Paris, témoigne bien que la liberté et la concurrence qui vient à sa suite seraient ici fécondes comme partout ailleurs.

Concluons qu'il s'en faut de beaucoup que tout soit chimère et utopie dans l'idée du crédit populaire, c'est-à-dire du crédit rendu plus accessible. Ce n'est pas vainement que le socialisme a vu là il y a quelques années une des questions de ce temps-ci. D'aussi vastes mouvements d'idées que celui qui se résume dans ce qu'on a désigné par ce mot de socialisme ne se produisent pas, sachons-le bien, sans un fond de réalité. Quand ils sont arrivés au terme de leur folie, la science n'a pas épuisé son œuvre en les réfutant ; il lui reste une tâche plus difficile, mais non moins utile, celle de dégager des aspirations de l'esprit innovateur ce qui est vrai est praticable, et de désarmer l'utopie en donnant satisfaction au progrès. L'erreur du socialisme, je ne parle que de son erreur fondamentale, car il fourmille d'erreurs de détails et d'applications, c'est de voir et de faire voir aux ouvriers une providence dans l'État. C'est par-là qu'au lieu d'être un remède à nos mots, il est devenu lui-même une maladie de l'esprit public. La vraie économie politique n'atteint son but que lorsqu'en soulageant les hommes d'une partie de leurs souffrances, elle les a guéris du penchant qui les portent à s'adresser aux sorciers et aux charlatans, trop heureuse quand elle a réussi à découvrir un peu d'or au fond du creuset des alchimistes de l'économie sociale !

Le crédit populaire est une idée grande, et féconde qui déjà porte d'heureux fruits. Ce qui demeure certain, c'est qu'il importe à son avenir de voir, non se resserrer, mais se détendre les liens de la centralisation et les entraves réglementaires. La liberté et la responsabilité sont la condition et la vie des nations modernes. Le soin que mettent aujourd'hui les ouvriers à proclamer que c'est à leurs propres efforts qu'ils veulent devoir la constitution de leur crédit est un bon signe, s'il ne s'y mêle pas d'idée fausse de papier-monnaie. L'expérience s'unit à la théorie pour montrer qu'à mesure qu'il devenait plus libre et qu'il se constituait lui-même, au lieu de se laisser constituer par une prévoyance plus ou moins arbitraire et fautive, le crédit devenait plus souple dans ses mouvements, plus varié dans ses applications utiles, plus sûr dans ses effets, plus fécond pour la richesse générale et plus profitable aux habitudes de moralité populaires entretenues par le travail, la tempérance et l'économie. C'est dans cette voie qu'est le salut de ces masses laborieuses qui ont entrepris la plus respectable des tâches et la plus digne d'encouragement, celle de s'affranchir du besoin par l'épargne, modeste puissance qui, à une époque antérieure, a dénoué les chaînes du servage et développé l'irrésistible puissance du tiers état.

CHAPITRE X
DE LA LIBERTÉ DU TRAVAIL POUR LES FEMMES ET DE LEUR CONDITION PRÉSENTE DANS L'INDUSTRIE.

Une démocratie libérale, je n'ai pas besoin d'ajouter généreuse, n'excepte pas les femmes de la liberté du travail, ni de ses avantages. La situation des femmes dans notre démocratie laborieuse est-elle ce qu'elle devrait être ? Non.

I

Lorsqu'on examine avec les données que fournit la statistique la question du progrès des classes ouvrières, rurales et industrielles, depuis 1789, le résultat de cette recherche n'est point douteux malgré les peintures lamentables et trop souvent exactes qu'on a faites du paupérisme, le sort des travailleurs s'est amélioré sensiblement. Dans les campagnes, de plus favorables conditions de logement et d'alimentation, la disparition des famines, fait immense et trop peu remarqué, le lourd poids des impôts n'accablant plus ainsi que la corvée le paysan français, la terre divisée entre de laborieux propriétaires, forment un spectacle dont les principaux traits contrastent de la manière la plus heureuse avec les détails qui nous ont été transmis par tous les historiens sur l'ancien régime économique. Quel sombre peintre de notre société irait jusqu'à soutenir que les tristes tableaux laissés par Vauban, Boisguillebert, Arthur Young et bien d'autres trouveraient aujourd'hui leur application ? Un Massillon écrirait-il cette phrase ? « Le peuple de nos campagnes vit dans une misère affreuse, sans lits, sans meubles ; la part même, la moitié de l'année, manquent du pain d'orge et d'avoine qui fait leur unique nourriture. » Si J.-J. Rousseau se promenait aujourd'hui dans les campagnes qui environnent Lyon, ses regards seraient-ils affligés par la vue qui l'indigna si fort, raconte-t-il dans ses *Confessions*, d'un paysan auquel il avait demandé l'hospitalité, cachant son vin à cause des aides, son pain à cause de la taille, et ne se déterminant qu'après mille signes de terreur et toutes sortes de précautions à montrer qu'il avait chez lui de quoi offrir un rustique repas au voyageur égaré et mourant de faim ? Les cahiers des bailliages aux États-généraux parleraient-ils, sinon par exception, des « haillons qui couvrent le peuple des campagnes et du mauvais pain qui le nourrit ? » Adam Smith enfin, traitant du salaire nécessaire, dirait-il, au sujet des chemises et des chaussures, que ce sont choses nécessaires aux paysans anglais et non pas aux français ? La terre, sollicitée par des mains infatigables, donne un revenu triplé ou quadruplé depuis 1789 et ce qui répond à bien des attaques, c'est surtout la petite propriété qui présente ce phénomène d'un énorme accroissement. Les inconvénients tant reprochés à cette propriété morcelée, j'entends, dans certains cas, l'imperfection des moyens de culture et son état obéré, sont, malgré tout, exceptionnelles et, je le crois quant à moi, guérissables. Que sont-ils d'ailleurs en comparaison des plaies de la grande propriété d'autrefois, endettée, négligée par des possesseurs habituellement absents, et qui, lorsque quelque disgrâce de cour les forçait d'aller vivre chez eux, se disaient *exilés dans leurs terres* ? La mendicité a vu s'amoindrir ses bataillons, si épais jadis.

Quant aux villes, l'immense majorité des ouvriers n'a qu'à se louer des perfectionnements apportés à sa condition. La mortalité a beaucoup diminué pour eux. Les articles usuels à meilleur marché, des salaires qui n'ont pas cessé de s'accroître au delà de l'élévation du prix des loyers et des vivres, la jouissance de beaucoup de biens communs, ou d'un accès plus facile qu'autrefois, contribuant à l'hygiène, à l'instruction, au bien-être, rendent leur situation presque toujours tolérable, souvent même douce, bien plus douce, par exemple, que celle de l'homme condamné à traîner le supplice caché de la misère en habit noir. Heureux si le progrès moral était toujours chez eux en rapport avec le progrès matériel, et si le cabaret, le budget des liqueurs fortes, si des habitudes de chômage volontaire n'absorbaient pas en partie les économies, garantie d'un bien-être durable et d'une dignité indépendante ! En dépit de bien des ombres, l'ensemble du tableau se ressent du développement général de la production qui n'a pas pu profiter qu'aux seuls riches. Une seule tache, étendue, profonde, s'offre sans compensation aux regards attristés de l'observateur la situation des femmes dans le travail s'est empirée !

On se préoccupe de ce douloureux phénomène, on s'en afflige, on s'en effraye, et on a raison. Non pas que le mal ne comporte aucun remède ; mais les remèdes sont lents, indirects, et aucun d'eux n'est absolu. Plus ici peut-être que partout ailleurs, il faut du temps, beaucoup de temps, et d'énergiques efforts, pour venir à bout du mal, pour le faire céder du moins en partie.

Je voudrais mettre sous les yeux du lecteur les résultats d'une pénible enquête qui se poursuit sous nos yeux depuis quelques années. Tous ceux qui se sont occupés des conditions du travail au XIXe siècle ont rencontré l'ouvrière, M. Villermé, M. Blanqui, M. Louis Reybaud.

Plus récemment, M. Jules Simon a consacré à la description exacte de ses souffrances un noble livre, que nous aurons plus d'une fois l'occasion de citer.[33] M. Michelet, dans quelques phrases émues, qui, sous le poète, montrent l'observateur, avait aussi signalé le mal. M. Ernest Legouvé n'a pas fui non plus devant cette partie plus technique d'un sujet qu'il a traité avec étendue. Dans un ouvrage qui a obtenu un légitime succès, l'*Histoire morale des femmes*, il suit aussi la femme dans les conditions laborieuses de son existence vouée au travail industriel et aux autres professions»dites libérales. Une femme d'un mérite distingué, Mlle Marchef-Girard, a fait un livre sur le passé, le présent, l'avenir des femmes, dans lequel la question du travail est touchée avec vivacité et intérêt. Il n'est pas jusqu'aux corps savants qui ne jugent la question digne d'étude. L'Académie de Lyon mettait récemment au concours la recherche des moyens les plus convenables pour élever le salaire du personnel féminin et pour lui ouvrir de nouvelles carrières. C'est une femme, Mlle Daubié, qui a remporté le prix. Son Mémoire, où l'auteur a mis de l'âme et de l'érudition au service d'un jugement sûr, jette beaucoup de jour sur cette question, si pleine de difficultés et de pièges, par l'étude attentive des faits. Il y a quelques années, la Société d'émulation des Vosges entendait la lecture navrante d'un Mémoire du docteur Haxo sur la situation morale et matérielle des brodeuses vosgiennes. Dernièrement enfin M. Boucher de Perthe lisait devant la Société savante d'Abbeville un discours sur l'état social des femmes, leur travail et sa rémunération.

Quel jugement que celui qu'un de nos plus éminents industriels. M. Arlès Dufour, a porté sur la condition des femmes laborieuses dans les lignes suivantes : « Malgré les progrès de la civilisation et l'adoucissement des mœurs, on ne se fait aucun scrupule de traiter de nos jours la femme comme si elle était naturellement l'inférieure de l'homme, et de rétribuer ses services et son travail en conséquence de cette infériorité. Ainsi les institutrices, les directrices des asiles, des écoles, des bureaux de poste et les filles de magasin, les femmes de charges, les servantes, les ouvrières qui travaillent en chambre ou en atelier sont moitié moins rétribuées que les hommes remplissant des fonctions analogues ou exécutant les mêmes travaux. » Quel triste aveu et pourquoi les détails viennent-ils en foule confirmer ces assertions accusatrices ? Pour certains travaux de battage, dans plusieurs de nos campagnes, on voit la femme travailler concurremment avec l'homme auquel elle fait face, et frapper d'un

---

[33] Sur le paupérisme des femmes, voir aussi le livre plein de faits et plein de cœur de M. **Victor Modeste** sur *le Paupérisme*»».

bras non moins robuste ; l'heure de la paye venue, elle ne touche que la moitié du salaire. Ainsi des travaux de mines ; ainsi de ceux des ponts et chaussées dans lesquels leur salaire est de moitié ou des deux tiers moindre que celui des hommes.

D'où vient un malheur si affligeant, j'allais dire si honteux ? Un cercle d'occupations trop restreint, des crises industrielles qui leur ont enlevé leur ancien gagne-pain, l'ignorance qui leur ferme une foule de carrières auxquelles elles seraient naturellement propres, souvent le mauvais vouloir des hommes qui prennent leur place, telles en sont les sources. Nous les analyserons ; nous rechercherons quels sont les remèdes possibles à une situation que tous déplorent.

Ah ! certes, tout n'était pas satisfaisant dans la situation que l'ancienne société française faisait aux femmes obligées de vivre de leur travail. Turgot, dans son édit mémorable de 1776, signalait lui-même quelques-uns des empêchements mis par la législation et par la coutume au travail des femmes, qui voyaient dès lors une partie des occupations qui leur semblent le plus naturelles occupées par l'autre sexe ou mises à des conditions d'exercice trop élevées pour être facilement accessibles à la plupart d'entre elles, comme, par exemple, l'humble profession de bouquetière. Et pourtant, chose aussi certaine qu'elle est triste, le travail des femmes était en général mieux assuré et mieux rétribué avant 1789 que de nos jours. S'agit-il des professions supérieures à celles de la simple ouvrière : la sage-femme, la coiffeuse, la parfumeuse, tenaient les places remplies presque toujours par les hommes aujourd'hui. On n'avait pas introduit dans les magasins cette armée de jeunes gens dans toute la vigueur de l'age, dépensant leurs forces et leur temps à auner du calicot, à faire briller des étoffes de soie aux regards de l'acheteuse, a essayer des châles. Les travaux que remplissait le sexe féminin étaient inspectés par des femmes. De même qu'il y avait des prud'hommes, il y avait des *preudes-femmes* qui intervenaient dans les conflits du travail. Ces *preudes-femmes* purent garantir un certain jour les privilèges menacés des couturières contre les empiétements des tailleurs, Le droit des veuves était protégé d'une façon assez arbitraire, mais qui était un bienfait pour elles. Elles pouvaient continuer, par le moyen d'agréés, la clientèle de leurs maris défunts, maîtres chirurgiens, maîtres apothicaires, maîtres libraires et imprimeurs. L'arme mauvaise en elle-même des prohibitions fut quelquefois employée en leur faveur, et l'entrée des broderies étrangères fut repoussée pour protéger, disait telle ordonnance, *les occupations vertueuses du beau sexe*. La police des mœurs était placée sous la protection de règlements dont la sévérité étonnerait le relâchement actuel. Ils excluaient des communautés tout homme vivant en concubinage, chassaient le séducteur de toutes les corporations, et condamnaient à des amendes de 3 à 6 livres quiconque proférait dans l'atelier des blasphèmes ou des paroles obscènes.

Comment nier que le travail à la main était mieux rémunéré qu'aujourd'hui ? Ces pauvres fileuses, qu'un grand progrès, l'avènement des machines a si cruellement frappées, que gagnaient-elles à la fin du dernier siècle et au commencement du nôtre ? Au moins 10 sous, souvent 1 fr., somme qui en représentait plus du double en raison de la valeur plus grande de l'argent et des conditions plus douces de la vie. Et maintenant quel est leur sort ? M. Audiganne, un observateur consciencieux et des mieux instruits, constate des salaires de 25 centimes pour quatorze heures de travail, des salaires, chose inouïe qui descendent jusqu'à 5 centimes. Une fileuse bretonne qui a obtenu le premier prix pour la perfection de son filage à l'Exposition de 1855 gagnait 30 centimes par jour à ce travail. Paris, cette métropole du travail élégant, de l'art appliqué à l'industrie, Paris qui doit aux femmes une grande partie de sa richesse d'exportation, présente-t-il toujours des chiffres plus consolants ? Tout semblerait en faire une loi : la perfection de l'ouvrage exécuté, la demande extrêmement vive, par-dessus tout la cherté des vivres et du loyer. Eh bien ! sur environ 112,891 femmes, plus 7,851 jeunes filles, chiffre constaté par l'enquête de la chambre de commerce en 1847, et que modifie peu l'enquête nouvelle, sur ce nombre véritablement effrayant et qui équivaut à près de la moitié de celui des travailleurs du sexe masculin, 626 ouvrières avaient seules un salaire supérieur à 3 francs ; plus de 100,000 gagnaient seulement plus de 75 centimes à 3 francs, avec une forte prépondérance des petits salaires. La moyenne générale ressortait à environ 1 fr. 50 c. Bien plus : 950 femmes ont été trouvées vivant (en vivaient-elles ?) avec des salaires de 60 centimes, et il s'est rencontré quelques salaires très-exceptionnels, je l'avoue, de 15 centimes pour des femmes secourues cousant des pantalons de toile pour la troupe.

À quoi aboutissent ces misères ? Trop souvent à deux abîmes. Dans l'un, tout est honte : c'est le vice, la débauche, disons-le, la prostitution patentée ou cachée. J'honore infiniment l'autre moyen de venir en aide aux femmes pauvres. Il glorifie les efforts charitables de la société : c'est-l'assistance. Mais l'assistance organisée ajouta au paupérisme des femmes non secourues. Dans un des ouvroirs de Paris, la façon d'une chemise descend jusqu'à 25 c. À la Salpétrière, on a vu cette façon descendre à 10 c., et celle d'une layette entière, se composant d'une vingtaine de pièces, n'y revenir qu'à 1 fr. 10 c. Les ouvrières libres peuvent-elles soutenir une pareille concurrence ? Comment oublier que l'assistance régulière a presque toujours pour effet d'augmenter le nombre des assistés ? Lorsque le salaire est d'une insuffisance misérable, créer des ateliers dans lesquels la moyenne est plus élevée, ne serait-ce pas y attirer nécessairement les femmes nécessiteuses au préjudice de l'industrie libre, et tomber dans une partie des inconvénients qu'on a si justement reprochés aux ateliers nationaux ? L'assistance ne saurait donc, en dépit des circonstances qui la rendent trop souvent inévitable et bénissable, exercer par son extension qu'une influence préjudiciable sur le travail. Chaque kilogramme de fil donné au travail des femmes assistées est enlevé au travail de celles qui ne le sont pas ; qu'on y songe.

Nous avons énoncé la plus immédiate des causes qui ont accru le paupérisme des femmes. Elles étaient environ au nombre de 400,000, il y a quelques années à peine, ces fileuses à la main de nos vieilles provinces ! Nos ouvrières dentelières ne sont guère moins de 240,000, et la broderie en compte de 150,000 à 170,000 environ. La mécanique n'a point encore achevé son œuvre d'expropriation à l'égard du personnel féminin. Le bobinage mécanique menace de déposséder celles qui continuent à lutter ; le tricot à la main a presque succombé déjà devant le métier à bas ; la machine à coudre inquiète les femmes dans leur dernière industrie si obstruée ; la machine à satiner, brocher et plier, qui fonctionne dans plusieurs imprimeries en Allemagne, semble appelée à réduire chez nous, dans un temps plus ou moins rapproché, de plus de moitié peut-être le nombre des satineuses, plieuses et brocheuses. Les machines agricoles remplacent déjà la femme pour la moisson, la fenaison, le battage du lin et du chanvre. On prêche le mariage aux jeunes filles. La dignité, la possibilité de vivre, presque interdite à la femme isolée, leur vocation naturelle, les y poussent. Conseil excellent, mais peu facile à concilier avec l'existence d'armées de 500 ou de 600,000 hommes ! La nature n'avait pas deviné, dans son imprévoyance, les armées permanentes. Elle a fait naître les sexes en nombre égal. Ne cite-t-on pas tel village où il y a sept jeunes filles contre un jeune homme ? Les garçons émigrent, vont à la ville, écoutent la prudence ou le libertinage, qui leur conseillent de ne pas se marier, alors même qu'ils ne font pas partie de l'armée. Ces jeunes filles, condamnées au célibat, que deviendront-elles ? Elles n'ont point un travail assez rémunéré pour leur assurer l'indépendance ; elles rencontrent au nombre de leurs séducteurs ces mêmes soldats et ces mêmes ouvriers qu'elles auraient pu avoir pour maris.

Cette main-d'œuvre misérable a contribué, nous le savons, au bon marché d'articles de toilette, dont quelques-uns sont des merveilles, dont d'autres sont d'une utilité courante. Mais ne craignons pas de le dire un tel bon marché est maudit. Le vrai bon marché est la fortune du pauvre. S'il naît dans les privations et dans les larmes, il doit perdre jusqu'à son nom.

La manufacture s'offre à elles comme un refuge. Chaque jour elles s'y enrôlent. Elles y trouvent un salaire qui n'est pas toujours suffisant pour les faire vivre, mais qui est beaucoup plus élevé. Ici s'élève un nouveau grief. On se plaint que cette augmentation de salaire soit achetée au prix de la santé, de la moralité de la famille, cette pierre angulaire des sociétés. Ces accusations sont-elles fondées, et jusqu'à quel point le sont-elles ? Le régime manufacturier est-il nécessairement corrupteur ? La manufacture s'arrêtera-t-elle et cessera-t-elle d'appeler les femmes au nombre de ses auxiliaires ?

Les petits métiers qui subsistent forment-ils le noyau de l'armée future du travail, ou les débris d'une armée vaincue, dispersée déjà, et dont les cadres ne sont point appelés à se reformer ? Quelles perspectives enfin peuvent s'offrir de ce côté pour la situation morale et matérielle des femmes pauvres ?

La question économique est importante ; la question morale l'est plus encore. Qui donc ne voit pas qu'il y va de tous les sentiments délicats, probes, civilisés dans la moitié de l'espèce humaine, qu'il y va de l'avenir même ? La destinée de la femme fait celle de l'enfant, de l'homme futur, faible, mal constitué, malsain ou vigoureux, honnête ou vicieux selon l'éducation physique et morale qu'il a reçue depuis le berceau jusqu'à l'adolescence. Bien plus, la destinée de la femme fait celle du mari, cela d'une manière plus sensible encore dans les classes ouvrières. L'histoire, qui raconte comment la femme s'est successivement relevée dans la famille et dans la société, atteste que la dégradation de la femme entraîne celle de l'homme, et que la femme n'a pu devenir l'égale de l'homme sans que celui-ci devînt supérieur à ce qu'il était, moins brutal, moins égoïste, meilleur, en un mot. L'égalité impose des devoirs et les convertit en vertus. La tyrannie n'engendre que vices, et la vengeance de la femme esclave est de corrompre son maître tombé plus bas qu'elle, car il a plus de moyens de mal faire.

On remarquera que nous avons tranché plutôt que discuté une question préalable, celle de savoir si les femmes doivent travailler. Combien j'aimerais à répéter après M. Michelet « L'ouvrière ! mot impie, sordide, qu'aucune langue n'eût jamais, qu'aucun temps n'aurait compris avant cet âge de fer, et qui balancerait à lui seul tous nos prétendus progrès ! » S'agit-il de la femme des classes aisées ? L'auteur du livre de *l'Amour* soutient qu'elle doit peu travailler. « Mon ami, je ne suis pas forte. Je ne suis pas propre à grand'chose qu'à t'aimer et te soigner. Je n'ai pas les bras nerveux, et si je fais trop longtemps attention à une chose compliquée, le sang se porte à ma tête, le cerveau me tinte. Je ne puis guère inventer, je n'ai pas d'initiative, etc. » Sans doute le travail atteint plus vite ses bornes naturelles chez les femmes que chez les hommes. Leur corps se refuse aussi bien que leur esprit aux occupations trop permanentes. Elles ne peuvent pas plus être impunément toute la journée ou assises ou debout que consacrer de longues heures aux fortes combinaisons scientifiques. Leur organisation intellectuelle et physique exige le mouvement, la variété des occupations, se prête à des travaux moins durs. Mais qui peut nier que le travail soit dans leur vocation et leurs aptitudes ? Ennui qui ronge les femmes désœuvrées, caprices malsains, passions maladives qui les dévorent ; tous ces symptômes n'attestent-ils pas que si le travail est le gagne-pain de la femme pauvre, il est la santé morale de la femme riche. Non, la frivolité des idées et des goûts, à laquelle on veut la réduire en dehors des soins de la famille, n'est pas plus une grâce pour son esprit qu'elle n'est une force pour son âme. Quant aux femmes pauvres, la nécessité tranche la question. Il faut qu'elles travaillent : il le faut toujours, si elles sont seules ; il le faut presque toujours, si elles sont mariées. L'ouvrier même rangé ne gagne pas constamment pour deux. Est-ce donc d'ailleurs seulement d'aujourd'hui que le travail matériel est leur loi ? L'antiquité ne connaissait pas l'ouvrière, soit, mais elle usait et abusait de la femme esclave. Toujours la femme a pris sa part aux durs travaux de la campagne, toujours la couture et les métiers à la main l'ont occupée. Ce qu'il faut souhaiter, c'est que le travail soit l'accessoire et le ménage le principal. « Je pense, écrivait un ancien qui n'avait en vue que les femmes vivant dans l'aisance, qu'une bonne ménagère contribue autant que le mari au succès des affaires. C'est ordinairement par les labeurs de l'homme que les gains entrent au logis ; mais ils se consomment le plus souvent par les soins de la femme. Quand ces deux points vont ensemble, les maisons réussissent ; autrement, elles tombent en décadence. » Cette tâche de consommer utilement la richesse pour le bien commun de la famille, assignée si sagement à la femme par Xénophon, n'est pas malheureusement la seule qu'ait la femme pauvre dans l'état présent de nos sociétés. Il faut qu'elle ajoute aux produits de la journée de son mari l'appoint de son propre salaire. Cette nécessité, si triste qu'elle soit, a ses compensations. Elle contribue à sa dignité, au respect qu'on lui porte. Tel mari, dans la classe ouvrière, qui, peu délicat, eût méprisé la femme ne gagnant rien, l'estime et la considère pour son apport. C'est aussi pour elle un moyen d'indépendance, si elle devient veuve, ou si l'inconduite du mari dissout le ménage.

Quant à ceux qui, sans prétendre interdire le travail aux femmes, songeraient à leur fermer la manufacture, la pensée qu'ils conçoivent est-elle discutable ? Elle ne pourrait être accomplie qu'en foulant aux pieds la liberté des contrats, à la fois chez la femme et chez le fabricant. Les idées et les moeurs modernes repoussent également un Lycurgue ou un Platon contraignant les femmes à des exercices et à des travaux contraires à leur sexe. Elles n'admettraient pas davantage des interdits qui leur lieraient les mains. Des ouvriers, dans l'entraînement de la lutte, ont pu l'oublier. Ils ont voulu supprimer la concurrence des femmes, sous l'empire du même mouvement qui les portait à briser les machines. C'était la même absurdité avec l'inhumanité de plus. Le droit de travailler est le même chez l'homme et chez la femme. Point de coercition donc. Est-ce à dire qu'il n'y ait qu'à laisser faire ? Nous verrons que non ; laisser faire, c'est-à-dire laisser travailler, n'est qu'un des moyens de solution ; il faut en outre aider à faire, à bien faire ; c'est la seconde moitié de toute vraie réforme.

II

Singulière influence d'un agent matériel, la vapeur, sur les sentiments et les idées des hommes, sur l'état dès lors de la société ! Qui eût pu la prévoir lorsque quelques hommes inventifs eurent l'idée d'en tirer une force merveilleuse ? Au point de vue moral, il n'est pas douteux qu'en fin de compte la vapeur ne fasse, comme tous les grands instruments que la civilisation met en jeu, infiniment plus de bien que de mal. Elle est un puissant moyen de solidarité entre les peuples ; elle établit d'intimes et perpétuelles relations sur le territoire d'un même État. En même temps qu'elle glorifie l'esprit humain par les plus étonnantes découvertes, elle sert l'humanité par la création de produits devenus accessibles à tous. Il n'en est pas moins vrai que la manufacture, qui est son oeuvre très-utile au point de vue économique, a exercé et exerce sur la famille ouvrière une influence souvent délétère : elle prend la femme et l'enfant ; elle les arrache au foyer, qu'elle rend désert ; la femme passe des soins de l'intérieur et de l'autorité affectueuse du chef de famille sous la froide discipline de l'atelier ; l'enfant n'est plus sous les yeux de la mère. La corruption trouve préparés pour son œuvre des éléments déjà désagrégés.

Le mal est grand. Ne l'impute-t-on pas pourtant trop exclusivement au régime manufacturier ? Dans l'état présent de l'industrie, le travail isolé et celui des petites fabriques ont-ils une moindre part de responsabilité ? N'est-ce pas là que se remarquent les excès de travail les plus déplorables, les exploitations les plus odieuses de la femme et de la jeune fille ? Il suffirait de citer la misère des pauvres brodeuses vosgiennes, à la merci trop souvent d'intermédiaires sans scrupules et sans pitié, condamnées à des travaux durant quatorze, quinze et même dix-huit heures, penchées sans relâche sur leur ouvrage, sujettes aux plus fréquentes et aux plus terribles maladies des yeux et de la poitrine. Les conditions hygiéniques dans lesquelles vivent les ouvrières en chambre de nos grandes villes sont presque toujours détestables. Un travail prolongé, fatigant, mal rétribué, est leur lot habituel. Comment mettre à la charge des manufactures la démoralisation de ces ramassis d'hommes, de femmes et d'enfants auxquels on ne peut, sans faire violence au langage, donner le nom de famille ? Ce n'est pas des manufactures que sortent le plus souvent ces malheureuses qui demandent leurs ressources au désordre et à la débauche, inscrites sur les registres de la police ; non, la statistique le constate ; c'est le plus souvent des campagnes et du sein du travail isolé ne fournissant pas de quoi vivre à celles qu'il emploie. Croit-on par hasard l'ouvrière en chambre mieux gardée que l'ouvrière des manufactures ? M. Jules Simon, partisan du travail isolé, décrit dans une page bien sentie les tentations qui l'assaillent de toutes parts. Il est bon d'ailleurs de renvoyer, avec le généreux écrivain si bien inspiré dans son éloquente revendication de la famille ouvrière, « la femme auprès du foyer, la mère auprès du berceau ; » il est bien de souhaiter avec lui « que le chef de la famille puisse exercer la puissance qu'il tient de Dieu. » Mais, on l'a répondu[34] avant nous, où sera le remède, si ce foyer est sans flamme, si ce berceau n'est qu'une planche nue, si ce délégué de Dieu préfère au froid grenier, à la cave humide, le cabaret avec son poêle bien entretenu, son gaz étincelant ; si enfin les leçons murmurées par la mère à l'oreille de la jeune fille sont des leçons infâmes ?

On se plaint du travail prolongé que la manufacture impose aux femmes et aux jeunes filles. La fabrique de Lyon, pour ne citer que celle-là, n'est guère plus exempte du même reproche à l'égard des jeunes apprenties. Quatre ans d'apprentissage pour arriver à être tis-

---

[34] Mme Mary Meynieu, *Journal des Économistes*. juillet 1860.

seuse, métier qui peut s'apprendre en six mois, n'est-ce pas un de ces abus qui rappellent les règlements les plus justement reprochés aux anciennes corporations ? Et que penser d'un travail de huit heures, qui se prolonge parfois de deux, et même de quatre, imposé à une enfant de quatorze ans ?

La fabrique lyonnaise, avec sa vieille organisation morcelée donne d'ailleurs des signes de décadence, que M. Louis Reybaud constate avec un sentiment de regret dans son enquête sur la condition des ouvriers en soie. L'antique concorde a disparu. N'est-ce pas sur les drapeaux déployés par des ouvriers de petite fabrique et non de grande manufacture qu'on a pu lire ces mots sanglants : *Vivre en travaillant ou mourir en combattant* ? Dans la fabrique lyonnaise, la famille subsiste pour l'ouvrier entrepreneur qui possède quelques métiers et traite directement avec le fabricant. Il n'en est pas toujours ainsi pour les *compagnons*, qui travaillent au compte de ce maître ouvrier. Les habitudes de démoralisation ont pénétré là comme ailleurs. Le compagnon ne vit pas moins éloigné de chez lui que s'il travaillait dans la manufacture. Les cafés chantants et les autres distractions absorbent une grande partie de son salaire.

Si l'on envisage les conditions hygiéniques et économiques, le travail des manufactures, malgré ses abus, paraîtra, dans l'état actuel de l'industrie, valoir mieux presque toujours pour les femmes pauvres que le travail isolé. Là seulement la majorité des ouvrières gagne à peu près de quoi vivre. À Paris, aujourd'hui, une ouvrière le peut-elle ? Celles qui reçoivent un salaire en rapport avec les besoins les moins exigeants forment l'exception. Que l'on songe qu'une ouvrière gagnant 2 fr. par journée de travail est parmi les favorisées, et que sur son année il faut déduire, indépendamment des chômages du dimanche et des autres fêtes, et de ceux qu'occasionnent les maladies, les longues interruptions de travail, qui sont rarement de moins de trois mois, et qui atteignent parfois à quatre. Le budget des recettes de l'ouvrière gagnant 2 fr. ressort, évalué avec exagération, à 500 fr. par an. La question se trouve donc posée en ces termes : Savoir si une femme peut avec 500 fr. suffire à Paris aux dépenses de logement, de toilette, de blanchissage, d'éclairage, de chauffage et de nourriture ? Le budget des dépenses, examiné par le menu et réglé avec une parcimonie scrupuleuse, atteste la presque impossibilité de subsister avec ce misérable revenu. Et nous citons là non pas l'aristocratie des femmes qui vivent de leur travail, mais, si l'on peut dire ainsi, la bonne bourgeoisie de cette classe ! Que sera-ce de celles qui reçoivent 75 c, ou 80 c, par jour ! Les commissaires de l'enquête de 1851 parlent d'une femme ensevelie plutôt que logée « dans un trou de 5 pieds de profondeur sur 3 de largeur, » et d'une autre « qui avait été obligée pour respirer de casser le carreau de son unique lucarne. » Vivre à Paris avec 200 ou 300 fr. de revenu, tel est le problème imposé à de pauvres filles que l'on compte par milliers. Comment donc faire du travail isolé, tant qu'il ne sera pas mieux rémunéré pour les femmes, un idéal vers lequel il faille revenir ? Ah ! sans doute, il faut s'efforcer que les conditions de ce travail s'améliorent ; mais, en attendant, il faut accepter la manufacture comme une nécessité et songer à l'améliorer elle-même.

Qui ne voit que l'avènement de la manufacture est dans les décrets du temps ? Elle a envahi le coton et la laine ; elle gagne la soie. L'industrie lyonnaise fera-t-elle une place plus grande à la fabrique rurale que les établissements de tissage et de filature pour la laine et le coton ? Des circonstances toutes spéciales peuvent le faire augurer. Empêcheront-elles le triomphe de la grande manufacture dans de vastes proportions ? Nous en doutons extrêmement. Les avantages de la manufacture, quant à la réduction des frais généraux et à la production abondante, sont immenses. Rien ne saurait décider les capitaux et l'esprit d'entreprise à y renoncer. Nos derniers pas dans la voie de la liberté commerciale poussent vers l'emploi de tous les moyens de production économiques qui peuvent permettre de lutter, comme on dit, à armes égales avec l'étranger. N'est-ce pas du sein des localités dans lesquelles on emploie encore les métiers à la main que sont parties les plaintes les plus amères, les seules peut-être qui aient quelque fondement, sur les conséquences des derniers traités de commerce ?

Si l'agglomération du travail féminin enrôlé, enrégimenté, résulte principalement de la vapeur qui, en simplifiant les tâches et en concentrant de grandes masses sur un même point, a permis l'emploi des femmes et des enfants, elle a aussi ses racines dans le passé. Elle commence avec Colbert. C'est de lui que date la première résistance du travail isolé. Colbert réussit par l'appât du haut salaire à attirer dans un seul atelier de broderie 1,000 ouvrières. Une fois enrôlées, les pauvres femmes furent prises du regret du chez soi ; elles se révoltèrent. Il fallut remplacer le directeur par une directrice qui leur permit le travail à domicile. L'inexorable organisateur n'en revint pas moins à son idée. Une dame Gilbert reçut 180,000 livres, avec des privilèges et des avantages énormes pour organiser un atelier de broderies dans un château qu'il possédait près d'Alençon. Le succès fut complet. 9,000 ouvrières furent groupées, gagnant de 2 à 3 fr. Bientôt le point d'Alençon balança le point de Venise. Louis XIV, émerveillé, se fit présenter Mme Gilbert, et lui remit une forte somme. L'émulation gagna les provinces, aidée par des immunités de divers genres accordées aux pays qui pourraient fournir des dentellières. On accorda à une Mme Dumont le droit exclusif d'élever à Paris des ateliers de cette nature. On alla jusqu'à lui donner un des Cent-Suisses du roi pour garder sa maison. À Aurillac, la paye des ouvrières s'éleva bientôt à 6 ou 7,000 fr. Une directrice fut nommée à Auxerre pour les ateliers de dentelle. Le zèle administratif fut stimulé selon la coutume française. Les femmes des autorités furent invitées par le ministre à visiter les ateliers, à converser avec les ouvrières, à les encourager. Le Havre, qui le croirait aujourd'hui ? comptait 5,000 dentellières ; Valenciennes et Dieppe en eurent environ 8,800, avec des salaires de 1 fr. et 1 fr. 25 c., valant au moins le double de ce que ce chiffre représente aujourd'hui. Valenciennes, qui a donné son nom à un élégant produit, est aujourd'hui entièrement déchue. Quant à Dieppe, l'économiste Blanqui y a constaté l'existence de plusieurs centaines de dentellières gagnant 25 c.

L'industrie traite durement les femmes. À elles presque toujours la partie la plus malsaine des grandes industries textiles. Dans la fabrication du coton, l'atelier dit de l'*épluchage* et du *louvetage* est le plus malsain avec la carderie. La poussière et le duvet qui s'échappent du coton entrent dans les poumons et causent parfois la phthisie dite *cotonneuse*. Cet atelier est occupé par des femmes. Dans les manufactures les moins vastes et les moins riches, le sol humide, les parois encrassées de l'atelier, les fenêtres étroites et peu nombreuses, accroissent les conditions délétères qui pèsent sur les éplucheuses, condamnées à passer douze heures par jour dans une atmosphère insupportable aux simples visiteurs. La chaleur accablante des ateliers de carderie, jointe à l'insalubrité du local, constitue aussi une cause de maladie. Pour le battage, les grands établissements, hâtons-nous de le dire, ont substitué l'action de la mécanique en partie au travail des femmes. De puissants ventilateurs chassent avec une rapidité inouïe la poussière qui s'accumulait. Mais combien d'ateliers n'emploient pas ces moyens ! La préparation du chanvre et du lin offre plus d'inconvénients encore que le coton. L'atmosphère des établissements mal entretenus, et ils sont là plus nombreux qu'ailleurs, est empestée. Les ouvrières y vivent treize heures le corps en transpiration, les pieds trempant dans l'eau. L'apprêt des étoffes est encore une opération funeste pour la santé des femmes dans beaucoup de cas. Dans la fabrication de la soie, les femmes seules font le tirage des cocons et le cardage de la filoselle. Les unes trempent leurs mains à chaque instant dans l'eau bouillante pour en retirer les cocons. Outre l'insalubrité de ce travail, elles s'empoisonnent des émanations des chrysalides pourries. De là les fièvres qui souvent les rongent, les vomissements de sang, les fluxions de poitrine causées par le passage du chaud au froid quand elles sortent de l'atelier. Dans les verreries, les tailleuses de cristal, penchées sur leur roue toute la journée, ont constamment les mains dans l'eau. Qui ne serait navré par de pareils spectacles ? Dites-vous bien pourtant que ces causes délétères sont moins fréquentes que dans le travail morcelé exécuté dans des taudis infects, et ruinant, par sa nature ou son excès, la santé des ouvrières ! Dites-vous aussi que les éplucheuses de coton, les soigneuses de corderie dans les filatures de chanvre, les apprêteuses d'étoffe ne forment que trois corps d'état sur plus de vingt, et que ces corps n'emploient qu'un personnel restreint. Enfin, il faut être juste : les manufactures ne sont plus ce qu'elles étaient il y a trente ans. La préoccupation constante de l'hygiène y a succédé au mépris de la vie humaine qui y éclatait impudemment. L'air et la lumière y sont prodigués de plus en plus. Le sol a été assaini par le drainage. Les accidents, grâce à des précautions minutieuses, y sont rares.

La mécanique transforme le plus souvent l'ouvrière en une simple surveillante.

Combien les travaux agricoles sont, dans trop de cas, plus rudes pour les femmes ! Dans plusieurs de nos départements, elles portent sur leur dos ou sur leur tête de lourds fardeaux. Dans le midi de la France, ne les voit-on pas encore tirer la charrue et porter le fumier, et, souvent pêle-mêle avec les hommes sur les chantiers de terrassement, enfoncer la bêche avec leurs pieds nus, servir les maçons et les couvreurs sur les toits ?

Comment ne pas souhaiter ardemment que les femmes ne travaillent pas plus de huit heures, que plusieurs heures dans la journée leur soient réservées pour retrouver leurs enfants avec le foyer domestique situé à proximité ! Une amélioration consistant à absorber moins la femme dans le travail industriel, à lui laisser plus de temps, est-elle toujours impossible ? On ne saurait le croire.

Déjà, dans beaucoup de grandes manufactures, des mesures ont été prises contre le travail en commun, et les sorties se font à des heures différentes. C'est insuffisant, mais c'est quelque chose comme mesure moralisatrice. La tâche de moraliser les jeunes ouvrières peut être entreprise par les manufacturiers : elle peut l'être surtout par leurs femmes, et d'heureux efforts ont lieu en ce sens. Il faudrait seulement qu'ils fussent généraux. Que faut-il pour cela ? Un tendre et persévérant intérêt porté aux misères morales des pauvres filles ; point de cette sotte fierté ou de cette égoïste indifférence qui évite tout contact habituel avec ceux et celles qui portent le poids quotidien de la production. Ah ! les femmes opulentes qui règnent sur les centres manufacturiers peuvent beaucoup pour les femmes pauvres qui y travaillent. Les manufacturiers ont aujourd'hui charge d'âmes. Les bons sentiments du cœur humain, la religion, la philanthropie, le spectacle de tant de misères, les poussent à s'en souvenir. La politique suffirait à elle seule pour leur en faire une loi !

Ne sait-on pas dès longtemps, par l'admirable exemple américain de Lowell, que la manufacture peut devenir elle-même un instrument de moralisation ? Cette grande ville manufacturière, qui réunit presque toutes les industries, est comme une Sparte industrielle, chrétienne et vertueuse. La sévérité des mœurs, tempérée par d'honnêtes distractions, n'y a d'égal que le tranquille bonheur des milliers de femmes et de jeunes filles qui prennent part aux travaux. Charles Dickens lui-même, le grand romancier, qui a deux haines éloquentes, le manufacturier égoïste, exploiteur d'hommes, et le maître de pension, exploiteur d'enfants, en a été frappé, ému. La manufacture rurale en Angleterre même présente depuis longtemps quelques excellents modèles en ce genre. Toute une population d'ouvriers et d'ouvrières trouve dans les vastes et populeux établissements fondés par MM. Greg, par les Ashworth ou les Ahston, tout à la fois l'école, l'atelier d'apprentissage, le cabinet de lecture, la chapelle et jusqu'aux soirées récréatives. Ce sont de petites républiques régies paternellement.[35]

Quand mettrons-nous notre patriotisme à imiter de pareils modèles, au lieu de lutter de jalousie avec nos rivaux industriels ? Soyons jaloux de ces libres institutions philantropiques. La France cite quelques essais, entrepris en grand et d'une manière encore plus directe, de moralisation des jeunes filles, très-importants comme faits, plus encore comme germe et comme symptôme. Quelques fabricants lyonnais, en substituant le travail aggloméré au travail dispersé, ont eu l'idée de transformer l'apprentissage des jeunes filles en une sorte d'internat. Telles sont les maisons de Jujurieux pour les taffetas, de la Séauve pour les rubans, et de Tarare, vaste atelier de moulinage, annexé à une manufacture de peluche. Les plus curieux détails sur ces établissements nous ont été donnés par M. Louis Reybaud dans l'ouvrage si intéressant et si complet que nous avons déjà

---

[35] M. Jules Duval, *Histoire de l'émigration*. p. 442.

cité. J'aimerais à transcrire ici cette attachante description à laquelle je renvoie le lecteur.[36] La règle de ces maisons est toute religieuse. Ce sont des Sœurs qui y président au gouvernement des âmes comme aux soins de la comptabilité, comme à la surveillance de jour et de nuit exercée sur les jeunes ouvrières. Aussi les a-t-on appelés des cloîtres industriels. Quoi qu'il en soit, en dépit de la sévérité de la règle, en dépit des treize heures de travail exigées des apprenties et de l'engagement de trois années qu'on leur demande, les parents y sont accourus, comme vers un lieu de refuge pour la moralité de leurs enfants. Ces jeunes filles qui s'engagent à y rester trois ans, et qui y demeurent souvent quatre ou cinq années, ces jeunes filles, presque toutes exposées à se perdre lorsqu'elles sont envoyées des pays voisins à Lyon et à Saint-Etienne, reçoivent là une éducation religieuse, de précieux éléments d'instruction ; elles sont nourries et payées, et trouvent facilement à se marier, au sortir de l'apprentissage. Il ne faudrait pas trop reprocher aux fabricants ces treize heures de travail, en effet excessives. Les écoles d'apprentissage de Jujurieux, de Tarare et de la Séauve ne sont point pour eux une spéculation. La nécessité d'entretenir tout ce personnel (Jujurieux ne compte pas moins de 400 ouvrières, Tarare en a au moins le même nombre), cette nécessité pèse sur eux durement quand la crise ferme ailleurs tous les ateliers.

On se récrie contre ce travail cloîtré. Quelques-uns l'ont fait avec une horreur instinctive contre tout ce qui sent la contrainte. Plusieurs ont cru voir là une tentative faite par le clergé pour mettre la main dans l'industrie. Mon Dieu, je ne défends pas cette organisation disciplinaire de l'atelier. Ne peut-on se demander pourtant si ce régime est beaucoup plus dur, par exemple, que celui du collège, dont s'accommodent les familles les plus aisées ? Je suis loin, encore une fois, de voir un idéal dans le casernement, même moralisateur, mais ne faut-il pas reconnaître là un grand bien relatif ? Aimez-vous mieux, sévères censeurs de l'internement, le trottoir sur lequel des malheureuses ouvrières font ce qu'elles appellent cyniquement leur *cinquième quart* de journée que le couvent industriel ? Pour moi, c'est avec reconnaissance que je vois s'exercer ici au profit des masses cette influence moralisatrice de la religion. Que ceux qui s'en plaignent essaient de la remplacer par quoi que ce soit qui ait le sens commun !

On peut toutefois ne pas aller jusqu'à changer en pensionnats soumis à une sévère discipline ces maisons de patronage. À Mulhouse, un très-modeste couvent catholique, celui des sœurs Cénobies, reçoit à

---

36 *Études sur le régime des manufactures*, par Louis Reybaud, membre de l'Institut, p. 197 et suiv.

bas prix les jeunes ouvrières, leur donne le coucher et la nourriture, et les laisse libres de travailler dans les ateliers de la ville. Quelques ouvrières restent indéfiniment dans cette maison, qui n'exige d'elles après le rude travail de la journée que de se distraire d'une façon décente ; d'autres y descendent seulement, comme elles descendraient chez des amies, pendant le temps nécessaire pour trouver, avec l'aide des sœurs, une famille honnête qui consent à les recevoir ; d'autres enfin, qui ne veulent pas loger en garni, restent au couvent jusqu'à ce qu'elles aient réservé les deux ou trois meubles les plus indispensables : la supérieure garde leurs économies, et leur vend elle-même pièce par pièce le lit sur lequel elles couchent.

Les encouragements donnés à l'épargne par plusieurs chefs d'usine figurent au nombre des meilleurs moyens de réconcilier la manufacture avec la famille. L'épargne constitue un supplément de salaire. Le haut salaire du mari et l'épargne au profit du ménage, à ces conditions-là seulement, s'accomplira la rédemption de la femme ouvrière, aujourd'hui si malheureuse et si souvent hélas ! dégradée. Je dis souvent, sans oublier les nombreuses exceptions au sein de la misère la plus profonde. Combien de vertus cachées, héroïques, de pieuses résistances, de silencieux accomplissements du devoir mis aux plus dures conditions en face du vice qui s'étale ! L'épargne, c'est la vertu dans la famille ouvrière ! À elle de créer des habitudes de tempérance qui manquent trop à la classe ouvrière, surtout dans le Nord. Comment ne pas gémir, par exemple, quand on lit qu'à Amiens il se consomme tous les jours 80,000 petits verres d'eau-de-vie, dont les femmes prennent leur bonne part, valeur de 4,000 fr., représentant 3,500 kilog, de viande ou 12,121 kilog, de pain, près de 1 million 500,000 fr. par an ! Ces habitudes ont cédé dans quelques villes, à Sedan, par exemple, aux efforts énergiques des chefs d'entreprises. La liste serait longue des manufacturiers qui créent et augmentent de leurs fonds la caisse de secours entretenue par les ouvriers. Charles Kestner, à Thann, donne des pensions de retraite à ses ouvriers, sans exercer pour cela aucun prélèvement sur leurs salaires. Ces retraites peuvent monter jusqu'à une rente annuelle de 540 fr. La veuve d'un ouvrier mort après vingt ans de collaboration a droit à une pension annuelle de 130 fr. L'établissement de Wesserling consacre 17,000 fr. par an à des pensions de cette nature. Ne peut-on espérer de voir s'étendre aux femmes honnêtes et laborieuses de telles primes d'encouragement ?

Parmi d'honorables exemples d'initiative prise par les manufactures au profit de la famille ouvrière, au nombre des combinaisons les plus favorables, comment ne pas citer les mesures prises par MM. Scrive dans leurs manufactures de Lille et de Marquette ? Une boulangerie et une cuisine économiques, des pavillons avec jardin loués à des prix fort modiques, des dortoirs beaucoup moins coûteux encore, des bains, une école, une société de secours mutuels, une caisse de retraites, un cercle, des jeux, la participation des ouvriers eux-mêmes à l'administration, ne sont-ce pas là d'heureux témoignages d'une pensée aussi judicieuse que bienfaisante ? La papeterie d'Essonne, dirigée par M. Gratiot, diminue le prix des loyers pour les ouvriers, qui y trouvent des logements salubres en raison du temps passé dans la fabrique, et la gratuité est même entière au bout de cinq ans. La Compagnie de Baccarat construit et loue de riantes maisons aux ouvriers verriers d'élite.

J'ai déjà dit que les cités ouvrières de Mulhouse ont offert la solution jusqu'ici la plus heureuse du problème, qui consiste à réconcilier la manufacture avec la vie de famille, problème bien plus soluble avec les vastes établissements disposant de grands capitaux et de moyens d'action étendus qu'avec la petite manufacture, dirigée souvent par des entrepreneurs peu riches, n'ayant point d'autre idée que de se soutenir contre la concurrence et de faire fortune en dix ans. Dans cette ville de Mulhouse, si intelligente, si prompte à toutes les améliorations, pour faire de l'ouvrier un homme, de la femme une mère, une épouse, on a rendu l'ouvrier propriétaire. Grâce au concours des épargnes de l'ouvrier lui-même, coopérateur indispensable dans l'œuvre de sa régénération, grâce aux sacrifices des manufacturiers, enfin à l'aide donnée par l'État, un nombre important déjà d'ouvriers s'est vu investi d'une petite maison confortable avec un jardin. Pour ignorer ou mettre en doute les avantages immenses qui en ont été le résultat au double point de vue de la conduite et du bien-être de l'ouvrier, il faudrait ne pas savoir tout ce qu'il y a de fortifiant dans la propriété, tout ce qu'elle produit d'habitudes favorables à la dignité personnelle, à la vie intérieure, à l'économie prévoyante.

Sans revenir sur ce que j'ai dit plus haut sur ce sujet, il m'est impossible de ne pas répéter, à propos des femmes, que les logements étroits et insalubres dans lesquels vivent et surtout vivaient, avant les récentes améliorations, tant de nos ouvriers et de nos ouvrières, ont fait et causent un immense mal à la famille. Le mari s'en éloigne avec dégoût ; la femme y reste le moins qu'elle peut ; les enfants vagabondent dans la rue et se traînent dans le ruisseau. Dans un espace trop resserré les cœurs s'aigrissent, les mœurs se corrompent par la promiscuité ; l'atmosphère impure qui altère les organes vicie jusqu'à l'âme. N'est-il pas temps que le régime industriel achève de se laver de ces honteuses souillures, et qu'il se trouve beaucoup de fabricants comme ceux de Mulhouse ?

III

La maxime : *Connais-toi toi-même* ne s'impose pas moins à la société qu'à l'individu. La guérison des maux dont elle souffre n'est possible qu'à ce prix. Les grandes enquêtes si usitées chez nos voisins n'ont point d'autre objet. Les Anglais n'hésitent pas à s'accuser afin de pouvoir s'amender. Tout ce qu'on peut raisonnablement exiger de celui qui signale un mal sans y apporter de remède complétement efficace, c'est de ne pas l'exagérer et de prendre garde de l'envenimer par la déclamation. Les sociétés ne sont obligées après tout qu'à la bonne volonté. Entre la conscience du mal et la découverte des moyens de guérison, comment empêcher qu'il ne s'écoule toujours plus ou moins de temps ?

L'inefficacité des remèdes radicaux est un des tristes résultats de l'examen de la situation des femmes pauvres. Il n'y a guère que la loi qui ait le privilège de trancher certaines difficultés. Mais trancher n'est pas résoudre. Nous approuvons vivement, quant à nous, la législation sur le travail des enfants et des hommes dans les manufactures. Mais combien de telles mesures ne sont-elles pas limitées dans leur portée, outre qu'il s'en faut qu'elles soient suffisamment appliquées ! Comment ne pas avouer d'ailleurs qu'une grande réserve est exigée en ce qui touche la législation préventive relativement aux femmes ? La femme n'est pas dans la même situation que l'enfant. Elle dispose d'elle-même. Elle a le même droit que l'homme de travailler et de stipuler en ce qui la concerne. Un législateur qui organiserait le travail féminin ne tarderait pas, pour d'autres motifs plus ou moins analogues, à organiser le travail masculin, et, pour commencer, il désorganiserait celui-ci ; car quel observateur un peu attentif ne reconnaîtra que la répartition des femmes dans certains travaux qui leur seraient exclusivement réservés jetterait une complète perturbation dans l'industrie ? Je repousse donc, pour les hommes comme pour les femmes, les incapacités légales. La condition commune pour tous est la liberté du travail. Au fond, est-il permis de tirer des abus dont on se plaint quelque conclusion fondée en faveur de la réglementation ? Pourquoi le public, pourquoi les commerçants s'adressent-ils de préférence aux hommes pour en tirer des services auxquels les femmes semblaient naturellement plus propres ? Tout simplement parce que, pour une raison ou pour une autre, bonne aujourd'hui peut-être, mais qui demain peut cesser de l'être, ce à quoi il faut tendre, ils y trouvent leur avantage. Allez-vous donc aussi forcer les commerçants et le public à s'adresser, dès à présent, malgré son infériorité réelle ou présumée, au travail des femmes ? Ce serait peut-être chevaleresque ; ce serait à coup sûr fort tyrannique, et votre mesure, comme toutes les mesures violentes, resterait probablement éludée et impuissante. L'État ne doit point user de contrainte à l'égard des particuliers ; est-ce à dire qu'il n'ait qu'à se croiser les bras ? Ne dispose-t-il pas d'un certain nombre de places ? Ne pourrait-il se montrer plus libéral pour les femmes ? Les administrations des postes, du tabac, du timbre, s'applaudissent de leurs services dans lesquels elles se montrent si soigneuses et si dévouées. Dans la grande variété des emplois administratifs, il en est d'autres qu'on pourrait leur réserver. N'est-ce pas à elles que semblerait devoir être dévolue l'inspection des prisons de femmes, des maisons d'éducation de femmes, du travail des femmes dans les manufactures ? Ne pourrait-on aussi leur confier le télégraphe électrique en partie ? Déjà les Compagnies de chemins de fer se félicitent de leur avoir remis la distribution des billets ; et même, chose plus délicate et d'abord plus contestée, la garde des barrières de passages à niveau. Les Compagnies comme l'État lui-même ne peuvent-elles faire plus encore en faveur des femmes qui cherchent dans le travail un moyen honorable de subsister ? N'est-on pas frappé de ce fait, qu'aujourd'hui trop de femmes se livrent à la couture et aux travaux qui s'y rattachent directement ? Elles étaient, il y a quatorze ans, 60,000 se faisant concurrence dans ce genre de travail à Paris, et le nombre a peu changé. Il y a sans doute à ce fait une explication naturelle. Qui ne sait que, de tout temps et dans toutes les classes, la femme coud, file, tricote ou brode ? Bien des femmes tirent profit de ce travail dans la bourgeoisie sans qu'on s'en doute. Bien des fois le père et le mari ignorent que tel élégant ouvrage ira chercher un acheteur, et paiera soit les dépenses du ménage, soit quelques fantaisies de toilette. La masse des articles faits à la main par des femmes non ouvrières, qui le croirait ? est assez grande pour peser lourdement sur le salaire des ouvrières, d'autant plus que celle qui n'en fait point son métier accepte à peu près ce qu'on lui donne. À cette concurrence se joint celle des couvents, redoutable par la perfection des produits achevés à loisir, et celle des prisons, qui se fait sentir par la masse et le bon marché. Conclusion : il faut désobstruer avant tout le travail de la couture de son trop nombreux personnel. Tant que les femmes s'y presseront en foule, qu'on le sache bien, les salaires y seront misérablement bas.

Les débouchés manquent-ils comme on le dit ? Il est facile de prouver le contraire. Voyez, par exemple, les pays où l'horlogerie a pris un grand développement, les cantons de Neuchatel, de Berne et quelques autres. Les femmes y sont largement engagées. Peu d'industries leur vont d'ailleurs aussi bien. Celle-ci s'exerce à domicile avec une application très-étendue de la division du travail. Comment se fait-il qu'en 1847, sur 2,000 ouvriers recensés à Paris dans l'industrie des horlogers et des fabricants de fourniture pour l'horlogerie, il n'y avait que 155 femmes ? Pourquoi l'orfèvrerie, la bijouterie, la dorure, la reliure, la passementerie, la gravure en taille-douce, la gravure de la musique, la lithographie, le moulage et le modelage, plusieurs parties de l'optique et de la fabrication des instruments de précision, pourquoi tant d'arts variés et bien rémunérés n'en emploient-ils pas un plus grand nombre ? Pourquoi le dessin pour étoffes n'est-il pas une carrière plus fréquentée par elles ? Si elles inventent peu, dit-on, elles imitent à merveille. N'est-ce point, ce semble, pour elles que l'alliance de l'art et de l'industrie, notamment pour les métaux, les meubles, les étoffes, a pris, de nos jours, tant d'extension ? N'est-ce pas à elles que revient, par droit de nature et par droit de conquête, la tâche délicate et charmante d'idéaliser l'utile par le goût ?

Parmi les simples industries à leur convenance et à leur portée, il en est une, qu'elles sont destinées à remplir en partie. Aux États-Unis, en Angleterre, il y a des imprimeries où les femmes figurent, soit seules, soit en grande majorité. Elles s'en acquittent fort bien. À part quelques travaux de force réservés aux hommes, il en est peu dont elles soient capables avec moins de fatigue et d'inconvénients ; et pourtant à l'heure même où j'écris, les ouvriers typographes, non pas tous, mais en grand nombre, se liguent pour empêcher cette concurrence des femmes. Quelques-uns ont même lancé à ce sujet des brochures virulentes dirigées en partie contre les économistes partisans, comme nous le sommes, de la liberté du travail sans acception de sexe.

Ce qui empêche les femmes de suivre des routes si multiples, c'est sans doute avant tout leur peu d'instruction. Nous en parlerons tout à l'heure. Mais n'est-ce point aussi la coutume ? La puissance de la routine est si grande !

Que faut-il donc faire ? Prêcher de parole et d'exemple. Que ce soit à qui les emploiera toutes les fois qu'il n'est pas démontré qu'il y a désavantage ou quand le désavantage peut être corrigé. Les chambres de commerce ne pourraient-elles les recommander aux entrepreneurs, prendre en main leur cause ? En dehors de quelques écrivains étrangers à l'industrie, ces clients si dignes d'intérêt n'ont, hélas ! pas d'avocat.

Ce n'était pas assez des infériorités naturelles et des exclusions peu fondées du domaine du travail qui croirait que, lorsqu'elles ont voulu s'assurer contre le chômage par suite de maladie, elles ont rencontré souvent le même peu de bon vouloir ? Pourquoi, en 1860, sur 402,885 hommes, membres participants des Sociétés de secours mutuels, n'y a-t-il que 69,870 femmes ? Cela tient-il seulement au nombre moindre des ouvrières, à leur misère même, qui ne leur donne pas de quoi se faire assurer ? Non. Plusieurs sociétés ont exigé d'elles une cotisation plus forte, sous prétexte qu'elles étaient trop souvent malades. Raison peu fondée, leurs maladies étant plus courtes et le nombre des journées qu'il a fallu payer aux femmes étant inférieur à celui des hommes. Elles ont fait de leur mieux pour s'organiser toutes seules en sociétés de secours. Environ 18,000 femmes y figurent aujourd'hui, et pour opposer une dernière réponse à ceux qui les accusent d'incapacité, il se trouve que ces sociétés sont au nombre des mieux administrées.

Pour les professions libérales, on rencontre les mêmes exclusions. Les sages-femmes n'ont-elles pas été beaucoup trop dépossédées de leurs anciennes fonctions ? Si une partie des études médicales est interdite aux femmes, si l'exercice de la chirurgie n'est pas plus possible à leur sensibilité morale qu'à la faiblesse de leurs organes, telles parties de la pratique médicale ne pourraient-elles être cultivées par elles avec succès, notamment, et ici avec un premier profit pour la pudeur, pour les maladies qui affectent les femmes[37] ? Qui ne voit que la carrière que leur offrent les arts et les lettres est limitée ? Les arts comprennent la musique, la peinture, la sculpture, l'architecture, le théâtre. Sont-elles également aptes à ces arts qui exigent des facultés si diverses ? Il y aurait plus de flatterie que de franchise et d'intérêt sincère porté à leur sort à répondre affirmativement. Elles ne réussissent guère dans la grande composition musicale ; leurs talents, quant à la peinture, ne sont à l'aise que dans un certain nombre de genres ; la sculpture leur doit peu d'œuvres : elles ne sont guère architectes. Le théâtre est leur triomphe. Elles y règnent en souveraines par le chant, le jeu, la déclamation. Tout ce qui est imitation et passion leur convient admirablement. Mais, si quelques-unes réus-

---

[37] Quelques-unes de ces vues se trouvent déjà exprimées dans l'excellent ouvrage d'un regrettable philosophe, M. Adolphe Garnier, membre de l'Institut, sur la *Morale sociale*, publié à la librairie Hachette. L'auteur y paraît vivement préoccupé de la situation actuelle des femmes laborieuses, et dans les observations qu'il consacre à cet important sujet se montre, comme toujours, moraliste délicat et judicieux.

sissent, combien échouent ! Et que leurs échecs sont amers ! O misères de la jeune artiste réduite à chercher dans l'art un gagne-pain ! Le ridicule, la faim, la honte, voilà le triple abîme où vont échouer trop souvent ces enivrements de la jeunesse et ces vives illusions qui se sont pris pour la vocation du génie ! Peut-on nous dire si l'art en a fait vivre ou tué davantage de ces femmes pour qui la réputation et la fortune semblaient n'avoir pas de cimes trop escarpées ?

Les lettres en occupent un certain nombre, oui sans doute ; triste occupation quand la vocation n'y est pas, misère encore quand le talent lui-même n'est pas de ceux qui ont une valeur vénale sur le marché ! Là aussi d'ailleurs leur carrière n'est-elle pas bornée ? Que les philosophes recherchent pourquoi elles ne comptent pas plus de Shakspeare et de Molière que d'Homère et de Dante, pas plus de Tacite que de Leibnitz. Quelques-unes déploient du mérite dans les recherches d'érudition. Il paraîtra peut-être étrange que l'économie politique nomme plusieurs femmes distinguées. On s'en étonnera moins si l'on songe que tout ce qui relève à quelque degré de l'observation morale et sociale est de leur ressort. Qui ne sait enfin qu'elles sont supérieures dans les mémoires, les lettres, le roman ? Si les combinaisons fortes leur échappent, la passion et la finesse sont leur lot et leur privilège. C'est par la finesse, la sagacité que se recommandent leurs livres d'éducation. Sera-t-il permis d'indiquer ce modeste genre des livres d'enseignement élémentaire à des femmes qui, après expérience, ne se trouvent point avoir ce qui fait le grand poète et le grand romancier ? C'est pour plusieurs déjà une ressource utile. Sans doute toutes n'ont point le don difficile de composer de bons livres pour l'enfance. Mais c'est chez elles un des moins rares. Lumières du cœur, amour de l'enfance, esprit pratique, don de direction, précision, netteté, que faut-il de plus pour trouver le chemin de l'intelligence et du cœur de l'enfant ?

L'enseignement est aujourd'hui et tend à devenir de plus en plus une carrière pour les femmes. Là aussi elles rencontrent au sein des pensionnats la concurrence des hommes. Un jury masculin les examine et les juge. Est-ce juste aussi ? J'aurais trop à dire sur l'instruction qu'on leur distribue en général. Science sèche, programmes indigestes, des dates sans lumière et non pas l'histoire rendue intéressante par les détails et par la grandeur émouvante des événements et des personnages, presque partout la lettre morte au lieu de l'esprit qui vivifie, en un mot de quoi les dégoûter à jamais des livres sérieux, voilà, sauf exception, l'éducation que reçoivent aujourd'hui les femmes ! L'âme et l'utilité vraie y manquent également. L'instruction publique présente à la femme pauvre un débouché, mais quel débouché le plus souvent ! Sur le nombre des institutrices existant en France, on a calculé, il n'y a pas longtemps, que plus de quatre mille ne jouissent que d'un revenu inférieur à 400 fr., et que près de 2,000 ont entre 100 fr. et 200 fr. La rétribution des élèves payants étant presque partout insignifiante, c'est encore l'aiguille qui complète les émoluments. Les institutrices employées dans les maisons particulières vivent du moins ! — Enfin il y a l'enseignement libre. Dans les villes, il a pris un grand développement. C'est sous cette forme que la profession de l'enseignement a encore le plus de dignité. Combien sont presque toujours méritantes celles qui s'y livrent ? Jeunes filles qui soutiennent de vieux parents, femmes vivant seules dans une indépendance honorable ! Elles enseignent le français, l'anglais, l'italien, le dessin, l'histoire, la géographie, le calcul. Ce qui s'est le plus multiplié, c'est l'enseignement musical. Paris compte, dit-on, plus de trois mille femmes professeurs de musique.

Le haut enseignement public ne pourrait-il être ouvert aux femmes ? Ne pourraient-elles paraître dans une chaire, elles qui paraissent sur le théâtre ou qui se font entendre dans les concerts ? À cette idée, le public français se récrie. Je vois d'avance plus d'un lecteur riant à la pensée de cette Sorbonne féminine. On est moins rieur dans d'autres pays, à en croire un célèbre économiste, M. Rossi, si peu disposé lui-même à donner dans les idées chimériques et à rêver outre mesure l'émancipation de la femme. « J'ai siégé, écrit-il, comme étudiant sur les bancs d'une Université (en Italie) avec des femmes qui étudiaient le droit et la médecine ; j'ai été fait docteur en droit la même année qu'une fort belle dame qui recevait le même grade ; j'ai suivi un cours de littérature grecque fait dans la même Université par une dame dont l'enseignement était non-seulement très-bon, mais doué de beaucoup d'esprit et de grâce ; je crois même qu'elle vivait encore lorsque je fus nommé professeur à la même Université et que j'eus ainsi l'honneur d'être son collègue. »

C'en est assez pour ne pas se montrer trop vite dédaigneux et sceptique. Est-ce le sérieux qu'on suspecte chez nos jeunes gens, auditeurs de pareils cours, plus que la capacité chez les femmes ? Eh bien ! que les cours faits par des femmes ne soient ouverts qu'aux femmes, puisque la sévère Sorbonne refuse de leur ouvrir ses portes.

Environ 55 pour 100 de ces femmes laborieuses ne savent pas lire dans cette France si renommée par ses lumières et qui en a tant en effet ! Le nombre de leurs écoles primaires relativement à celui des écoles pour le sexe masculin est dans la plus fâcheuse infériorité.

Plus encore que l'instruction primaire, l'enseignement spécial qui les rendrait propres à l'exercice d'une ou de plusieurs professions, manque aux jeunes filles pauvres. Ce n'est que par cet enseignement que cessera leur concurrence meurtrière dans les métiers où elles se pressent et se décrient les unes les autres. Ce n'est que par là que se relèvera leur salaire. Puisque force est d'accepter pour elles cette dure nécessité du travail manuel, tâchons de leur créer des ressources régulières et fécondes. Un tel enseignement reste à créer. La Société d'instruction primaire du Rhône a ouvert à Lyon, en 1858, ses cours de langue anglaise pour les femmes, et ses cours de comptabilité. Cet exemple commence à être suivi à Paris. Les formes de cet enseignement varient d'ailleurs suivant les villes, selon le caractère des industries. Que de bien à faire dans cette voie appelle une sage organisation économique de la démocratie, qui proclame l'égalité morale et civile des sexes !

CHAPITRE XI
LA POPULATION ET LE SYSTÈME DE MALTHUS DEVANT LA DÉMOCRATIE. — L'ÉMIGRATION LIBRE DES TRAVAILLEURS.

I

Mais, dit-on, cette liberté de travail que l'économie politique préconise dans l'intérêt des masses, cette association revêtant tant de formes fécondes, cette instruction elle-même partout répandue, et cette capacité professionnelle accrue dans tous les rangs et pour les deux sexes, tout cela ne servira de rien, s'il est vrai, comme le prétendent les économistes, que les facilités de vivre ne sont, pour les classes ouvrières, qu'un appel à se multiplier, qu'un excitant pour la population obéissant à une tendance qui la pousse à se développer toujours plus vite que les subsistances. Quelques-uns même en sont venus à proposer des prohibitions aux mariages pour les ouvriers sans capital, ce qui paraît assez singulier pour des hommes qui condamnent partout les prohibitions. Malthus, ajoute-t-on ironiquement, est le grand-prêtre de cette religion nouvelle du célibat ou de la stérilité dans le mariage ; et de là on passe à l'injure contre Malthus et contre les économistes ennemis du peuple. On peut lire ce qu'ont écrit là dessus Proudhon et Pierre Leroux.

On va voir que nous n'admettons pas ce qu'on a nommé le *système* de Malthus, mais nous sommes ennemi de l'exagération aussi bien contre que pour, et nous croyons que même dans un *système* qui pêche par l'excès, il y a d'utiles vérités à recueillir pour les classes populaires.

Disons d'abord un mot du *monstre* lui-même, de ce terrible Malthus dont le nom a si souvent retenti, au plus fort de nos discordes sociales, aux oreilles des classes ouvrières.

Voici comment un publiciste éminent, M. Charles Comte, s'exprime, dans sa Notice consacrée à Malthus, sur l'auteur du livre de la *Population* « Il était d'un caractère doux, il avait sur ses passions un si grand empire, il était si indulgent pour les autres, que les personnes qui ont vécu près de lui pendant près de cinquante années assurent qu'elles l'ont à peine vu troublé, jamais en colère, jamais exalté, jamais abattu. Aucun mot dur, aucune expression peu charitable ne s'échappait jamais de ses lèvres contre personne ; et, quoiqu'il fût plus en butte aux injustices et aux calomnies qu'aucun écrivain de son temps, et peut-être d'aucun autre, on l'entendit rarement se plaindre de ce genre d'attaques, et jamais il n'usa de représailles. Il était très-sensible à l'approbation des hommes éclairés et sages ; il mettait un grand prix à la considération publique. Mais les outrages non mérités le touchaient peu, tant il était convaincu de la vérité de ses principes et de la pureté de ses vues ; tant il était préparé aux contradictions et même à la répugnance que ses doctrines devaient inspirer dans un certain monde. Sa conversation se portait naturellement sur les sujets qui touchent au bien-être de la société, et dont il avait fait l'objet d'une étude particulière : il était alors attentif, sérieux, facile à émouvoir. Il énonçait son opinion d'une manière si claire, si intelligible, qu'on voyait aisément qu'elle était le résultat d'une réflexion profonde. Du reste, il était naturellement gai et enjoué, et aussi prêt à prendre part aux plaisirs innocents de la jeunesse qu'à l'encourager ou à la diriger dans ses études. » Tel était l'homme dont les écoles socialistes ont voulu faire une sorte d'ogre se nourrissant de victimes humaines. Ce terrible Malthus était un doux ministre anglican, plein de tolérance et de lumières, à la fois un chrétien fidèle et un homme du XVIIIe siècle. Ajoutez que ce prétendu ennemi de la population était père d'une nombreuse famille. Lorsque Malthus entrait dans quelque salon suivi de tous ses fils et de toutes ses filles, cela prêtait à l'épigramme, mais eût pu suffire au besoin pour repousser la calomnie.

L'épigramme même était-elle fondée ? Malthus contredisait-il le fameux principe de la limitation préventive de la population, en mettant au monde une postérité nombreuse ? Il s'en serait fort défendu. Selon lui, le devoir prescrivait de ne point donner le jour à plus d'enfants qu'on n'en peut nourrir et élever, et la question de morale dépendait pour chaque famille de l'état de son budget.

De là découle un des principaux reproches adressés à la doctrine de Malthus, celui d'être une doctrine abusivement aristocratique. On lui reproche de faire du mariage et de la paternité des privilèges à l'usage des riches et des gens aisés. Malthus et ses disciples répondent à cette accusation qu'il ne s'agit pas d'interdire le mariage et la paternité aux pauvres, mais seulement soit de retarder l'âge où l'on se marie pour ceux qui n'ont pas des moyens de vivre suffisants ou suffisamment probables, soit de limiter la fécondité du mariage, par l'exercice d'une vertu sévère que Malthus a nommée la contrainte morale. Ils ajoutent que si ces conseils semblent sévères, ce n'est ni Malthus, ni eux qui sont les auteurs de la loi de population et des effets qui en résultent. Ils soutiennent enfin que, bien loin d'être favorable à l'aristocratie du capital, leur doctrine est démocratique dans le meilleur sens du mot, c'est-à-dire essentiellement favorable aux travailleurs. En effet, plus ils se multiplient au-delà du besoin qu'on a d'eux, plus ils se livrent, par la baisse des salaires qui en est la suite inévitable, à la merci des entrepreneurs d'industrie. Ainsi l'intérêt, du moins immédiat, des capitalistes est que la classe ouvrière pullule à l'excès pour obtenir le travail au rabais ; l'intérêt des travailleurs est qu'ils soient limités quant au nombre pour soutenir le débat avec plus d'égalité et s'assurer de meilleures conditions. Avec les bas salaires de plus en plus poussés vers le minimum, voici venir la misère, la dégradation physique et morale, la barbarie ; à la suite des salaires élevés comme régime habituel et normal, marche l'aisance avec les habitudes de dignité qu'elle engendre, le développement intellectuel naissant du loisir, la civilisation en un mot pénétrant de plus en plus les dernières couches de la société.

On s'est beaucoup récrié contre la fameuse proportion géométrique suivant laquelle s'accroît la population, selon Malthus. Quand Malthus osa écrire que, lorsque ce mouvement d'accroissement ne rencontre point d'obstacle, la population opère son doublement au moins en vingt-cinq ans, ce qui suffirait avec une effroyable rapidité pour qu'une seule famille donnant six enfants à chaque génération couvrît toute la terre, on traita cette assertion d'hypothèse romanesque. Cependant les faits, qui déjà lui donnaient raison, se sont accrus en nombre et en importance depuis que nous avons pu lire dans le développement de l'Amérique, comme dans un livre ouvert sous nos yeux pour l'instruction du vieux monde. Quoi ! vous niez la proportion géométrique de Malthus, et la population de l'État de

New-York est devenue sept fois plus considérable de 1790 à 1840, en cinquante ans, et neuf fois plus considérable de 1790 à 1850 ; la population de l'Ohio a récemment triplé en vingt ans, et quadruplé en trente ans, de 1820 à 1850 ; en cinquante ans, la Pensylvanie a juste quadruplé. Où cela irait-il, grand Dieu ! si l'espace et l'aliment ne faisaient défaut ? Demandez ce qui arriverait si rien ne contrariait la force reproductive de chaque grain de blé et de chaque poisson ! Songez qu'une carpe pond 340,000 œufs ! N'a-t-on pas calculé qu'une jusquiame peuplerait de plantes le globe en quatre ans, et que deux harengs rempliraient la mer en dix ans, l'Océan couvrît-il toute la terre ? La fécondité de l'espèce humaine est fort modeste, comparée à celle des plantes et des poissons, il est vrai. Telle qu'elle est, elle eût bientôt tout envahi, si les causes préventives ou répressives les plus diverses ne s'y opposaient. Le détail de ces causes pour les différentes contrées du globe forme dans le volumineux ouvrage de Malthus une des plus curieuses lectures qu'on puisse faire.

Voilà donc Matthus justifié du moins quant à l'exactitude d'une de ses plus célèbres propositions. L'est-il moins dans le conseil qu'il donne de substituer l'action préventive, non pas, bien entendu, celle du vice et du libertinage, dont il a horreur, mais celle que la morale elle-même autorise et conseille, au ravage que ne manquent pas d'exercer de formidables causes *répressives* ou *positives*, comme il parle, telles que la famine, les épidémies, les maladies de tout genre qui s'attachent aux pauvres, enfin cette horrible mortalité qui, dans les populations misérables, frappe à coups redoublés sur les enfants ? L'humanité n'a pas attendu les écrits de Malthus pour se conformer en partie à ses prescriptions, et elle n'a pas besoin de les connaître pour continuer à leur donner raison. Que dit le bon sens ? que dit la logique aussi ? Que si aucune réserve n'était à observer en cette matière, les unions devraient se faire dès que l'âge permet qu'elles soient fécondes. Le père de famille qui conseille à son fils d'attendre pour se marier, qui le lui conseille au nom de la prudence et du devoir, pour lui-même, pour l'avenir de sa femme et de ses enfants, aurait tort en réalité, comme il a tort en fait plus d'une fois devant les amours de la jeunesse. La prévoyance humaine a mis en pratique depuis trop longtemps, dans une mesure étendue, les conseils de Malthus, pour que ces conseils, produits sous une forme abstraite, puissent justement exciter l'étonnement, bien moins encore l'indignation. Il n'y a que les honteux commentaires de quelques disciples fanatiques et compromettants qui méritent ce blâme, ou, si quelque chose en est digne encore, c'est cette prédication faussement philanthropique qui pousse les malheureux à une multiplication désordonnée, féconde seulement pour la souffrance et pour la mort.

Ce ne sont point des exagérations, des erreurs mêmes, qui peuvent compromettre des vérités si palpables. S'il suffisait au jeune ouvrier, au pauvre employé, à ce petit bourgeois qui essaie en vain de cacher sa misère sous une redingote ou un habit noir, de dire « Je travaillerai, oui, je travaillerai, s'il le faut, dix ou douze heures d'un travail pénible pour subvenir aux besoins de ma famille, » la difficulté même pourrait être un aiguillon de travail ; la famille, qui fait naître des habitudes d'épargne, n'aurait que des effets moralisants. Mais l'infortuné travaille en effet ce nombre d'heures, quelquefois davantage, quand la maladie ou les autres causes de chômage ne le forcent pas d'interrompre son dur et monotone labeur ; cependant Dieu sait comment il lui arrive de s'en tirer. Encore une fois, interrogez la statistique, ici trop bien informée, demandez-lui le chiffre comparatif de la mortalité des pauvres et des gens aisés, en ce qui regarde l'âge mûr et l'enfance, voyez où en sont trop souvent vos populations de prolétaires. En vérité, il semblerait, pour ceux dont l'optimisme prêche la cause de l'imprévoyance, que la misère, que l'impossibilité de nourrir un grand nombre d'enfants et de les *élever*, c'est-à-dire d'en faire des hommes utiles et civilisés, sont des fables imaginées par des économistes à l'humeur noire, n'ayant point d'yeux pour voir le spectacle de la félicité universelle que présente le monde. Peu s'en faut que Malthus ne soit rendu personnellement responsable de la faim, de la peste et de tous les fléaux déchaînés sur le monde. Du moins a-t-on été plus juste à l'égard des médecins : on n'a pas encore dit d'eux qu'ils eussent inventé le choléra.

Ce qu'il faut maintenant reconnaître, c'est que l'économiste anglais a beaucoup trop assombri les couleurs du tableau, beaucoup trop diminué la part du bien, beaucoup trop rejeté sur les ouvriers la responsabilité qui appartient aux mauvaises lois, à ces lois de privilège dont, à cette époque, son pays était la victime, lois des pauvres, lois prohibitives de l'entrée des céréales étrangères, etc. Pénétré de l'énergique puissance du principe de population, proclamant lui-même que les remèdes qu'il conseille ont peu de chances de triompher d'une imprévoyance qui n'est nulle part plus difficile à vaincre que dans les classes mêmes pour lesquelles elle est un danger plus redoutable, il paraît croire que le genre humain est éternellement condamné à se presser aux dernières limites des subsistances, jusqu'à ce que des causes funestes, agissant avec une continuité déplorable et pourtant nécessaire, aient rétabli l'équilibre. Ici se présentent des objections dont je ne pense pas que les défenseurs de Malthus aient triomphé. Qu'est-ce que cette limite des subsistances d'abord ? Qui pourrait l'assigner ? Combien est petite encore la portion de terre cultivée Combien la culture est-elle encore éloignée, par l'imperfection de ses procédés, de procurer ce qu'elle peut fournir d'aliments ! Combien de moyens encore à naître et dont nous entrevoyons seulement quelques-uns (la pisciculture par exemple) peuvent en augmenter la masse ! Que de ressources offrent et le commerce et l'émigration ! — Ressources insuffisantes et momentanées, s'écrient les défenseurs absolus du système de Malthus. À peine une ressource est créée que le principe de population se développe avec une nouvelle intensité, et a bientôt dévoré l'excédant de nourriture et d'espace qui lui est laissé. – C'est là, répondrons-nous, qu'est l'hypothèse. Il faut un temps incalculable pour que tous les vides soient comblés, à voir la marche que prend la population dans notre Europe. L'expérience démontre que le principe préventif a en fait plus d'influence que Malthus n'ose l'espérer. La limitation préventive n'agit souvent même qu'avec trop d'excès dans les classes riches. Dans les classes moyennes, la fécondité se mesure en général à la somme des moyens d'existence. Il semble que quelque chose de ce qui a lieu pour les espèces vivantes ait lieu également pour les classes dont se compose la société. La puissance prolifique y devient plus grande à mesure qu'on se rapproche des degrés inférieurs.[38]

Il n'est donc pas exact de dire, sous forme de proposition absolue, que la population *tend à dépasser la limite des subsistances*. Cela est vrai ou faux suivant les cas. Cela ne serait vrai dans tous que si l'humanité vivait sans prévoyance, comme les animaux, et n'usait point en fait de ce libre arbitre dont Malthus recommande l'usage sans y compter suffisamment ; cela ne serait vrai que si la qualité de la population, considérée dans la puissance productive que lui confère son état d'avancement intellectuel et moral, n'était pas un élément aussi essentiel du problème que la *quantité* dont il s'est préoccupé presque exclusivement. La question d'instruction et d'éducation, c'est-à-dire la capacité productive et le bon emploi des ressources créées, paraît, dans l'état présent du monde, primer de beaucoup la question purement numérique. Il n'y a pas trop d'hommes dans le monde ; il y en a beaucoup trop d'incapables de se mesurer avec les difficultés des choses. Malthus voit dans le développement exagéré de la population

---

[38] Voir le livre de M. Joseph Garnier *Du principe de population*. C'est une défense complète du système de Malthus, dont l'auteur est un des partisans les plus décidés et les plus savants.

la cause presque unique de tous les maux. Là est l'illusion, et elle est grande. La population en Angleterre s'est accrue depuis lui avec une rapidité qui l'eût fort effrayé. Cependant le bien-être des membres de la grande famille britannique s'est accru beaucoup plus encore. Malthus n'a signalé qu'une des causes de la misère et n'a enseigné qu'un seul de ses remèdes, et ce remède, quoi qu'il ait paru dire, ne serait pas une panacée.[39]

– *Me prenez-vous pour un Malthus ?* s'écrie, dans la comédie d'Henri Monnier, M. Joseph Prudhomme avec une grande indignation, sauf à avouer à son interlocuteur, qui lui demande ce que c'est que Malthus, *qu'il ne le sait pas plus que lui. Les malthusiens, quelle est donc cette engeance ?* chante je ne sais plus quel couplet. — *Carnassiers de Malthus*, écrit M. Proudhon avec plus de gravité apparente. — Devant de pareilles injures, on hésiterait presque à se défendre du reproche de malthusianisme. Si l'on fait des réserves sur certains côtés de la doctrine, du moins n'est-ce point parce qu'on rougit de ce philanthrope calomnié. Parmi les titres de Malthus à l'estime, peut-être pourrait-on placer son impopularité. Un homme qui ose braver le préjugé et le lieu commun, c'est si rare ! Malthus l'a fait sans forfanterie et en toute conscience. Aussi a-t-il pu mourir sans manifester aucune espèce de remords, comme l'écrit un de ses adversaires. Il a quitté le monde sans remords, ce grand coupable, et cependant voyez ses crimes il a dit aux peuples qu'ils avaient tort de s'en prendre toujours à leurs gouvernements de tous leurs maux que les pouvoirs publics ne devaient pas et ne pouvaient pas tout faire ; que ce n'était pas pour rien que la Providence avait créé des individus et donné à ces individus une liberté et les moyens de s'en servir ; il a critiqué ces encouragements factices au développement de la population, qui aussi bien s'encourage assez d'elle-même, ces primes honnêtement applicables pour ce qui regarde les chevaux et pour les bœufs, mais quelque peu honteuses quand il s'agit d'hommes et de chrétiens ; il a enseigné que le nombre des naissances est un criterium fort insuffisant et des moins infaillibles de la prospérité nationale, qu'il y faut encore la diminution dans le nombre des décès et l'augmentation de la vie probable et moyenne. Quelle abomination enfin que d'avoir montré que la taxe des pauvres, telle qu'elle existait alors en Angleterre, et divers moyens plus ingénieux les uns que les autres, imagi-

---

39 Parmi les attaques les plus radicales contre le système de Malthus, parties du camp non plus des socialistes, mais des économistes, nous citerons les articles, insérés dans le Journal des Économistes, de M. de Fontenay, un des plus vigoureux écrivains que compte aujourd'hui l'économie politique.

nés par les utopistes réformateurs, ne résolvaient pas le problème de l'aisance générale !

Système faux, parce qu'il est exagéré, vérités sévères, philanthropie éclairée, voilà Malthus. On l'a outré encore. La pensée de restreindre le développement de la population par des mesures légales et préventives n'est pas moins condamnable, selon nous, que celle de le développer par des encouragements factices. Nous regrettons vivement que plusieurs économistes aient approuvé ces mesures attentatoires à la liberté individuelle. S'il est au monde un droit qui relève uniquement de l'initiative personnelle, n'est-ce pas celui de se marier bien ou mal ? Suffira-t-il qu'un individu ne puisse justifier d'un certain avoir et de moyens assurés d'existence pour que la société mette son interdit sur un acte qu'elle juge imprudent ? Est-il vrai que l'intérêt général s'accommode de cette usurpation ? La réponse peut être empruntée à l'expérience. Dans plus d'un petit État notamment en Allemagne, cette interdiction posée en règle par un célèbre économiste, John Stuart Mill, a force de loi. Qu'en est-il résulté ? Ce qui résulte de tout arbitraire. La loi y est éludée ; elle voulait prohiber le mariage ; elle ne réussit qu'à multiplier le nombre des unions illégitimes et des enfants naturels ; elle voulait protéger le bien-être de la famille, elle a détruit la famille elle-même.

II

À la question de la population se rattache l'émigration des travailleurs. Elle ne se rattache pas moins étroitement à celle de la liberté des travailleurs. La liberté du travail n'est pas, en effet, seulement la liberté de travailler comme l'on veut, mais *où* l'on veut.

Les uns y ont vu un remède suffisamment efficace aux excès de population ; les autres semblent n'en avoir montré que les misères.

Nul sujet n'a plus de grandeur que l'émigration, nul n'a plus d'opportunité en présence de l'immense mouvement d'émigration européenne dont nous sommes témoins. Le travail, obéissant à la loi de liberté, cherche partout, comme le capital, à prendre son niveau.

Comment ne pas reconnaître avant tout que l'émigration a une grande signification historique, une portée civilisatrice ? Il faut la constater sous peine de rapetisser tout ensemble et de fausser la question. Cette grande question de l'émigration ne s'éclaire complètement et ne peut être bien appréciée au point de vue des intérêts populaires et généraux, que si elle reçoit sa lumière d'en haut, c'est-à-dire de la philosophie de l'histoire.

Est-ce seulement aux individus que s'applique le mot *Vœ soli !* Non :

on peut dire aussi : Malheur aux nations qui se ferment aux rapports avec le reste du monde ! Malheur aux familles qui restreignent à l'excès le cercle de leurs alliances ! Elles trouvent dans l'abâtardissement physique et moral la confirmation, à leurs dépens, de cette loi providentielle qui fait de la fraternité humaine une vérité. En vain l'humanité, retenue au sol natal par mille attaches, voudrait se soustraire à cette nécessité inévitable du mélange des idées et des races ; il faut que des populations entières soient déracinées de leur patrie. La souffrance, qui prend souvent ici les traits de la faim, est le ministre chargé de l'exécution de cette loi, comme de toutes les grandes lois de ce monde. Mais la souffrance est tempérée par l'espoir. On quitte les lieux où l'on est mal parce que l'on compte trouver ailleurs les biens dont on est privé. Tel est le sens du vieil adage *Ubi bene, ibi patria*. Mot qui mêle à un sentiment de satisfaction bien de l'amertume ; car la patrie où l'on souffre n'en est pas moins la patrie, et il a fallu, pour y renoncer, de profonds découragements. À côté des bienfaits de l'émigration, il y a ses épreuves, ses misères, ses déceptions. La civilisation recueille seule le profit certain de tant de sacrifices obscurément accomplis. Elle a eu, depuis les temps les plus anciens jusqu'à nos jours, dans l'émigration un de ses agents les plus puissants et les plus efficaces. C'est l'émigration qui a pénétré tour à tour l'Occident par l'Orient, l'Orient par l'Occident, l'Europe par l'Asie, l'Asie et l'Afrique par l'Europe personnifiée dans la Grèce et dans Rome ; c'est elle qui a tiré de leurs forêts les barbares du nord, car les invasions ne sont que des émigrations à main armée. Que n'a-t-elle pas fait depuis que l'Amérique lui a été ouverte ? Combien n'a-t-elle pas, mieux que la conquête, accompli ces fusions durables d'idées, d'institutions et d'intérêts que la guerre n'ébauche quelquefois qu'en les compromettant par la violence et par la haine qui lui survit !

Qui nierait après cela que l'histoire de l'émigration se confond avec celle de la civilisation elle-même, au double point de vue ethnographique et intellectuel ? C'est par les colonies que la civilisation a mis garnison chez les barbares, et que les races civilisées sont entrées en contact permanent les unes avec les autres. Retranchez de Rome, d'Alexandrie, ces vivants foyers de lumières, retranchez-en ce qu'on peut appeler l'élément étranger, vous verrez leur éclat pâlir. Ce n'est pas qu'il faille confondre les émigrations d'idées et les émigrations d'hommes. Pour faire émigrer les idées d'un pays à un autre, il a suffi quelquefois d'un petit nombre de voyageurs, et l'écriture a plus fait ensuite pour propager ces idées que des milliers de voyageurs et de voyages. De nos jours, les hommes ne se remueraient pas, que les idées n'en changeraient pas moins de place à chaque instant. Elles se feraient porter en tous les lieux à la fois par l'imprimerie, la vapeur, l'électricité. Mais rien ne pouvait remplacer dans le passé et rien ne remplacera même à l'avenir le mélange direct des populations elles-mêmes, leur étroit rapprochement. Bien plus, le même ensemble de causes qui font voyager les idées poussent et aident aujourd'hui au déplacement des hommes. Grâce à tant de moyens de communication, l'émigrant se sent moins loin de sa patrie ; comment ne pas se décider plus aisément à partir, quand le retour paraît plus facile ? Qu'on ne s'étonne donc point si l'émigration n'est pas un fait qui s'en va, si c'est un fait qui s'accroît au contraire et qui est destiné à s'accroître avec les nouvelles facultés dont s'est dotée l'humanité.

Cette mutuelle fécondation de toutes les forces, de toutes les ressources par le rapprochement des diverses familles humaines, constitue le côté économique de la question si compliquée de l'émigration. L'économie politique l'examine sous le triple aspect des effets ressentis par les pays d'origine, par les émigrants eux-mêmes, et enfin par les pays de destination. Pour les pays d'où part l'émigration, la nature de ces effets a été très-controversée. La France particulièrement, à en croire les rapports de certains préfets, les vœux de quelques conseils généraux, voit d'assez mauvais œil le départ de ses enfants. Plusieurs gouvernements allemands ont parlé avec amertume et d'un ton presque comminatoire de ce mouvement qui pousse une notable partie de leurs sujets vers l'Amérique. La Belgique en a gémi dans plus d'un document officiel. Maint État a songé sérieusement à mettre à l'émigration une prohibition à la sortie, au risque de traiter les travailleurs sans plus de respect qu'on traitait naguère les produits du travail. Peut-être était-ce conséquent. Était-ce légitime ? Une démocratie qui interdirait l'émigration comme celle de 1793 par des raisons politiques ne cesse-t-elle pas d'être libérale pour être purement révolutionnaire ? Le droit de disposer de soi-même est un droit naturel. Un poteau, une montagne, un fleuve, doivent-ils borner ce droit imprescriptible que chacun a de quitter un lieu où il se trouve mal à l'aise ? Il n'y a que le crime, commis par un individu qui puisse autoriser la communauté à suspendre l'usage de cette liberté comme de toutes les autres. Dire à un individu « Tu es mal dans ce pays ; ta bouche affamée n'y trouve pas d'aliments ; les bras y manquent de travail ; tout ce qui te fait défaut, tu le rencontrerais ailleurs ; l'intrépide volonté d'aller le chercher te pousse en avant ; il n'importe ; tu ne toucheras pas ces plages désirées ; ma volonté est que tu souffres ici ; ma volonté est que tu meures sur place » ; dire cela, ce n'est pas satisfaire aux légitimes précautions dont la société investit la loi pour son salut, c'est faire peser sur les têtes le plus intolérable des jougs.

Que les États d'où l'essaim de l'émigration sort par masses pressées ne s'en prennent au surplus le plus souvent qu'à eux-mêmes ; tout ce qui comprime l'individu dans les lois politiques, religieuses, économiques, tend, comme le plus énergique ressort, à pousser les populations loin de leur pays. Pour cela, des mesures aussi violentes que la révocation de l'Édit de Nantes ne sont même pas nécessaires. Les Irlandais et les juifs en certains pays n'ont pas besoin qu'on leur enjoigne expressément de s'en aller, il suffit qu'on ne s'y oppose pas. Mais s'il n'est pas raisonnable d'exiger que les gouvernements se fassent à eux-mêmes de pareils aveux, et s'ils ont la naïve conviction que ceux qu'ils retiennent de force sont trop heureux de la violence qu'on leur fait, c'est une raison de plus de les éclairer sur les vrais effets que l'émigration a presque toujours sur les lieux d'où elle part.

Eh bien ! cet effet est généralement favorable pourvu que l'émigration soit libre. On a coutume de dire que l'émigration est bonne pour les pays d'où elle émane, quand ceux qui partent consomment plus qu'ils ne produisent, et qu'elle est mauvaise dans l'hypothèse contraire. Rien n'est en général plus fondé. Mais n'arrive-t-il pas quelquefois que dans le cas même où les individus qui émigrent produisent plus qu'ils ne consomment, le pays d'où s'échappe l'émigration gagne pourtant à leur départ ? Oui, c'est quand les envois de capitaux à leurs familles, ou quand leur retour avec une fortune laborieusement acquise deviennent des éléments de prospérité supérieurs à ceux qu'ils enlèvent en s'en allant. Ce cas n'est pas si rare qu'on serait tenté d'abord de le croire. L'émigration a d'ailleurs des avantages pour ceux qui restent. Les ouvriers y gagnent l'élévation des salaires par la diminution du nombre des bras. Les entrepreneurs y gagnent un accroissement dans les profits par la diminution de la concurrence. Ajoutons que la baisse des prix des articles de consommation résulte d'une moindre demande. Enfin, par suite de toutes ces causes, la facilité donnée aux épargnes pour se former est accrue. Il faudrait, pour compenser de tels biens, une véritable dépopulation de la contrée quittée par les émigrants, fléau sans exemple dans des pays où règne même l'aisance la plus médiocre. Ainsi il est des cas où l'émigration même de ceux qui ont des ressources pour vivre rapporte plus au pays de provenance qu'elle ne lui emporte. Mais il faut reconnaître que le plus généralement la masse émigrante est poussée, comme en Irlande, par une inexorable misère. Alors l'émigration révèle plus sensiblement encore ses bienfaits. Elle supprime la charge qui accablait la masse sous la forme de secours publics à donner et la délivre de la concurrence que faisait à son travail le nombre exagéré des bras. Figurez-vous une chambre pleine où l'on se serre les uns contre les autres ; l'air manque, plusieurs déjà sont asphyxiés, d'autres vont l'être, tous souffrent horriblement ; peu à peu le nombre excessif de ceux qui se pressaient dans cet espace rétréci s'écoule, on respire enfin plus à l'aise, on recommence à vivre. Substituez ici à l'air l'aliment, aux dernières limites duquel on se presse, et vous aurez l'explication et l'image des pays d'où l'émigration s'échappe à flots abondants et par courants réguliers presque chaque année.

Mais les émigrants, quel sera leur sort ? Qui les Consolera de la patrie, de la famille absentes ? Ah ! c'est de ce côté surtout que doit se porter la sympathie éclairée de la politique et de l'économie politique. Renoncer à ses habitudes, quitter tout ce qu'on aime, dire adieu à ses vieux parents, quelquefois à ses enfants que l'on compte secourir de loin, affronter le nouveau et dur travail de la colonisation et du défrichement, et pour prix de ces épreuves ne rencontrer peut-être que déceptions, nulle destinée n'est pire que celle-là. Il ne faut pas jeter un voile sur ces misères trop fréquentes de l'émigration. Il faut, c'est un devoir lorsqu'on s'adresse aux masses, rappeler ces ravages terribles exercés par la maladie sous un climat étranger, au milieu des circonstances les plus défavorables. Les gouvernements ont voulu trop souvent à tort et à travers diriger l'émigration. Ils auront rendu un service précieux s'ils s'occupent seulement d'empêcher qu'on n'abuse par de faux récits l'imagination facile à exalter de gens qui souffrent. Nul acte n'est plus sérieux que l'émigration ; nul ne peut être plus dommageable. Trop souvent le malheureux émigrant n'a d'autre alternative que celle de la mort, loin des siens, précédée des privations les plus dures, des plus pénibles souffrances, ou d'un retour dans des circonstances pires que celles où il était au départ. Beaucoup sont ainsi retombés de l'Eldorado qu'ils avaient rêvé d'un degré plus bas au fond de leur misère. Il faut donc employer tous les moyens de publicité qui peuvent fournir aux futurs émigrants les éléments d'une suffisante information ; réclamons aussi les bonnes conditions du départ, du transport, de l'arrivée réclamons la bienveillante sollicitude des agents consulaires, patrons naturels des nationaux émigrés. En somme, l'émigration est un bien non seulement pour le pays d'où part un excédant parasite, mais pour les émigrants, et on a eu raison de dire « Les millions envoyés aux familles, les appels des parents, les villes qui se fondent, les champs qui se couvrent de fermes et de cultures, les forêts qui tombent sous la hache et dont les navires apportent les bois ; les communes, les parlements, les gouvernements qui naissent de ces multitudes, parties d'Europe pauvres et ignorantes, quels meilleurs témoignages voudrait-on de la prospérité générale des émigrants[40] ? »

Quant aux pays de destination, le bien n'est pas moins certain. Ils reçoivent des apports supplémentaires d'intelligences et de bras qui ne viennent là que parce qu'il y a des champs à féconder, des mines à fouiller, des richesses à créer par l'industrie. Le travail tend à prendre partout son niveau sur le marché du monde par une loi analogue à celle qui régit les liquides. À côté d'un trop plein qui se désobstrue, il y a un vide qui se comble. Ainsi sont prévenues, là les congestions qui naissent de la pléthore, les explosions qui résultent d'une accumulation trop forte de la vie qui cherche à tout prix un dégagement et une issue, ailleurs les langueurs ou les lacunes qui seraient l'effet d'une insuffisance de forces productives. Quelles masses de travaux les États-Unis n'ont-ils pas tirés de l'émigration ! Elle leur a apporté plus de 6 millions de travailleurs libres, 2 millions d'hommes de plus que le Sud ne compte d'esclaves. Mais aussi quels puissants appâts ! Un sol en grande partie inoccupé, la terre presque pour rien, très-féconde quoiqu'au prix d'immenses labeurs, la liberté de travail, d'association, de religion, toutes les libertés politiques, provinciales, communales, la naturalisation rendue facile, et, à son défaut, toutes les garanties que donnent à l'étranger la presse libre et des tribunaux impartiaux ! Contre de tels attraits, on peut compter pour presque rien l'hostilité égoïste et stupide de la meute aboyante des *knownothing* refusant d'admettre les étrangers.

Achever d'exploiter le globe, dont la plus grande partie reste à peupler et à cultiver, porter de 1 milliard à 5 ou 6 milliards sa population, quelle carrière ouverte à l'humanité ! Qui peut dire pour quelle part figurera l'émigration dans cette œuvre gigantesque ?

Pourquoi nos ouvriers, nos paysans n'y joueraient-ils pas leur rôle ? Ce n'est pas que je pense que la France ait ici les mêmes destinées que l'Angleterre, ce n'est pas que je partage les craintes qu'inspire quelquefois ce lent accroissement de notre population comparé avec l'exubérance prolifique de la Grande-Bretagne. Je n'envie pas pour nos prolétaires, si un pareil mot peut s'appliquer aux ouvriers français, le bonheur des Irlandais émigrants. Ici la réaction contre la théorie de Malthus sur la population va trop loin. Sans doute il ne faut pas abuser de la contrainte morale tant recommandée par l'économiste anglais, surtout dans les classes qui peuvent nourrir de

---

[40] M. Jules Duval, Histoire de l'émigration. p. 442.

nombreux enfants, et je crains que l'égoïsme ne se mette chez nous de plus en plus à l'abri sous le prétexte d'une sage prévoyance. Mais faudra-t-il dire aux ouvriers : « Mariez-vous à dix-huit ans et ayez chacun quinze enfants : l'émigration se chargera de placer ceux que la mort n'aura pas enlevés ? » Assurément non. L'émigration est un remède, mais indirect, incertain et insuffisant à la misère. Les économistes, trop souvent, en ont diminué l'importance, exagéré les inconvénients : est-ce une raison pour pencher aujourd'hui vers l'autre excès ? Je dirais volontiers « Rendons justice à l'émigration ; ayons-en le goût, si vous voulez, n'en ayons pas le fanatisme »

Sous ces réserves, pourquoi, je le répète, la France ne fournirait-elle pas à l'émigration un plus vaste contingent ? Est-il vrai que les Français soient si essentiellement sédentaires et casaniers qu'on l'a dit ? Si l'on invoque la race, n'ont-ils pas dans les veines le sang des Gaulois et des Francs ? Si l'on invoque l'histoire, ne sont-ils pas le peuple des croisades, le peuple des guerres de propagande de la révolution ? Est-ce l'humeur aventureuse qui leur a jamais fait défaut ? Qui s'acclimate plus facilement et plus vite ? Quel caractère est plus que le leur souple et flexible ? Quel esprit plus fertile en ressources ? Nos soldats ne l'ont-ils pas fait voir en Égypte, en Algérie, en Crimée, partout où ils portent leurs tentes ? Quels noms enfin que ceux des Labourdonnaie, des Dupleix parmi les colonisateurs ! De quel droit refuser à la nation française le titre de nation colonisatrice ? Que l'on dise plutôt, en songeant à nos vieilles colonies et à l'Algérie, que c'est de l'administration et de l'excès de l'esprit réglementaire que sont venus nos échecs. Cet esprit réglementaire, éternelle plaie, gêne l'émigration, entrave la colonisation, crée des barrières où il faudrait les abaisser toutes. Il décourage l'esprit d'entreprise au départ, il le tue sur le lieu d'arrivée. Qu'avant tout donc l'émigration soit libre ! À ce prix, elle donnera lieu à une industrie régulière, et spontanément elle ira où le besoin l'appelle. La tâche des gouvernements se réduit à une œuvre de protection, tout au plus d'aide modérée dans certaines circonstances. Éclairer l'émigration, assurer l'exécution des contrats, aider à garantir contre les fraudes du charlatanisme des esprits ignorants, n'est-ce pas déjà beaucoup faire pour la réussite ? Quant aux colonies, nul succès sans la liberté personnelle et sans la garantie de la sécurité. C'est par là que les Anglais, avec des qualités bien moindres de sympathie et d'assimilation, ont élevé si haut la prospérité de leurs colonies et agrandi par elles la puissance de la métropole. Justes contre le vieux régime colonial, les critiques des économistes manqueraient d'exactitude et de portée contre la libre colonisation. L'importation et l'exportation libres des hommes sont un corollaire de la liberté du travail, elles ne sont pas moins fécondes en grands résultats que l'échange libre des produits.[41]

CHAPITRE XII
LA DÉCENTRALISATION.

Opérer des réformes partielles est bien, mais il y a une réforme plus générale qui est sur toutes les lèvres, dont les pouvoirs publics sont même occupés, et qui importe essentiellement pour que le travail soit délivré d'entraves gênantes et pour que l'activité nationale se déploie avec puissance sur tous les points. Cette réforme, non moins nécessaire à la bonne situation économique du pays qu'à sa bonne situation politique, c'est la décentralisation administrative. Non pas que nous la demandions absolue. À Dieu ne plaise que nous prétendions ôter à la France un puissant instrument de force et de bien-être ! Mais le nouveau libéralisme doit comprendre qu'en fait de liberté il faut commencer par la base, et aller du particulier au général. Espérons qu'il aura de plus en plus pour devise *Ex libertate unitas*, et non pas : *Ex unitate libertas*, comme cela se répétait naguère et se répète encore trop aujourd'hui. Sans doute, l'unité importe à la liberté, surtout quand il s'agit de l'unité nationale. Mais l'unité, mais la passion de l'unité appliquée à tout, qu'est-ce sinon l'antipode de la liberté, le prétexte ennobli de l'oppression ? On paraît croire que la rapide exécution des affaires, qui entraîne la suppression des lenteurs de l'autorisation émanée de l'administration centrale constituerait une réforme suffisante. C'est la plus indispensable sans doute et la plus urgente, mais la question de la décentralisation est-elle resserrée dans de telles limites ? Ne faut-il pas faire davantage ? Ne faut-il pas tenter de ramener la vie au sein de ce qu'on appelle

---

41 Le livre de M. Jules Duval, intitulé *Histoire de l'émigration*, est un remarquable plaidoyer en faveur de ces vérités, plaidoyer éloquent comme le chiffre qui porte une irrésistible conviction dans les esprits comme l'accent sincère d'une intelligence qui sent la grandeur du sujet qu'elle embrasse. Ce sujet, on peut dire que M. Jules Duval l'a épuisé, et qu'après avoir porté sur quatre-vingt-trois pays l'enquête la plus complète et un coup d'œil des plus sagaces, il n'a plus laissé qu'à glaner à ceux qui viendraient après lui. Honoré des suffrages de l'Académie des sciences morales et devenu l'objet, de la part de deux de ses rapporteurs. MM. H. Passy et Franck, d'éloges qui dépassent la mesure ordinaire des louanges accordées aux lauréats, son livre a reçu le même accueil chez tous les hommes compétents. Il est lu en France et hors de France. Le talent de l'écrivain et les vues élevées de l'ouvrage y sont pour beaucoup ; mais le mérite des plus patientes et des plus exactes recherches pouvait seul en faire ce qu'il sera, un livre longtemps consulté.

encore les provinces ? Pas d'équivoque il ne s'agit pas de recréer des circonscriptions disparues, mais de tenir compte de ce que ce mot persistant de province implique de personnalité vivace. Expliquons-nous.

La centralisation administrative a été constamment en progrès depuis un siècle : fait d'autant plus curieux, pour le dire en passant, que ce sont presque toujours des provinciaux qui ont tenu les rênes du gouvernement. Combien de nos ministres et de nos orateurs parlementaires sont nés sur les bords du Rhône et de la Garonne ! Qu'ont fait ces fils de la province ? Ils ont centralisé à l'envi. À force d'avoir une patrie, on eût dit que ces hommes d'État si nationaux n'avaient plus de pays. Un fait certain, c'est que la province n'a cessé de déchoir d'une façon presque continue depuis la Révolution, de même qu'elle avait énormément déchu à cette époque depuis Louis XIV. S'imagine-t-on par hasard qu'on y trouverait les éléments d'une Assemblée Constituante comme celle de 1789 ? Où y est la vie ? Que possède la province qui lui soit propre ? Y a-t-il en dehors de Paris un grand barreau, une grande école de jurisprudence, un grand enseignement, une littérature, un art, un foyer d'intelligence ? Rappeler les noms des grandes villes de France, c'est rappeler autant de gloires éteintes. C'étaient des soleils, ce sont tout au plus des lunes qui ont peu de lumière, une lumière d'emprunt, et encore moins de chaleur ; à cette température le talent cesse de pousser, du moins au delà d'un certain niveau ; veut-il le dépasser, il faut qu'il se transplante.

La cause du mal, qui donc peut l'ignorer ? On la signale tous les jours, c'est l'énorme attraction de Paris. La province, pour les fonctionnaires comme pour les supériorités intellectuelles et les talents, n'est qu'un lieu de passage. À peine un fonctionnaire est-il dans une ville, qu'il vise plus haut. Qu'on nous passe cette expression, la vie, pour la plupart des fonctionnaires, c'est la vie de garnison. Faut-il d'ailleurs s'en étonner, quand la plupart des services sont organisés sur le modèle de l'armée ? Un pareil va-et-vient suffirait pour tout stériliser. Comment un étranger, un hôte même accueilli avec cordialité, s'identifierait-il avec un département ? Comment y inspirerait-il cette sympathie solide, y obtiendrait-il ce concours durable qui sont seuls efficaces pour le bien ? N'est-ce pas une chose déplorable que les plus hauts fonctionnaires, ceux à qui sont remis les intérêts des départements, les préfets, soient eux-mêmes soumis à cette loi de perpétuelle mobilité ; de telle sorte qu'ils ne se soucient guère, sauf exception, de semer en vue d'une récolte qu'ils ne verront pas, et dont l'honneur reviendrait à d'autres ! Il n'y a plus de vivace en province que la propriété foncière, sans doute, parce que les arbres de nos forêts ne peuvent pas se transplanter dans la rue de Grenelle. Encore est-il vrai de dire que les grands propriétaires s'absentent encore trop souvent de leurs domaines pour venir habiter Paris !

Voilà donc la situation, et en voilà aussi la cause ; à qui la faute ? – C'est à la Révolution, disent les uns. — C'est à la monarchie surtout, selon quelques autres. La Révolution, ajoutent-ils, n'a fait que recueillir d'elle l'héritage d'une centralisation administrative excessive. Son tort est d'avoir suivi cet exemple et d'avoir aggravé le mal au lieu de s'appliquer à le guérir. M. de Tocqueville a soutenu cette thèse. Mais il n'est pas moins vrai que c'est la Révolution qui a inauguré la dictature de Paris. C'est la Révolution qui a mis en honneur, avec excès, la théorie de l'unité. C'est elle qui, sur la foi de Rousseau et de quelques autres de ses maîtres, a fait l'apothéose de l'État. Les théories de la Révolution, complétées par les idées disciplinaires de l'Empire, ont créé en grande partie ce que nous voyons.

Mais que la faute se partage plus ou moins entre la vieille monarchie, la République et l'Empire, c'est à l'avenir qu'il faut songer. Il y va du triple intérêt de la province, de la France, du gouvernement. La province ne peut plus décliner désormais sans rencontrer le néant même. Il faut qu'elle se relève ou qu'elle périsse. D'autres foyers que Paris doivent se ranimer. Cela peut se faire sans que la province cesse de considérer Paris comme le grand et universel foyer, sans qu'elle se mette à lui porter stérilement envie. Demander la résurrection de tout ce qu'il est possible de ranimer dans la vie provinciale, cela ne veut pas dire qu'il faille partager en vingt ou trente parties égales le musée du Louvre et les expédier au dehors, à la destination de Lyon, de Bordeaux, de Rouen, de Caen, de Dijon, de Strasbourg, cela ne veut pas dire que les Académies de province doivent supprimer l'Institut de France. Mais entre ces deux extrémités, être moins que Paris et n'être rien ou à peu près rien, qui pourrait dire qu'il n'y a pas une marge assez large ? Pourquoi nos départements ne feraient-ils pas sur certains points concurrence à Paris ? Y a-t-il plus de raisons qu'autrefois pour que le droit, la théologie, la médecine, l'érudition habitent spécialement la capitale ? On trouve commode d'expédier de Paris des ordres sans réplique et des révolutions toutes faites. Avantage trompeur que trop de dangers compensent. La province, qui ne résiste jamais au gouvernement, ne résiste pas davantage à ceux qui le renversent. Dans les révolutions, la province n'a jamais joué que le rôle du chœur dans les tragédies antiques, rôle résigné et qui se borne à faire entendre d'inefficaces gémissements sur les événements accomplis. Mais comment rendre à la province le rôle qui lui appartient ? Nous avons assez fait de décrets depuis 1789 pour savoir quelle en est la valeur. On ne rend pas la vie à ce qui n'est plus ; mais on peut réunir, coordonner, fortifier dès lors les éléments de la vie qui existe ; c'est ce qu'on appelle organiser. Si cette entité qu'on persiste à appeler la province était morte, on ne la ressusciterait pas à coups de décrets ; mais si, pour qu'elle vive complètement, il suffisait de lui permettre d'exister et de lui en fournir quelques moyens qui l'y aidassent, l'entreprise serait-elle aussi chimérique ? Pour rendre à la province plus de vie et de légitime et utile indépendance, que faut-il ? D'abord fortifier et étendre les attributions des conseils généraux. Jusqu'à présent ces conseils sont à peu près réduits à émettre des vœux. Ils exercent peu d'action, se réunissent une fois l'an pour quelques jours, et leur rôle consiste presque tout entier à donner à l'administration préfectorale un bill d'indemnité. C'est là ce qu'il importe avant tout de modifier. Des conseils généraux qui feraient les affaires du département, qui participeraient à l'administration départementale par des votes, précédés de discussions approfondies, qui siégeraient plusieurs mois, deviendraient comme autant de centres et de foyers qui rendraient aux départements l'activité régulière et l'esprit d'initiative trop absents chez eux jusqu'à présent.

Où en est-on aujourd'hui en fait de mesures décentralisatrices de ce genre ? Uniquement à remettre à la décision des préfets les affaires ressortissant naguère des bureaux. Ce n'est pas toujours beaucoup mieux. Les préfets sont des potentats. Je ne veux pas en médire. Mais leur joug n'est pas léger. Demandez-le aux fonctionnaires. Demandez-le à leurs administrés.

Accroître les attributions des conseils généraux serait un immense bienfait. Qui sait si un jour ils ne seront pas appelés par une constitution révisée à nommer le Sénat ? Mais puisque nous faisons des vœux, pourquoi ne pas nous donner librement carrière ? De ce qu'on ne pratique pas une idée juste, ce n'est pas une raison de la déclarer impraticable. Sans vouloir détruire la division de la France en départements, nous croyons avec quelques publicistes qu'il y a lieu de se demander si une nouvelle circonscription plus étendue ne serait pas possible, circonscription qui renfermerait plusieurs départements dans son sein et aboutirait à quelque grande ville centrale, destituée aujourd'hui de son importance naturelle et de sa grandeur historique.[42] Cette circonscription, c'est la région, souvenir de l'ancienne

---

42 C'est la thèse qui a été soutenue récemment dans le livre justement remarqué d'un publiciste distingué de l'école démocratique : *La Province*, par M. Élias

province sans en être la reproduction exacte et la simple copie. N'est-elle pas déjà comme reconnue et destinée en partie par les Expositions dites *régionales* ? Les raisons de transporter du département à la région la vie administrative reçoivent des changements accomplis depuis un demi-siècle une force nouvelle. Même en admettant que le département a été une circonscription d'une étendue suffisante, la révolution qui s'est opérée dans les moyens de communication empêcherait à elle seule qu'il en fut ainsi désormais. Les routes, les moyens de transport de toute nature qui se sont multipliés, les chemins de fer surtout, le télégraphe électrique, ont, par le rapprochement des distances, pour ainsi dire rétréci les agglomérations existantes, et rendu nécessaires, en les facilitant, des agglomérations plus étendues. Rouen n'est-il pas plus près de la capitale que ne l'était naguère Versailles, et Lyon plus près que ne l'était Rouen ? Vous voulez qu'on puisse devenir grand administrateur, grand savant, grand écrivain, grand jurisconsulte, grand artiste, grand financier ailleurs qu'à Paris ; eh bien ! pour cela la circonscription départementale est aujourd'hui un milieu trop étroit. Le *chef-lieu* ne présente pas à l'activité et au talent un théâtre suffisant ; le public n'y est pas assez nombreux ; il n'y est pas assez varié ; il n'y est pas assez riche pour donner au travail, aux efforts, au mérite enfin les excitants dont il a besoin, pour lui accorder une rétribution en renommée et en argent qui prévienne l'émigration du talent. Supposez au contraire six ou sept départements réunis en une seule région, centre politique, intellectuel et industriel, se gouvernant avec une certaine liberté en dehors de tout ce qui touche à l'unité nationale, votant son impôt et en dirigeant l'emploi à sa convenance, nommant ses fonctionnaires de presque tous les ordres, dans l'enseignement, dans le génie civil, etc., etc., sauf ceux qui représentent nécessairement le pouvoir central à la tête des grands services, vous vous serez placé dans les conditions les plus favorables au développement de la vie locale et à l'accomplissement du progrès général. Tout ce qui languit sous l'empire d'une centralisation écrasante pourra renaître et refleurir. Le patriotisme provincial aura un centre et une expression. Le vice des déplacements perpétuels sera guéri. Au lieu d'administrateurs mobiles, campés plus que domiciliés, on aura à Lyon, à Bordeaux, à Marseille, à Rouen, à Dijon, à Strasbourg, etc., une administration locale composée d'hommes choisis par leurs concitoyens, attachés au sol par affection et par intérêt, par tous les liens de fortune, de famille, de considération, connus de tous et ne pouvant ainsi échapper à aucune

---

Regnault.

responsabilité, bien au courant de tous les besoins et de toutes les ressources, et sachant en conséquence où porter leurs efforts.[43] Les assemblées provinciales ou régionales ne sont-elles désormais qu'une utopie ? Je ne sais, mais j'aimerais à voir l'utopie, si c'en est une, se diriger dans ce sens historique et sensé, tout conforme aux véritables intérêts du pays ; je voudrais du moins qu'on pût lui appliquer ce que Beaumarchais dit de la calomnie : Il en reste toujours quelque chose ! Lorsque l'on réduit le préfet, représentant de la centralisation, à un rôle purement politique, lorsque l'on conteste à la commune les éléments d'une vie suffisante pour former un tout complet, et qu'on lui laisse seulement la direction de son état civil et de sa police rurale, en changeant ainsi le problème des libertés communales en celui des libertés cantonales, et en investissant le canton d'attributions nouvelles, on peut être contredit, nous croyons qu'on se rapproche beaucoup du vrai. Certes, la commune n'a pas aujourd'hui la somme de franchises qu'elle devrait avoir. Mais l'usage qu'elle a fait de celles qui lui restent n'a pas toujours été tellement heureux que plusieurs des empiétements du pouvoir central n'aient paru justifiés à des esprits fort libéraux : cela a été sensible surtout pour l'instruction primaire, dont un si grand nombre de conseils municipaux paraissaient naguère médiocrement apprécier les bienfaits. Combiner l'extension des libertés communales avec le développement plus grand encore des attributions du *canton*, n'est pas un problème à beaucoup près aussi difficile que la conciliation de la liberté provinciale avec la part de centralisation nécessaire dans un pays tel que la France.

On peut émettre de pareils vœux aujourd'hui sans devenir suspect aux yeux de la démocratie de ce *fédéralisme* qui a si mal réussi aux Girondins, ou plutôt qu'on a si perfidement exploité contre eux ; car les Girondins n'ont mérité ni ce reproche ni cet éloge, et tout leur prétendu fédéralisme a consisté à faire des appels désespérés au soulèvement des départements contre l'oppression de Paris, et à chercher en Normandie un asile au sein d'une insurrection commencée sans eux et dirigée par des royalistes tels que MM. de Wimpffen et de Puisaye.

[43] M. Élias Regnault, qui développe ce plan, s'est souvenu des plans de Turgot et de Necker relatifs aux assemblées provinciales, à ces assemblées dont un autre écrivain M. L. de Lavergne, vient de retracer, dans un livre consacré à ces assemblées, le remarquable et saisissant tableau. Elles n'eurent qu'une existence éphémère ; elles trouvent une opposition violente dans la noblesse si peu intelligente, hélas ! de ses intérêts et de ceux du pays, et dans les Parlements hostiles à la constitution d'un pouvoir rival. Tous les cahiers des États généraux en 1789 se prononcent pour ces assemblées provinciales et attestent combien l'idée en était populaire. Ils contiennent des vœux en faveur des franchises locales qui donnent au mouvement de 1789 un caractère décentralisateur auquel la Révolution ne s'est pas montrée fidèle.

Pourquoi donnerait-on le nom de *fédéralisme* à une organisation qui laisserait subsister entre la France et les États-Unis les différences les plus profondes ? Applique-t-on cette expression à la Belgique, dont la province jouit de si grandes libertés ; à l'Angleterre, dont le comté est si animé, si vivant d'une vie originale, si fécond en hommes distingués qui commencent à s'y former avant de se déployer sur un plus grand théâtre ? Si les provinces, à l'époque de la Révolution, n'étaient plus que la lettre morte de nationalités éteintes, bonne tout au plus à perpétuer de vieilles rancunes et de folles prétentions, si l'exercice simultané de franchises sans hiérarchie et sans frein aboutissait à une anarchie déplorable, évitons tout ce qui ressemble à une réaction, même dans les mots, contre l'unité nationale. L'idée de *fédéralisme* présentera toujours au génie et, si l'on veut, aux préjugés de la France une signification blessante et antipathique. Mais là n'est pas le danger. Il faut que la démocratie consente ici comme ailleurs à se faire libérale. Il est à désirer en ce sens qu'elle modifie sa philosophie politique en ce qui touche la Révolution. Tant que la nécessité d'étouffer au nom d'une idée toutes les résistances sera érigée en principe et légitimée en fait, tant que l'on trouvera que la Montagne a bien agi en mettant la France sous les pieds de Paris, tant que l'on ne s'apercevra pas que la Terreur a suscité elle-même ces résistances qu'on la montre employée uniquement à réprimer, qu'elle en a été bien plus la cause que l'effet, on laissera toujours soupçonner que ce zèle décentralisateur que manifestent quelques-uns de nos démocrates ne tiendrait pas à un moment donné contre la tentation de soumettre à tout prix les résistances qui viendraient des départements. Aujourd'hui la décentralisation est devenue un parti se composant de tous ceux qui pensent que des foyers d'activité et de vie, les uns moins grands, les autres plus, doivent coexister au sein de la grande nation, de tous ceux qui sont convaincus que l'individu lui-même ne peut acquérir toute sa valeur qu'à ce prix, de tous ceux enfin qui estiment qu'il y a une sorte de contre-sens dans des lois qui admettent le premier venu à l'exercice des droits politiques les plus élevés et qui refusent aux plus éclairés et aux plus capables toute participation aux droits les plus modestes. Singulière anomalie qui mène à tout remettre entre les mains de la capitale et qui lui refuse jusqu'au droit d'intervenir par son vote et par son contrôle dans ses propres affaires !

Voulez-vous que le travail soit vraiment libre, que le régime de l'autorisation préalable cesse de peser sur lui, que l'activité féconde des individus se substitue à la lente activité des bureaux, trop souvent à la paralysie ? Décentralisez. Voulez-vous que le travail intellectuel multiplie ses centres et ses foyers, étende son rayonnement, redouble sa puissance ? Décentralisez !

CHAPITRE XIII
LA LIBERTÉ DU TRAVAIL ET L'ÉTAT.

J'ai dit au point de vue pratique quels progrès économiques me paraissent devoir être réalisés par la démocratie française dans la voie de la liberté du travail et de l'association. Je terminerai par quelques rapides considérations qui résument ce qui précède sur l'importance de la liberté économique dans l'ensemble des libertés générales et sur le rôle qui appartient à l'État en matière économique.

Une des vérités qui feront le plus d'honneur à la philosophie politique de notre temps, si simple qu'en paraisse l'énoncé, c'est d'avoir compris que toutes les libertés ont leur commune origine, leur titre commun dans le droit qu'a chaque homme de développer ses facultés, d'en faire tel usage qu'il lui plaira, sauf le respect du droit correspondant chez autrui, c'est d'avoir montré en un mot que toutes les *libertés sont solidaires*. C'est aux économistes français du dernier siècle, bien qu'ils aient quelquefois méconnu la liberté politique, que remonte la première constatation de cette espèce de généalogie qui établit la solidarité des libertés en les rattachant toutes à la propriété de la personne ; on les voit sans cesse invoquer le droit que l'homme a de disposer de lui-même, d'accomplir librement sa destinée, d'exercer dès lors sans contrainte les facultés qui répondent à ses fins diverses tant matérielles qu'intellectuelles et morales. Les physiocrates, c'est leur nom consacré par l'histoire, ces philosophes économistes, dont le premier par l'ordre de date est Quesnay, et dont le plus grand par l'illustration est Turgot, nous ont laissé peu d'efforts de logique à faire pour tirer des prémisses qu'ils ont posées des conséquences qui s'imposent et qui s'enchaînent les unes aux autres. Si la personne humaine est par droit naturel maîtresse d'elle-même, elle sera libre d'aller à ce qu'elle croit la vérité, dût-elle souvent se tromper, d'où la liberté de conscience ; elle sera libre d'exercer son intelligence et ses forces selon la direction qu'elle jugera lui être le plus convenable, d'où la liberté du travail ; elle sera libre enfin de disposer des fruits de son activité laborieuse, d'où la propriété, qui n'est elle-même, en fin de compte, que la liberté de travailler, de conserver, d'échanger, de donner, de tester, etc. Cette explication du droit originaire de propriété, plus profonde que toutes celles qu'on a essayées antérieurement, est remarquable en ce qu'elle établit une parité de nature entre la propriété et la liberté, peu soupçonnée encore, et pourtant tellement réelle qu'on suit à la trace l'identité de leur double destinée, et qu'on les voit entravées à la fois dans la même proportion et le même jour affranchies !

La liberté économique, pour être d'une apparence modeste, n'en a pas moins un prix immense. Sacrée au même titre que toutes les autres, elle offre avec elles un étroit rapport. La liberté économique renferme 1° le droit de choisir librement une profession, 2° le droit de l'exercer librement, 3° le droit d'échanger les produits de son travail, c'est-à-dire la liberté de l'achat et de la vente au profit commun des producteurs et des consommateurs. Elle n'est donc pas de ces libertés qu'il plaît aujourd'hui à quelques écrivains d'appeler des libertés de luxe. Je ne sais s'il en existe de telles. En tout cas, ce n'est pas celle-là. Rousseau ne répéterait pas ici ce fameux peut-être qu'il applique à la question qu'il lui plaît de poser, «s'il ne faut pas, pour que les uns soient extrêmement libres, que les autres soient extrêmement esclaves. » Ce doute étrange dans la bouche d'un philosophe et démocrate moderne, Aristote avait pu sans scandale le résoudre dans le sens d'une affirmation méprisante pour la majorité de l'espèce humaine. Il n'avait pas derrière lui dix-huit siècles de christianisme et d'une civilisation plus avancée. La théorie des hommes de loisir, vaquant à la philosophie et à la politique, pendant que la multitude abrutie portait le poids du travail matériel, sans droit aucun comme sans espoir d'un meilleur lendemain, était ce que l'antique sagesse avait su trouver de mieux à dire aux masses humaines. Comment ne pas s'applaudir même qu'Aristote ait songé à plaider la cause de l'esclavage, puisque la plaider, c'était la perdre ? Une liberté oligarchique, une liberté vivant du sacrifice de millions de libertés individuelles nous fait horreur. C'est à nos yeux comme une religion qui se nourrirait du sang des victimes humaines.

La liberté économique se mêle à tout, parce que le travail est partout, j'allais dire est tout dans la société moderne ; peut-être ne serait-il pas absurde en effet de soutenir que la liberté du travail équivaut presque à la liberté tout entière, puisque tout exercice régulier des facultés humaines est un travail, et qu'il y a un travail religieux, philosophique, politique, scientifique, comme il y a un travail matériel mais, sans forcer le sens accepté des mots, et en réduisant la liberté du travail à n'être que le libre exercice des industries, que la liberté de ce travail spécial auquel l'homme demande ses moyens de vivre, son pain quotidien, travail auquel il consacre tous les jours dix à douze heures, comment nier qu'un fait qui occupe une telle place ne doive avoir les conséquences civiles et politiques les plus graves ? D'abord, n'est-ce pas au point de vue démocratique une chose importante, capitale, presque décisive, que cette universelle acceptation de la grande loi du travail ? N'est-ce pas le signe ou du moins le présage de la maturité de la démocratie ? N'est-ce pas l'égalité rendue visible en même temps que c'est la source de toute dignité et de toute indépendance ? Nous avons pris l'inverse de l'opinion de l'antiquité. C'est le travail qui nous paraît aujourd'hui constituer le titre de l'homme et du citoyen, tandis que l'oisiveté ne nous paraît bonne qu'à faire des esclaves : en bas les esclaves de la misère, en haut les esclaves du luxe et du vice. Le travail est l'école de la bonne démocratie l'individu y apprend à se diriger et à se conduire. L'empire sur soi, les calculs de la prévoyance, le parti pris de ne laisser au hasard et de n'accorder au caprice que le moins possible, l'habitude de compter sur ses efforts, et d'obtenir à ce prix le concours nécessaire des services d'autrui, ne sont-ce pas là à la fois les fruits ordinaires du travail libre et les conditions de la vraie démocratie ? Quant à l'influence de la liberté du travail sur les autres libertés, à son lien avec elles, cette vérité nous paraît être un principe fondamental de la politique moderne. J'admire ces docteurs de la liberté politique qui parlent avec dédain de la liberté économique. Ils oublient qu'il est bien difficile de faire un citoyen d'un homme qui vit gêné du matin jusqu'au soir dans ce qui constitue l'ordinaire de la vie. Les vertus et les aptitudes qu'exige la liberté ne s'improvisent pas, et il ne s'agit pas de convoquer un citoyen à jour et à heure fixes devant l'urne électorale pour que ses facultés d'appréciation intelligente, de libre initiative, qu'il n'a pas eu l'occasion d'exercer, soient prêtes à répondre à l'appel. Elle se forme aux champs, dans l'atelier, dans la famille, dans la commune, cette liberté moderne, fille du travail et si elle ne s'est pas aguerrie dans ce cercle restreint où s'exerce avec une fermeté modeste son activité, elle sera bien faible une fois exposée au grand air de la place publique. Dans l'ordre historique, la liberté économique, du moins une certaine somme de liberté économique, a presque toujours précédé la liberté politique.[44] C'est sensible chez les peuples modernes. Que la liberté politique forme par elle-même un but digne de toutes leurs poursuites, ce n'est pas nous qui le contesterons. Mais il est vrai aussi que les peuples l'ont le plus souvent réclamée à titre de moyen, de garantie, de sauvegarde. Dans leurs revendications énergiques et

---

[44] Dans l'ouvrage que j'ai déjà cité, *les Assemblées provinciales avant 1789*, M. Léonce de Lavergne soutient que c'est la liberté politique qui précède et doit précéder la liberté économique ; je crois plutôt le contraire, autant qu'on peut séparer ces deux ordres de libertés, et j'essaye d'en dire ici les raisons.

quelquefois à main armée de la liberté politique, de quoi s'est-il agi avant tout ? De la propriété du travail et de ses fruits à protéger ; il s'est agi d'empêcher que l'impôt ne fût ordonné sans être consenti, dépensé sans surveillance et sans contrôle. Pourquoi oublier que ce sont presque toujours ces blessures faites ou ces craintes inspirées aux intérêts qui ont poussé les nations à chercher dans les constitutions des abris plus sûrs contre les atteintes de pouvoirs sans frein ? Les soulèvements des communes et les chartes qui furent le titre écrit de leur affranchissement, l'impôt sur le thé pour les colonies américaines, l'état déplorable des finances pour la Révolution française, n'ont-ils pas été les occasions et en partie les causes de ces mouvements qui eurent pour objet la liberté de deux grands peuples ?

La question des limites de l'État se pose ici inévitablement en face de la liberté individuelle. L'économiste ne trouve ni à la traiter moins de difficulté ni moins d'intérêt à la résoudre que le politique. L'intervention de l'État dans l'industrie est la forme sous laquelle elle se pose à lui. J'ai eu l'occasion de dire que l'économie politique est allée trop loin dans sa propre voie, a surabondé dans le sens de la maxime du laisser-faire, maxime d'ailleurs si judicieuse et si mal comprise, qui ne signifie que la liberté du travail, de même que *laisser-passer* signifie tout simplement la liberté du commerce. Cette théorie de l'abstention serait, en tout cas, peu applicable au passé. Il faut se reporter vers ces sociétés fondées sur la force et la conquête, et qui ne présentaient que des moyens de communications insuffisants. Quelle vie bornée pour la plupart de ceux qui en faisaient partie ! Quelle absence de liens intellectuels et matériels entre les différentes portions du territoire ! Quel empire des tyrannies individuelles et locales ! Combien de petite, souverainetés arbitraires ! Le vieux cri monarchique : *Si le roi le savait !* explique sans le justifier, car les circonstances ont changé, le moderne cri démocratique : *Si l'État le voulait !* Quand le principe de l'autorité centrale n'avait point de limites bien nettement définies, comment nier que l'État ait pu se permettre bien plus qu'aujourd'hui ? Les peuples qui accueillaient comme un légitime exercice de l'autorité la persécution des hérétiques imbus eux-mêmes pour la plupart de l'idée que le pouvoir temporel a le droit de mettre la force au service de la foi, les peuples qui saluaient avec satisfaction et approuvaient sans le moindre scrupule la révocation de l'édit de Nantes et toute intervention du glaive dans les choses spirituelles, ne marchandaient pas à l'État à plus forte raison le droit de faire ce qui était dans l'intérêt général. Sans suivre dans toute son apologie de l'État un habile publiciste contemporain de l'école démocratique M. Dupont

White,[45] j'approuve pleinement cette remarque que l'État a contribué avec une efficacité dont rien ne pouvait tenir lieu à l'avènement de la liberté générale, qu'il a contribué à faire tomber les chaînes du servage comme tout récemment encore nous l'avons vu mettre fin à l'esclavage colonial, qu'il a contribué à faire cesser la longue et dure oppression au sein de la famille de la femme par le mari, de l'enfant par le père ; je sais gré en un mot à l'État d'avoir assis la loi une, égale, juste, charitable enfin dans une certaine mesure, sur les ruines de brutales autocraties. Bien des fois l'État s'est montré l'intelligent organe des besoins généraux et de la raison publique la plus avancée. Même aujourd'hui il doit avoir d'autres fonctions que celles qui le réduisent avec une stricte parcimonie à la police, à la perception de l'impôt et à la défense armée du territoire. Mais quelle sera la règle de cette prise de possession qui apparait tantôt comme étant d'une absolue nécessité, tantôt comme *facultative*, selon l'expression de M. John Stuart Mill ? On ne saurait guère en indiquer une autre que l'utilité démontrée, et comment nier que le principe de l'utilité soit sujet à des interprétations plus ou moins élastiques ? Ne peut-on pas poser comme règle pourtant qu'il ne suffit pas que l'intervention de l'État soit avantageuse à quelques égards pour être légitime, qu'il faut qu'elle soit plus avantageuse sensiblement que ne le serait l'initiative individuelle. Il y a en effet beaucoup de cas où un moindre bien opéré par les individus ou les associations libres vaut mieux qu'un plus grand bien effectué par l'État, parce que, encore une fois, à côté du bien immédiat il faut voir l'effet éloigné, et que d'empiétement en empiétement, sous prétexte de philanthropie, l'État finirait par se substituer à l'activité privée. Une autre condition, c'est que cette intervention travaille elle-même autant que possible à se rendre inutile. Elle n'est qu'un pis aller. La mesure même du progrès est dans la masse des choses que les individus sont capables de faire par eux-mêmes. L'idéal socialiste surcharge l'État d'attributions de tout genre. L'idéal économiste tend à réduire successivement même le nombre de celles qui sont en quelque sorte facultatives. Enfin pour qu'un service soit absorbé par l'État il faut que l'objet qu'il s'agit d'atteindre soit *collectif*. Qu'est-ce à dire ? Un besoin est-il collectif parce qu'il a un très-haut degré de généralité et même d'universalité ? Non, assurément ; ce qu'il y a de général dans le besoin de vêtements par exemple n'engage pas à en confier la satisfaction à l'autorité centrale. Un besoin collectif est celui qui touche solidairement la société prise comme un tout. La justice, la défense publique ont éminemment ce caractère, mais elles

---

45 *L'Individu et l'État.*

ne sont pas les seuls besoins de ce genre. Elles ne sont pas les seuls services non plus qui comportent l'emploi de moyens d'une certaine simplicité. Parmi les services qui sont spécialement de l'ordre économique, on citera la poste et quelques autres. On a soutenu avec certaines apparences de raison qu'il en est ainsi des grandes voies de communication comme les chemins de fer. Mais il ne suffit pas, pour en dessaisir les compagnies, que cette administration touche aux besoins publics et admette une certaine unité, s'il est prouvé que les compagnies construisent et exploitent mieux et plus économiquement. La règle qui ne doit jamais fléchir, c'est que l'État ne fasse que ce que les individus particuliers ou les associations ne feraient pas ou feraient décidément plus mal. Dans le cas d'abstention des particuliers, l'État peut et doit le plus souvent agir par voie d'encouragement ou de participation, au lieu d'agir par voie d'accaparement. C'est ce qu'il a fait pour les chemins de fer eux-mêmes par la garantie d'un maximum d'intérêt. Par cette façon de procéder qui doit être très-circonspecte, l'État arrive au but plus ou moins efficacement, il ne fait rien que de légitime, surtout dans les pays où l'impôt est voté et où son emploi est soumis à un rigoureux contrôle.

S'il ne fallait donc pour qu'un traité de paix et d'alliance fut signé entre la démocratie et l'économie politique que consentir à étendre l'action de l'État au delà des strictes limites assignées par A. Smith et J.-B. Say, je crois qu'à l'exception d'une petite minorité d'économistes on rencontrerait peu d'obstacles du coté de la science. Mais il est douteux que toute la démocratie soit désormais aussi convertie à l'économie politique libérale que l'affirmaient récemment quelques esprits généreux. La démocratie moderne repousse le privilège : repousse-t-elle également la tutelle ? C'est moins certain. Nous ne nions pas que dans les sociétés aristocratiques la tutelle n'ait pu être un bienfait. Nous ne nions pas même qu'on puisse trouver une certaine somme de bonheur à l'ombre de la tutelle. Peut-être, si la recherche du bien-être matériel était tout, pourrait-on se demander si, pour certaines natures faibles, un esclavage doux ne vaut pas mieux qu'un état de liberté dont elles ne savent pas user. Mais, ce qu'il y a de sûr, c'est que l'avènement de la démocratie a précisément cette signification que le temps des tutelles nécessaires est passé, et que la société dans toutes les couches dont elle se compose a atteint l'âge de virilité. Puissions-nous dans cette voie de liberté avoir tracé quelques-unes des indications utiles qui doivent en guidant sa marche l'aider à l'accomplissement pacifique de ses destinées !

CHAPITRE XIII

CHAPITRE XIV
DU PROGRÈS.

I

Tout ce qu'on vient de lire suppose que la démocratie moderne s'avance vers le progrès bien loin de marcher aux abîmes, sous la réserve toutefois de certaines conditions qu'au point de vue économique pris dans la plus large acception nous avons cherché à indiquer. Mais, avant de terminer ces considérations, qui remplissent ce livre, il faut, qu'on me passe cette expression, avoir le cœur net de cette grande question. Je dis question, et dessein ; car pour les uns, elle n'est pas résolue encore ; pour d'autres et même pour tous, elle contient de l'inconnu. En arrivant par la route sûre de l'observation à cette conviction que le progrès, surtout le progrès économique, malgré toutes les lacunes qu'il peut offrir encore, n'est pas un mirage de l'imagination contemporaine, que l'humanité y tend réellement de plus en plus, que réellement elle poursuit là comme ailleurs une destinée générale, et que cette destinée va s'améliorant, qu'il y a dans le bien, envisagé d'une époque aux époques suivantes, une certaine continuité, de même qu'il présente de peuple à peuple une solidarité certaine, on acquiert une idée et meilleure et plus haute des efforts humains, on est moins tenté de les prendre en mépris et en pitié, on est moins prompt à ces découragements qui détournent l'homme de sa tâche terrestre sans relever pour cela nécessairement vers des pensées supérieures à la terre, et dont l'effet le plus ordinaire est de le confiner dans le pur égoïsme. Si le progrès est la conclusion de nos recherches, que ce soit pour fortifier les esprits, et non, comme il arrive trop souvent, pour les endormir ou pour les surexciter sans mesure.

D'une part, en effet, on a présenté le progrès comme un résultat tellement inévitable des lois de l'humanité et du monde, qu'il semblait que nous n'eussions qu'à nous croiser les bras dans l'attente de ce bienheureux Éden vers lequel le temps nous conduisait, ou plutôt nous poussait par un invincible courant. D'un autre côté, on croyait que l'homme peut tout, on se jouait de la durée comme d'un vain obstacle, on voulait, du jour au lendemain, changer toutes les conditions de la société, en ajournant à un très petit nombre d'années la félicité universelle. Égale folie, égale impuissance ! Qu'en est-il arrivé ? Ce qui arrive et doit nécessairement arriver en pareil cas ; c'est que beaucoup d'esprits comme il s'en trouve dans tous les temps, esprits dont la tâche est de représenter la tradition, à laquelle il faut accorder sa place nécessaire dans les affaires humaines, se sont violemment, et avec une sorte d'humeur, retournés contre l'idée même du progrès.[46] Combien n'a-t-elle pas encore de partisans et de défenseurs cette croyance des anciens, encore toute-puissante dans les siècles antérieurs au dix-huitième, à savoir, que l'humanité tourne sur elle-même ! Bien plus, qui sait si, comme les anciens le disaient encore, elle ne présente pas le spectacle d'une décadence dont l'abîme doit être le terme inévitable, et si nous ne touchons pas à la fin des temps ? Il est une nuance plus commune de l'opinion défavorable à la perfectibilité ; elle oppose le progrès économique à tous les autres progrès ; elle voit dans ce progrès même comme un signe de corruption, la marque à peu près certaine d'un état moral qui décline et s'affaisse. Quel est celui d'entre nous qui n'a pas entendu déclarer le bien-être matériel incompatible avec ce culte du vrai, du bien et du beau, honneur de la civilisation, et qui en est le signe le plus distinctif ? C'est un reproche contre lequel tout d'abord il me semble que proteste l'histoire tout entière. C'est quand elles étaient au plus haut point de leur prospérité industrielle et commerciale, que Venise et Florence dans les temps modernes, Athènes dans l'antiquité, ont été le centre des arts. Bien loin de gagner à l'affaiblissement de ce ressort énergique, qui poussait une population intelligente et active vers l'acquisition de la richesse, le noble culte du beau a paru y dépérir en même temps que la recherche de l'utile. L'industrieuse Hollande n'est-elle pas la mère d'une des plus grandes écoles de peinture ? L'Angleterre manufacturière n'a-t-elle pas produit de très-grands poëtes, les poëtes mêmes de la mélancolie, de la rêverie ? Watt et lord Byron ont la même patrie. Mais, dit-on, n'y a-t-il pas une certaine fleur de délicatesse dans les sentiments, une certaine élévation d'âme, un certain goût du grand en toutes choses, dans les arts comme dans la pensée, qui rencontrent des obstacles dans la prépondérance trop exclusive accordée aux intérêts ? N'est-ce pas le péril, si ce n'est le caractère déjà de notre société démocratique, de voir dominer partout un certain terre-à-terre dans les vertus comme dans les idées ? C'est une objection, c'est un danger que je n'ai point à discuter ici. D'abord, je ne défends pas la prépondérance des intérêts. Je mets au-dessus d'eux, le côté moral de l'humanité. Je prétends seulement ne pas les immoler. Je ne sais que trop bien que la richesse a ses corruptions, comme la misère a ses tentations et ses vices. Il est rare d'ailleurs que tout ce qui

---

46 N'est-ce pas ce qui est arrivé non-seulement aux défenseurs attitrés du passé, mais même à un des plus beaux génies de notre temps, et non certes des moins avancés, à M. de Lamartine ? On sait la réponse que lui a adressée M. E. Pelletan : *Le monde marche !*

entre dans la civilisation y marche d'un pas égal. Certaines époques ont vu les sciences prendre un admirable essor, se répandre avec hardiesse, avec fécondité dans toutes les directions, et en même temps les arts s'amoindrissaient, s'abaissaient ; notre dix-huitième siècle en est la preuve. Quelquefois on verra, par un autre genre de contraste, les sciences physiques cultivées avec ardeur et succès, les sciences morales relativement tenues dans l'ombre. Tantôt c'est vers la théorie pure qu'on inclinera avec excès, tantôt c'est la pratique qui paraîtra trop dominer. Qu'y faire, sinon lutter contre les inconvénients des choses sans renoncer aux choses mêmes et sans calomnier les biens qu'on possède ? Mais ce qui est moins contestable que tout le reste, moins contestable que les inconvénients que peut présenter au point de vue moral le bien-être matériel, si l'on en fait abus, ou si on y sacrifie la partie la plus élevée et la plus délicate de l'âme humaine, c'est la relation étroite, intime, nécessaire, qui unit entre elles la civilisation morale et la civilisation matérielle qu'on oppose sans cesse l'une à l'autre avec une défiance, avec un acharnement selon moi un peu puéril.

La société comme l'individu est esprit et corps, et ce corps et cet esprit sont unis inséparablement. L'un souffre avec l'autre. Sans cette industrie qui ne subvient encore qu'avec trop d'insuffisance aux besoins de cette masse si laborieuse pourtant, aux besoins de cette société qui n'a jamais tiré quotidiennement de son sein plus d'efforts, je demanderai donc où en seraient ces lettres, ces sciences et ces arts, que feraient et que seraient ces lettrés, ces savants et ces artistes, où en serait cette vertu dont on prend en main les intérêts ? On sait quel fut dans le passé l'état des sociétés qui ne présentaient qu'un médiocre développement de richesse et d'industrie. Ou la barbarie qui admet bien aussi à sa manière ces raffinements dont on gémit, et qu'on impute grandement à tort à une industrie avancée ; ou une civilisation étroite, concentrée, pour ainsi dire, dans quelques individus, et dont les masses retenues dans l'enfance et plongées dans la misère, si ce n'est dans l'esclavage, étaient comme le piédestal. Telles étaient ces sociétés, telle serait encore la société qui cesserait de marcher dans la voie de la richesse.

Le monde a vu, il n'y a pas bien longtemps, il voit encore, grâce à Dieu, des peuples se mettre en quête de plus de justice dans leurs lois, de plus d'équité dans leurs relations est-ce qu'en même temps et par cela même ils ne s'en promettent pas plus de bien-être ? Est-ce qu'à plus de vérité, d'idéal passant dans les institutions ne correspond pas invinciblement l'espérance d'une plus grande somme de bonheur, d'une vie plus douce, plus sûre et plus aisée ? Le contraire n'est pas moins vrai. Lorsque, par suite de circonstances favorables, un peuple a pu acquérir un développement assez considérable du côté de la richesse, il se dégage pour ainsi dire de son sein des besoins d'un ordre supérieur, d'abord parce qu'il est naturel à l'homme qu'une fois assuré du pain que réclame la vie matérielle, il aspire avec énergie à tout ce qui donne pâture à l'imagination, au sentiment, à ce besoin de vérité dont il est comme assiégé, ensuite parce que dans sa prudence il comprend que ces biens matériels ne peuvent lui être acquis à titre durable s'il n'obtient des garanties régulières, permanentes dans le respect des principes, sans lesquels la propriété, le travail, la richesse, le déploiement entier des forces humaines sont mis à la merci de la violence ou de l'arbitraire. Voilà en grande partie pourquoi les États riches, comme la Grande-Bretagne et la Hollande, ont précédé les autres dans la carrière de la liberté, de la publicité, dans les garanties de l'ordre légal. Voilà pourquoi, lorsque notre révolution de 1789 s'est opérée, nos pères ne séparaient pas ces deux choses dans leurs vœux ardents et dans leur confiance illimitée, le triomphe de la raison humaine, le triomphe prochain et complet des principes par elle reconnus et démontrés vrais, le triomphe d'une liberté religieuse, philosophique, politique, économique sans comparaison plus grande que celle qui avait été le partage du passé, et le perfectionnement de la condition de l'humanité à tous les degrés, sans acception de classes, sans acception même de peuples. Voilà pourquoi, toutes les fois qu'on voit une sorte de scission, momentanée même, accidentelle, avoir lieu entre ces éléments, l'esprit humain, arrivât-il à trouver l'explication de ce phénomène, s'en étonne, s'en afflige comme d'une anomalie, d'une contradiction ; il lui semble qu'en vertu d'une solidarité qui peut être suspendue, mais non abrogée, toutes les parties de la civilisation, formant un ensemble complet, un vivant organisme, sont appelées à s'abaisser ou à se relever ensemble.

Essayons maintenant de marquer, telles que les conçoit la science économique, en s'éclairant des données des sciences collatérales, les conditions qui paraissent les plus indispensables à l'accomplissement du progrès économique sous le régime d'une démocratie libérale.

II

Les conditions du progrès économique, et ceci justifie ce qui précède et nous y ramène, sont d'abord de l'ordre intellectuel et moral. C'est ce que la démocratie doit s'attacher à bien comprendre. Sans cela, nulle liberté du travail qui soit véritable et qui soit féconde, nulle forme de l'association qui soit possible ou durable. Il faut d'abord que l'homme réalise des progrès comme être intelligent, c'est de toute évidence ; il n'y a pas de travail qui ne suppose un rapport souvent très-compliqué des moyens à la fin qu'on se propose ; les produits les plus matériels de l'industrie, les plus humbles et les plus usuels ne sont au fond que des idées réalisées. La guerre que l'homme fait à la nature est la guerre de l'intelligence contre la force. Les sciences sont ses instruments. Le progrès scientifique donne donc déjà une haute vraisemblance au progrès économique. On n'a pas besoin que je rappelle les preuves de ce progrès scientifique, preuves dont nous accablent les mathématiques, la physique, la chimie, l'histoire naturelle, l'astronomie, la géologie. Il serait de même superflu de citer les applications de la science aux différents arts, les procédés et les inventions qui en sont sortis, pour ainsi dire, à flots pressés. On n'a pas besoin d'entendre nommer une fois de plus la boussole, le télescope, l'imprimerie, la poudre à canon, la vapeur et sa puissance productive si étonnante, si imprévue, le télégraphe électrique, toute la foule des découvertes utiles à la navigation, au commerce, à la culture, à la fabrication, et finalement à la richesse et au bien-être.[47] Je ferai remarquer seulement que notre système des poids et mesures, nos institutions de crédit, nos assurances, sont fondés aussi sur des calculs, reposent aussi sur des données scientifiques. Ainsi, ce n'est pas seulement la production, c'est aussi la circulation rapide, féconde à son tour, de la richesse, qui a sa base dans la science. Le jeu même de cette circulation constitue à lui seul comme une science moderne. Le crédit est une découverte qui ne pâlit devant aucune autre. Il n'a pas fallu moins d'esprit sans doute pour inventer le billet de banque que l'éclairage au gaz, et la lettre de change, les virements de parties et tous ces autres procédés techniques que le crédit emploie revendiquent leur place à coté de la vapeur, à laquelle ils sont comme moyens d'échange, comparativement à la monnaie, ce que la vapeur est elle-même comme moyen de transport, relativement aux chevaux et à la voile. La diffusion des connaissances, l'instruction générale et professionnelle ne sont pas des faits moins importants, moins utiles au progrès de la richesse, à la répartition du bien-être la plus favorable au grand nombre. Il faut appliquer à la science ce qui <u>est vrai du soleil</u>. C'est en brillant dans le ciel qu'il éclaire, mais c'est

---

[47] La Profession de foi du XIXe siècle, de M. E. Pelletan, est le plus complet plaidoyer en faveur du progrès, plaidoyer dont la poésie n'exclut pas la précision, notamment en ce qui concerne l'économie politique. Les brillantes pages consacrées au capital et à la monnaie peuvent entre autres être avouées par la science la plus sévère, comme celles où l'auteur raconte et célèbre les grandes inventions industrielles.

en faisant pénétrer ses rayons dans le sein de la terre qu'il l'échauffe et la vivifie. On peut comparer au contraire ces nobles sciences qui ornent l'esprit humain sans servir à la société, à ces belles étoiles dont l'éclat est si pur, mais qui ne nous envoient aucune chaleur.

Prétendra-t-on que l'intelligence, qui a tant découvert dans le monde physique, qui a tant inventé, tant appliqué dans l'ordre matériel, est restée exactement au même point dans la connaissance du monde moral ? Je sais que c'est la thèse des personnes qui nient ou restreignent à l'excès la doctrine du progrès. Pour la soutenir, on vous montrera chez quelques sages de l'antiquité des idées fort élevées sur Dieu et sur la nature humaine. Armé de ces textes, on accablera vos prétentions au progrès sous le poids de cet axiome humiliant *Nihil sub sole novum*. Y a-t-il donc indiscrétion à demander combien il y a eu de ces sages chez les anciens, si pénétrés de la dignité de notre nature ? L'homme moderne, si nous attachons nos yeux sur les masses, se fait une idée incomparablement plus élevée, et nous allons le voir aussi, infiniment plus propre à le fortifier dans sa conscience individuelle, de sa nature et de sa destinée que ne s'en faisait l'immense majorité chez les anciens. L'homme moderne s'attribue une grande valeur à ce titre-là seulement qu'il est homme. Il se respecte et il veut qu'on le respecte à ce titre. Qu'il ait acquis cette idée sous l'influence du christianisme, que le fait de l'avènement des races du Nord, profondément pénétrées de la valeur de l'individu, y ait aussi contribué, toujours est-il que cette idée, il l'a, et qu'il ne paraît pas avoir envie de s'en départir.

Rien n'est si nouveau dans le monde qu'un tel sentiment, surtout comme fait général, et si j'avais à démontrer par des exemples une proposition que je me contente de poser en quelque sorte comme un principe dont l'économie politique et la démocratie tirent le parti le plus fécond, je crois qu'ils ne me manqueraient pas ; et, sans parler ici en prédicateur, au risque peut-être de scandaliser bien des personnes, je crois qu'il ne serait pas impossible de montrer qu'à ce point de vue le grand César était bien inférieur à une bonne femme d'aujourd'hui. César connaissait la gloire, de même que ses contemporains, qu'il éblouissait et qu'il dominait, connaissaient l'admiration et la crainte. Mais ni l'un ni les autres ne connaissaient guère le respect qu'on se doit à soi-même et qu'on doit aux autres à titre de personne morale. Aujourd'hui la plus humble femme, ignorante et ignorée, regarde son âme comme étant d'un prix infini, elle porte à ses actions un soin attentif. Cette idée que rien n'est indifférent, quelle révolution dans le monde ! Ce souci de la personnalité chez soi et chez les autres, ce sentiment de la responsabilité descendu dans les masses, qu'on tâche, si l'on peut, d'en calculer la portée au seul point de vue de l'activité humaine et de ses résultats les plus terrestres. Je ne suis ni la propriété d'un autre ni la propriété de l'État. Je suis un homme. Y eut-il jamais une plus grande nouveauté à faire entendre à un citoyen, à un esclave ! Veut-on se faire une idée de l'abîme que de tels sentiments mettent entre les hommes, entre les peuples ? Que l'on compare, aujourd'hui même, celles des nations occidentales chez lesquelles le sentiment de la valeur, de la responsabilité individuelle est affaibli, avec celles où il règne à des degrés divers, mais avec une incontestable énergie. Chez les unes, quelle insuffisance de richesse, quelle médiocre industrie ! Chez les autres, quel puissant développement économique, quel énergique déploiement de toutes les puissances morales et matérielles ! Bien plus, comparez une civilisation avec une autre, la civilisation occidentale avec la civilisation orientale, avec l'Inde par exemple. L'Indien est convaincu que l'homme n'est qu'un mode, un accident fugitif de la substance universelle. Un inerte panthéisme l'accable. Toute sa foi se réduit au néant des œuvres. Aussi où est l'histoire de l'Inde, où sont, veux-je dire, ses annales régulières, où est son industrie, j'entends une industrie mettant en œuvre les forces mécaniques et entreprenant en grand de soumettre la nature aux besoins de l'homme ? À ces questions, l'Inde répond par le néant. Ainsi, tout se tient dans l'homme. Une conception religieuse ou philosophique, religieuse surtout, parce que la religion exerce chez les peuples une influence beaucoup plus universelle que la philosophie, une conception d'ensemble sur le sens et le but de la destinée humaine, conception qui semble ne devoir donner lieu qu'à des conséquences spirituelles, en produit d'immenses dans l'ordre temporel, et par suite dans l'ordre économique. Je ne vois à cela, d'ailleurs, aucun mystère. On agit parce qu'on croit. Or, l'industrie, comme toutes les autres manifestations, n'est qu'un mode de l'activité générale déterminée dans toutes ses directions par certaines idées, par certains sentiments devenus en quelque sorte notre substance même. C'est là le vrai sens de la pensée de Montesquieu disant que la religion chrétienne, qui ne semble avoir d'objet que la félicité de l'autre vie, fait encore notre bonheur dans celle-ci. C'est là le sens du Discours célèbre dans lequel Turgot, qui ne parle là, comme ailleurs, qu'en philosophe, et d'une façon toute profane, explique les progrès de l'humanité avant tout par la transformation lente, il est vrai, indirecte souvent, mais certaine, qu'une religion nouvelle a fait subir au monde ancien. On peut ajouter sans doute à ces influences morales d'autres influences : la race, le climat, la disposition des lieux, l'inévitable action du théâtre sur l'acteur ; mais la vérité de cette proposition que la conception générale adoptée par un peuple sur la destinée humaine détermine son état industriel, la quantité, je dois ajouter encore la bonne et équitable distribution de sa richesse, se justifie en fait comme par le raisonnement. On peut affirmer, dès aujourd'hui, que plus la religion qui domine la masse nie l'homme, c'est-à-dire sa liberté, son importance dans le monde, plus le développement industriel est anéanti. Ainsi, les boudhistes tiennent le dernier rang. Les musulmans occupent déjà une place un peu plus élevée. Parmi les populations chrétiennes, qui obtiennent incontestablement la première, le premier rang appartient à celles qui échappent à la fois au matérialisme et à l'influence énervante de la théocratie dont l'effet, en Italie, en Portugal, en Espagne, partout où elle a régné, a été d'écraser la liberté, l'activité humaine sous le poids d'une autorité extérieure. L'empire de la terre appartient aux populations chrétiennes qui maintiennent énergiquement les droits de la personnalité, les droits de la conscience, les droits de l'esprit, les droits de l'action libre. Par là se confirme une fois de plus, d'une manière éclatante, l'influence incontestable, immense, des directions que suit la pensée humaine sur le progrès économique. Je crois avoir établi et rendu sensible cette pensée que bien réellement l'homme moderne, considéré comme être intelligent, a acquis non-seulement de nouvelles sciences, qui ont leurs applications aux faits économiques, mais de nouvelles idées morales, et particulièrement cette idée de la responsabilité, cette idée de la valeur de l'individu, à titre d'homme, peu connue de la masse chez les anciens, et vrai fondement de la démocratie chez les modernes. Pour compléter ce développement, il faut ajouter aussi que l'homme moderne, et ceci n'est guère contesté, se fait de la sociabilité une tout autre idée. L'égalité morale du genre humain est de foi commune, et c'est ce qui fait que l'avènement de la démocratie, même chez les peuples qui en semblent le plus éloignés, n'est plus aujourd'hui qu'une question de temps. On ne croit plus à la distinction de deux sortes de nature humaine, l'une libre et l'autre esclave, l'une grecque ou romaine et l'autre barbare, distinction universellement admise par les deux grands peuples civilisés de l'antiquité. Il n'y a aujourd'hui pas une école, pas un parti qui théoriquement n'admette et ne montre bien visiblement sur sa bannière ce mot de *caritas generis humani*, si surprenant dans la bouche de l'orateur romain.

III

Pour nier la réalité du progrès, il faudrait soutenir que les doctrines en s'épurant n'influent point sur les actes, que les principes et les faits ne tendent point à se rapprocher et à s'unir, ce que l'histoire et l'expérience contredisent formellement. Le progrès pratique consiste en cela même que ce rapprochement de la théorie et de la pratique s'opère, et que non-seulement il s'opère, mais qu'il s'effectue plus facilement, à l'aide de moins de perturbations, de moins de révolutions. Les révolutions sont un procédé grossier, un procédé en outre des plus coûteux pour opérer le progrès. Tout l'artifice de la civilisation consiste à l'obtenir, si je puis dire ainsi, au meilleur marché possible. Quand ce genre de perfectionnement qui consiste à supprimer ou à rendre très-rares les révolutions pour obtenir le progrès sera bien définitivement acquis au genre humain, tous les autres suivront d'un pas rapide ce que je dis des révolutions, je le dis aussi de la guerre ; plus elle sera traitée comme un procédé arriéré, imparfait, pour répandre la civilisation, comme une machine en un mot qui consomme plus qu'elle ne rapporte, plus il faudra s'en applaudir. Mais ce dernier progrès n'est pas moins éloigné, je le crains, que celui qui consisterait à supprimer les révolutions de la face du monde, et la Chine qui s'ouvre au bruit du canon, aussi bien que l'Inde et l'Algérie où il se tait à peine, ne disent que trop que nous n'en sommes pas encore arrivés à ce progrès si désirable.

Je n'ai en aucune sorte le désir de rabaisser les anciens, nos maîtres, non en toutes choses, comme on l'a prétendu, mais en beaucoup de choses. Le mot de grandeur s'applique bien à eux. On n'a pas eu plus de grandeur dans la poésie qu'Homère, peut-être que Lucrèce. On n'a pas montré plus de grandeur dans la conquête et dans l'esprit civilisateur qu'Alexandre. On n'a pas pensé, on ne rêvera jamais avec plus de grandeur que Platon. On n'est pas mort avec plus de grandeur que Socrate. Cela n'empêche pas, si l'on met de côté une rare élite, qu'il y avait dans les mœurs privées de l'antiquité une brutalité, une grossièreté, une sensualité, dont il n'y a pas lieu d'ailleurs de s'étonner. Le paganisme seul n'en donne pas la clef. Ces défauts sont les traits communs et persistants des peuples guerriers et des peuples à esclaves. Dans l'ordre privé, je ne crois pas me tromper en affirmant que les vertus bourgeoises, ces, vertus modestes qui font, il est vrai, peu de bruit, qui n'affectent en rien les airs sublimes du stoïcisme, et qui eussent paru infiniment méprisables aux anciens chez lesquels l'idée du commandement glaça et corrompit toutes les relations de famille, du père aux enfants, de l'homme à la femme, ont été inventées et popularisées par les modernes. Dans l'ordre social, la liberté, la justice, l'égalité, la paix, le règne, en un mot, du droit et l'emploi de l'intelligence au lieu de la force, ont été substitués, comme un idéal vers lequel on tend à se rapprocher en pratique, au vieil antagonisme de la société païenne. La diplomatie, je la cite parce qu'elle ne passe pas pour trop accorder au goût des théories aventureuses (abuser du progrès n'est pas en général le défaut qu'on reproche aux chancelleries), proclame elle-même, entre les membres de la famille européenne, la fin des guerres d'extermination et de conquête, l'unité de la civilisation occidentale, les maximes philanthropiques du droit des gens, et, sauf des exceptions qui n'infirment pas la règle, elle agit en conséquence de ces déclarations. L'idée d'une sorte d'amphictyonie européenne pour le règlement des intérêts communs se réalise dans nos congrès, et il n'est peut-être pas chimérique de penser qu'un jour l'application en deviendra permanente. On ne fait plus la guerre que comme pis aller pour avoir la paix. De plus en plus se perd la race des gens farouches et inflexibles qui souhaitent du mal à l'étranger une fois qu'on a déposé les armes. Un récent exemple, celui de la Russie, après la guerre de Crimée, le prouve bien. Tout le monde a trouvé bon que celui qu'on appelait l'ennemi la veille encore se livrât aux travaux qui civilisent et qui augmentent la puissance des nations. Personne n'est taxé de manquer de patriotisme pour aider un peuple même rival en lui prêtant ses idées et ses capitaux. C'est une maxime à laquelle l'économie politique a donné l'autorité d'une vérité scientifique, que les intérêts des peuples sont solidaires. D'ailleurs l'unité de la civilisation occidentale éclate par mille marques, aisément saisissables. Le mot célèbre de Mirabeau, que les principes de la révolution de 1789, dont la formule équivaut à celle même de la civilisation moderne, sont appelés à faire le tour du monde, ce mot acquiert la valeur d'une véritable prophétie qui se réalise de jour en jour.

Comment ne rapporterais-je pas à la liberté du travail comme à une commune source les progrès économiques qui s'accomplissent en Europe ? L'Europe s'y rallie de plus en plus comme au principe qui met le mieux à profit toutes les forces humaines, en appelant chacun à exercer la profession qui convient le mieux à ses aptitudes, à ses goûts, à son état de fortune. L'Europe se débarrasse de ces entraves qui font obstacle aux perfectionnements, ou qui ôtent à l'homme laborieux et inventif le prix de ses efforts et le bénéfice de ses inventions. Or, la liberté du travail, cette liberté si précieuse et si chère comme droit, et qui l'est dans les divers pays en proportion que le sentiment de l'individualité et de sa puissance y est plus énergique ;

cette liberté du travail, que la Russie elle-même s'inocule aujourd'hui et qui se prépare à faire tomber les dernières chaînes des corporations en Allemagne, cette liberté du travail, qu'est-elle aux yeux de l'économiste, sinon l'application de ces dogmes de la liberté humaine et de l'égalité morale et civile, dont le triomphe progressif nous a paru le signe distinctif et l'oeuvre des temps modernes ? Qu'est-elle, sinon l'individu investi de la responsabilité de ses œuvres dans le domaine industriel, et agissant à ses risques et périls ? Qu'est-elle, sinon l'égalité sous la forme de la condamnation des monopoles et des privilèges ? C'est donc une application de la morale philosophique, ou, si vous aimez mieux, de la morale chrétienne, disons de la vraie morale, à la société moderne. Quelle image de la sociabilité que la division elle-même des travaux, vaste solidarité d'efforts qui unit toutes les branches d'une industrie, cette industrie à une foule d'autres, toutes les classes de la société entre elles, et qui enserre toutes les parties du monde comme dans un immense réseau ! La sociabilité a encore une manifestation éclatante dans le crédit qui établit la solidarité des prêteurs et des emprunteurs, des grands et des petits capitaux, de l'esprit d'épargne et de l'esprit d'entreprise. Elle en a une dans les différents systèmes d'assurance et de secours mutuel, puissant levier du progrès économique, qui débute à peine, et dont les effets à venir sont, pour ainsi dire, incalculables, Elle en a une dans les diverses associations volontaires qui se forment pour produire et pour consommer. Elle en a une enfin qui est la condition même de tout développement du travail et de la richesse, et de toute démocratie régulière et progressive, c'est-à-dire la paix publique, l'harmonie des classes, l'union des nations, la sécurité intérieure et extérieure qui garantit entre les mains de chacun sa propriété et son industrie. Magnifique ensemble des conditions du progrès économique rattaché au progrès des idées morales !

Que dire enfin de l'abondance des capitaux, condition à son tour et instrument indispensable du développement de la richesse ? On sait la vaste étendue qui doit être attribuée à ce mot de *capital*. On sait que, bien loin de se borner à l'or, à l'argent, le capital comprend toutes les matières premières, tous les produits arrivés à l'état où ils servent à la consommation, tous les instruments de production, depuis les machines qui font des agents naturels le complément de nos forces, et depuis la monnaie elle-même jusqu'aux voies de communication petites et grandes qui font circuler les produits. L'idée du capital ainsi étendue est-elle encore complète ? Non, on ne s'en formera une idée suffisante qu'en y faisant entrer ce capital immatériel de connaissances utiles, d'habitudes favorables à la production, sans lequel il n'y aurait pas d'industrie. Le bien-être progressif d'une nation est déterminé par la quantité de son capital. Je dis le bien-être progressif. Il y a, en effet, une idée d'activité, de force productive croissante, inhérente au capital, qui ne s'attache pas à la seule richesse. La richesse peut être naturelle et rester stationnaire ; elle peut avoir été léguée à un peuple par un passé dont il a déchu. Rome moderne est là pour nous le dire. Fruit de l'épargne qui se renouvelle toujours, issu du travail qui ne s'arrête jamais, instrument destiné à la production future, le capital est le signe le plus certain comme il est le moyen le plus efficace du progrès économique. Voyons donc quels fruits a portés, surtout depuis la Révolution française, l'application des principes qu'elle a généralisés et appliqués sur une grande échelle. Quelques faits précis qui se détachent en relief nous montreront à quel point nous sommes arrivés dans cette carrière économique ou la démocratie française commence à peine à marcher avec une conscience claire de ce qu'elle fait et de ce qu'elle veut.

IV

On peut envisager tour à tour les diverses formes de la propriété et les diverses classes de la société en prenant pour exemple la France, qui a le mérite évident de nous intéresser plus que tout autre pays. Ce n'est pas d'ailleurs que la France ait le privilège exclusif de la mise en œuvre des principes de liberté civile, proclamés en 1789, et transportés dans la sphère du travail et de l'échange. De même que la Révolution française, simple héritière du mouvement qui avait transformé l'esclavage en servage, le servage en travail libre, et composé d'éléments jadis méprisés une bourgeoisie riche, éclairée et fière, n'avait pas inventé ses propres principes en France même, de même la Révolution en voyait le modèle quelques égards dans d'autres pays que la France, tels que les États-Unis d'Amérique et l'Angleterre.

Mais peu importe que la Révolution ait eu ou non à plusieurs égards ses modèles et ses précédents dans le monde, peu importe aussi que la fécondité des principes que nous avons développés ne se borne pas à la France, elle y a assurément sa puissance comme elle a eu son origine la plus éclatante. C'est donc la France qui, après nous avoir fourni quelques indications positives, nous offrira les éléments nécessaires pour discuter certaines objections communes et persistantes contre la réalité du progrès économique. Prenons d'abord à part la propriété foncière et les classes qui s'y trouvent directement intéressées, puis la bourgeoisie dans laquelle s'incorpore plus particulièrement le capital mobilier, puis les ouvriers, sans attribuer à ces classifications un peu arbitraires plus de valeur qu'elles n'en ont, et en ayant soin d'indiquer pour la nation prise dans sa masse les résultats qui l'intéressent tout entière : rapide enquête qui ne doit comprendre que les faits les plus généraux, les résultats les plus décisifs comme les plus exacts.

C'est à la propriété foncière et dès lors à l'agriculture, cette mère nourricière de toutes les industries, cette source principale de l'alimentation publique, qu'un coup fatal et irrémédiable allait être porté, disait-on, par l'inauguration de la liberté civile et économique qui, d'une part, faisait disparaître de la possession de la terre les privilèges artificiels et de sa vente les entraves dont l'ancienne législation l'avait rendue l'objet, et qui, d'autre part, la plaçait par la nouvelle loi de succession sous le régime démocratique de l'égalité.[48] À quelles sinistres prophéties ce nouveau régime donna lieu, tout le monde le sait, ; il y a encore aujourd'hui tout un parti qui, par la persévérance qu'il met à les répéter, ne permet pas qu'on l'oublie. Nous ne voulons pas tracer ici un tableau trop complaisant, dont les traits flattés feraient reporter ensuite les regards avec plus de sévérité sur le modèle. Nous savons tout ce qui manque à notre agriculture pour égaler l'agriculture anglaise, tout ce qui lui manque pour être à la hauteur de ses destinées. En examinant ce qui lui fait défaut, nous arriverions à cette conséquence que c'est non pas le respect des principes démocratiques de liberté et d'égalité dont on signalait le danger qui a produit cette imperfection, mais ce qui est resté au contraire encore de trop incomplet dans l'application de ces mêmes principes. Telles étaient au dehors, jusqu'à une époque toute récente, les lois

---

[48] Aujourd'hui encore plusieurs écrivains réclament le droit d'aînesse et les substitutions au nom de l'intérêt agricole. Nous leur répondrons avec l'autorité accrue des faits ce que disait M. le duc de Broglie combattant en 1826 le rétablissement du droit d'aînesse « La loi qu'on nous propose aura-t-elle pour résultat de créer des capitaux appropriés à l'agriculture ? Non. Je ne sache pas qu'on lui attribue cette vertu. Aura-t-elle pour résultat d'étendre et de propager la connaissance des bonnes méthodes agricoles ? Tout aussi peu ; elle n'y prétend aucunement. Si donc il était en son pouvoir, ce qu'à Dieu ne plaise, de créer par force et artificiellement de grandes propriétés, que ferait-elle ? Elle déposséderait simplement la classe agricole ; elle substituerait à un grand nombre de propriétaires actifs, laborieux, un petit nombre de grands propriétaires qui dissiperaient à Paris le revenu de grandes terres mal cultivées, et une classe de cultivateurs mercenaires qui, privés à la fois et de lumière et de cette ardeur clairvoyante que l'esprit de propriété excite et entretient, deviendraient indolents, grossiers et misérables. Nous ne rendrions pas la France semblable à l'Angleterre, nous la rendrions semblable à l'Irlande. »

prohibitives, les lois de renchérissement qui protégeaient mal l'agriculture française et qui retombaient sur elle en affectant le prix des instruments qu'elle emploie et des engrais qui lui sont nécessaires. Tels sont, au dedans, les empêchements mis à la transmission facile des terres par la lourdeur des frais de mutation et de procédure, par les défauts du régime hypothécaire. L'économie politique, au nom du principe de personnalité, de liberté, recommande la propriété individuelle, comme pouvant seule donner à la terre sa plus haute valeur. Ce principe, la démocratie française l'a consacré par la division de la propriété sur une très-grande échelle. Un tel état de choses a donné grâce à l'énergie persévérante et à l'esprit d'épargne des petits propriétaires ruraux, un grand développement à la richesse agricole. Aujourd'hui même c'est du côté de l'association agricole volontaire aussi, dont les mœurs sont encore à créer, c'est vers la recomposition moins entravée des domaines moyens qu'il faut se tourner pour empêcher de se produire cet excès du morcellement des cultures dont plusieurs publicistes ont exagéré la portée sans mesure, mais qui n'est pas moins réel et moins préjudiciable sur plusieurs points du territoire.[49] Cependant, si en général le principe de propriété individuelle a été placé très-haut par la Révolution, il a été aussi trop sacrifié par l'extension du domaine communal. La jouissance en commun, déplorable système, fut appliquée au dixième du territoire français, quantité heureusement fort réduite aujourd'hui ; cinq millions d'hectares de terres vaines et vagues, disputés avant la Révolution entre les seigneurs et les communes, furent attribués exclusivement à celles-ci, tandis qu'un mouvement qu'il est possible de suivre sous le règne de Louis XVI semblait devoir les faire rentrer dans le domaine de la propriété privée qui seule en eût tiré convenablement parti, comme elle l'a fait en Écosse, en Angleterre, où le principe de la propriété individualisée, en se substituant partout au domaine, a

---

[49] Un brillant apologiste du Progrès, dans le livre qui porte ce titre, M. Edmond About, nous paraît s'être jeté dans l'excès en accusant le morcellement et la loi de succession qu'il en rend responsable, à tort selon nous. Cela peut étonner surtout chez un écrivain démocrate qui est bien loin de vouloir le rétablissement du droit d'aînesse et des substitutions. En dehors de ces deux conditions, ou tout au moins de la seconde, nous ne voyons pas pourtant ce que la liberté absolue de tester pourrait faire pour reconstituer la grande et la moyenne propriété, qui sont si loin de manquer en France. Le remède à l'excès du morcellement est dans la diminution des droits de mutation, dans le goût des valeurs mobilières, nouveau chez les paysans, dans le développement général de l'industrie et de l'instruction, enfin dans la tendance qui porte les fortunes faites dans le commerce par l'acquisition de la terre. Comptons aussi pour une notable part sur l'association agricole. Et avec tout cela la France, suivant sa destination naturelle, restera en général un pays de petite culture.

remplacé la stérilité par l'abondance. En dépit de ces imperfections de la propriété, voyez où elle est arrivée. Un décret de l'Assemblée législative de 1850 a prescrit une nouvelle évaluation de la propriété immobilière, évaluation qui n'avait pas été faite depuis 1821. Cette évaluation a porté le chiffre de la propriété immobilière à un total de 83,744 millions, c'est-à-dire à un accroissement de plus du double de ce qu'elle était il y a trente ans. La valeur de la grande propriété qui, criait-on de toutes parts, allait être ruinée, s'est accrue de moitié. La valeur de la petite propriété, valeur, disait-on encore, qui allait se réduire à rien, attendu que la petite propriété était appelée dans un prochain avenir à se dévorer elle-même par l'abus du morcellement, a plus que triplé.

La valeur de la terre n'est pas tout, c'est le résultat agricole qui importe le plus. Le fait répond encore ici. Depuis 1815, l'agriculture a presque doublé les produits qu'elle met à la disposition de la population qui, depuis la même époque, ne s'est pas accrue d'un quart. La proportion des subsistances à la population totale s'est donc modifiée favorablement.

Mais il se présente un argument plus formidable que tous les autres, qui intéresse l'avenir de la démocratie : argument dont la validité couperait court à toute idée de progrès continu. La terre, dit-on, est limitée en quantité, et la population tend à dépasser la limite des subsistances. Ici donc encore le cercle vicieux recommence. Toute amélioration du sol provoque la naissance de plus d'hommes et permet l'entretien d'un nombre accru de consommateurs, incessamment poussés par la concurrence qu'ils se font à se contenter d'un minimum de subsistance. Leur situation relative ne se trouve par conséquent que peu changée, et le problème, qui paraissait avancer par la création de plus de produits agricoles, n'a fait que reculer. On reconnaît là les théories de Ricardo et de Malthus poussées elles-mêmes à l'extrême. J'ai déjà répondu en ce qui regarde Malthus. Je me bornerai à rappeler ici que les faits et les inductions les plus légitimes qu'il est permis d'en tirer condamnent hautement de désolantes assertions en ce qui regarde la terre. La limitation de la terre paraît un argument d'une valeur fort contestable en présence de la masse énorme des terres non exploitées. D'ailleurs, la limitation de la terre n'est pas la question ; il s'agit beaucoup moins de l'étendue de l'instrument agricole que de sa puissance. Or, qui pourrait assigner une limite aux produits de l'agriculture, à l'amélioration des terres, à la fécondité des procédés dont le nombre s'accroît chaque jour ? En outre, on remarquera qu'en dépit de nos prétentions à l'extrême civilisation, les industries qui fournissent à l'alimentation, comme la chasse et la pêche, sont encore à l'état sauvage, c'est-à-dire détruisent sans reproduire. Ainsi le gibier et le poisson, en présence de populations nombreuses, renchérissent mais, on l'a dit avec vérité, quand nous saurons élever le gibier et le poisson, leur prix baissera. Quant au mouvement de la population, tout prouve qu'à mesure que l'aisance se répand dans une partie plus nombreuse de la société, ce mouvement suit une marche plus régulière. Le mot de *prolétariat* indique lui-même que cette surabondance désastreuse est le fait des classes les plus misérables. À mesure que leur misère devient moins intense, la prévoyance étend son empire au développement de la population comme à tous les autres faits humains. Ce que nous avons dit de l'état de la propriété foncière suffirait déjà à indiquer un accroissement de ressources et de bien-être pour cette classe moyenne qui a sa part dans la propriété agricole et sa forte part dans la propriété immobilière qui se compose de maisons. On a pu remarquer qu'au lieu de 22,000 familles riches par la possession du sol, il y a quarante ou cinquante ans, on en compte 44,000 aujourd'hui. Beaucoup appartiennent à la classe moyenne. Cependant on identifie plus généralement la bourgeoisie, dont les rangs sont ouverts à tous, avec la possession de cette richesse dont le déplacement s'opère plus vite, dont le mouvement offre quelque chose de plus précipité. La bourgeoisie représente avant tout la classe manufacturière, la classe commerçante. Eh bien ! pendant cinquante années durant lesquelles, à quelques lacunes et à quelques éclipses près, ont régné, régné surtout beaucoup plus que par le passé, la paix, la liberté générale, la justice, le respect des lois, le commerce extérieur a quintuplé, l'industrie quadruplé ses produits.

La preuve qu'aujourd'hui c'est la masse populaire qui voyage et trafique le plus, c'est que la recette faite par les chemins de fer provient pour la très-grande partie des voyages de 2e et de 3e classe et des marchandises à bon marché.

La comparaison de l'état présent avec l'état passé des classes ouvrières a été tracée trop souvent dans ses traits généraux pour que, j'y insiste beaucoup. Les misères de l'ouvrier des corporations ont laissé un long souvenir ; il serait plus profond encore si tout ne s'oubliait vite, et le mal plus encore que le bien. Rien du moins n'humilie plus l'ouvrier moderne. Dans la mesure où il se garde le respect, il l'obtient. Il a, sous la sanction sévère de la gêne ou de la misère, s'il abuse de son libre arbitre, le sentiment et le libre usage de sa force qui lui permettent de s'élever à une condition meilleure. Cette condition, je l'ai déjà dit, s'est certes améliorée beaucoup.[50] Ce qui était la règle est aujourd'hui l'exception. C'était la grande, la très-grande majorité des artisans qui habitaient autrefois des logements insalubres, qui vivaient dans de misérables masures qu'aucun vitrage ne protégeait contre les injures de l'air et la rigueur des hivers, et que décimaient d'une manière effroyable des maladies aujourd'hui disparues. Les souliers, les bas, une chemise même, sont classés par le célèbre économiste Adam Smith, dans un des chapitres où il traite de l'impôt, parmi les objets qu'on pouvait appeler de luxe pour les ouvriers français. Il n'en est plus ainsi. Le coton est à leur usage depuis une quarantaine d'années, et la laine de plus en plus se répand. À la robe noire et perpétuellement sale qui jamais ne se lavait et tombait en lambeaux a succédé pour la femme de l'ouvrier l'indienne aux couleurs variées, vêtement gai et propre, dont le prix n'est pas tel qu'il ne se renouvelle fréquemment. Chose autrefois inconnue, les livres et les fleurs sont arrivés jusqu'à la mansarde. Sous tout cela s'étalent ou se cachent encore bien des misères, nous l'avons reconnu. Les grandes manufactures, si utiles à la classe ouvrière par la réduction des frais généraux, qui permet une rémunération meilleure qu'elle ne le serait sans cette condition et qui amène un abaissement dans les prix dont elle profite, ont pu donner au paupérisme dans les moments de crise un relief plus douloureux, surtout par le contraste qu'il présente avec l'aisance générale. Quelle que soit la part du mal qui subsiste et dont nous ne prenons nullement notre parti, qui donc, en présence de ces deux résultats, bon marché croissant des produits manufacturés, croissante augmentation des salaires, doublés dans l'industrie agricole depuis 1789, très-accrus dans les diverses industries manufacturières, oserait nier une amélioration évidente ?

La santé des ouvriers, trop sacrifiée jusqu'ici, est l'objet de soins et d'attentions auxquels le progrès industriel donnera lui-même plus d'efficacité. C'est ce que démontrait récemment par de curieux détails un éminent professeur devant un auditoire d'ouvriers qu'il cherchait à convaincre de la réalité du progrès tout en montrant qu'il sait lui-même en apprécier les hautes et difficiles conditions. Parlant des ouvriers occupés dans les travaux d'une nature dangereuse ou délétère, et faisant au mal la part malheureusement trop grande encore qui lui appartient « Les uns, disait M. Philarète Chasles, ensevelis dans

---

50 M. Duruy, aujourd'hui ministre de l'instruction publique, a prononcé, il y a trois ans, comme professeur d'histoire à l'École polytechnique, un discours remarquable sur le progrès. Ces améliorations de l'ordre économique y sont notées avec autant d'exactitude que d'élévation.

la mine, en extrayent les métaux, symboles de la richesse ; d'autres périssent en nous créant ces objets de luxe qui sont aujourd'hui considérés comme de première nécessité, ces glaces, ces miroirs dans lesquels s'admirent si complaisamment les femmes ; à combien d'hommes ces merveilleux objets ont-ils coûté la vie ! Il n'est pas jusqu'au doreur de ces brillantes bordures qui ne paye de sa santé la gloire de rehausser les produits de la verrerie, car l'emploi des substances dangereuses, la manipulation de l'or, de l'argent, du cuivre, l'expose à l'épilepsie, à la paralysie nerveuse. État meurtrier dont la science par ses précieuses découvertes a de nos jours conjuré en partie les dangers. Grâce aux travaux combinés de la physique et de la chimie, on est parvenu à modifier les conditions de cette lutte de l'homme contre la nature, et chaque jour signale une nouvelle victoire ; bientôt l'homme pourra impunément soumettre à sa volonté les matières les plus dangereuses. La galvanoplastie, qui est l'action du métal sur le métal, déjà se substitue à l'action de l'homme dans une foule de travaux insalubres, et produit d'excellents résultats pour la dorure et l'argenture.

« Si des produits de luxe nous abordons ceux d'une plus modeste industrie, ceux d'un usage général, universel, les allumettes chimiques, par exemple, nous verrons que ces humbles produits, fabriqués aujourd'hui sans danger, sont une des plus extraordinaires conquêtes de la science. Le phosphore délayé en pâte agissait d'une manière terrible sur les ouvriers employés à cette préparation, et produisait sur eux les effets les plus cruels ; cette manipulation, par une carie toute spéciale, leur enlevait les dents, la mâchoire inférieure et les cheveux ; au bout de cinq à six ans, ils étaient saisis d'un tremblement nerveux qui les réduisait à l'état de cadavre. La science a trouvé un moyen fort simple de conjurer ce danger. Que l'ouvrier boive matin et soir une limonade basée sur l'acide sulfurique, et il pourra impunément se livrer à ces travaux.

« Les mines de plomb qui abondent en Angleterre et en Suède coûtaient chaque année la vie à plus de 20,000 hommes. Les expansions, les éruptions subites des gaz délétères les asphyxiaient. La lampe de Davy est venue mettre un terme à ce danger professionnel. Davy entoura la flamme de sa lampe de toiles métalliques dont la présence neutralise l'effet meurtrier des miasmes délétères des mines.

« Tous les travaux qui provoquent une ingestion de poussière, d'atomes moléculaires absorbés par les voies respiratoires, tels que ceux du tailleur de pierre, du repasseur, du maçon, du préparateur de cheveux, étaient mortels en peu de temps ; la science a constaté que l'homme en laissant croitre l'appendice, qui faisait l'horreur de la cour de Louis XIV, l'ornement de la face virile, la barbe et la moustache, puisqu'il faut les nommer, pouvait se soustraire à l'absorption de ces dangereuses molécules qui viennent toutes s'attacher à la barbe et soustraient ainsi le poumon à leur terrible influence.

« Mais ce qui avancera le plus l'émancipation physique et matérielle, c'est la création des machines qui, grâce à la science, se répandent aujourd'hui si universellement. La couturière anglaise, qui, suivant des documents officiels, travaille douze heures sur vingt-quatre, verra, par la machine à coudre, s'alléger son fardeau. On a créé aussi d'utiles machines pour les cordonniers et les tisserands. Un fabricant de limes, M. Bernot, un Français, qu'à notre honte, l'Angleterre a honoré et pensionné, frappé des désastres causés par la fabrication des limes, a supprimé l'action de l'homme ; grâce à lui, la lime est fabriquée par la lime.

« La science a étendu ses investigations jusqu'à l'intérieur de nos appartements ; elle nous enseigne à fuir ces beaux papiers verts si doux à l'œil, et surtout le papier vert-pomme ; ils contiennent des acides arsénieux dont l'aspiration est fatale. Les Anglais ont fait à ce sujet une enquête, une expérience dont les résultats ont été décisifs ; des animaux renfermés dans des chambres tendues en papier vert sont morts en peu de temps, épuisés par des bronchites.

« Les tourneurs en cuivre, après quelques années de travail, se voyaient transformés en naïades. Semblables à ces divinités marécageuses, leurs chevelures, sous l'action du métal, prenaient des tons verts qui n'étaient que le prélude de graves maladies. Par un ingénieux appareil, la science les a soustraits à cette métamorphose et à ses suites périlleuses. Au moyen d'un masque garni d'une trompe d'éléphant, le tourneur en cuivre échappe à l'action délétère de son état ; mais ces préservatifs, qui sont une incontestable amélioration, ne valent pas la substitution de la machine à l'homme. »

Il y a donc progrès récent, je l'avoue, mais réel, mais rapide dans l'hygiène des classes laborieuses. Je reviens à leur alimentation. On insiste sur l'élévation des prix et sur la difficulté de vivre. Je répondrai à ce reproche, tout en avouant qu'il s'en faut que la France produise en fait de bétail, je ne dis pas ce qu'elle pourrait produire aujourd'hui, mais ce qu'elle pourra produire, son capital agricole étant augmenté, et tout prouve qu'il augmente. La vérité est que l'augmentation des prix tient en partie à une demande plus vive, à une consommation plus grande, très-dûment attestée. Or, si la formule du progrès économique est le bon marché, elle est avant tout, même les prix restant les mêmes ou s'élevant un peu, l'admission d'un plus grand nombre de participants à des biens dont, pendant des siècles, ils n'avaient presque pas eu la jouissance. C'est ce qui arrive pour la viande, dont la production n'a pas augmenté proportionnellement à la population depuis 1789, mais n'a pas diminué non plus, d'après les calculs les plus récents et les plus avérés. La viande de boucherie n'est d'ailleurs, si important que cet article soit, qu'un des objets d'alimentation (celle de charcuterie a beaucoup augmenté). Le prix moyen du blé ne paraît pas avoir changé. Arthur Young dit que le pain de froment se payait 3 sols la livre, et le pain de seigle que mangeait communément le peuple, 2 sols ; on l'a remarqué, s'il y a une différence, elle est plutôt en moins. La consommation des légumes secs et des pommes de terre a pris notamment de grandes proportions. En dernière analyse, la part proportionnelle de chacun, et c'est ce qui importe, a sensiblement augmenté pour les produits alimentaires. Enfin, que sont aujourd'hui nos disettes ? Beaucoup moins fréquentes que dans le passé, elles ne dégénèrent plus en famines. La libre circulation des grains à l'intérieur, qui établit la solidarité de province à province, et produit le nivellement des subsistances comme des prix, y a mis bon ordre. Jadis, le défaut de commerce international, la pénurie des capitaux, l'insuffisance des voies de communication et des moyens de transport, et d'autres causes encore, telles que la proportion beaucoup plus grande dans laquelle le pain figurait comme substance alimentaire, enfin l'absence d'une hygiène convenable, rendaient les famines des fléaux épouvantables, emportant, en une année, le quart, le tiers même de la population d'une province.[51] Il n'était pas rare alors de voir des grains atteindre dix, quinze et jusqu'à vingt fois leur prix moyen. On ne saurait donner le nom de famine aux crises de subsistances qui ont frappé notre pays depuis le commencement du XIXe siècle, en 1812, en 1817, en 1847 et en 1853. À ces diverses époques, le maximum du prix du blé n'a jamais dépassé trois fois son prix normal. À quoi tient une différence si essentielle entre les deux époques, si ce n'est, outre l'accroissement de la sécurité pour le commerce des blés, à plus de liberté produisant plus de solidarité, et réalisant une sorte d'assurance mutuelle qui, grâce au perfectionnement des voies de transport et à l'extension du commerce extérieur, établit beaucoup plus qu'autrefois l'équilibre entre les productions des différents territoires.

Nous avons un criterium infaillible pour juger de la réalité du pro-

---

[51] Sur les misères du passé, lisez le livre de M. V. Modeste sur la cherté des grains, et l'ouvrage de M. A. Feillet : *La Misère au temps de la Fronde*.

grès économique accompli au profit de la masse, c'est l'*accroissement de la vie moyenne.*

Ce n'est là ni un de ces faits douteux, ni un de ces résultats médiocres qu'il soit permis de négliger. C'est un fait certain, et, du point de vue économique, un résultat immense, qui suppose et résume tous les progrès. Or, la vie moyenne a augmenté d'une manière extraordinaire. Depuis un peu plus de soixante ans, d'après des calculs statistiques auxquels il faut au moins attribuer une valeur comme indication, la réduction de la mortalité, proportionnellement à la population, se serait accrue de près d'un tiers.

Pour quelle raison l'accroissement de la vie moyenne, dans une proportion si considérable, est-elle un fait si important et si concluant ? C'est qu'il ne s'agit pas ici de ces cas de longévité, qui ont toujours existé dans les classes aisées, et qui n'ont pas d'importance générale, comme tous les cas rares. La vie moyenne intéresse la masse.[52]

52 « En général on croit que la fortune est l'état le plus favorable à la santé ; c'est une grave erreur, comme le démontrent d'une façon péremptoire les tables de mortalité allemandes et françaises. Ce n'est pas le luxe qui rend l'homme fort et valide, c'est le triple exercice des forces physique, intellectuelle et morale ; c'est dans ce milieu qu'il se développe et se fortifie. Des calculs nets, clairs et intéressants, le prouvent. — Un savant prussien a dressé une échelle de vie pour les hommes de tous les pays et de toutes les professions. Si on la consulte, on voit que l'homme qui a le moins de temps à vivre, c'est l'empereur de Chine, dont les mœurs dépravées sont connues de tous ; celui qui atteindra la plus grande vieillesse sera le plus petit bûcheron de nos forêts, pourvu qu'il soit marié, père de famille, qu'il sache lire, qu'il fasse un peu de musique, qu'il médite l'Évangile, qu'il chante ; il fortifiera ainsi son corps, son esprit et son âme.

« L'oisiveté du corps, de l'esprit et de l'âme, forme l'échelle descendante. (Voici quelques chiffres auxquels nous n'accordons qu'une valeur morale et de simple approximation.) Un officier de marine en Europe, dont la vie est une lutte active, intelligente et continuelle, a 50 ans à vivre, un an de plus que l'officier de terre ; mais celui qui peut compter sur la meilleure santé et la plus longue vie, c'est le voyageur actif, intelligent et qui fait le bien : la statistique lui assure 75 ans. Vient ensuite le médecin à qui la science promet 73 ans. L'avocat, que sa profession oblige, dit-on, à mêler une certaine dose d'exagération à la vérité, ne vivra que 71 ans, d'où le statisticien conclut que la vérité est nécessaire à la vie ; le propriétaire rural a une existence très active ; il est heureux, mais la nécessité de débattre des intérêts, de joindre la ruse à l'habileté, lui fait perdre une année sur le précédent, il ne vivra que 70 ans ; le marchand de vins qui se livre à une foule de petits trafics plus ou moins avouables n'atteint que 39 ans ; le garçon d'hôtel ou de café qui vit au milieu du gaz, des lumières, des odeurs méphitiques, ne vivra que 30 ans ; enfin les plus mauvaises conditions de vie sont pour les fondeurs, les plombiers, les doreurs, les préparateurs de cheveux, les fabricants de limes et de tabac, pour tous ceux enfin qui respirent des atomes volatilisés, dont l'absorption est, sinon mortelle, du moins très-pernicieuse. Le danger de ces professions disparaîtra bientôt. » (PHILARÈTE CHASLES, dans le discours cité plus haut sur le progrès, prononcé dans le grand amphithéâtre de l'École de médecine, à la demande de l'Association polytechnique.)

L'accroissement de la vie moyenne, c'est, en somme, l'alimentation meilleure, le logement plus salubre, le vêtement plus hygiénique, la tempérance mieux pratiquée, plus de raison, plus d'épargne, plus d'ordre. L'accroissement de la vie moyenne, c'est plus de corps arrachés à la misère, plus d'âmes arrachées au crime et au vice ; c'est le gage certain pour un État d'une civilisation plus avancée, d'une sécurité plus assurée, d'une charité plus active, d'un sentiment de la responsabilité devenu plus général, d'une égalité plus grande.

V

Le progrès économique de notre moderne société démocratique est donc une vérité désormais acquise, quelles que soient les ombres dont il se mêle. Pour en juger, il ne faut point se placer, comme le font les écoles systématiquement hostiles à l'idée de progrès, au point de vue absolu. Sûr moyen de tout condamner, que de comparer une société composée d'hommes, et une société qui entre à peine dans l'exercice de ses droits, à un idéal de perfection ! Le progrès dont il s'agit est un progrès humain, c'est-à-dire imparfait, lent, mais dont la lenteur diminue, à mesure que les idées, les connaissances, les procédés s'accumulent, et se répandent plus aisément de peuple à peuple. Ainsi compris, le progrès est essentiellement conforme à la raison, et peut seul donner satisfaction aux plus impérieux instincts de la démocratie. La destinée terrestre et collective de l'espèce sans le progrès, ce serait quelque chose comme la vie morale de l'individu sans l'immortalité de l'âme, un mouvement sans but, un drame sans conclusion, une ironie du destin. Or, la croyance antique dans le destin, inflexible et capricieux arbitre des dieux et des hommes, a cédé la place dans la croyance populaire, et gardons-nous là-dessus de cesser d'être peuple, à l'idée d'une Providence dont la raison est la loi, dont le bien final de la création est l'objet. Ce progrès de la création, prise dans son ensemble, qui était la foi raisonnée et l'un des fondements de la philosophie du grand Leibnitz, a reçu des mains de la science moderne, relativement à notre globe, sa démonstration irréfragable. La vie n'y est point apparue tout d'abord ; elle y a pris, en passant par une série déterminée de degrés, des formes de moins en moins imparfaites qu'attestent ces immenses débris du règne végétal et du règne animal, ensevelis dans un cataclysme, jusqu'à la venue de l'homme arrivé à l'heure que marquait l'accomplissement des conditions nécessaires pour le développement de son existence. De même, l'humanité a réalisé de plus en plus, depuis la peuplade et depuis la tribu, depuis l'état de barbarie, le type d'une sociabilité croissante ;

elle s'est groupée d'une manière et plus savante et plus complète ; elle a, dans chacun de ses membres, acquis une augmentation de puissance individuelle ; elle a étendu, elle étend de jour en jour, avec une rapidité qui s'accroît sans cesse, son empire sur la nature. Ce n'est pas l'utopie qui tient ce langage, c'est l'histoire, c'est l'expérience. L'expérience atteste que, si la vie dépend de son emploi, nous faisons tenir beaucoup plus d'heures de travail utile et de résultats satisfaisants dans une journée, dans une année, en abrégeant la distance des moyens aux fins, par les machines, par les voies de communication, par tout l'ensemble de nos méthodes. On paraît redouter, il est vrai, quelquefois, que ce progrès ne soit destiné à s'évanouir par la destruction des instruments qui l'ont servi, ou par l'invasion de nouveaux barbares, comme si la civilisation n'avait pas conquis ses barbares vainqueurs, il y a plus de douze siècles, comme si ses luttes avec la barbarie n'étaient pas signalées par des succès croissants, comme si les découvertes, secret souvent gardé dans l'antiquité par un patriotisme ombrageux, n'étaient pas maintenant répandues en tous lieux, comme si l'imprimerie n'avait pas multiplié tous les livres, et n'était pas elle-même la garantie de la durée de toutes les sciences, de tout ce qui a été trouvé ou pensé d'utile, et comme la gardienne de ce capital intellectuel dont le plus sûr asile est dans toutes les têtes pensantes, en quelque contrée que ce soit, et dans la mémoire fidèle de l'humanité.

Qu'elle qu'en soit la grandeur, et bien qu'on s'explique qu'il ait pu donner le vertige, un pareil spectacle ne doit inspirer aucune ivresse à la démocratie, trop souvent prompte à s'en exalter. Il a, je le répète, ses ombres. Elles disparaîtront en partie, en partie il les gardera. L'homme sent en lui un vide que la terre ne comblera jamais, quand même il arriverait à en disposer par sa puissance, comme ces génies qui, dans les contes de fées, font obéir toutes choses à leur volonté. Le miracle de l'immortalité ou du moins d'une vie d'une longueur prodigieuse sur la terre, miracle rêvé et annoncé par Condorcet, ne saurait se réaliser, parce que la nature physique de l'homme a des bornes comme ses facultés intellectuelles. Vrai, si l'on veut désigner par ce mot l'incertitude où nous sommes de ses limites qui sur quelques points, reculent sans cesse, le progrès *indéfini* est une chimère, si l'on veut entendre qu'il n'en a pas et que l'homme doit devenir un dieu. Il y aura toujours dans l'homme moral, quoi qu'on fasse, quelque chose qui justifie le mot : *omnis creatura ingemiscit*. Voilà la première raison pour ne pas céder à l'éblouissement du progrès.

Je termine en disant quelques mots d'une autre raison non moins forte de ne pas se laisser aller à une sorte d'enivrement qui serait fatal au progrès lui-même. Ce progrès a été mis à des conditions sévères, qui, elles non plus, ne doivent point disparaître. On souffre quand on voit des hommes remplis des meilleures intentions venir avec la plus parfaite assurance nous proposer des plans d'organisation du travail ou des projets de crédit qui doivent du jour au lendemain faire couler l'abondance au sein des classes les moins avancées, que retiendrait seul dans un état d'imperfection le mauvais vouloir de quelques hommes égoïstes ou aveugles. Que c'est là mal connaître l'humanité et la loi de progrès laborieux qu'elle suit ! Le prix auquel s'est obtenu le progrès économique, auquel il s'obtiendra toujours, c'est l'éducation pénible de la liberté humaine, s'éclairant et se moralisant davantage, et trouvant sa force dans sa règle. La liberté n'est pas séparable de son bon emploi ; elle suppose la raison ; elle exige le devoir ; elle implique la sagesse dans l'esprit, la modération dans le cœur. Elle est le contraire de l'instinct brutal qui ne sait que détruire. Aussi a-t-on dit avec raison que la liberté, cette condition et cet instrument du progrès, est autre chose qu'un droit, qu'elle est une charge, un privilège acquis à titre onéreux, qu'on perd et qu'on aliène par le mauvais usage, constituant ainsi comme une propriété morale qui exige beaucoup de soin, une surveillance attentive et perpétuelle, ainsi que la propriété matérielle elle-même, qui ne se maintient et ne se développe que par la continuité des efforts. Voilà la liberté qui, depuis le commencement de la vie historique du genre humain, n'a pas cessé de se montrer conquérante par les lumières acquises peu à peu, par le bon gouvernement d'elle-même qu'elle a trop souvent appris à ses dépens ; c'est cette liberté responsable qui a tour à tour soumis la nature extérieure et triomphé des préjugés, des ignorances, des erreurs, des oppressions, lesquelles ne lui ont pas fait moins obstacle que les forces physiques qui l'accablaient et dont elle s'est emparée pour les faire servir à ses triomphes.

Le progrès du bien-être que nous souhaitons à la démocratie, et dont nous avons cherché à indiquer les conditions les plus générales, n'est pas tout.

« Si les hommes parvenaient jamais à se contenter des biens matériels, il est à croire qu'ils perdraient peu à peu l'art de les produire, et qu'ils finiraient par en jouir sans discernement et sans progrès ».[53] Oui sans doute, et nous en avons une triste preuve dans l'état de la Chine, pétrifiée dans une immobilité qui, une fois certaines satisfactions atteintes, a tout engourdi. Mais loin de nous de telles prophé-

---

53 M. de Tocqueville : *Démocratie en Amérique*, t. III.

ties Tout ce qui élève, grandit, avive, étend l'âme, est nécessaire à la démocratie moderne et ne lui fera pas défaut. L'industrie humaine n'a de valeur elle-même que parce qu'elle permet à cette flamme divine, obscurcie et accablée par le besoin, de briller davantage, et de s'élever plus haut. Que ce soit là le but de nos efforts ; que ce soit là la règle de nos jugements dans ces grandes questions que soulève la démocratie contemporaine.

FIN